教育部高等学校机械类专业教学指导委员会规划教材

智能车辆系统动力学建模与仿真

刘丛志 编著

清华大学出版社
北京

内 容 简 介

本书利用大量的仿真实例对智能驾驶车辆动力学建模与仿真所涉及的基本理论及关键技术进行全面论述。本书主要分为两部分，第一部分是基础理论，共6章，第1章主要回顾智能驾驶车辆仿真技术及其发展现状，第2章主要为机电系统建模与仿真基础，第3章主要为智能驾驶车辆动力学建模与控制理论基础，第4章与第5章分别为MATLAB和PreScan自动驾驶系统仿真基础，第6章为控制系统自动代码生成与半实物仿真技术简介。第二部分是项目实践，共8个项目案例，依次为传感器融合、车辆运动学模型仿真、四轮转向汽车操纵稳定性、自适应巡航控制、自动紧急制动、车道保持辅助、路径跟踪、主动换道避障等系统建模与仿真。

本书可作为车辆工程专业课程教材，也可作为自动化类、电子信息类、计算机类等专业的参考教材，还可供从事智能车辆相关工作的技术人员阅读参考。

版权所有，侵权必究。举报：010-62782989，beiqinquan@tup.tsinghua.edu.cn。

图书在版编目(CIP)数据

智能车辆系统动力学建模与仿真/刘丛志编著.—北京：清华大学出版社，2022.11(2023.12重印)
教育部高等学校机械类专业教学指导委员会规划教材
ISBN 978-7-302-61945-1

Ⅰ.①智… Ⅱ.①刘… Ⅲ.①智能控制－汽车－系统动态学－高等学校－教材 Ⅳ.①U461.1

中国版本图书馆 CIP 数据核字(2022)第 181200 号

责任编辑：许 龙
封面设计：常雪影
责任校对：赵丽敏
责任印制：宋 林

出版发行：清华大学出版社
    网　　址：https://www.tup.com.cn，https://www.wqxuetang.com
    地　　址：北京清华大学学研大厦A座　　邮　　编：100084
    社 总 机：010-83470000　　邮　　购：010-62786544
    投稿与读者服务：010-62776969，c-service@tup.tsinghua.edu.cn
    质量反馈：010-62772015，zhiliang@tup.tsinghua.edu.cn
印 装 者：三河市龙大印装有限公司
经　　销：全国新华书店
开　　本：185mm×260mm　　印　张：20.5　　字　数：496千字
版　　次：2022年11月第1版　　印　次：2023年12月第2次印刷
定　　价：65.00元

产品编号：096247-01

前 言
FOREWORD

电动化、智能化和信息化是汽车技术的发展趋势,而智能驾驶汽车的自动驾驶技术将逐步替代驾驶员简单的驾驶操作,这不仅将改变人们的出行和生活方式,还将变革传统的汽车行业和运输行业。

智能驾驶现已成为未来汽车发展的一大主题,为提高智能驾驶车辆的安全性、可靠性,智能驾驶汽车在真正商业应用之前,需要进行大量的试验验证。但是其作为新兴技术将应用于开放、复杂、不确定的环境,而汽车行驶环境具有的典型随机特征和自然属性往往是不可预测和难以复现的,因此,智能驾驶汽车在试验验证方面仍然面临着非常大的挑战。随着计算机软硬件技术的不断发展,以及物理建模、环境模拟与数值求解等技术的不断成熟,数字化模拟仿真技术被广泛地视为有效解决传统的基于开放道路或封闭试验场测试存在问题的重要手段,也是汽车智能驾驶技术与产品测试、验证和评价的必然途径。基于计算机模拟仿真技术的虚拟仿真测试不仅可复现性好,也具有不受时间、气候和场地限制等优点,且可代替危险性试验,可便捷、自动地调整试验参数,在智能驾驶汽车开发与测试过程中发挥着越来越重要的作用,已成为验证智能驾驶汽车性能不可或缺的技术手段。

在当今全球智能汽车产业大变革的背景下,智能汽车逐步发展为全球创新创业的行业制高点,在教育领域是涉及汽车、电子、通信、自动化等专业交叉的新工科,而目前智能车辆人才短缺并且培养体系不全,因此,将动力学、控制理论、信息技术等应用于车辆工程的重要性日益突出。在燕山大学相关学院的大力支持下,作者团队对智能驾驶微专业建设进行了积极探索,也对相关专业课程、教材进行了同步建设。

本书由刘丛志牵头编写,具体分工如下:第一部分基础理论的第1章、第6章由刘丛志编写,第2～5章由张亚辉编写;第二部分项目实践的车辆运动学模型、四轮转向车辆操纵稳定性仿真项目由张亚辉编写,其余5个仿真项目由刘丛志编写。燕山大学智能运载装备实验室研究生杜志彬、王倩、孙钦葆、董浩然、方睿祺以及聊城大学闫宁、吴健、杜二磊、刘玉杰等为部分章节的编写工作提供了支持,北京林业大学陈绮桐博士也为本书的编写提供了帮助。本书的姊妹篇《智能车辆系统动力学与控制》更加注重基本理论及关键技术知识的梳理。本书得到国家自然科学基金项目(项目批准号52102444)的支持,在此对国家自然科学基金委员会的资助表示感谢。

在本书的编写过程中，编者参考了大量国内外发表的资料，在此向相关作者表示感谢，同时感谢清华大学出版社的大力支持。

由于编者经验不足，水平有限，加之时间仓促，书中难免存在疏漏之处，恳请广大读者批评指正，我们将不胜感激并持续改进。

作　者

2022 年 5 月

目 录
CONTENTS

第1篇 基础理论

第1章 智能驾驶车辆仿真技术概述 … 3
- 1.1 概述 … 3
- 1.2 仿真平台构成 … 4
  - 1.2.1 传感器建模 … 5
  - 1.2.2 车辆动力学建模 … 6
  - 1.2.3 交通场景建模 … 7
- 1.3 仿真平台行业现状 … 9
  - 1.3.1 MATLAB/Simulink … 11
  - 1.3.2 PreScan … 15
  - 1.3.3 CarSim/TruckSim/CarMaker … 17
  - 1.3.4 PanoSim … 18
  - 1.3.5 Apollo … 19
  - 1.3.6 Autoware … 20
- 1.4 本章小结 … 21
- 思考题 … 21

第2章 机电系统建模与仿真基础 … 22
- 2.1 概述 … 22
- 2.2 插值问题 … 22
  - 2.2.1 拉格朗日插值 … 23
  - 2.2.2 牛顿插值 … 24
  - 2.2.3 三次样条插值 … 26
  - 2.2.4 埃尔米特插值 … 27
  - 2.2.5 一维插值 … 29
- 2.3 拟合问题 … 30
  - 2.3.1 线性拟合 … 30
  - 2.3.2 多项式拟合 … 31

		2.3.3 曲线拟合工具箱 ········· 32
		2.3.4 系统辨识工具箱 ········· 34

- 2.4 方程组求解 ·· 39
- 2.5 微分方程组求解 ···································· 40
- 2.6 复杂系统建模方法 ································ 42
  - 2.6.1 动态系统建模基础 ························ 42
  - 2.6.2 状态空间建模 ································ 43
  - 2.6.3 S-函数建模 ···································· 46
  - 2.6.4 Stateflow 建模 ································ 52
  - 2.6.5 Simscape 建模 ································ 54
- 2.7 非线性模型的线性化 ···························· 60
- 2.8 混合系统建模基础 ································ 63
- 2.9 本章小结 ·· 65
- 思考题 ·· 65

第 3 章 车辆动力学与控制理论基础 ········· 66

- 3.1 概述 ·· 66
- 3.2 车辆系统模型 ·· 66
  - 3.2.1 运动学模型 ···································· 66
  - 3.2.2 动力学模型 ···································· 68
  - 3.2.3 轮胎模型 ·· 71
  - 3.2.4 轮胎侧偏刚度估计 ························ 75
- 3.3 常用滤波器及其应用 ···························· 78
  - 3.3.1 低通滤波器 ···································· 78
  - 3.3.2 卡尔曼滤波器 ································ 79
- 3.4 二次规划及其应用 ································ 80
  - 3.4.1 路面附着系数估计 ························ 81
  - 3.4.2 车辆行驶曲率估计 ························ 84
  - 3.4.3 车辆速度规划 ································ 85
- 3.5 PID 控制 ·· 88
  - 3.5.1 模拟 PID 控制 ································ 88
  - 3.5.2 数字 PID 控制 ································ 89
- 3.6 线性二次型状态调节器 ························ 89
- 3.7 模型预测控制 ·· 90
- 3.8 本章小结 ·· 92
- 思考题 ·· 92

第 4 章 MATLAB 自动驾驶系统仿真 ········· 93

- 4.1 概述 ·· 93

4.2 ADT 主要模块简介 ··· 93
    4.2.1 驾驶场景模块 ··· 94
    4.2.2 传感器模块 ·· 94
    4.2.3 多目标跟踪模块 ·· 96
    4.2.4 轨迹平滑模块 ··· 97
    4.2.5 3D 仿真模块 ·· 97
    4.2.6 车辆动力学模块 ·· 98
    4.2.7 车辆控制模块 ··· 99
    4.2.8 自动驾驶模块 ··· 100
4.3 自动驾驶场景搭建 ·· 101
    4.3.1 采用脚本构建场景 ··· 101
    4.3.2 采用 APP 构建场景 ··· 106
    4.3.3 采用场景库构建场景 ·· 110
4.4 自动驾驶仿真实例 ·· 111
    4.4.1 视觉检测 ··· 111
    4.4.2 毫米波雷达目标检测 ·· 113
    4.4.3 视觉与毫米波雷达融合检测 ··· 115
    4.4.4 激光雷达检测 ··· 119
    4.4.5 车辆自动避障 ··· 122
4.5 本章小结 ··· 124
思考题 ··· 124

第 5 章　PreScan 自动驾驶系统仿真 ·· 125

5.1 概述 ··· 125
5.2 主要模块简介 ··· 125
    5.2.1 驾驶场景模块 ··· 125
    5.2.2 基础设施模块 ··· 126
    5.2.3 传感器模块 ·· 127
    5.2.4 车辆模块 ··· 129
    5.2.5 轨迹设置模块 ··· 131
    5.2.6 可视化模块 ·· 131
    5.2.7 其他实用模块 ··· 132
5.3 自动驾驶场景搭建 ·· 132
    5.3.1 采用 GUI 构建场景 ··· 132
    5.3.2 采用场景库构建场景 ·· 134
5.4 本章小结 ··· 145
思考题 ··· 145

第6章 控制系统自动代码生成与半实物仿真 ············ 146

    6.1 概述 ············ 146

    6.2 自动代码生成简介 ············ 146

    6.3 基于 dSPACE 的快速原型开发实例 ············ 147

        6.3.1 dSPACE 平台介绍 ············ 147

        6.3.2 环境搭建与自动代码生成 ············ 149

        6.3.3 ControlDesk 虚拟仪器开发 ············ 152

        6.3.4 控制器硬件在环仿真 ············ 153

    6.4 嵌入式开发实例 ············ 154

        6.4.1 嵌入式硬件介绍 ············ 154

        6.4.2 环境搭建与自动代码生成 ············ 155

        6.4.3 FreeMaster 虚拟仪器开发 ············ 157

        6.4.4 控制器硬件在环仿真 ············ 158

        6.4.5 控制系统参数标定 ············ 158

    6.5 本章小结 ············ 160

    思考题 ············ 160

第 2 篇 项 目 实 践

项目 1 基于卡尔曼滤波的传感器融合 ············ 163

    P1.1 任务需求 ············ 163

    P1.2 车辆纵向行驶状态估计 ············ 163

        P1.2.1 车速与坡度估计 ············ 163

        P1.2.2 滑移率与道路附着估计 ············ 165

    P1.3 车辆横向运动状态估计 ············ 166

        P1.3.1 横向运动速度估计 ············ 166

        P1.3.2 行驶道路曲率估计 ············ 167

    P1.4 多目标跟踪 ············ 168

        P1.4.1 运动模型 ············ 168

        P1.4.2 数据关联 ············ 171

        P1.4.3 传感器融合 ············ 177

        P1.4.4 简单凸联合 ············ 178

    P1.5 车道线融合检测与跟踪 ············ 180

    思考题 ············ 182

项目 2 车辆运动学模型仿真 ············ 183

    P2.1 任务需求 ············ 183

    P2.2 运动学模型 ············ 183

  P2.3 横纵向解耦控制 ……………………………………………………………… 184
    P2.3.1 纵向控制器 …………………………………………………………… 184
    P2.3.2 横向控制器 …………………………………………………………… 185
  P2.4 系统闭环仿真 …………………………………………………………………… 187
  思考题 ……………………………………………………………………………………… 190

项目3 四轮转向汽车操纵稳定性 ……………………………………………………… 191

  P3.1 任务需求 ………………………………………………………………………… 191
  P3.2 四轮转向系统原理 ……………………………………………………………… 191
  P3.3 动力学建模与分析 ……………………………………………………………… 193
    P3.3.1 二自由度模型 ………………………………………………………… 193
    P3.3.2 稳态转向特性 ………………………………………………………… 194
    P3.3.3 楔形移动特性 ………………………………………………………… 196
    P3.3.4 前轮转向和四轮转向比较 …………………………………………… 196
  P3.4 PID控制器 ……………………………………………………………………… 201
  P3.5 隆伯格状态观测器 ……………………………………………………………… 201
  P3.6 状态反馈控制器 ………………………………………………………………… 202
  P3.7 闭环系统仿真 …………………………………………………………………… 203
  思考题 ……………………………………………………………………………………… 205

项目4 自适应巡航控制系统 …………………………………………………………… 206

  P4.1 任务需求 ………………………………………………………………………… 206
  P4.2 分层控制策略 …………………………………………………………………… 207
    P4.2.1 目标筛选 ……………………………………………………………… 207
    P4.2.2 安全跟车模型 ………………………………………………………… 209
    P4.2.3 跟车动力学模型 ……………………………………………………… 210
  P4.3 控制器设计 ……………………………………………………………………… 211
    P4.3.1 LQR设计 ……………………………………………………………… 211
    P4.3.2 MPC设计 ……………………………………………………………… 213
    P4.3.3 速度控制 ……………………………………………………………… 216
    P4.3.4 驱动与制动切换控制 ………………………………………………… 218
  P4.4 系统仿真 ………………………………………………………………………… 219
    P4.4.1 MATLAB ADT平台仿真 …………………………………………… 219
    P4.4.2 PreScan平台仿真 …………………………………………………… 223
  思考题 ……………………………………………………………………………………… 226

项目5 自动紧急制动系统 ……………………………………………………………… 227

  P5.1 任务需求 ………………………………………………………………………… 227
  P5.2 行车安全距离模型 ……………………………………………………………… 228

	P5.3	碰撞时间计算	231
	P5.4	控制算法	232
		P5.4.1 控制系统需求	233
		P5.4.2 最危险目标选取	233
		P5.4.3 制动控制策略	235
	P5.5	系统仿真	237
		P5.5.1 MATLAB ADT 平台仿真	237
		P5.5.2 PreScan 平台仿真	241
思考题			244

项目 6 车道保持辅助系统 …… 245

- P6.1 任务需求 …… 245
- P6.2 二自由度动力学模型 …… 246
- P6.3 控制器设计 …… 248
  - P6.3.1 自适应预瞄 …… 248
  - P6.3.2 前馈控制 …… 248
  - P6.3.3 LQR 设计 …… 252
  - P6.3.4 MPC 设计 …… 253
  - P6.3.5 H_∞ 控制器设计 …… 256
- P6.4 系统仿真 …… 258
  - P6.4.1 MATLAB ADT 平台仿真 …… 258
  - P6.4.2 PreScan 平台仿真 …… 263
- 思考题 …… 269

项目 7 路径跟踪系统 …… 270

- P7.1 任务需求 …… 270
- P7.2 运动学方法 …… 271
  - P7.2.1 PID 控制 …… 271
  - P7.2.2 Stanley 控制 …… 272
  - P7.2.3 纯跟踪控制 …… 273
  - P7.2.4 Alice 控制 …… 274
- P7.3 动力学方法 …… 277
  - P7.3.1 LQR 控制 …… 277
  - P7.3.2 MPC 控制 …… 279
- P7.4 系统仿真 …… 282
  - P7.4.1 MATLAB ADT 平台仿真 …… 282
  - P7.4.2 PreScan 平台仿真 …… 285
- 思考题 …… 290

项目 8　主动换道避障系统 ……………………………………………………… 291

P8.1　任务需求 ……………………………………………………………… 291
P8.2　换道避障决策 ………………………………………………………… 292
　　P8.2.1　换道时机决策 ………………………………………………… 292
　　P8.2.2　换道时间决策 ………………………………………………… 297
P8.3　换道路径规划 ………………………………………………………… 301
　　P8.3.1　Frenét 坐标系 ………………………………………………… 301
　　P8.3.2　五次多项式路径规划 ………………………………………… 301
P8.4　优化目标 ……………………………………………………………… 302
P8.5　约束条件 ……………………………………………………………… 306
P8.6　二次规划 ……………………………………………………………… 308
P8.7　系统仿真 ……………………………………………………………… 310
思考题 ………………………………………………………………………… 314

参考文献 …………………………………………………………………………… 315

第1篇
基础理论

第１章

１ 基礎理論

第 1 章 智能驾驶车辆仿真技术概述

1.1 概　　述

电动化、智能化和信息化是汽车技术的发展趋势,而智能驾驶汽车的自动驾驶系统将逐步替代驾驶员简单的驾驶操作,这不仅将改变人们的出行和生活方式,还将变革传统的汽车行业和运输行业。智能驾驶汽车的普及将有利于减少交通事故的发生,提高道路利用率和通行效率,实现车辆的安全高效行驶。

智能驾驶汽车是指搭载先进的车载传感器、控制器、执行器等装置,具备复杂环境感知、智能决策、协同控制等功能,可实现车辆"安全、高效、舒适、节能"行驶,并最终实现替代驾驶员操作的新一代汽车。

智能驾驶系统主要包括环境感知模块、定位模块、人机交互模块、规划决策模块、控制模块及 V2X(vehicle-to-everything)模块等,其系统架构图如图 1.1 所示。智能驾驶系统是一个高度智能化的复杂系统,其感知模块和定位模块通过多传感器实现车辆周围环境的准确理解、自身高精度定位,并将感知信息传至规划决策模块。规划决策模块根据输出信息合理决策当前车辆的行为,并根据不同的行为确定轨迹规划的约束条件,指导轨迹规划模块规划出合适的路径、车速等信息,并将车辆数据及控制命令传至控制层。控制模块负责将决策和规划落实为切实可行的车辆动作,通过线控底盘完成制动、驱动、转向及其他操作行为,实现对目标车速、路径等进行高精度跟踪。

智能驾驶现已成为未来汽车发展的一大主题,然而自动驾驶车辆时有事故发生,让人们对自动驾驶憧憬的同时也心存顾虑。安全性难以保证、系统可靠性差是阻碍智能驾驶汽车发展的重要原因,因此,为提高智能驾驶车辆的安全性、可靠性,智能驾驶汽车在真正商业应用之前,需要进行大量的试验验证。但是其作为新兴技术将应用于开放、复杂、不确定的环境,而汽车行驶环境具有的典型随机特征和自然属性往往是不可预测、难以复现的,因此,智能驾驶汽车在试验验证方面仍然面临着非常大的挑战。

随着计算机软硬件技术的不断发展,以及物理建模、环境模拟与数值求解等技术的不断成熟,数字化模拟仿真技术被广泛地视为有效解决传统的基于开放道路或封闭试验场测试存在问题的重要手段,也是汽车智能驾驶技术与产品测试、验证和评价的必然途径。基于计算机模拟仿真技术的虚拟仿真测试不仅可复现性好,也具有不受时间、气候和场地限制等优点,且可代替危险性试验,可便捷、自动地调整试验参数,从而缩短开发周期、提高效率、降低成本、保障测试安全,在智能驾驶汽车开发与测试过程中发挥着越来越重要的作用,已成为验证智能驾驶汽车性能不可或缺的技术手段。

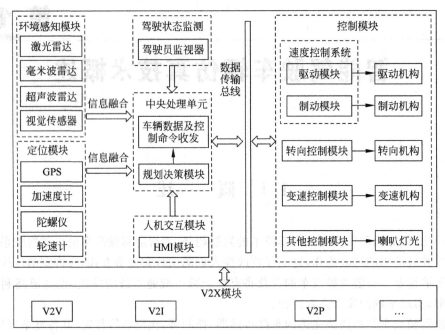

图 1.1 智能驾驶车辆系统架构图

目前自动驾驶算法测试大约 90% 通过仿真平台完成，9% 在测试场完成，1% 通过实际路测完成。普通场景下的自动驾驶算法已经比较完善，突破难点在于一些极端场景下的性能测试。这些场景可以通过仿真平台便捷生成，进行针对性的测试和验证。为解决极端场景测试难题，业界共识要加大仿真测试在自动驾驶测试中的占比。随着仿真技术水平的提高和应用的普及，业界旨在达到通过仿真平台完成 99.9% 的测试量，封闭场地测试 0.09%，最后 0.01% 到实路上去完成，这样可以使自动驾驶汽车研发达到更高效、更经济的状态。

1.2 仿真平台构成

智能驾驶汽车仿真技术是指通过传感器建模、车辆动力学建模、高级图像处理、交通场景仿真、道路建模等技术模拟智能汽车人-车-路闭环系统，对智能驾驶汽车功能和性能进行测试，并据此对智能汽车进行评价分析。智能驾驶仿真具有以下优点：仿真环境搭建方便、测试场景重复性好、无测试安全性问题、测试效率高、节约成本。

自动驾驶仿真测试平台必须具备几种核心能力：真实还原测试场景的能力、高效利用路采数据生成仿真场景的能力、云端大规模并行加速的能力，并能够较容易接入自动驾驶系统，使得仿真测试满足自动驾驶感知、决策规划和控制等全栈算法的闭环，符合汽车 V 字开发流程，以达到持续迭代和优化的状态。

智能驾驶车辆仿真平台的典型构成如图 1.2 所示，最核心的三个部分分别是传感器建模、车辆动力学建模、交通场景建模，以下针对这三部分重点进行介绍。

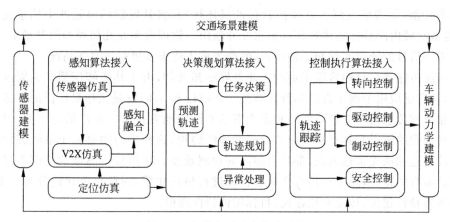

图 1.2 智能驾驶汽车仿真系统

1.2.1 传感器建模

环境感知系统在智能驾驶汽车技术架构中处于首要位置,在感知→决策→控制执行的技术架构中,首先需要通过雷达、摄像头、定位装置等感知传感器收集必要的车辆行驶环境信息,才能对车辆的环境有较准确、全面的理解,从而进行后续的决策与控制。因此,在智能车辆仿真测试的过程中搭建精确的环境感知传感器模型十分重要。

环境感知传感器的建模需要对传感器物理原理的大量先验知识和经验进行模拟。传感器仿真包括三个不同层级的仿真:

物理信号仿真:就是直接仿真传感器接收到的信号,如摄像头,直接仿真摄像头检测到的光学信号;雷达,直接仿真声波和电磁波信号。

原始信号仿真:即把传感器的探测单元拆掉,因为控制电控嵌入系统中有专门的数字处理芯片,可以直接仿真数字处理芯片的输入单元。

目标级信号仿真:目标级输入信号一般是控制器局域网(controller area network,CAN)总线输入信号或者其他通信协议格式输入信号。比如差分 GPS 和惯性测量单元(inertial measurement unit,IMU)可以通过串口通信来仿真。

摄像头仿真就是生成逼真的图像,通过计算机图形学对三维景物(CAD)模型添加颜色与光学属性。现在流行的 Unreal Engine 或者 Unity 3D,就是基于物理的渲染引擎,实现一些 CAD 模型的绘制算法,比如光线跟踪(ray tracing)或者光线投射(ray casting),来实现图像合成。一些开源的自动驾驶仿真系统比如 Intel Carla 和 Microsoft AirSim 都采用了这些渲染引擎。

对车载激光雷达进行建模的目的是在虚拟驾驶环境中使用虚拟的激光雷达点云数据,以得到类似真实激光雷达的、可以用于汽车控制的虚拟驾驶环境信息。由于车载激光雷达的主要功能是对环境和目标的检测,想要模拟车载激光雷达的功能,也需要对环境和目标进行合理的建模。环境模型主要用来描述环境中激光传输的介质对探测的影响。目标模型描述了目标的形状及其反射特性。考虑到激光雷达在探测环境中的目标时可以产生空间信息以及能量信息,可使用几何模型和物理模型共同描述激光雷达的探测过程。

毫米波雷达模型分成几何模型和物理模型两部分。几何模型属于功能性建模,模拟理想雷达的功能,不考虑实际雷达探测目标的具体机理,将其发射的电磁波束抽象成椭圆锥体,与搜索空域内的目标物体特征点集求交并输出。物理模型在几何模型的基础上,通过模拟实际雷达信号的处理流程和添加噪声,使毫米波雷达模型更接近真实情况。

超声波传感器是早期阶段车辆的主要外界感知硬件,由于其能够探测车辆周围障碍物的特性,被广泛应用于倒车雷达和盲区监测。40kHz 和 58kHz 是使用最广泛的车载传感器频段。超声波传感器与毫米波雷达和激光雷达不同的地方在于它发出的是声波,因此能够检测一些透明的障碍和具有高反射特性表面的障碍物,这些障碍物对基于电磁波检测原理的毫米波雷达和激光雷达来说,都具有很高的检测难度。超声波传感器的建模不仅需要考虑传感器本身的特性,还要对传输介质和目标进行精确建模,因此整个建模分为三个部分:传感器本身特性建模、传输介质建模、目标物体特性建模。

1.2.2 车辆动力学建模

车辆动力学在汽车设计和开发过程中扮演着重要角色,主要研究汽车受力与运动之间的关系,并分析汽车性能的内在联系和规律。车辆动力学建模方法一般包括集中参数模型、动力子结构模型、多刚体系统动力学模型、有限元模型等,不同的应用场景其建模方法也有所不同,甚至车辆动力学模型可以是低阶的线性模型,也可以是高阶的非线性模型。在车辆动力学建模与仿真中,需要实现车体模型、轮胎模型、制动系统模型、转向系统模型、动力系统模型、传动系统模型、空气动力学模型、硬件 I/O 接口模型等各模块的参数化,根据实际测试车辆的动力学配置合适的参数,以保证车辆的仿真精度足够高,使被控对象更接近真实的对象。

一般来说,车辆动力学是研究所有与车辆系统运动有关的学科。它涉及的范围很广,包括车辆纵向运动及其子系统的纵向动力学(如发动机、传动、加速、制动、防抱死和牵引力控制系统等方面),还有车辆在垂向和侧向两个方面的动力学内容,即行驶动力学和操纵动力学。行驶动力学主要研究由路面的不平激励,通过悬架和轮胎垂向力引起的车身跳动和俯仰以及车轮的运动;而操纵动力学研究车辆的操纵特性,主要与轮胎侧向力有关,并由此引起车辆侧滑、横摆和侧倾运动。

长期以来,科研人员一直习惯按纵向、垂向和横向分别独立研究车辆动力学问题;而实际中的车辆同时会受到三个方向的输入,各方向所表现的运动响应特性必然是相互作用、相互耦合,如图 1.3 所示。例如转向过程中,路面在给车辆提供侧向力的同时,也通过悬架给车辆提供垂向输入干扰。悬架的作用除支撑车辆、隔离路面干扰外,还将控制转向时的车身姿态,并传递来自轮胎的力。反过来看,同样的车身运动既可由行驶输入引起,如路面不平引起的车身侧倾,也可由操纵方面引起,如转向时引起的车身侧倾。此外,利用不同车轮纵向力控制来改善极限工况下的车辆稳定性控制系统(vehicle stability control,VSC)也是一个典型的例子。

事实上,将车辆横向、纵向、垂向的动力学问题分开处理的动机可能很实际,主要是为了减少模型的自由度,从而减少分析工作量,使问题更易于处理。当然,如果对车辆的工作状况及条件进行适当限制,那么三个方向的耦合关系则可能不太显著。例如,当车辆在水平粗糙路面匀速直线行驶时,问题将集中在行驶动力学特性方面;当车辆在水平路面匀速转弯行驶时,那些主导操纵性能的力和运动对纵向和垂向特性则无显著影响。

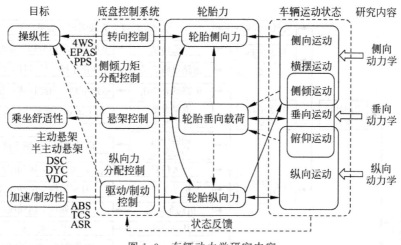

图 1.3 车辆动力学研究内容

1.2.3 交通场景建模

目前基于场景库的仿真测试是解决自动驾驶路测数据匮乏的重要路线。仿真测试主要通过构建虚拟场景库,实现自动驾驶感知、决策规划、控制等算法的闭环仿真测试,满足自动驾驶测试的要求。场景库是自动驾驶仿真测试的基础,场景库对现实世界的覆盖率越高,仿真测试结果越真实。而且自动驾驶汽车研发的不同阶段对于场景库的要求也不同,需要场景库实现不同的测试功能。自动驾驶测试场景一般可分为自然驾驶场景、危险工况场景、标准法规场景、参数重组场景等四大类,四类场景共同组成了场景库。

汽车行驶场景是道路、交通与气象等诸多要素的集合,是影响乃至决定智能汽车性能与安全的关键因素,具有高度的不确定、不可重复、不可预测和不可穷尽等特征。这些特征使得有限的场地或道路测试远远无法复制、重现或穷举行驶环境对智能汽车的影响,难以满足系统的可靠性和鲁棒性要求。因此,丰富且具有较强确定性的汽车行驶场景建模技术,是智能汽车研发、测试与评价的关键保障技术,对于提高系统性能、保障安全性、实现友好人机交互体验等均具有十分重要的意义。

交通场景是汽车行驶环境的抽象,是反映汽车智能驾驶外部影响因素与信息的集合;它包含一定时间和空间范围内影响车辆运行状态和轨迹的周边环境要素,如道路、气象、静止与动态交通参与物等诸多因素。测试场景的要素可以分为测试车辆基础信息与交通环境要素两大类,具体要素内容如图 1.4 所示。

1. 测试车辆基础要素

智能驾驶汽车在测试过程中,测试车辆本身会对周围场景要素尤其是其他交通参与者产生明显的影响,测试车辆和周围驾驶环境之间相互作用形成闭环,因此测试车辆基础信息是测试场景要素中不可或缺的部分,其主要包括固有状态、目标信息、驾驶行为。

测试车辆的固有状态会对自动驾驶系统的行为决策起到关键影响,例如测试车辆的几何特征、性能特征、驾驶系统等。测试车辆的几何特征会决定其安全空间,几何尺寸越大,其所需的安全空间也就越大;测试车辆的性能特征会决定其行驶策略,以加速性能为例,不同

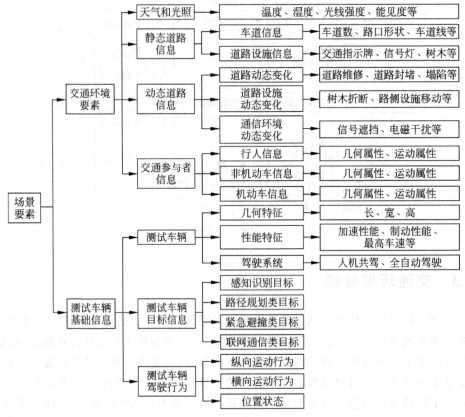

图 1.4 测试场景要素分类

的加速性能会决定驾驶系统选择不同的行驶模式,例如跟随或是超车;测试车辆的驾驶系统会决定驾驶人是否可实时参与到车辆驾驶行为之中,一旦发生意外情况,是由驾驶人进行接管还是驾驶系统进行保守型操作。测试车辆目标信息即为测试车辆的驾驶任务,会影响测试场景的覆盖范围及测试场景的持续时间。测试车辆驾驶行为指测试车辆当前的运动状态,例如当前的纵向速度、侧向速度等,明确测试车辆当前的驾驶状态是进行下一步路径规划和车辆控制的基础。

2. 交通环境要素

交通环境要素主要包含天气与光照要素、静态道路信息、动态道路信息、交通参与者信息。天气与光照要素会影响智能汽车的感知系统,例如逆光或顺光、光照的不同亮度、雾霾、雪等都会对雷达或者摄像头等产生影响;静态道路信息是场景要素的基础,从广义上来说,智能汽车都是在道路上行驶,在行驶的过程中,智能汽车还需要遵循一定的交通规则;动态道路信息会极大地提升行驶场景的复杂程度,增加智能汽车决策的困难;其他交通参与者信息包括行人信息、非机动车信息和机动车信息,在真实的行驶环境中,其他交通参与者具有很大的不确定性,其下一时刻的运动状态与其驾驶人息息相关,根据其当前状态合理地预估其下一步状态,是决策系统的重要任务。

在明确场景要素种类之后,可以结合智能汽车行驶场景的具体特点,对智能汽车的行驶场景进行构建。构建的主要内容有：基于模型和图像的混合建模,包括支持对车载摄像头、视觉成像和图像处理等的模拟和仿真；复杂气象模拟,包括风、雨、雪、雾、冰雹等对雷达电磁波传播和图像成像的影响；场景静态要素模拟,包括汽车行驶道路和道路网络拓扑结构、数字地图、GPS 导航、交通标志信号、标志设施模拟等；场景动态要素模拟,包括车辆、行人、非机动车的交通路况模拟；车联网建模,包括 V2V 车载无线通信信道和 V2I 联网的无线路由及无线通信网络等关键技术的建模。

在构建场景的过程中,首先应该对行驶场景中的道路进行建模。在道路模型中,一般对车道、道路属性进行设置,对多车道、路口、出口斜坡、超高、弯曲、路面摩擦、道路交通标志、交通灯、限速标志、停车标志等进行设定,还应该能够自定义路面标志线,包括实线、虚线、停车位、不规则几何线段,并可进行不平度设置和各种道路细节设定,甚至还应该可以完成桩桶、井盖、路面凸起、路肩、人行道、曲线规则栅格路面(curved regular grid,CRG)数据的导入等功能,如图 1.5 所示。

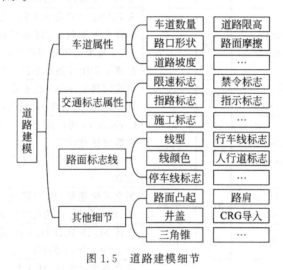

图 1.5　道路建模细节

1.3　仿真平台行业现状

随着智能网联汽车的快速发展,特别是无人驾驶技术已经成为未来汽车的发展方向,有关汽车自动驾驶仿真软件也出现爆发式增长,这些仿真软件有从传统汽车动力学仿真软件演化而来的,也有国内外初创公司推出的仿真新产品。各种自动驾驶仿真软件都有其各自的特点和优势,随着仿真技术的发展,搭建一个完整的仿真系统也越来越需要多个软件互相之间的配合。典型的自动驾驶仿真软件或平台应包括以下内容：

(1) 能够构建各种驾驶场景,而且能使这种驾驶场景越来越逼真。

(2) 能够仿真各种传感器,包括摄像头、激光雷达、毫米波雷达、超声波雷达等。

(3) 具有车辆动力学模型,可以对先进驾驶辅助系统(ADAS)或自动驾驶车辆进行仿真。

(4) 支持传感器融合、多目标跟踪、路径规划和车辆控制算法等。

(5) 支持 C/C++ 自动代码生成,实现快速原型和硬件在环测试。

目前,包括科技公司、车企、自动驾驶方案解决商、仿真软件企业、高校及科研机构等主体都在积极投身虚拟仿真平台的建设。在全球主流自动驾驶仿真软件企业中,美国和德国占据全球企业总数一半以上。通过表1.1可以发现,在22家仿真软件企业中,有8家来自美国,占总数的36%,显示了美国在自动驾驶领域的世界领先地位。来自德国的有7家,占总数的32%,主要是德国在传统仿真软件领域的坚实基础促进了自动驾驶仿真的发展。中国有3家自动驾驶仿真软件初创企业,虽然在汽车传统仿真领域存在短板,在自动驾驶仿真方面积累薄弱,但依靠雄厚的资金和人才集聚力,在自动驾驶仿真软件研发方面迅速崛起。

表1.1 典型自动驾驶仿真软件简介

分类	企业名称	仿真软件	国家	成立时间	应用特点
传统仿真软件企业	MSC	Adams、VTD	美国	1963	Adams:多体动力学仿真,可分析车辆系统性能;VTD:可生成复杂道路网及交通场景,用于ADAS、主动安全和驾驶模拟器
	ANSYS	ANSYS、Optis	美国	1970	ANSYS:可自定义道路、交通场景、交通流以及车辆动力学参数,实现多传感器、多交通对象、多场景、多环境的实时闭环仿真;Optis:可搭建逼真虚拟现实和闭环仿真平台,实现高质量光学仿真
	ESI	ESI Pro-Sivic	法国	1973	可实现场景编辑,快速定义出危险或典型用户案例,可建立高逼真3D场景,实现传感器仿真
	IPG	Carmaker、TruckMaker	德国	1984	CarMaker:可应用于各种车辆的动力学仿真,车辆参数可任意设定;TruckMaker:可应用于卡车及大型客车的动力学仿真
	MathWorks	MATLAB/Simulink	美国	1984	实现系统建模、感知算法、路径规划算法、控制算法、数学分析、自动代码生成等
	Mechanical Simulation	CarSim	美国	1996	支持SIL、MIL、HIL、DIL仿真及动力学仿真,包含10余种车型的数据集,安装方便易操作
	Mentor	DRS360	德国	1981	仿真系统效率高、成本低,可提供AD及ADAS仿真服务,具备支持L5级自动驾驶的能力
	Oktal	SCANeR Studio	法国	1989	可扩展开放式模块化仿真解决方案,创建极为逼真的虚拟世界
	PTV	PTV Vissim	德国	1979	专注微观交通流仿真,可对车辆和行人等交通参与者及不同交通方式进行交互式仿真
	Quantum Signal AI	ANVEL	美国	1999	支持快速构建虚拟车辆模型,实时仿真及算法开发
	rFpro	rFpro	英国	2007	可提供多样化的公共道路、天气、气候、照明模型,支持动力学、ADAS、自动驾驶系统仿真
	TESIS	TESIS	德国	1988	支持Simulink、RSIM、NI等多种仿真平台,可构建复杂的3D道路模型,支持传感器仿真,具备自动测试并生成测试报告功能
	VI-grade	VI-grade	德国	2005	基于Adams软件技术,支持SIL、HIL及车辆动力学仿真,实时测试及优化汽车性能及车辆动态控制器

续表

分类	企业名称	仿真软件	国家	成立时间	应 用 特 点
初创企业	AAI	AAI	德国	2017	利用人工智能训练产生攻击型、温和型、防御型交通参与者以及现实世界的各种环境
	Cognata	Cognata	以色列	2016	利用人工智能、深度学习和计算机视觉模拟创建真实的交通流量环境和交通模型
	Metamoto	Metamoto	美国	2016	支持传感器仿真、场景编辑，提供云仿真服务（simulation as a service），通过测试边缘场景增加系统可靠性
	Parallel Domain	Parallel Domain	美国	2017	支持各种模型的传感器、动态场景、数据接口以训练自动驾驶系统算法
	RightHook	RightHook	美国	2016	支持高精地图自动重建虚拟场景，交通参与者模型，以及天气、动力学和传感器模拟
	Tass International	PreScan	德国	2013	支持 ADAS 仿真，环境仿真以及 MIL、SIL、HIL 仿真，可设计和评估 V2X、V2I 等通信
	PanoSim	PanoSim	中国	2014	支持场景、车辆、传感器编辑，可进行道路、交通、天气、光照等环境仿真
	沛岱汽车	Pilot-D GaiA	中国	2010	支持路面构建、交通参与者生成、自动测试、天气重现、实时绘制测试车辆数据及多台自动驾驶车辆的交互式仿真
	51WORLD	51Sim-one	中国	2015	可进行大规模城市级仿真及加速仿真，支持 OpenX 标准格式动静态场景

以下重点介绍几种典型的自动驾驶仿真软件。

1.3.1 MATLAB/Simulink

MATLAB 的名称源自 Matrix Laboratory，它是一种科学计算软件，专门以矩阵的形式处理数据。MATLAB 将高性能的数值计算和可视化集成在一起，并提供了大量的内置函数，从而被广泛地应用于科学计算、控制系统、信息处理等领域的分析、仿真和设计工作。

MATLAB 由主程序、Simulink 动态仿真系统和 MATLAB 工具箱等组成。其中主程序包括 MATLAB 语言、工作环境以及应用程序；Simulink 动态仿真系统是一个相互交互的系统，用户制作一个模拟系统，并进行动态控制；而工具箱就是 MATLAB 基本语句的各种子程序和函数库。工具箱又可以分为功能性和学科性工具箱。功能性的工具箱主要用于扩展 MATLAB 的符号计算功能、图形建模功能、文字处理功能和与硬件的实时交互过程，如符号计算工具箱等；学科性的工具箱则有较强的专业性，用于解决特定的问题，如信号处理工具箱、通信工具箱和控制系统工具箱等。

MATLAB 具有高效的数值计算及符号计算功能，能使用户从繁杂的数学运算分析中解脱出来；具有完备的图形处理功能，实现计算结果和编程的可视化；友好的用户界面及接近数学表达式的自然化语言，使学习者易于学习和掌握；功能丰富的应用工具箱（如数据拟合工具箱、系统辨识工具箱、控制系统工具箱、自动驾驶工具箱等），为用户提供了大量方便实用的处理工具。MATLAB 界面如图 1.6 所示。

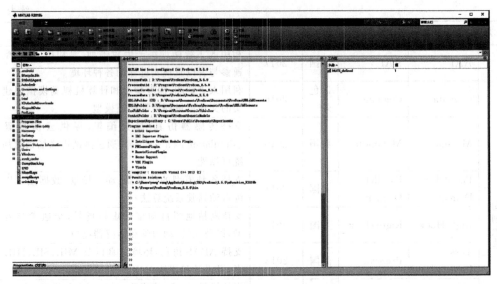

图 1.6 MATLAB 界面

Simulink 是 MATLAB 中的一种可视化仿真开发工具，是一种基于 MATLAB 的框图设计环境，是实现动态系统建模、仿真和分析的一个软件包，被广泛应用于线性系统、非线性系统、数字控制及数字信号处理的建模和仿真中。Simulink 可以用连续采样时间、离散采样时间或两种混合的采样时间进行仿真，它也支持多速率系统，也就是系统中的不同部分具有不同的采样速率。为了创建动态系统模型，Simulink 提供了一个建立模型方块图的图形用户接口（GUI），这个创建过程只需单击和拖动鼠标操作就能完成，它提供了一种更快捷、直接明了的方式，而且用户可以立即看到系统的建模与仿真结果。

基于 MATLAB/Simulink 强大的数据处理能力，其自动驾驶工具箱提供了用于设计、仿真和测试 ADAS 以及自动驾驶系统的算法和工具。自动驾驶工具箱提供了常见 ADAS 的参考应用示例和自动驾驶功能，包括前向碰撞预警（FCW）、自动紧急制动（AEB）、自适应巡航控制（ACC）、车道保持辅助（LKA）和自动泊车（APA），该工具箱支持 C/C++ 自动代码生成，实现快速原型和硬件在环测试，同时还支持传感器融合、多目标跟踪、路径规划和车辆控制算法等应用级功能开发。MATLAB 自动驾驶工具箱主要包括以下功能。

1. 可视化工具

支持以下典型可视化任务：
(1) 显示摄像机视频。
(2) 显示雷达和视觉鸟瞰图。
(3) 显示车道线标记。
(4) 显示激光雷达点云。
(5) 显示道路地图数据。
(6) 多个坐标系之间的变换。
(7) 到 ROS 的实时连接和记录数据的回放。
(8) 到 CAN 总线的实时连接和记录数据的回放。

(9) 到激光雷达的实时连接和记录数据的回放。

如图1.7所示为利用摄像机跟踪多目标车辆的可视化结果。

图1.7 利用摄像机跟踪多目标车辆

2. 构建自动驾驶场景并模拟传感器特性

支持以下典型驾驶构建任务：

(1) 以编程方式构建驾驶场景。
(2) 通过图形化界面构建驾驶场景。
(3) 从场景库中构建驾驶场景。
(4) 模拟雷达、视觉传感器等传感器的检测。
(5) 将场景集成到车辆控制的闭环仿真。
(6) 结合Unreal游戏引擎的仿真测试。

图1.8所示为构建的自动驾驶场景。

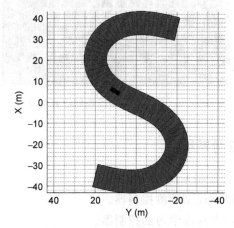

图1.8 自动驾驶仿真场景图

3. 开发自动驾驶感知系统

支持以下典型自动驾驶感知系统开发任务：
(1) 传感器数据标注。
(2) 训练深度学习网络。
(3) 设计雷达检测与跟踪算法。
(4) 设计视觉传感器检测与跟踪算法。
(5) 设计激光雷达检测与跟踪算法。
(6) 设计传感器融合与多目标跟踪算法。
(7) 生成 C/C++ 代码。
(8) 生成 GPU 代码。
利用摄像机实现多目标跟踪结果(见图 1.7)。

4. 开发自动驾驶规划系统

支持以下典型自动驾驶规划开发任务：
(1) 地图可视化。
(2) 提供高精地图接口。
(3) 处理占据栅格地图。
(4) 设计融合定位算法和同步定位与建图 SLAM 算法。
(5) 设计车辆运动规划算法。
(6) 生成 C/C++ 代码。
图 1.9 所示为自动泊车路径规划仿真场景。

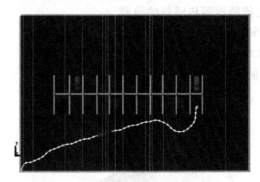

图 1.9 自动泊车路径规划仿真场景

5. 开发自动驾驶控制系统

支持以下典型自动驾驶控制系统开发任务：
(1) 设计车辆纵向与横向模型预测控制器。
(2) 设计基于强化学习和深度学习的控制器。
(3) 开发环境感知算法、决策与规划算法、车辆动力学控制模型。
(4) 实时硬件快速原型。

(5) 生成产品级 C/C++ 代码。
(6) 生成 AUTOSAR 标准代码。
(7) 功能安全 ISO 26262 认证。

图 1.10 所示为横向控制的仿真模型。

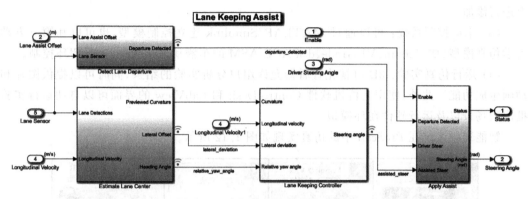

图 1.10　车辆横向控制的仿真模型

1.3.2　PreScan

PreScan 是由 Tass International 研发的一款 ADAS 测试仿真软件，2017 年 8 月被西门子收购。PreScan 是一个以物理模型为基础的模拟平台，由基于 GUI 的、用于定义场景的预处理器和用于执行场景的运行环境构成。工程师用于创建和测试算法的主要界面包括 MATLAB 和 Simulink，可以非常方便地实现 ADAS 和无人驾驶系统的仿真模拟。PreScan 可用于从模型在环(MIL)到利用软件在环(SIL)和硬件在环(HIL)系统进行的实时测试等。PreScan 可在开环、闭环以及离线和在线模式下运行。由于它是一种开放型软件平台，其灵活的界面可连接至第三方的汽车动力学模型(例如：Carsim 和 dSPACE ASM)和第三方的 HIL 模拟器/硬件(例如：ETAS、dSPACE 和 Vector)，非常方便用户实现定制化开发。图 1.11 为 PreScan 软件仿真示例。

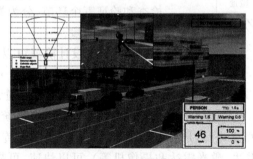

图 1.11　PreScan 软件仿真示例

PreScan 由多个模块组成，使用起来主要分为四个步骤。

(1) 场景搭建：PreScan 提供一个强大的图形编辑器，用户可以使用道路库，交通标牌、树木和建筑物的基础组件库，机动车、自行车和行人的交通参与者库，修改天气条件(如雨、雪和雾等)以及光源(如太阳光、大灯和路灯)来构建丰富的仿真场景。新版的 PreScan 也支持导入 OpenDrive 格式的高精地图,来建立更加真实的场景。

(2) 添加传感器:PreScan 支持种类丰富的传感器建模,包括理想传感器、V2X 传感器、激光雷达、毫米波雷达、超声波雷达、单目和双目相机、鱼眼相机等。用户可以根据自己的需求进行添加。

(3) 添加控制系统:可以通过 MATLAB/Simulink 建立控制模型,也可以和第三方动力学仿真模型(如 Carsim、VI-Grade、dSPACE ASM 的车辆动力学模型)进行闭环控制。

(4) 运行仿真实验:3D 可视化查看器允许用户分析实验的结果,同时可以提供图片和动画生成功能。此外,使用上位机软件 ControlDesk 和 LabView 的界面可以自动运行实验批次的场景以及运行硬件在环模拟。

智能驾驶系统在 PreScan 中的仿真实现如图 1.12 所示。

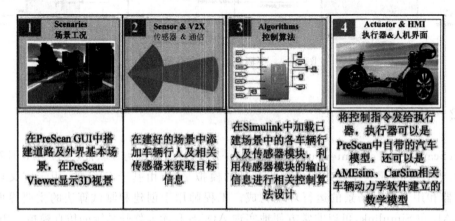

图 1.12　PreScan 仿真流程

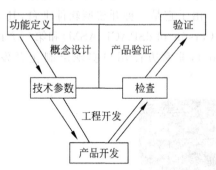

图 1.13　ADAS 产品 V 字形开发流程

PreScan 弥补了现有仿真工具不能可靠地测试整套 ADAS 产品性能的空白,使得 ADAS 产品的开发过程可以满足现代汽车产品 V 字形开发流程,如图 1.13 所示,包括功能定义、技术参数、产品开发、检查和验证五个环节,分为概念设计、工程开发和产品验证三个阶段。

(1) 概念设计阶段可以使用模型在环仿真方法进行开发。

(2) 工程开发阶段,通常情况下控制器逻辑的模拟在包含车辆动力学系统、传感器、执行器和交通场景在内的闭环仿真模型中进行,PreScan 使用经过验证的物理传感器在虚拟的交通场景中模拟各种传感器(如雷达、激光雷达和摄像机等),可以快速、可靠、可重复地分析和研究 ADAS 产品性能,为后续的实验产品检查与验证提供必备的输入和参考。

(3) 产品验证阶段主要对初样进行全面、综合的测试,通过 PreScan 测试后,ADAS 产品将从 PreScan 测试的仿真工况中选择部分工况加载到硬件在环测试系统中,已下载目标代码的 ECU 通过 I/O 接口连接至先前建立的环境模型(硬件在环仿真器),并测试该 ECU

在各种工况下的功能性和稳定性。

基于 PreScan 软件可以非常方便地搭建闭环的硬件在环测试系统,可重复地进行动态仿真;可在试验室里仿真夏季和冬季的道路试验,无需真实的测试环境组件,节约测试成本;可进行临界条件测试和模拟极限工况,如冰雪等低道路附着系数工况,没有实际风险;并可通过软件(仿真模型)、硬件(故障输入模块)模拟各类软硬件故障。在完成关键的硬件在环测试之后,将修正后的控制器连接至真实 I/O 环境,并进行台架试验、道路试验,以验证产品的最终效果。

1.3.3 CarSim/TruckSim/CarMaker

CarSim 还有相关的 TruckSim 和 BikeSim 是美国 Mechanical Simulation 公司开发的强大的动力学仿真软件,被世界各国的主机厂和供应商广泛使用。CarSim 针对四轮汽车、轻型卡车,TruckSim 针对多轴和双轮胎的卡车,BikeSim 针对两轮摩托车(图 1.14)。CarSim 是一款整车动力学仿真软件,包括图形化数据库、车辆数学模型及求解器、绘图器、仿真动画显示器等模块。CarSim 主要从整车动力学角度进行仿真,它内建了相当数量的车辆数学模型,并且这些模型都有丰富的经验参数,用户可以快速使用,免去了繁杂的建模和调参过程。CarSim 模型在计算机上运行的速度可以比实时快 10 倍,可以仿真车辆对驾驶员控制、3D 路面及空气动力学输入的响应,模拟结果高度逼近真实车辆,主要用来预测和仿真汽车整车的操纵稳定性、制动性、平顺性、动力性和经济性。CarSim 自带标准的 MATLAB/Simulink 接口,可以方便地与 MATLAB/Simulink 进行联合仿真,用于控制算法的开发,同时在仿真时可以产生大量数据结果用于后续使用 MATLAB 或者 Excel 进行分析或可视化。CarSim 同时提供了 RT 版本,可以支持主流的 HIL 测试系统,如 dSPACE 和 NI 的系统,方便与第三方软件联合进行 HIL 仿真测试。

中型到重型的卡车、客车和挂车动力学特性的仿真和分析,可以利用 TruckSim 软件包来进行,TruckSim 与 CarSim 在操作上非常相近,但也有一些重要区别。与轿车相比,卡车和客车使用不同的转向系统,而且还会有双轮胎,多轴的布置形式,并有多种的拖车-挂车组合形式。TruckSim 有两个大的类别,一

图 1.14 CarSim 软件仿真界面

种是刚性车体,另一种是车架可扭转,而且带驾驶室悬置。每一个类别里都有 12 种基本的整车布置形式、扭转车架可供选择,如可得到车架的数据,这种结构的模型便可得到更准确的预测结果。如客户需要,可以定制特殊的整车布置形式,在 TruckSim 环境下,所能提供的车型种类几乎涵盖了世界上的大部分卡车和客车类型。

CarMaker 还有相关的 TruckMaker 和 MotorcycleMaker 是德国 IPG 公司推出的动力学、ADAS 和自动驾驶仿真软件。CarMaker 是一款优秀的动力学仿真软件(图 1.15),提供了精准的车辆本体模型(如发动机、底盘、悬架、传动、转向等),还包含有新能源汽车动力系统模型。除此之外,CarMaker 还打造了包括车辆、驾驶员、复杂道路、交通环境的闭环仿真系统。

IPG Road:可模拟多车道、十字路口等多种形式的道路,并可通过配置 GUI 生成锥形、

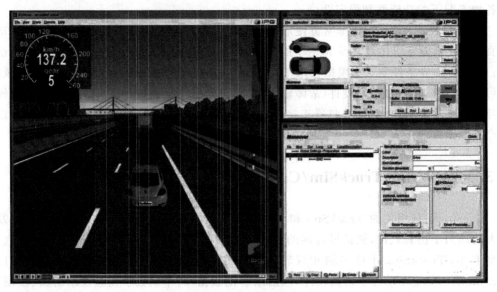

图 1.15 CarMaker 软件仿真界面

圆柱形等形式的路障。可对道路的几何形状以及路面状况(不平度、粗糙度)进行任意定义。

IPG Traffic：是交通环境模拟工具，提供丰富的交通对象(车辆、行人、路标、交通灯、道路施工建筑等)模型。可实现对真实交通环境的仿真。测试车辆可识别交通对象并由此进行动作触发(如限速标志可触发车辆进行相应的减速动作)。

IPG Driver：可提供先进的、自学习的驾驶员模型。可控制在各种行驶工况下的车辆，实现诸如上坡起步、入库泊车以及甩尾反打方向盘等操作。并能适应车辆的动力特性(如不同的驱动形式、变速箱类型等)、道路摩擦系数、风速、交通环境状况，调整驾驶策略。

CarMaker 作为平台软件，可以与很多第三方软件进行集成，如 Adams、AVLCruise、rFpro 等，可利用各软件的优势进行联合仿真。同时 CarMaker 配套的硬件，提供了大量的板卡接口，可以方便地与 ECU 或者传感器进行 HIL 测试。

1.3.4 PanoSim

PanoSim 是新一代汽车智能驾驶模拟仿真软件，且专注于通过模拟仿真技术实现汽车虚拟研发的一体化工具与平台(图 1.16)，提供包括离线仿真(offline simulation)、实时-软硬件在环仿真(RT-SIL/HIL simulation)和驾驶员在环仿真(RT-DIL Simulation)等在内的多平台、全流程解决方案，支持覆盖的应用范围既包含传统汽车性能设计、开发和验证(例如汽车底盘和整车性能开发、汽车动力性能开发、汽车电控系统设计与开发等)，又包含新兴汽车智能辅助驾驶与主动安全技术与产品研发(例如环境传感与感知、数据融合、ADAS 研发测试与验证、V2X 与车联网、无人驾驶等)。

PanoSim 集车辆动力学模型、汽车三维行驶环境模型、汽车行驶交通模型、车载环境传感模型、无线通信模型、GPS 和数字地图模型、MATLAB/Simulink 仿真模型自动生成、图形与动画后处理工具等于一体，基于精确与高效兼顾的物理建模和数值仿真原则，利用先进

图 1.16　PanoSim 仿真场景

的虚拟现实技术逼真地模拟汽车驾驶的各种环境和工况;并基于几何模型与物理建模相结合的建模理念建立了高精度的环境感知模型,以支持数字仿真环境下汽车动力学与性能、汽车电子电控系统、智能辅助驾驶与主动安全系统、环境感知、自动驾驶技术等产品的研发、测试和验证。其涉及的关键技术主要包括以下几个方面:

(1) 高精度和高效车辆动力学建模技术:高精度底盘(制动、转向和悬架)和动力总成(发动机和动力传动系统等)建模技术,高精度轮胎建模技术与驾驶员建模技术等,高精度转向力感模拟技术和高精度模拟器动感模拟技术等,以支持对汽车行驶动力性、舒适性和操控稳定性模拟仿真,包括大非线性和极限工况下汽车性能的模拟与仿真。

(2) 复杂汽车行驶环境及环境传感器建模技术:基于模型和图像混合建模的方法,以支持对车载相机、视觉成像和图像处理等的模拟和仿真;提供三维数字虚拟试验场景建模与编辑功能,支持对道路及道路纹理、车道线、交通标志与设施、天气、夜景等汽车行驶环境的建模与编辑,包括复杂天气对雷达电磁波传播和图像成像的影响(风、雨、雪、雾、冰雹等);包括对车载雷达及其检测的模拟技术,对雷达电磁波发射、传播、反射和接收机理的模拟,以及对雷达散射面积的估算模型等。此外,PanoSim 产品的关键技术还包括对汽车行驶道路和道路网络拓扑结构、数字地图、GPS 导航、交通标记和信号、汽车行驶场景等的模拟;支持车车通信的车载无线通信信道建模和支持车联网的无线路由及无线通信网络建模等关键技术。

(3) 完整性和一体化的模拟仿真技术:PanoSim 产品的关键技术在于建立一个高效、完整和一体化的模拟仿真平台,打造从离线仿真、实物/硬件在环和驾驶员在环等实时仿真到实车测试的无缝工具链和数据链,形成基于该平台的汽车新产品、新技术开发在不同阶段、不同环节和不同需求下的分析、设计、测试和验证等一体化研发流程,并形成一个支持先进技术和产品开发的高效、完整和一体化的技术产品开发体系。

1.3.5　Apollo

百度 Apollo 仿真平台作为百度 Apollo 平台的一个重要组成部分,一方面用来支撑内部 Apollo 系统的开发和迭代,另一方面为 Apollo 生态的开发者提供基于云端的决策系统仿真服务。Apollo 仿真平台是一个搭建在百度云和 Azure 的云服务,可以使用用户指定的 Apollo 版本在云端进行仿真测试(图 1.17)。Apollo 仿真场景可分为 Worldsim 和 Logsim。Worldsim 是由人为预设的道路和障碍物构成的场景,可以作为测试单元简单高效的测试自动驾驶车辆,而 Logsim 是由路测数据提取的场景,真实反映实际交通环境中复杂多变的障碍物和交通状况。Apollo 仿真平台也提供较为完善的场景,通过判别系统,可以从交通规则、动力学行为和舒适度等方面对自动驾驶算法的表现做出评价。

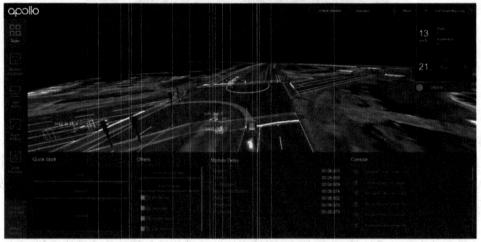

图 1.17　Apollo 仿真界面

Apollo 与 Unity 建立了合作关系，开发了基于 Unity 的真实感虚拟环境仿真，可以提供 3D 的虚拟环境，以及模拟道路和天气的变化。最近，百度也提出了一种新的数据驱动方法，用于自动驾驶的端到端仿真——增强自主驾驶模拟（AADS）。此方法利用模拟的交通流来增强真实世界的图像，以创建类似于真实世界渲染的照片般逼真的模拟场景。具体来说，建议使用激光雷达（LiDAR）和相机扫描街景，将输入数据分解为背景、场景照明和前景对象；同时，提出了一种新的视图合成技术，可以在静态背景上改变视点。前景车辆配有计算机 3D 模型。通过精确估计的室外照明，可以重新定位 3D 车辆模型，计算机生成行人和其他可移动主体，并将其渲染回背景图像，以创建逼真的街景图像。此外，模拟交通流量，合成物体的放置和移动，捕获真实世界的车辆轨迹，这些轨迹看起来很自然并且能够捕捉现实世界场景的复杂性和多样性。

目前，百度 Apollo 仿真平台提供约 200 个场景：

(1) 不同的路型，包括十字路口、调头、直道、三岔路口、弯道。

(2) 不同的障碍物类型，包括行人、机动车、非机动车及其他。

(3) 不同的道路规划，包括直行、调头、变道、左转、右转、并道。

(4) 不同的红绿灯信号，包括红灯、黄灯、绿灯。

1.3.6　Autoware

Autoware 是一个开源协作项目，由 Autoware Foundation 启动、发展和资助。目前该基金会运营三个项目：Autoware.AI、Autoware.Auto 和 Autoware.IO。其中，Autoware.AI 旨在为用户提供一个开源的自动驾驶研发平台，是由 Tier Ⅳ 和东京大学的 Shinpei Kato 在 2015 年创立的 Autoware 项目发展而来；Autoware.Auto 用于可认证的自动驾驶软件堆栈；而 Autoware.IO 则专注于车辆控制接口以及连接外部软件和硬件工具。

Autoware 是世界上第一款用于自动驾驶汽车的"一体化"开源软件，也是世界上第一个用于自动驾驶技术的"多合一"开源软件,同时可以提供丰富的开发和使用资源。Autoware 主要包含以下四个模块(图 1.18):

(1) 定位(localization):通过结合全球导航卫星系统(global navigation satellite system,GNSS)和 IMU 传感器的 3D 地图和 SLAM 算法来实现定位。

(2) 检测(detection):使用具有传感器融合算法和深度神经网络的摄像机以及 LiDAR。

(3) 预测和规划(prediction and planning):基于概率机器人技术和基于规则的决策规划系统,部分子系统还使用深度神经网络。

(4) 控制(control):Autoware 向车辆底盘输出的是速度和角速度的扭曲量。尽管控制量的主要部分通常位于车辆的线控控制器中,但这些是自动驾驶控制策略输出的一部分。

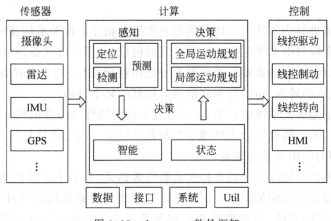

图 1.18 Autoware 软件框架

1.4 本章小结

基于计算机模拟仿真技术的智能驾驶车辆系统仿真测试具有可复现性好、不受环境限制、可代替危险性试验、开发周期短的优点,在智能驾驶汽车开发与测试过程中所发挥的作用越来越重要,现已成为智能驾驶汽车开发过程中不可或缺的技术手段。本章对智能驾驶汽车仿真技术的主要构成、仿真平台行业现状进行了简单回顾。

思 考 题

1. 智能驾驶仿真系统的组成包含哪些部分?
2. 搭建智能驾驶仿真系统的流程是什么?
3. 车辆动力学的研究范畴主要包含哪些内容?

第 2 章

机电系统建模与仿真基础

2.1 概　　述

系统是由客观世界中实体与实体间的相互作用和相互依赖关系构成的具有某种特定功能的有机整体。实际机电系统是指由相互关联的机械、电子或电气部件组成的一个整体,以实现特定的目标,例如,电机驱动自动控制系统是由执行部件、功率转换部件和检测部件所组成,用来完成电机的转速、角位置和其他参数控制的某个目标。

如果考虑定量地研究系统的行为,可以将其本身的特性及内部的相互关系抽象出来,构造出系统的模型。系统的模型分为物理模型和数学模型。由于计算机技术的迅速发展和广泛应用,数学模型的应用越来越普遍。

系统的数学模型是描述系统动态特性的数学表达式,用来表示系统运动过程中各个量的关系,是分析、设计系统的依据。根据数学模型所描述的系统的运动性质来划分,可以分为连续系统、离散时间系统、离散事件系统和混杂系统等;还可以细分为线性、非线性、定常、时变、集中参数、分布参数、确定性和随机等子类。

系统仿真是根据被研究的真实系统的数学模型研究系统性能的一门学科,现在尤指利用计算机研究数学模型行为的方法。计算机仿真的基本内容包括系统建模、模型参数辨识、控制算法设计、计算机程序设计与仿真结果显示、分析与验证等环节。

在系统仿真技术的诸多环节中,算法和计算机程序设计是很重要的一个环节,它直接决定了原来的问题是否能够正确地求解。利用 MATLAB/Simulink 进行复杂机电系统建模与分析,可以建立更趋近于真实的非线性模型,比如考虑摩擦中的各个影响因素、空气阻力、齿轮传动损耗以及其他描述真实世界中各种现象的干扰因素等。本章将介绍 MATLAB/Simulink 在系统建模与仿真领域的应用实例。

2.2 插值问题

数据插值是指由有限个原始数据点,构造一个解析表达式,由此计算数据点之间的函数值。MATLAB 中的数据插值方法主要有拉格朗日插值、牛顿插值、三次样条插值、埃尔米特插值、一维插值等。

2.2.1 拉格朗日插值

拉格朗日插值是指在节点上给出节点基函数,然后做基函数的线性组合,组合系数为节点函数值的一种插值多项式。拉格朗日插值多项式可表示为

$$L(x) = \sum_{i=0}^{n} y_i l_i(x) \tag{2-1}$$

式中,$L(x)$ 为拉格朗日插值多项式函数,y_i 为已知函数 $f(x)$ 在 x_i 点处的函数值,n 为插值多项式的次数,$l_i(x)$ 为拉格朗日插值基函数,其表达式为

$$l_i(x) = \frac{(x-x_0)(x-x_1)\cdots(x-x_{i-1})(x-x_{i+1})\cdots(x-x_n)}{(x_i-x_0)(x_i-x_1)\cdots(x_i-x_{i-1})(x_i-x_{i+1})\cdots(x_i-x_n)} \tag{2-2}$$

MATLAB 中没有现成的拉格朗日插值函数,必须编写 M 文件实现拉格朗日插值,程序如下所示。则直接调用此函数 function [y,R]=lagranzi(X,Y,x) 即为拉格朗日插值及误差函数,其中,y 为插值结果,R 为插值误差;X、Y 为已知数据样本点,x 为拟求的插值点。

```
function [y,R] = lagranzi(X,Y,x)
n = length(X);m = length(x);
y = zeros(1,m);R = zeros(1,m);
for i = 1:m
    z = x(i);
    s = 0;
    for k = 1:n
        p = 1;q1 = 1;c1 = 1;
        for j = 1:n
            if j~ = k
                p = p * (z - X(j))/(X(k) - X(j));
            end
            q1 = abs(q1 * (z - X(j)));
            c1 = c1 * j;
        end
        s = p * Y(k) + s;
    end
    y(i) = s;
    R(i) = q1/c1;
end
```

例 2.1 已知数据 X=[−2.2,−1,0.01,1,2,3.3,2.2],Y=[17.1,7.3,1.1,2,17.1,23.1,19.3],求 x=2.8 时 y 的近似值,并估算其误差;绘制拉格朗日多项式插值曲线。

在 MATLAB 命令行窗口输入以下程序,可得 x=2.8 时 y 的近似值为 21.0578,其估算误差为 0.0045。同时,拉格朗日多项式插值曲线如图 2.1 所示。由图可见,利用插值基函数得到的拉格朗日插值多项式结构紧凑,便于理论分析,易于编程求解。

```
clear,clc
X = [ - 2.2, - 1,0.01,1,2,3.3,2.2];Y = [17.1,7.3,1.1,2,17.1,23.1,19.3];
```

```
x = linspace( - 3,4,50);[y,R] = lagranzi(X,Y,x) ;
errorbar(x,y,R,'.g')
hold on
plot(X,Y,'or')
x0 = 2.8;[y0,R0] = lagranzi(X,Y,x0)
xi = - 3:0.01:4;[yi,Ri] = lagranzi(X,Y,xi);
plot(xi,yi)
legend('误差','样本点','拉格朗日多项式函数曲线')
grid on
print(gcf,' - r600',' - djpeg','figure1.jpg')
```

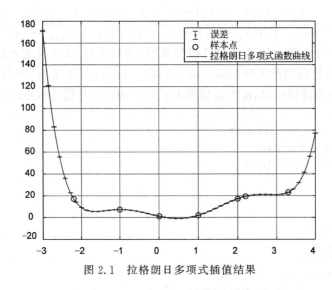

图 2.1　拉格朗日多项式插值结果

2.2.2　牛顿插值

牛顿插值法是曲线拟合插值法中的一种,适合在所有的数据都精确的情况下使用。牛顿插值引入了差商的概念,使其在插值节点增加时便于计算。

设函数 $f(x)$ 表示为

$$f(x) = f(x_0) + f[x_0,x_1](x-x_0) + f[x_0,x_1,x_2](x-x_0)(x-x_1) + \cdots + \\ f[x_0,x_1,x_2,\cdots,x_n](x-x_0)(x-x_1)\cdots(x-x_{n-1}) + \\ f[x,x_0,x_1,x_2,\cdots,x_n](x-x_0)(x-x_1)\cdots(x-x_{n-1})(x-x_n) \\ = N_n(x) + R_n(x) \tag{2-3}$$

其中,$f[x_0,x_1] = \dfrac{f(x_1)-f(x_0)}{x_1-x_0}$ 为 $f(x)$ 的一阶差商,$f[x_0,x_1,x_2] = \dfrac{f[x_0,x_2]-f[x_0,x_1]}{x_2-x_1}$ 为 $f(x)$ 的二阶差商,$f[x_0,x_1,x_2,\cdots,x_n] = \dfrac{f[x_0,x_1,\cdots,x_{n-2},x_n]-f[x_0,x_1,\cdots,x_{n-2},x_{n-1}]}{x_n-x_{n-1}}$ 为 $f(x)$ 的 n 阶差商,$N_n(x)$ 为牛顿

均差插值多项式，$R_n(x)$ 为牛顿均差插值多项式的截断误差，其中 $N_n(x)$ 和 $R_n(x)$ 的表达式为

$$N_n(x) = f(x_0) + f[x_0,x_1](x-x_0) + f[x_0,x_1,x_2](x-x_0)(x-x_1) + \cdots +$$
$$f[x_0,x_1,x_2,\cdots,x_n](x-x_0)(x-x_1)\cdots(x-x_{n-1})$$

$$R_n(x) = f[x,x_0,x_1,x_2,\cdots,x_n](x-x_0)(x-x_1)\cdots(x-x_{n-1})(x-x_n) \quad (2\text{-}4)$$

特别地，当 $n=1$ 时，函数 $f(x)$ 可以表示为

$$f(x) = f(x_0) + f[x_0,x_1](x-x_0) + f[x,x_0,x_1](x-x_0)(x-x_1) \quad (2\text{-}5)$$

牛顿一次插值多项式为

$$N_1(x) = f(x_0) + f[x_0,x_1](x-x_0) = y_0 + \frac{y_1-y_0}{x_1-x_0}(x-x_0) \quad (2\text{-}6)$$

牛顿插值及其误差估计的 MATLAB 程序如下。

```
function [y,R,C,L] = newton(X,Y,x)
n = length(X);m = length(x);y = zeros(1,m);R = zeros(1,m);
for t = 1:m
    z = x(t);
    A = zeros(n,n);A(:,1) = Y';
    q1 = 1;c1 = 1;
    for j = 2:n
        for i = j:n
            A(i,j) = (A(i,j-1) - A(i-1,j-1))/(X(i) - X(i-j+1));
        end
        q1 = abs(q1 * (z - X(j-1)));
        c1 = c1 * j;
    end
    C = A(n,n);
    q1 = abs(q1 * (z - X(n)));
    for k = (n-1):-1:1
        C = conv(C,poly(X(k)));
        d = length(C);
        C(d) = C(d) + A(k,k);
    end
    y(t) = polyval(C,z);
    R(t) = q1/c1;
end
L = poly2sym(C);L = vpa(L,3)
```

function[y,R,C,L]=newton(X,Y,x) 即为牛顿插值函数，其中，y 为插值，R 为误差，C 为牛顿插值多项式系数，L 为牛顿插值多项式，X、Y 为已知数据样本，x 为拟插值点。

例 2.2 已知数据 X=[0,0.523,0.785,1.047,1.57]，Y=[0,0.5,0.707,0.866,1]，用牛顿插值求 x=0.698 时 y 的近似值，并估算其误差；绘制牛顿多项式插值函数曲线。

在 MATLAB 命令行窗口输入以下程序，可得 x=0.698 时 y 的近似值为 0.643，其估算误差为 2.6951e-5。同时，牛顿多项式插值函数曲线如图 2.2 所示。牛顿插值的优点在于它比拉格朗日插值计算量小，便于程序设计，而且具有递进性，每增加一个节点，牛顿插值多

项式只增加一项,克服了拉格朗日插值的缺点。

```
clear,clc
X = [0,0.523,0.785,1.047,1.57];Y = [0,0.5,0.707,0.866,1];
x = linspace(0,3.14,50);[y,R,C,L] = newton(X,Y,x);
errorbar(x,y,R,'.g')
hold on
plot(x,y,'or')
x0 = 0.698;[y0,R0] = newton(X,Y,x0)
xi = 0:0.01:3.14;Li = 0.025 * xi.^4 - 0.191 * xi.^3 + 0.00587 * xi.^2 + 1.0 * xi;
plot(xi,Li)
legend('误差','样本点','牛顿多项式函数曲线')
grid on
print(gcf,'-r600','-djpeg','figure2.jpg')
```

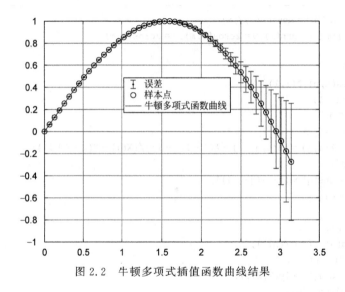

图 2.2　牛顿多项式插值函数曲线结果

2.2.3　三次样条插值

三次样条插值是通过一系列数值点的一条光滑曲线,数学上通过求解三弯矩(二阶导数)方程组得出曲线函数组的过程。给定区间$[a,b]$上的一个划分$a=x_0<x_1<\cdots<x_{n-1}<x_n=b$,如果函数$S(x)$满足下列条件:

(1) 在每一小区间上是三次多项式;
(2) 在每个节点上具有二阶连续导数;
(3) $S(x_i)=y_i$。

则称$S(x)$是$f(x)$在该区间上关于该划分的一个三次样条函数。

三次样条插值的MATLAB实现三次样条插值函数的命令格式如下:

$$yi = \text{spline}(x,y,xi)$$

其中,yi 为获得的插值,x、y 分别为已知样本点,xi 为插值节点。

例 2.3 已知数据 x=[1,2,3,4,5,6,7,8,9,10,11,12],y=[5,8,9,15,25,29,31,30,22,25,27,24],用三次样条插值法求 x=5.5 时 y 的近似值;绘制三次样条插值函数曲线。

在 MATLAB 命令行窗口输入以下程序,可得当 x=5.5 时 y 的近似值为 27.6830。同时,三次样条插值函数曲线如图 2.3 所示。可见,三次样条插值函数曲线具有很好的光滑度,而且当节点逐渐加密时,其函数值在整体上能很好地逼近被插函数,相应的导数值也收敛于被插值函数的导数,因此三次样条插值在计算机辅助设计中有广泛的应用。

```
clear,clc
x = 1:12;y = [5,8,9,15,25,29,31,30,22,25,27,24];
x0 = 5.5;y0 = spline(x,y,x0)
xi = 1:0.1:12;yi = spline(x,y,xi);
plot(x,y,' + ',xi,yi,'r')
legend('样本点','三次样条插值函数曲线')
grid on
print(gcf,' - r600',' - djpeg','figure3.jpg')
```

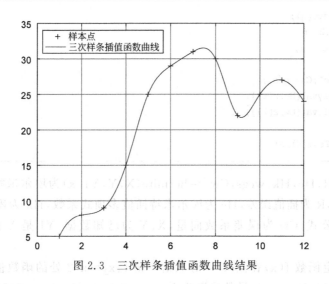

图 2.3 三次样条插值函数曲线结果

2.2.4 埃尔米特插值

埃尔米特插值是指在给定的节点处,不但要求插值多项式的函数值与原函数值相等,同时还要求插值多项式的一阶甚至指定阶的导数值也与被插值函数的相应阶导数值相等。设函数 $f(x)$ 在区间 $[a,b]$ 上有一阶连续导数,且有 $n+1$ 个互异点 $x_0,x_1,x_2,\cdots,x_n \in [a,b]$,如果存在至多为 $2n+1$ 阶的多项式 $H_{2n+1}(x)$ 满足

$$\begin{cases} H_{2n+1}(x_j) = f(x_j) \\ H'_{2n+1}(x_j) = f'(x_j) \end{cases}, \quad j=0,1,\cdots,n \tag{2-7}$$

则 $H_{2n+1}(x)$ 为函数 $f(x)$ 在点 $x_0,x_1,x_2,\cdots,x_n$ 处的 $2n+1$ 阶埃尔米特插值多项式。

埃尔米特插值及其误差估计的 MATLAB 程序如下。

```
function [y, R, Hc, Hk, wcgs, Cw] = hermite(X, Y, Y1, x)
n = length(X); m = length(x);
for t = 1:m
    z = x(t); H = 0; q = 1; c1 = 1;
    for k = 1:n
        s = 0; V = 1;
        for i = 1:n
            if k ~= i
                s = s + (1/(X(k) - X(i)));
                V = conv(V, poly(X(i)))/(X(k) - X(i));
            end
        end
        h = poly(X(k)); g = ([0,1] - 2 * h * s);
        G = g * Y(k) + h * Y1(k); H = H + conv(G, conv(V, V));
        b = poly(X(k)); b2 = conv(b, b); q = conv(q, b2);
    end
    Hc = H;
    Q = poly2sym(q);
    for i = 1:2 * n
        c1 = c1 * i;
    end
    wcgs = Q/c1; Cw = q/c1;
    y(t) = polyval(Hc, x(t));
    R(t) = polyval(Cw, x(t));
end
Hk = vpa(poly2sym(H), 3)
```

function[y, R, Hc, Hk, wcgs, Cw]=hermite(X, Y, Y1, x)为埃尔米特插值函数。y 为向量 x 处的插值，R 为插值误差，Hc 为埃尔米特插值多项式系数，Hk 为埃尔米特插值多项式，wcgs 为误差公式，Cw 为误差系数向量，X、Y 为已知数据，Y1 是 Y 的导数，x 为拟插值点。

例 2.4 给定函数 $f(x)$ 在点 $x_0=\pi/6$、$x_1=\pi/4$、$x_2=\pi/2$ 处的函数值分别为 $f(x_0)=0.5$、$f(x_1)=0.7071$、$f(x_2)=1$，导数分别为 $f'(x_0)=0.866$、$f'(x_1)=0.7071$、$f'(x_2)=0$，用埃尔米特插值法求 $x=2\pi/9$ 时 y 的近似值，绘制埃尔米特插值函数曲线。

在 MATLAB 命令行窗口输入以下程序，可得当 $x=2\pi/9$ 时 y 的近似值为 0.6428。同时，输出埃尔米特插值函数的表达式为 $y=0.00503*x\char`\^5+0.00917*x\char`\^4-0.177*x\char`\^3+0.00638*x\char`\^2+0.998*x+2.29e-4$。埃尔米特插值函数曲线如图 2.4 所示。

```
clear, clc
X = [pi/6, pi/4, pi/2]; Y = [0.5, 0.7071, 1]; Y1 = [0.866, 0.7071, 0];
x0 = 2 * pi/9; [y0, R0, Hc, Hk, wcgs, Cw] = hermite(X, Y, Y1, x0);
plot(X, Y, 'or')
hold on
x = 0:0.01:3.14;
```

```
y = 0.00503 * x.^5 + 0.00917 * x.^4 - 0.177 * x.^3 + 0.00638 * x.^2 + 0.998 * x + 2.29e - 4;
plot(x,y)
legend('样本点','埃尔米特插值函数曲线')
grid on
print(gcf,'-r600','-djpeg','figure4.jpg')
```

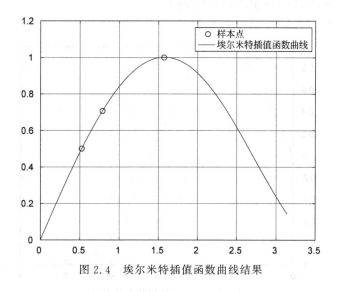

图 2.4　埃尔米特插值函数曲线结果

2.2.5　一维插值

已知平面上的离散点数据集，即已知在点集 X 上对应的函数值 Y（其图形为一曲线），构造一个解析函数，通过这些样本点能够求出这些点之间的其他采样点处的数值，这一过程称为一维插值。MATLAB 中的一维插值方法有 4 种，分别是线性插值(linear)、最邻近插值(nearest)、三次样条插值(spline)和立方插值(pchip)。其中，线性插值是指插值的结果是一条条线段；最邻近插值是指如果 xi 离 x 最近，则 yi 离 y 最近；三次样条插值如前所述，所得图形为光滑曲线，并且是二阶光滑的；立方插值是指进行保形分段三次插值，插值是分段进行的，所以不会出现三次样条插值曲线上下振动的情况。

一维插值在 MATLAB 中有插值函数，可直接调用。一维数据插值的命令格式如下：

$$yi = interp1(x,y,xi,'method')$$

其中，yi 为插值结果，x、y 为原始数据点，xi 为想要插值的数据点，method 为插值方法，可以选择线性插值、最邻近插值、三次样条插值和立方插值，默认采用的是线性插值。注意：所有的插值方法都要求 x 是单调的，并且 xi 不能超过 x 的取值范围。

例 2.5　对正弦函数 y＝sinx 进行一维数据插值。

在 MATLAB 命令行窗口输入以下程序，一维插值结果如图 2.5 所示。

```
clear,clc
x = 0:0.5:2 * pi;y = sin(x);
```

```
xi = linspace(0,2 * pi,50);
plot(x,y,' * ')
hold on
yi = interp1(x,y,xi,'linear');
plot(xi,yi)
grid on
print(gcf,' - r600',' - djpeg','figure5.jpg')
```

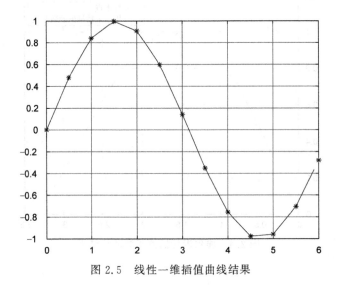

图 2.5　线性一维插值曲线结果

已知点集在三维空间中的点的插值就是二维插值问题,与一维插值问题相类似。MATLAB 中的二维插值方法有 4 种,分别是线性插值(linear)、最邻近插值(nearest)、三次样条插值(spline)和立方插值(pchip)。二维插值在 MATLAB 中有插值函数,可直接调用。二维数据插值的命令格式如下:

$$zi = interp2(x,y,z,xi,yi,'method')$$

其中,x、y、z 为原始数据样本点,xi、yi 为想要插值的数据点,method 为插值方法,zi 为插值的结果。

2.3　拟合问题

数据拟合又称曲线拟合,是一种把现有数据通过数学方法形成一个数学表达式的方式。针对科学和工程问题可以通过诸如采样、实验等方法获得若干离散的数据,根据这些数据,往往希望得到一个连续的函数(也就是曲线)或者更加密集的离散方程与已知数据相吻合,这个过程就称为拟合。MATLAB 的曲线拟合主要有两种方式:一是利用曲线拟合函数或者自定义函数;二是利用曲线拟合工具箱(curve fitting toolbox)。

2.3.1　线性拟合

在实际应用中,大多数传感器特性都可以假设为线性的,比如热敏电阻和温度的映射关系式,在这些传感器使用之前需要对其进行标定。在实际车辆工程应用中,也有可能会遇到其他需要标定的线性系统,假设通过试验确定了系统在不同输入 u 的情况下的输出 y,通过多次测量获得了一组量测数据 (u_i, y_i)。由于每次测量中,不可避免地含有随机测量误差,因此想寻找一个函数 $y = f(u)$ 来真实地表达输出 y 和输入 u 之间的关系。假设其线性模型结构为

$$y = a + bu \tag{2-8}$$

其中,a 和 b 为待辨识的参数。如果测量没有误差,只需要两个不同输入下的输出测量值,便可以直接解出 a 和 b,但是由于每次测量中总存在随机误差,即

$$y_i = a + bu_i + v_i \tag{2-9}$$

其中,u_i 和 y_i 为量测数据,v_i 为随机误差(测量噪声)。

当采用每一次测量误差的平方的和最小时,即

$$\min J = \sum_{i=1}^{N} v_i^2 = \sum_{i=1}^{N} [y_i - (a + bu_i)]^2 \tag{2-10}$$

根据 J 最小化来估计 a 和 b,即为最小二乘法辨识参数。利用极值存在条件:

$$\begin{cases} \dfrac{\partial J}{\partial a} = -2 \sum_{i=1}^{N} [y_i - (a + bu_i)] = 0 \\ \dfrac{\partial J}{\partial b} = -2 \sum_{i=1}^{N} u_i [y_i - (a + bu_i)] = 0 \end{cases} \tag{2-11}$$

即

$$\begin{cases} Na + b \sum_{i=1}^{N} u_i = \sum_{i=1}^{N} y_i \\ a \sum_{i=1}^{N} u_i + b \sum_{i=1}^{N} u_i^2 = \sum_{i=1}^{N} u_i y_i \end{cases} \tag{2-12}$$

解方程可得最优线性回归

$$\begin{cases} \hat{a} = \dfrac{\sum_{i=1}^{N} u_i^2 \sum_{i=1}^{N} y_i - \sum_{i=1}^{N} u_i y_i \sum_{i=1}^{N} u_i}{N \sum_{i=1}^{N} u_i^2 - (\sum_{i=1}^{N} u_i)^2} \\ \hat{b} = \dfrac{N \sum_{i=1}^{N} u_i y_i - \sum_{i=1}^{N} u_i \sum_{i=1}^{N} y_i}{N \sum_{i=1}^{N} u_i^2 - (\sum_{i=1}^{N} u_i)^2} \end{cases} \tag{2-13}$$

从而完成了模型(2-8)的线性拟合。

2.3.2 多项式拟合

多项式曲线拟合就是利用多项式函数拟合数据点。假设多项式函数为

$$y = a_0 + a_1 x + \cdots + a_m x^m = \sum_{j=0}^{m} a_j x^j \tag{2-14}$$

根据 n 个样本数据点可得

$$\begin{cases} y_1 = a_0 + a_1 x_1 + \cdots + a_m x_1^m = \sum_{j=0}^{m} a_j x_1^j \\ y_2 = a_0 + a_1 x_2 + \cdots + a_m x_2^m = \sum_{j=0}^{m} a_j x_2^j \\ \vdots \\ y_n = a_0 + a_1 x_n + \cdots + a_m x_n^m = \sum_{j=0}^{m} a_j x_n^j \end{cases} \quad (2\text{-}15)$$

构造中间变量

$$A = \begin{bmatrix} a_0 \\ a_1 \\ \vdots \\ a_m \end{bmatrix}, \quad X = \begin{bmatrix} 1 & x_1 & \cdots & x_1^m \\ 1 & x_2 & \cdots & x_2^m \\ \vdots & \vdots & & \vdots \\ 1 & x_n & \cdots & x_n^m \end{bmatrix}, \quad Y = \begin{bmatrix} y_1 \\ y_2 \\ \vdots \\ y_n \end{bmatrix} \quad (2\text{-}16)$$

则多项式函数可转化为线性代数形式,即

$$Y = XA \quad (2\text{-}17)$$

式(2-17)即为多项式拟合的超定方程式,解该超定方程即可求得多项式拟合结果,其最小二乘解为

$$A = (X^\mathrm{T} X)^{-1} X^\mathrm{T} Y \quad (2\text{-}18)$$

进而完成多项式拟合模型(2-14)的求解。

考虑到实际问题的特点以及测量误差与干扰等,在求解多项式曲线(2-14)拟合问题时需要考虑很多约束条件,而利用解超定方程的方法求得的结果(2-18)忽略实际问题中的各类约束条件,因此,该方法不一定适用于所有的实际情况。所以,利用优化的思想求解多项式曲线(2-14)的拟合问题,即求解如下所示的优化问题:

$$\underset{A}{\operatorname{argmin}} \| Y - XA \|^2 \quad (2\text{-}19)$$

并将该优化问题(2-19)转化为标准的二次规划问题,即

$$\underset{A}{\operatorname{argmin}} f(A) = \frac{1}{2} A^\mathrm{T} X^\mathrm{T} X A - Y^\mathrm{T} X A$$

$$\text{s.t.} \ A_{\min} \leqslant A \leqslant A_{\max} \quad (2\text{-}20)$$

其中,$A_{\max}$ 和 $A_{\min}$ 分别为模型参数 A 的上限值与下限值。求解二次规划问题(2-20),即实现多项式拟合模型(2-14)的求解。

2.3.3 曲线拟合工具箱

实际上,MATLAB 提供了一个强大的多项式曲线拟合函数 polyfit,该函数的调用格式如下:

$$p = \text{polyfit}(x, y, m)$$

其中,p 为拟合多项式输出系数,x、y 为输入同长度的数组,m 为拟合多项式的系数。多项式曲线求值的函数格式如下:

$$y = \text{polyval}(p, x)$$

该函数表示为返回对应自变量 x 在给定系数 p 的多项式的值。

例 2.6 对函数 $2\ln(1+x)$ 在 $[0,1]$ 的采样数据进行多项式拟合,并分别绘制拟合曲线和理论曲线的对比结果。

在 MATLAB 命令行窗口输入以下程序,则利用 polyfit 函数拟合所得的多项式表达式为 $0.2158x^3 - 0.7947x^2 + 1.9651x + 0.0009$,拟合结果曲线如图 2.6 所示。

```
clear,clc
x = 0:0.1:1;y = 2 * log(1 + x);
p = polyfit(x,y,3);yi = polyval(p,x);
plot(x,y,'r-')
hold on
plot(x,yi,'ko')
xlabel('x');ylabel('y')
legend('理论曲线','拟合曲线')
grid on
print(gcf,'-r600','-djpeg','figure6.jpg')
```

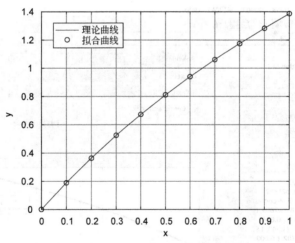

图 2.6 多项式拟合结果

MATLAB 有一个功能强大的曲线拟合工具箱 cftool,使用方便,能实现多种类型的线性、非线性曲线拟合。MATLAB 的曲线拟合工具箱可提供表 2.1 所示的拟合类型。

表 2.1 曲线拟合工具箱可拟合的曲线类型

曲线类型	作用描述
Custom Equations	支持用户自定义拟合函数。如果用户选择 Custom Equations,则弹出自定义函数等式窗口,可构造任意形式的等式。用户根据需要定义函数类型,默认的输入函数类型为 $a*\exp(-b*x)+c$
Exponential	指数函数拟合,提供两种类型拟合函数,分别是 $a*\exp(b*x)$ 和 $a*\exp(b*x) + c*\exp(d*x)$
Fourier	傅里叶函数拟合,最高可以拟合到 8 阶

续表

曲线类型	作用描述
Gaussian	高斯函数拟合，最高可以拟合到 8 阶
Interpolant	插值拟合，包括线性插值(linear)、最邻近插值(nearest)、三次样条插值(cubic)和保形插值(shape)
Polynomial	多项式函数拟合，最高可以拟合到 9 阶
Power	幂函数拟合，有两种类型，分别是 ax^b 和 ax^b+c
Rational	有理函数拟合，分子最高可以拟合 5 次多项式，分母最高可以拟合 5 次多项式，最多包含 30 种类型(分子多项式 6 种、分母多项式 5 种)
Smoothing spline	平滑样条拟合
Sum of sin	正弦函数拟合，最高可以拟合到 8 阶
Weibull	韦布尔拟合

针对例 2.6 中的多项式拟合问题，利用曲线拟合工具箱求解的结果如图 2.7 所示，其中，函数类型选择 Polynomial，设置 3 阶，cftool 拟合求解的结果与 polyfit 拟合求解的结果相同。

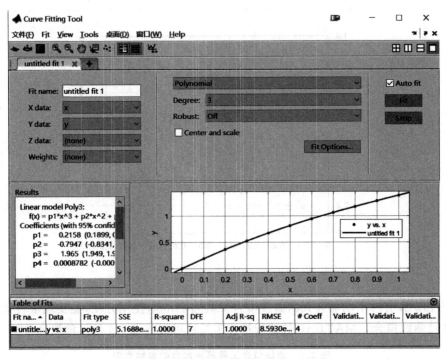

图 2.7 曲线拟合工具箱的使用

2.3.4 系统辨识工具箱

为了设计出令人满意的控制器和状态观测器，需要利用高精度的系统模型信息。对有些复杂的对象如化学反应过程等，很难用理论分析的方法推导出其数学模型，有时只能知道数学模型的一般形式及部分参数，有时甚至连数学模型的一般形式都不知道。因此，怎样确定系统的数学模型及系统参数,这就是系统辨识问题。

依靠实验测量和统计技术来建立系统模型的过程称为系统辨识,即根据系统的输入输出试验数据来确定系统的数学模型和参数。本节将通过两个经典实例对系统辨识问题进行说明。

例 2.7 单容水箱的建模问题。

如图 2.8 所示为单容水箱对象的示意图,它有一个贮水容积 V 和一个高度参数 $h=h_0+\Delta h$,其中,h_0 为液位的稳态值(m),Δh 为液位的增量(m),Q_i 为流入水流量的稳态值(m^3/s),ΔQ_i 为流入水流量的增量(m^3/s),Q_o 为流出水流量的稳态值(m^3/s),ΔQ_o 为流出水流量的增量(m^3/s),Δu 为控制阀(进入阀)的开度(m^2)。设 A 为液槽的横截面积(m^2)。

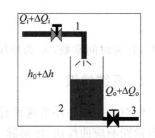

1—控制阀门;2—贮水槽;3—负载阀

图 2.8 单容水槽

1. 根据图 2.8 进行机理建模

流入量与流出量之差等于液槽液体贮存量的变化率,即

$$\Delta Q_i - \Delta Q_o = \frac{dV}{dt} = A\frac{d\Delta h}{dt}$$

假设进水阀前后压差不变,则

$$\Delta Q_i = K_\mu \Delta u$$

其中,K_μ 为常数。对出水阀而言,

$$Q_o + \Delta Q_o = k\sqrt{h} = k\sqrt{h_0+\Delta h}$$

其中,k 为常数。利用一阶泰勒公式可得

$$\sqrt{h_0+\Delta h} = \sqrt{h_0} + \frac{\Delta h}{2\sqrt{h_0}}$$

则

$$Q_o + \Delta Q_o = k\sqrt{h_0} + \frac{k}{2\sqrt{h_0}}\Delta h$$

所以

$$\Delta Q_o = \frac{k}{2\sqrt{h_0}}\Delta h$$

则单容水箱的模型为

$$A\frac{d\Delta h}{dt} = -\frac{k}{2\sqrt{h_0}}\Delta h + K_\mu \Delta u$$

等式两边同时拉氏变换可得

$$As\Delta H(s) = -\frac{k}{2\sqrt{h_0}}\Delta H(s) + K_\mu \Delta U(s)$$

则液位变化对控制阀开度改变量的传递函数为

$$G(s) = \frac{\Delta H(s)}{\Delta U(s)} = \frac{K_\mu}{As + \frac{k}{2\sqrt{h_0}}}$$

因此,单容水箱的模型可等效简化为一阶惯性环节:

$$G(s) = \frac{K}{Ts + 1} \tag{2-21}$$

其中,T 为时间常数,K 为系统增益。

2. 系统辨识

针对一阶惯性环节这种对象,可采用系统辨识的方法确定时间常数和增益。具体的方法有阶跃响应曲线法、矩形脉冲响应曲线法等。阶跃响应曲线(飞升曲线)法的具体实施过程为,进水阀开度发生一个阶跃变化 Δu,则进水量也随之发生变化,从而引起液位变化

$$\Delta h = K \Delta u (1 - e^{-\frac{t}{T}}) \tag{2-22}$$

考虑如图 2.9 所示的阶跃响应曲线,根据系统的传递函数(2-21)和阶跃响应(2-22)可以对该模型进行辨识。

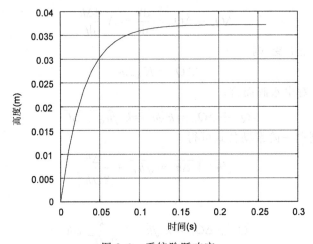

图 2.9 系统阶跃响应

第一种方法,利用阶跃响应函数(2-22)进行数据拟合,采用 MATLAB 的曲线拟合工具箱 cftool 进行拟合,如图 2.10 所示,拟合结果为

$$\Delta h = 0.0372 \Delta u (1 - e^{-\frac{t}{0.02976}})$$

第二种方法,利用系统的传递函数(2-21)和 Simulink 的系统辨识工具箱 parameter estimation 进行参数辨识,首先利用 Simulink 搭建传递函数的仿真模型,如图 2.11 所示。

在 Simulink 工具栏打开 parameter estimation 工具,导入系统的输入和输出数据,并选择辨识参数 T、K 和设定其初值,仿真模型的预览结果如图 2.12 所示。

设定系统辨识所需要的一些参数后,开始辨识,当测量结果与仿真结果高度重合时,辨识结束,此时的系统辨识结果较好,模型的仿真结果与实际测量结果相一致,系统估计误差与参数都收敛到了稳定值。此时的辨识结果如图 2.13 所示。

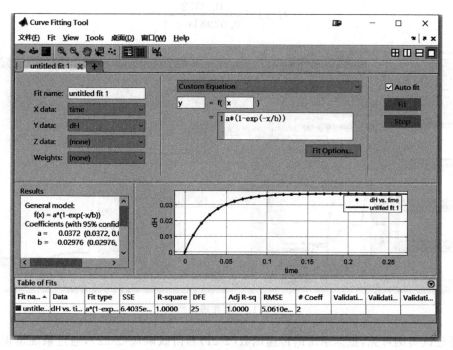

图 2.10 使用曲线拟合工具箱

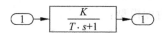

图 2.11 Simulink 仿真模型

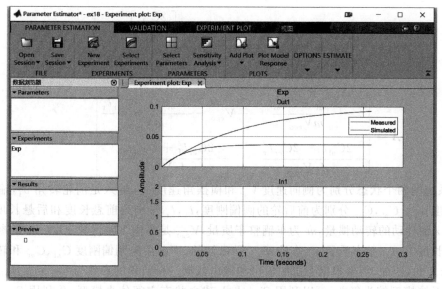

图 2.12 使用系统辨识工具箱

$$G(s) = \frac{0.0372}{0.02981s + 1}$$

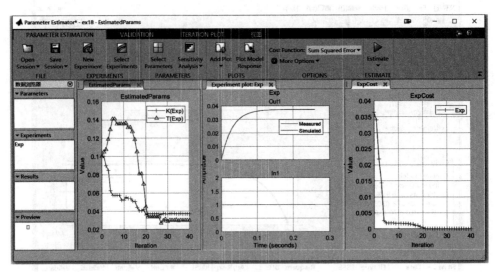

图 2.13 参数辨识结果

通过该实例可见，根据系统的传递函数(2-21)和阶跃响应(2-22)，通过系统辨识工具箱和曲线拟合工具箱这两种方法辨识得到的结果非常相近。

例 2.8 车辆二自由度模型的参数辨识问题。

针对如下所示的车辆二自由度模型：

$$\begin{cases} \dot{x} = Ax + Bu \\ y = Cx \end{cases}$$

其中，

$$x = \begin{bmatrix} V_y \\ \omega_r \end{bmatrix}, \quad y = \omega_r, \quad u = \delta_f, \quad B = \begin{bmatrix} \dfrac{2C_{\alpha f}}{m} \\ \dfrac{2C_{\alpha f} l_f}{I_z} \end{bmatrix}, \quad C = \begin{bmatrix} 0 & 1 \end{bmatrix}$$

$$A = \begin{bmatrix} -\dfrac{2C_{\alpha f} + 2C_{\alpha r}}{mV_{ego}} & -V_{ego} - \dfrac{2C_{\alpha f} l_f - 2C_{\alpha r} l_r}{mV_{ego}} \\ -\dfrac{2C_{\alpha f} l_f - 2C_{\alpha r} l_r}{I_z V_{ego}} & -\dfrac{2C_{\alpha f} l_f^2 + 2C_{\alpha r} l_r^2}{I_z V_{ego}} \end{bmatrix} \quad (2-23)$$

其中，系统的两个状态分别为侧向速度 V_y 和横摆角速度 ω_r，输入是前轮转角 δ_f，输出是横摆角速度 ω_r。$C_{\alpha f}$，$C_{\alpha r}$ 分别为前后轮的侧偏刚度，l_f，l_r 分别为前悬长度和后悬长度，I_z 为车辆绕 z 轴转动的转动惯量，m 为车辆整车质量，V_{ego} 是车辆纵向行驶速度。车辆参数中的前后悬长度 l_f，l_r、整车质量 m、车速 V_{ego} 是已知的，而前后轮侧偏刚度 $C_{\alpha f}$，$C_{\alpha r}$ 和转动惯量 I_z 是未知的，因此，需要根据系统的输出和输出数据进行辨识的参数为 $C_{\alpha f}$、$C_{\alpha r}$、I_z。

该系统模型较为复杂，可以利用 Simulink 建立状态空间仿真模型，并利用 Simulink 的系统辨识工具箱 parameter estimation 进行参数辨识。所搭建的 Simulink 仿真模型如图 2.14 所示，该仿真模型是利用状态空间模块搭建的，其模型增益矩阵设置如式(2-23)所示。

在 Simulink 工具栏打开 parameter estimation 工具,导入车辆的前轮转角输入和横摆角速度输出数据,并选择辨识参数 C_{af}、C_{ar}、I_z 和设定其初值。设定系统辨识所需要的一些参数后,开始辨识,当测量结果与仿真结果高度重合时,辨识结束,

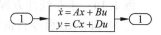

图 2.14 Simulink 仿真模型

此时的系统辨识结果较好,模型的仿真结果与实际测量结果相一致,系统估计误差与参数都收敛到了稳定值(图 2.15)。参数辨识结果为:$C_{af}=-64227\text{N/rad}$,$C_{ar}=-100447\text{N/rad}$,$I_z=3326\text{kg}\cdot\text{m}^2$。

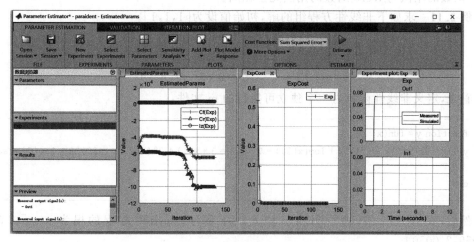

图 2.15 使用系统辨识工具箱

2.4 方程组求解

针对如下所示的多项式方程

$$a_n x^n + a_{n-1} x^{n-1} + \cdots + a_0 = 0 \tag{2-24}$$

可以使用如下的命令格式求解该方程所有的 n 个解(包括复数解):

$$x = \text{roots}(p)$$

其中,x 为方程的根,行向量 p 的元素是按照降幂排列的多项式方程系数,针对 n 阶多项式方程,则 p 中应包含 $n+1$ 个元素。

例 2.9 求解方程 $x^3 = x^2 + 1$ 的根。

在 MATLAB 命令行窗口输入以下程序:

$$p = [1, -1, 0, -1]; \quad x = \text{roots}(p)$$

求得该方程的三个解为

$$x_1 = 1.4656, \quad x_{2,3} = -0.2328 \pm 0.7926i$$

roots 函数仅适用于求解多项式形式的非线性方程,如果针对更一般形式的非线性方程,可以利用 fzero 函数求解,该函数的命令格式如下:

$$x = \text{fzero}(\text{fun}, x0)$$

其中,x 为非线性方程的解,fun 是函数句柄或匿名函数。

例 2.10 求非线性方程 $\cos x = x e^x$ 的根。

在 MATLAB 命令行窗口输入以下程序,可求得方程的根为 0.5178。

```
f = @(x)cos(x) - x * exp(x);
x = fzero(f,0)
```

fzero 函数仅可用于非线性方程的求解,而针对非线性方程组,可以使用 fsolve 函数求解,该函数的用法与 fzero 函数的用法完全相同。

例 2.11 求如下非线性方程组的解,初始值设为 [1,1,1]。

$$\begin{cases} \sin x + y^2 + \ln z = 7 \\ 3x + 2^y - z^3 = -1 \\ x + y + z = 5 \end{cases}$$

首先,定义非线性函数为一个独立可执行的 m 文件:

```
function y = fun(x)
y(1) = sin(x(1)) + x(2)^2 + log(x(3)) - 7; y(2) = 3 * x(1) + 2^(x(2)) - x(3)^3 + 1; y(3) = sum(x)
    - 5;
end
```

然后,在 MATLAB 命令行窗口输入以下程序,可求得方程的根为 x = [0.5991, 2.3959, 2.0050]。

$$x0 = [1,1,1]; \quad x = \text{fsolve}('\text{fun}', x0)$$

2.5 微分方程组求解

微分方程是指描述未知函数的导数与自变量之间关系的方程,利用微分方程描述复杂系统的动态过程是现代控制理论应用的基础。

一般,微分方程的解析解难以得到,其数值解就足以分析系统的动态特性,因此,求解微分方程的数值解非常有必要。MATLAB 提供的求微分方程数值解的函数有 7 个:ode45、ode23、ode113、ode15s、ode23s、ode23t、ode23tb,其中,ode45 是应用最多的一个函数。对微分方程进行数值求解的命令格式如下:

$$[t,x] = \text{solve}('f', ts, x0, \text{options})$$

其中,t 和 x 分别是自变量和函数值,solve 是 7 个解微分方程函数中的一个,ts 是自变量的初值和终值,x0 是函数的初值,options 用于求解器相关的参数设置。

例 2.12 求解如下所示的微分方程在初始条件 $y(0)=1, \dot{y}(0)=0$ 下的数值解,并绘制解的曲线图。

$$\ddot{y} - 7(1-y^2)\dot{y} + y = 0$$

首先,该微分方程是一个高阶的微分方程,需要将其降阶处理转化为一阶的微分方程组。令 $x_1 = y, x_2 = \dot{y}$,则上述二阶微分方程将被转化成如下的一阶方程组

$$\begin{cases} \dot{x}_1 = x_2 \\ \dot{x}_2 = 7(1-x_1^2)x_2 - x_1 \end{cases}$$

其初始值为 $x_1(0)=1, x_2(0)=0$。定义上述微分方程组为一个独立可执行的 M 文件：

```
function fy = vdp(t,x)
fy = [x(2);7*(1-x(1)^2)*x(2)-x(1)];
```

然后，在 MATLAB 命令行窗口输入以下程序，微分方程的数值解如图 2.16 所示。

```
clear,clc
y0 = [1;0];[t,x] = ode45(@vdp,[0,40],y0);
plot(t,x(:,1));xlabel('t');ylabel('y');grid on
print(gcf,'-r600','-djpeg','figure10.jpg')
```

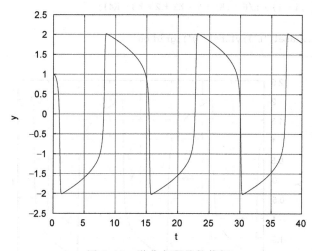

图 2.16 微分方程的数值解

MATLAB 函数 ode45 的计算原理是四阶龙格-库塔法，该算法是最重要的数值算法之一，接下来介绍该函数的求解原理。针对如下所示的微分方程问题：

$$\begin{cases} \dfrac{dy}{dx} = f(x,y) \\ y(x_0) = y_0 \end{cases} \quad (2\text{-}25)$$

其中，x_0 和 y_0 为初始点，函数 $f(x,y)$ 可以是线性函数也可以是非线性函数，则四阶龙格-库塔法的迭代计算过程如下：

$$\begin{cases} K_1 = f(x_n, y_n) \\ K_2 = f\left(x_n + \dfrac{h}{2}, y_n + \dfrac{h}{2}K_1\right) \\ K_3 = f\left(x_n + \dfrac{h}{2}, y_n + \dfrac{h}{2}K_2\right) \\ K_4 = f(x_n + h, y_n + hK_3) \\ y_{n+1} = y_n + \dfrac{h}{6}(K_1 + 2K_2 + 2K_3 + K_4) \end{cases} \quad (2\text{-}26)$$

其中，h 为求解步长。

针对例 2.12 中的微分方程求解问题,利用四阶龙格-库塔法(2-26)求解的程序如下所示,求解结果如图 2.17 所示。由图 2.16 和图 2.17 对比可见,直接调用 ode45 函数和利用自建函数求解的结果完全相同。但是,使用四阶龙格-库塔法(2-26)的自由度更高,可以求解任意形式的微分方程或微分方程组。

```
clear,clc
h = 0.001;t = 0:h:40;X = zeros(2,length(t));X(:,1) = [1;0];
for i = 2:length(t)
    K1 = vdp(t(i),X(:,i-1));
    K2 = vdp(t(i) + h/2,X(:,i-1) + h/2 * K1);
    K3 = vdp(t(i) + h/2,X(:,i-1) + h/2 * K2);
    K4 = vdp(t(i) + h,X(:,i-1) + h * K3);
    X(:,i) = X(:,i-1) + h/6 * (K1 + 2 * K2 + 2 * K3 + K4);
end
plot(t,X(1,:));xlabel('t');ylabel('y');grid on
```

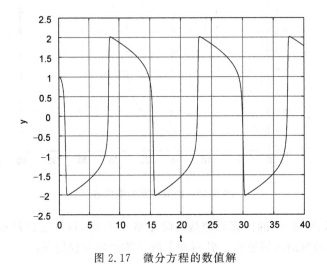

图 2.17 微分方程的数值解

2.6 复杂系统建模方法

2.6.1 动态系统建模基础

动态系统建模与分析的重要内容是探讨系统及输入、输出三者之间的动态演变规律。一个较完善的机电一体化系统,应包括机械本体、动力系统、传感与检测系统、信息处理及控制系统、执行装置等基本要素,各环节和要素之间通过接口有机地联系在一起。

用经典的控制理论分析元件和自动控制系统的动态特性,对于一些简单的线性系统或典型环节组成的系统,不失为一种有效的方法。但对于多输入、多输出的非线性系统或较复杂的机电液一体化系统,就必须进行简化处理,致使所得到的分析结果与实际工况有较大的出入。而采用计算机模拟仿真方法可以分析各种多输入、多输出的非线性系统和各种复杂系统,可在时域里模拟出任何输入作用下系统的动态响应和系统中参数变化情况,具有周期短、成本低、结果准确可靠等优点。

利用计算机对自动控制系统进行数字仿真和动态性能分析的步骤如下:

(1) 基于基本的物理定律建立描述现有系统或拟用系统动态特性的数学模型。

(2) 将数学模型转化为适合计算机仿真的仿真模型。

(3) 选用适当的算法(如龙格-库塔法)编制 M 文件或 Simulink 仿真文件。

(4) 通过计算机仿真,获得机电液一体化系统动态过程参数变化和响应特性的数据或曲线。

(5) 通过分析自动系统的动态性能的仿真结果或进行变参数仿真,得到提高现有伺服系统或拟用系统动态性能的改进设计方案。

利用计算机仿真研究控制系统动态性能的重点和难点有两个:一是建立描述控制系统动态性能的数学模型;二是编制仿真程序。其中建立一个准确、适用、便于仿真的数学模型又是保证数字仿真周期短、成本低、结果准确可信的前提和关键。几十年来,有关自动控制系统动态性能分析的建模方法和仿真程序得到了迅速发展,在建模方法方面形成了传递函数法和状态空间法等。然而对于研究人员来说,最大的困难在于如何获得系统和元件的准确参数数据以及如何迅速、方便地建立能准确描述系统的动态性能的数学模型。

动态系统建模一般首先建立起数学模型,然后再由底层模块将复杂的数学模型表示出来。数学建模下的仿真是在系统模型已知的前提下演示的,这些模型往往可以根据物理定律写出系统的微分方程,例如,电路系统可以根据基尔霍夫定律列出电路方程,而简单机械运动可以根据牛顿定律列出微分方程模型,再由这些微分方程模型得到状态方程、传递函数和 Simulink 模型,最后才能对系统进行仿真分析。

Simulink 的多领域物理建模理念为复杂工程建模提供了新的思路,其基本思路是建立在 Simscape 框架下,根据所研究领域的硬件,按照信号流向,用户像装配硬件系统那样将封装的部件组装(连接)起来,形成物理仿真模型。Simulink 根据这样的物理模型自动生成数学模型和仿真模型,可以对这样的模型直接仿真。该思路的优点是:可以按照硬件装配的模式用搭积木的方法建立起仿真模型,建立起的模型易于检验,如果有错误很容易检查出来,若需要修改系统结构,也可以用简单的方法直接完成。

对于车辆动力学控制技术研究来说,数学建模是掌握控制系统建模与仿真的有效手段,通过学习"汽车理论"、"汽车系统动力学"等课程,可掌握车辆各部件的输入/输出接口,懂得汽车电控系统原理和线控底盘的基本构造,以及学会基于车辆动力学模型的控制器设计、仿真分析。将数学建模、物理建模、控制器设计和仿真分析相结合,互为补充,相互验证,加深对机电液一体化理论和应用的理解,熟练使用控制理论工具来解决车辆动力学问题,这正是本书需要重点强调的。

2.6.2 状态空间建模

状态方程是描述动态系统最重要的一种数学模型,是现代控制理论的基础,它不仅可以描述系统的输入、输出之间的关系,而且还可以描述系统的内部特性,特别是可以适用于多输入、多输出系统,也适用于时变系统、非线性系统和随机控制系统。假设具有 n 个状态、r 个输入和 m 个输出的动态系统,其状态空间模型的一般形式为:

$$\begin{cases} \dot{x} = f(x,u,t) \\ y = g(x,u,t) \end{cases} \tag{2-27}$$

其中，x 为系统状态，u 为系统输入，y 为系统输出，f 和 g 分别是状态方程和测量方程。f 和 g 可以是线性函数也可以是非线性函数，特别地，系统模型(2-27)具有如下几种特殊的线性形式。

线性时变系统：

$$\begin{cases} \dot{x} = A(t)x(t) + B(t)u(t) \\ y = C(t)x(t) + D(t)u(t) \end{cases} \tag{2-28}$$

该系统的增益矩阵随时间而变化。

线性变参系统：

$$\begin{cases} \dot{x} = A(\theta)x(t) + B(\theta)u(t) \\ y = C(\theta)x(t) + D(\theta)u(t) \end{cases} \tag{2-29}$$

该系统的增益矩阵随系统参数的变化而变化。

线性时不变系统：

$$\begin{cases} \dot{x} = Ax(t) + Bu(t) \\ y = Cx(t) + Du(t) \end{cases} \tag{2-30}$$

该系统的增益矩阵是常数。

例 2.13 蹦极跳系统的动态仿真。

质量为 m 的蹦极者从桥梁(或山崖等)向下跳(假设此高度为 80m)(图 2.18)。如果人体系在一个弹性系数为 k 的弹性绳索上，在下落的过程中，在绳索长度以内，处于失重状态，仅受空气阻力和重力作用，a_1、a_2 为空气的阻尼系数。在绳索长度之后，开始受绳的拉力。

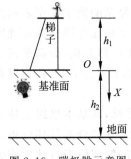

图 2.18 蹦极跳示意图

为了简化建模，定义绳索下端开始受力的位置为基准面，以向下为正方向，则在基准面以上不受绳索拉力，而基准面以下受绳索拉力，则绳索拉力为

$$b(x) = \begin{cases} -kx, & x > 0 \\ 0, & x \leqslant 0 \end{cases}$$

因此整个蹦极系统是一个典型的具有连续状态的非线性系统，其数学模型为

$$m\ddot{x} = mg + b(x) - a_1\dot{x} - a_2|\dot{x}|\dot{x}$$

已知初始条件：蹦极者起始速度为 0，其余的参数：$k=20, a_2=a_1=1, m=70\text{kg}, g=9.8\text{m/s}^2, h=30\text{m}$。则可以建立其 Simulink 仿真模型如图 2.19 所示。

为了便于分析，在最后加了一个参照系坐标转化，最后输出为蹦极者的离地高度。这里只是一个简单的模型，没有考虑蹦极者落地后与实体地面接触后的速度变化，仅认为地面是个空气平面。事实上，当蹦极者接触地面时是非常危险的。

首先，可以根据输入的绳索长度 h、弹性常数 k 和体重 m，来测试给定的参数是否会让蹦极者产生危险（即蹦极者位置在地面以下），进而判断绳索的选择是否合理。按照设置的初始值，仿真结果如图 2.20 所示。

由图 2.20 可见，蹦极者触地发生危险，该系统不安全，说明该绳索弹性系数 k 选择偏小，需要对其重新设计。经过仿真和迭代寻优后发现，当弹性系数 $k \geqslant 26.4646$ 时，针对体重为 70kg 的蹦极者是安全的，此时的仿真结果如图 2.21 所示。

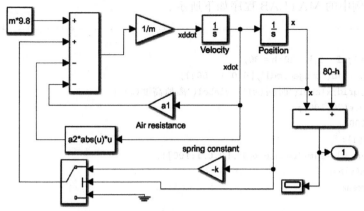

图 2.19 蹦极系统仿真模型

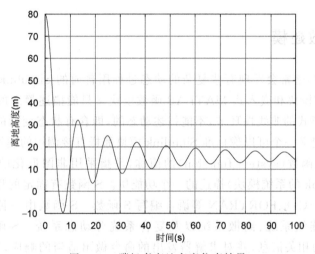

图 2.20 蹦极者离地高度仿真结果

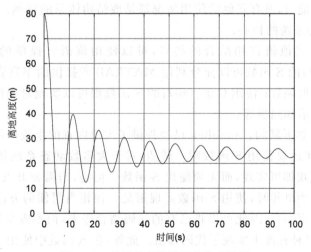

图 2.21 经过重新设计后的仿真结果

该仿真实例中的 MATLAB 程序如下所示。

```
clear,clc
m = 70;a1 = 1;a2 = 1;k = 20;h = 30;
[t,xout,y] = sim('bungee.mdl',[0:0.1:100]);
plot(t,y);grid;xlabel('时间(s)');ylabel('离地高度(m)')
k0 = linspace(20,100);
for i = 1:100
    k = k0(i);
    [t,xout,y] = sim('bungee.mdl',[0:0.1:100]);
    if min(y)> 0
        break
    end
end
figure;plot(t,y);grid;xlabel('时间(s)');ylabel('离地高度(m)')
```

2.6.3　S-函数建模

在实际应用中，通常会发现有些复杂的动态过程用普通的 Simulink 模块不容易搭建，而 MATLAB 函数模块和嵌入式 MATLAB 函数模块又只能描述静态的非线性函数，即只能描述 $y=f(u)$ 形式的非线性环节，不能描述动态的，即含有状态变量的系统模型，这时需要使用 S-函数来定义一个可以像标准 Simulink 模块那样直接调用的模块。

S-函数是系统函数（system function）的简称，是指采用非图形化的方式（即计算机语言，区别于 Simulink 的系统模块）描述的一个功能块。S-函数有固定的程序格式，可以采用 MATLAB 代码、C/C++、FORTRAN 等语言编写 S-函数。S-函数由一种特定的语法构成，用来描述并实现连续系统、离散系统以及复合系统等动态系统。S-函数能够接收来自 Simulink 求解器的相关信息，并对求解器发出的命令做出适当的响应，这种交互作用非常类似于 Simulink 系统模块与求解器的交互作用。一个结构体系完整的 S-函数包含描述动态系统所需的全部能力，所有其他的使用情况都是该结构体系的特例。S-函数模块往往是整个 Simulink 动态系统的核心。

S-函数作为与其他语言相结合的接口，可以使用该语言提供的强大能力。例如，MATLAB 语言编写的 S-函数可以充分利用 MATLAB 所提供的丰富资源，方便地调用各种工具箱函数和图形函数；使用 C 语言编写的 S-函数则可以实现对操作系统的访问，如实现与其他进程的通信和同步等。

用户可能会有如下疑问：Simulink 已经提供了大量内置的系统模块，并且允许用户自定义模块，那么为何还要使用 S-函数呢？诚然，对于大多数动态系统仿真分析而言，使用 Simulink 提供的模块即可实现，而无须使用 S-函数。但是，当需要开发一个新的通用模块作为一个独立的功能单元时，使用 S-函数实现则是一种相当简便的方法。另外，由于 S-函数可以使用多种语言编写，因此可以将已有的代码结合进来，而不需要在 Simulink 中重新实现算法，从而在某种程度上实现了代码移植。此外，在 S-函数中使用文本方式输入公式、方程，非常适合于对复杂动态系统的数学描述，并且在仿真过程中可以对仿真进行更精确的控制。

简单来说,可以从如下几个角度来理解 S-函数:

(1) S-函数为 Simulink 的"系统"函数。

(2) 能够响应 Simulink 求解器命令的函数。

(3) 采用非图形化的方法实现一个动态系统。

(4) 可以开发新的 Simulink 模块,支持功能自定义。

(5) 可以与已有的代码相结合进行仿真。

(6) 采用文本方式输入各类复杂的系统方程。

(7) 扩展 Simulink 功能。M 文件的 S-函数可以扩展图形化建模能力,CMEXS-函数可以提供与操作系统的接口。

(8) S-函数的语法结构是为实现一个动态系统而设计的(默认用法),其他 S-函数的用法是默认用法的特例(如用于显示目的)。

一般而言,S-函数的使用步骤如下:

(1) 创建 S-函数源文件。创建 S-函数源文件有多种方法,可以按照 S-函数的语法格式自行书写每一行代码,但是这样操作容易出错且麻烦。Simulink 提供了很多 S-函数模板和例子,根据需要修改相应的模板或例子即可。

(2) 在动态系统的 Simulink 模型框图中添加 S-function 模块,并进行正确的设置。

(3) 在 Simulink 模型框图中按照定义好的功能连接输入、输出端口。

下面主要介绍用 MATLAB 语言设计 S-函数的主要方法。S-函数的引导语句为

$$\text{function } [\text{sys}, x0, \text{str}, \text{ts}] = \text{fun}(t, x, u, \text{flag}, p1, p2, \cdots)$$

其中,fun 为 S-函数的函数名,t、x、u 分别为时间、状态和输入信号,flag 为标志位,其意义和有关信息如表 2.2 所示,一般应用中很少使用 flag 为 4 和 9。表 2.2 还解释了在不同的 flag 下的返回参数类型。该函数还允许使用任意数量的附加参数 p1,p2,…,这些参数可以在 S-函数的参数对话框中给出。

表 2.2 flag 参数表

取值	调用函数名	返回参数	功能描述
0	mdlInitializeSizes	初始化参数,xo、str、ts 如其定义	初始化
1	mdlDerivatives	sys 返回连续状态	连续状态计算
2	mdlUpdate	sys 返回离散状态	离散状态计算
3	mdlOutputs	sys 返回系统输出	输出信号计算
4	mdlGetTimeOfNextVarHit	sys 下一步仿真的时间	下一步仿真时刻
9	mdlTerminate	无	终止仿真设定

下面介绍 S-函数的编写方法。

(1) 参数初始设定。首先通过 sizes=simsizes 语句获得默认的系统参数变量 sizes,得出的 sizes 实际上是一个结构体变量,其常用变量含义如下。

NumContStates:表示 S-函数描述的模块中连续状态的个数。

NumDiscStates:表示离散状态的个数。

NumInputs 和 NumOutputs:分别表示模块输入和输出的个数。

DirFeedthrough：为输入信号是否直接在输出端出现的标识，这个参数的设置很重要，如果在输出方程中显含输入变量 u，则应该将本参数设置为 1。

NumSampleTimes：为模块采样周期的个数，即 S-函数支持多采样周期的系统。

按照要求设置好的结构体 sizes 应该再通过 sys＝simsizes(sizes)语句赋给 sys 参数。除了 sys 外，还应该设置系统的初始状态变量 x0、说明变量 str 和采样周期变量 ts，其中，ts 变量应该为双列的矩阵，其中每一行对应一个采样周期。对连续系统和有单个采样周期的系统来说，该变量为$[t_1,t_2]$，其中，t_1 为采样周期，如果取 $t_1=-1$ 则将继承输入信号的采样周期；参数 t_2 为偏移量，一般取为 0。

（2）状态的动态更新。连续模块的状态更新由 mdlDerivatives 函数设置，而离散状态的更新应该由 mdlUpdate 函数设置。这些函数的输出值，即相应的状态，均由 sys 变量返回。如果要仿真混杂系统(hybrid system)，则需要写出这两个函数来分别描述连续状态和离散状态的更新情况。

（3）输出信号的计算。调用 mdlOutputs 函数就可以计算出模块的输出信号，系统的输出仍然由 sys 变量返回。

Simulink 中提供了一个 sfuntmpl.m 的模板文件，可以从这个模板出发构建 S-函数，如果需要，则将该文件复制到当前的工作目录，以它为模板，就可以构建起属于自己的 S-函数。

S-函数在 Simulink 框图中的执行过程如下：在仿真开始时首先将 flag 的值设置为 0，启动初始化过程，然后将 flag 设置成 3，计算模块的输出信号，再分别设置 flag 值为 1、2，更新连续和离散状态，完成一步仿真。在下一个仿真步长内，仍然将 flag 的值依次设置成 3→1→2，直到仿真结束。

例 2.14 自抗扰控制器仿真。

首先考虑微分跟踪器，其离散实现为

$$\begin{cases} x_1(k+1)=x_1(k)+Tx_2(k) \\ x_2(k+1)=x_2(k)+Tf_s(k) \end{cases}$$

其中，T 为采样周期，$u(k)$ 为第 k 时刻的输入信号。$f_s(k)$ 函数可以由下面的式子逐步计算，其中，r 为决定跟踪快慢的参数，h 为输入信号被噪声污染时决定滤波效果的参数。

$$\delta=rh, \quad \delta_0=\delta h, \quad y_0=x_1-u+hx_2, \quad a_0=\sqrt{\delta^2+8r|y_0|}$$

$$a=\begin{cases} x_2+\dfrac{y_0}{h}, & |y_0|\leqslant \delta_0 \\ x_2+0.5(a_0-\delta)\mathrm{sgn}(y_0), & |y_0|>\delta_0 \end{cases}$$

$$f_s=\begin{cases} -\dfrac{ra}{\delta}, & |a|\leqslant \delta \\ -r\mathrm{sgn}(a), & |a|>\delta \end{cases}$$

（1）控制器搭建

可以看出来，该控制算法用 Simulink 模块搭建较困难，所以在本实例中采用 S-函数建立该控制算法。根据上述算法，可以非常方便写出其相应的 S-函数。

```
function [sys,x0,str,ts] = han_td(t,x,u,flag,r,h,T)
switch flag
    case 0
        [sys,x0,str,ts] = mdlInitializeSizes(T);
    case 2
        sys = mdlUpdates(x,u,r,h,T);
    case 3
        sys = mdlOutputs(x);
    case {1,4,9}
        sys = [];
    otherwise
        error(['Unhandled flag = ',num2str(flag)]);
end
end

function [sys,x0,str,ts] = mdlInitializeSizes(T)
sizes = simsizes;sizes.NumContStates = 0;sizes.NumDiscStates = 2;
sizes.NumOutputs = 2;sizes.NumInputs = 1;sizes.DirFeedthrough = 0;
sizes.NumSampleTimes = 1;sys = simsizes(sizes);
x0 = [0;0];str = [];ts = [-1 0];
end

function sys = mdlUpdates(x,u,r,h,T)
sys = [x(1) + T * x(2);x(2) + T * fst(x,u,r,h)];
end

function sys = mdlOutputs(x)
sys = x;
end

function f = fst(x,u,r,h)
delta = r * h;delta0 = delta * h;y0 = x(1) - u + h * x(2);a0 = sqrt(delta * delta + 8 * r * abs(y0));
if abs(y0)<= delta0
    a = x(2) + y0/h;
else
    a = x(2) + 0.5 * (a0 - delta) * sign(y0);
end
if abs(a)<= delta
    f = -r * a/delta;
else
    f = -r * sign(a);
end
end
```

(2) 期望轨迹

自抗扰控制器跟踪的期望轨迹信号可以选择为一个周期的正弦信号,后接几个周期的三角波信号。可以用 MATLAB 函数的形式建立起输入信号的模块并将其导入 Simulink

模型，可编写如下 MATLAB 函数 han_fun()。

```
function y = han_fun(x)
if x <= 2 * pi
    y = sin(x);
elseif x <= 2.5 * pi
    y = 2 * (x - 2 * pi)/pi;
elseif x <= 3.5 * pi
    y = 1 - 2 * (x - 2.5 * pi)/pi;
elseif x <= 4 * pi
    y = -2 + 2 * (x - 3 * pi)/pi;
else
    y = min(1, x - 4 * pi);
end
```

(3) 仿真模型搭建

可以搭建起如图 2.22 所示的仿真模型，双击其中的 S-function 模块，将打开如图 2.22 (b) 所示的 S-函数参数设置对话框，在 S-function name 文本框中输入 han_td，就可以建立起该模块和所编写的 S-函数 han_td.m 文件之间的联系，在 S-function parameters 文本框中还可以给出 S-函数的附加参数 r、h 和 T。在 MATLAB 工作空间中可以用 r=30、h=0.01、T=0.01 命令输入这些参数，从而将有关参数直接赋给 Simulink 模型，以便模型仿真时能给这些参数自动赋值。

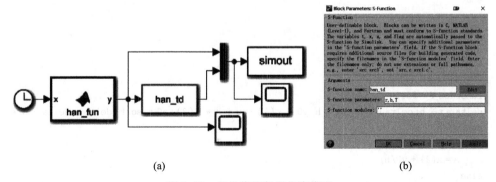

图 2.22　自抗扰控制器仿真模型

设置仿真的终止时间为 15s 再进行仿真，就可以用 plot 函数绘制出各个信号的波形，如图 2.23 所示。可以看出，采用微分跟踪器可以快速地跟踪期望的轨迹信号，并能立即得出该信号的微分信号 (图 2.23)。在微分跟踪器中，r 参数决定跟踪的速度，该值越大则跟踪速度越快，同时不可避免地在随机扰动下由较大的 r 值引起的跟踪误差也增大，这就需要增大 h 的值来抑制误差。

在上述实例中采用的 S-函数是 Level-1 的 S-函数，除了这类普通的 S-函数外，还可以使用 Level-2 的 S-函数描述系统模块。二级 S-函数采用的是面向对象的编程思想，不再使用前面介绍的根据 flag 取值的 switch-case 结构的流程图。更一般地，二级 S-函数直接支持多输入、多输出端口的设置，也支持复数矩阵型的输出信号，其应用范围远广于普通的 S-函数模块。二级 S-函数可以参考模板文件 msfuntmpl.m 进行二级 S-函数的编写。

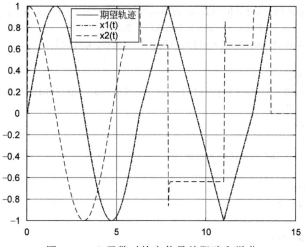

图 2.23　S-函数对给定信号的跟踪和微分

针对上述实例中采用的 Level-1 的 S-函数，也可以用 Level-2 的 S-函数来描述该微分跟踪器算法，所编写的 S-函数程序如下所示。

```
function han_td_12(block)
setup(block);

function setup(block)
block.NumDialogPrms = 3;block.NumInputPorts = 1;
block.NumOutputPorts = 1;block.NumContStates = 0;
block.SetPreCompInpPortInfoToDynamic;
block.SetPreCompOutPortInfoToDynamic;
block.InputPort(1).Dimensions = 1;
block.InputPort(1).DirectFeedthrough = false;
block.OutputPort(1).Dimensions = 2;
T = block.DialogPrm(3).Data;block.SampleTimes = [T 0];
block.RegBlockMethod('PostPropagationSetup',@DoPostPropSetup);
block.RegBlockMethod('InitializeConditions',@InitConditions);
block.RegBlockMethod('Outputs',@Output);
block.RegBlockMethod('Update',@Update);

function DoPostPropSetup(block)
block.NumDworks = 1;block.Dwork(1).Name = 'x0';
block.Dwork(1).Dimensions = 2;block.Dwork(1).DatatypeID = 0;
block.Dwork(1).Complexity = 'Real';block.Dwork(1).UsedAsDiscState = true;

function InitConditions(block)
block.Dwork(1).Data = [0;0];

function Output(block)
block.OutputPort(1).Data = block.Dwork(1).Data;

function Update(block)
```

```
r = block.DialogPrm(1).Data;h = block.DialogPrm(2).Data;T = block.DialogPrm(3).Data;
u = block.InputPort(1).Data;x = block.Dwork(1).Data;
block.Dwork(1).Data = [x(1) + T * x(2);x(2) + T * fst(x,u,r,h)];

function f = fst(x,u,r,h)
delta = r * h;delta0 = delta * h;y = x(1) - u + h * x(2);a0 = sqrt(delta * delta + 8 * r * abs(y));
if abs(y)< = delta0
    a = x(2) + y/h;
else
    a = x(2) + 0.5 * (a0 - delta) * sign(y);
end
if abs(a)< = delta
    f = - r * a/delta;
else
    f = - r * sign(a);
end
```

注意,离散状态变量用的是 block.Dwork 属性,该属性需要在 DoPostPropSetup() 方法函数中定义。

2.6.4 Stateflow 建模

Stateflow 仿真的原理是有限状态机(finite state machine,FSM)理论。所谓有限状态机,就是指在系统中有可数的状态,在某些事件发生时,系统从一个状态转换成另一个状态,所以有限状态机系统又称为事件驱动的系统。在有限状态机的描述中,可以设计出从一个状态到另一个状态转换的条件,在每对相互可转换的状态下都设计出状态迁移的事件,从而构造状态迁移图。

Stateflow 是有限状态机的图形实现工具,它可以用于解决复杂的监控逻辑问题,用图形化的工具来实现各个状态之间的转换,使得复杂的逻辑问题变得简单清晰。Stateflow 生成的监控逻辑可以直接嵌入 Simulink 模型下,从而实现两者的无缝连接,为包含控制、优先级管理、工作模式逻辑的嵌入式系统设计提供了有效的开发手段。事实上,在仿真初始化过程中,Simulink 将自动启动编译程序,将 Stateflow 绘制的逻辑框图变换为 C 语言格式的S-函数,从而在仿真过程中直接调用相应的动态链接库文件,将两者构成一个仿真整体。

在 Stateflow 中提供了图形化的设计有限状态机的方法,它允许用户建立起有限的状态,并用图形的形式绘制出状态迁移的条件,从而构造出整个有限状态机系统。所以在Stateflow 下,状态和状态转换是其最基本的元素,基于有限状态机设计的自适应巡航控制(ACC)系统的状态切换示意图如图 2.24 所示。所谓有限,是指其中的状态或模态的个数是可数的,故而能用这样的示意图表示出来。在本示意图中,ACC 有 3 个状态,分别是关闭、等待、工作,而工作状态又包含速度控制和距离控制两个子状态,当满足特定的条件时这几个状态可相互转换。

下面将通过例子来介绍 Stateflow 的建模与应用。

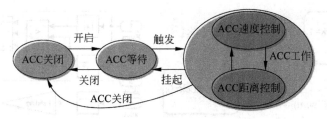

图 2.24　ACC 系统状态切换示意图

例 2.15　考虑图 2.25 所示的摩擦力学模型。

在该模型中，考虑的摩擦力包括静摩擦力和动摩擦力，摩擦力的方向和运动方向也是相关的，所以需要分多种情况来考虑。根据牛顿第二定律可得：

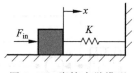

图 2.25　摩擦力学模型

$$M\ddot{x} = F_{in} - F_f - Kx$$

其中，K 为弹性系数，x 为重物 M 在外力输入 F_{in} 的作用下的运动位移，摩擦力 F_f 的计算公式如下：

$$F_f = \begin{cases} \mu Mg\,\mathrm{sgn}(\dot{x}), & |F_{sum}| > \mu Mg \\ F_{sum}, & \dot{x} = 0\ \text{且}\ |F_{sum}| \leqslant \mu Mg \end{cases}$$

其中，F_{sum} 是静止状态下的受力，满足 $F_{sum} = F_{in} - Kx$。当速度非零时，需要一个冲力使之瞬时回零，该冲力往往超过最大的允许限制 $F_{sliding}$；当速度为零时，F_{sum} 将维持该物体的加速度为 0。μ 是摩擦系数，与物体是否运动有关，即

$$\mu = \begin{cases} \dfrac{F_{static}}{Mg}, & \dot{x} = 0 \\ \dfrac{F_{sliding}}{Mg}, & \dot{x} \neq 0 \end{cases}$$

综合上述两个条件时，可得摩擦力为：

$$F_f = \begin{cases} F_{sliding}\,\mathrm{sgn}(\dot{x}), & \dot{x} \neq 0 \\ F_{static}\,\mathrm{sgn}(F_{sum}), & \dot{x} = 0\ \text{且}\ |F_{sum}| > F_{static} \\ F_{sum}, & \dot{x} = 0\ \text{且}\ |F_{sum}| \leqslant F_{static} \end{cases}$$

可见，物体 M 共有两个状态，即运动与静止。可以给其状态设置一个标志变量 stuck。从摩擦力的计算公式中可以看出，在 $|F_{sum}| > F_{static}$ 时，物体处于运动状态，故这时设置 stuck 标志为 0，若上述条件不满足，且物体处于静止状态，可以令 stuck 标志为 1，通过该方法可以设置摩擦的状态。基于此逻辑规则描述，可以构造出一个 Stateflow 框图，如图 2.26 所示。在该 Stateflow 框图下，定义合力 F_{sum}、零速度检测信号 novelocity 和静态摩擦力 F_{static} 为来自 Simulink 的输入信号，再令标志状态 stuck 为输出到 Simulink 的信号。同时，可以建立起摩擦力 F_f 的子系统模型。在该系统中使用了两个开关模块来描述 3 个条件。

有了这两个模块，就可以最终搭建出整个系统的 Simulink 模型，如图 2.27 所示。在此模型中，Hit Crossing 模块用于检测速度过零点。另外，采用了双积分器的方式来描述系统的数学模型。

在 Simulink 模型中，速度信号不是取自第一积分器的输出，而是取自其状态，这就需要

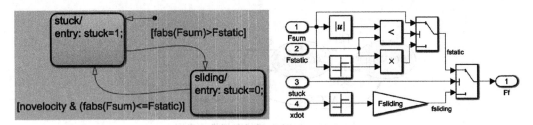

图 2.26　摩擦力子系统模型

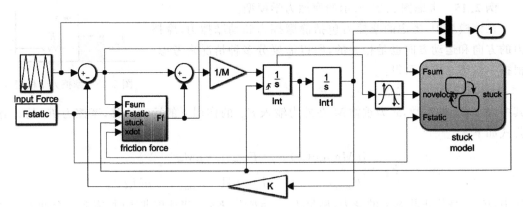

图 2.27　摩擦系统的 Simulink 仿真模型

将该积分器的 Show state port 复选框选中,这样做是为了避免代数环的现象。另外,还需要用 stuck 信号来复位该积分器。在仿真系统中,可以选择三角波信号作为系统的外力输入。选择输入源模块组中的 Repeating Sequence 模块,生成周期为 10s 的重复信号,使得时间等于 5s 时达到其峰值 5。

由于该系统属于刚性系统,所以仿真算法应该选择 ode15s,并将相对误差 Relative tolerance 设置为 10^{-6},这样就可以较可靠地对原系统进行仿真了。建立起系统的仿真模型后,可以用下面的语句将有关参数输入到 MATLAB 的工作空间,进而可以进行系统的仿真分析,绘制出输入信号和输出位移信号曲线如图 2.28 所示。

$$M=0.01;\quad K=1;\quad Fsliding=1;\quad Fstatic=1$$

2.6.5　Simscape 建模

对复杂的工程物理系统建模可以考虑采用多领域物理建模的方法,即利用与装配硬件系统一样的方法将描述硬件元件的软件模块一个一个连接起来的方法建立仿真模型。Simscape 模块库是多领域物理建模的理想工具,利用该工具可以将多领域的系统在 Simulink 统一框架下建立起来,从而对其进行整体仿真,这是其他软件平台难以实现的。

Simscape 模块库中包含机械、电子、液压、电磁、机构、物理信号、气动等七大模块库(图 2.29),各父模块库又包含非常丰富的子模块库。以机械模块库为例,其包含机构库、平动元件库、转动元件库、输入源库和传感器库等 5 个子模块库,关于各子模块库的介绍如表 2.3 所示。

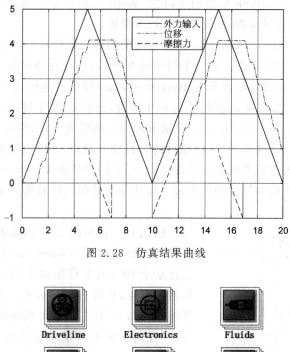

图 2.28 仿真结果曲线

图 2.29 Simscape 模块库

表 2.3 Simscape 机械模块库简介

模块库	功能特点
机构库	可模拟机械传动系统中的齿轮箱、杠杆机构和轮轴机构等模块
平动元件库	可模拟机械运动系统中的质量、滑动摩擦力、阻尼、弹簧、硬停和机械平动参考点等模块
转动元件库	可模拟机械旋转系统中的惯量、扭簧、转动摩擦、转动阻尼、转动硬停和机械转动参考点等模块
输入源库	可模拟机械系统中的力输入、扭矩输入、角速度和平动速度等模块
传感器库	可测量机械系统中的力、扭矩、角速度和平动速度等变量

利用 Simscape 进行物理建模时的注意事项：

(1) 使用 Simscape foundation 和 Utilites 库的模块建立物理模型。实际物理系统由一系列功能单元组成，可使用物理网络的方法表示系统，各功能单元通过端口相互交换能量。

(2) 每一个 Simscape 网络都必须包含一个 Solver Configuration 模块。

(3) 如果模型中有液压元件，则每一个液压回路都必须包含一个 Custom Hydraulic Fluid 模块或者 Hydraulic Fluid 模块。

(4) 为了与通用 Simulink 模块相连,比如 sources 和 scopes 模块,使用 connector 模块(sensor、converter 等),以及物理-信号相互转换模块。

(5) 只有同种类型的端口才能相连,端口间的物理连线是双向传送物理变量的。

(6) 采取逐步建模的方法。从一个简单模型开始,运行并调试好后,再添加其余功能。比如,可以先使用 Foundation 库里的 Resistive Tube 模块来建模,它只计算摩擦损失。在随后的系统设计中,可能要考虑到流体的可压缩性,这时就利用 Hydraulic Pipeline 模块来取代它,或者使用 Segmented Pipeline 模块来考虑流体惯性力,这都取决于其应用场合。不同的数学模型,它们的元件设置界面(端口的数目和类型以及相应的通量和跨量等)是一样的,这表示可以在不改变模型网络的情况下,使用不同的模块来适应不同的精度要求。

接下来,将以一个较为复杂的机电液一体化系统建模与仿真实例来对 Simscape 建模方法进行说明。

例 2.16 针对图 2.30 所示的主动悬架系统,建立其数学模型并利用 S-function 完成其动态系统建模,设计基于 PID 的车身振动抑制控制器并完成 PID 控制器的封装,利用 Simscape 模块库建立电控液压悬架系统模型,以实现主动悬架系统的闭环仿真。其中,s_1 和 s_2 分别是簧上质量和簧下质量的垂向振动位移,m_1 和 m_2 分别是车辆簧上质量和簧下质量,k_1 和 b_1 分别是悬架刚度和阻尼,k_2 和 b_2 分别是轮胎刚度和阻尼,w 是路面不平度激励,v 代表车辆纵向行驶速度。

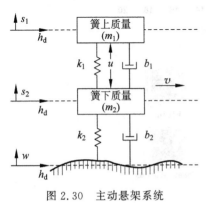

图 2.30 主动悬架系统

(1) 主动悬架系统建模

针对该主动悬架系统,利用牛顿运动定律可得系统的动力学过程为

$$m_1\ddot{s}_1 = -b_1(\dot{s}_1 - \dot{s}_2) - k_1(s_1 - s_2) + u$$

$$m_2\ddot{s}_2 = b_1(\dot{s}_1 - \dot{s}_2) + k_1(s_1 - s_2) + b_2(\dot{w} - \dot{s}_2) + k_2(w - s_2) - u$$

定义系统状态 x 为悬架动挠度、悬架伸缩速度、轮胎变形量和轮胎变形速度,即

$$x = \begin{bmatrix} x_1 \\ x_2 \\ x_3 \\ x_4 \end{bmatrix} = \begin{bmatrix} s_1 - s_2 \\ \dot{s}_1 - \dot{s}_2 \\ w - s_2 \\ \dot{w} - \dot{s}_2 \end{bmatrix}$$

以及测量输出 y 为车身振动加速度,被控输出 z 为悬架动挠度、轮胎变形量和车身振动加速度,即

$$y = \ddot{s}_1, \quad z = \begin{bmatrix} x_1 \\ x_3 \\ \ddot{s}_1 \end{bmatrix} = \begin{bmatrix} s_1 - s_2 \\ w - s_2 \\ \ddot{s}_1 \end{bmatrix}$$

则主动悬架系统模型可以写成状态空间形式为

$$\begin{cases} \dot{x}(t) = Ax(t) + B_1 u(t) + B_2 \ddot{w}(t) \\ y(t) = C_1 x(t) + D_1 u(t) \\ z(t) = C_2 x(t) + D_2 u(t) \end{cases}$$

其中,系统矩阵为

$$A = \begin{bmatrix} 0 & 1 & 0 & 0 \\ -\dfrac{k_1(m_1+m_2)}{m_1 m_2} & -\dfrac{b_1(m_1+m_2)}{m_1 m_2} & -\dfrac{k_2}{m_2} & -\dfrac{b_2}{m_2} \\ 0 & 0 & 0 & 1 \\ -\dfrac{k_1}{m_2} & -\dfrac{b_1}{m_2} & -\dfrac{k_2}{m_2} & -\dfrac{b_2}{m_2} \end{bmatrix}, \quad B_1 = \begin{bmatrix} 0 \\ \dfrac{m_1+m_2}{m_1 m_2} \\ 0 \\ \dfrac{1}{m_2} \end{bmatrix}, \quad B_2 = \begin{bmatrix} 0 \\ 0 \\ 0 \\ 1 \end{bmatrix}$$

$$C_1 = \begin{bmatrix} -\dfrac{k_1}{m_1} & -\dfrac{b_1}{m_1} & 0 & 0 \end{bmatrix}, \quad D_1 = \dfrac{1}{m_1}, \quad C_2 = \begin{bmatrix} 1 & 0 & 0 & 0 \\ 0 & 0 & 1 & 0 \\ -\dfrac{k_1}{m_1} & -\dfrac{b_1}{m_1} & 0 & 0 \end{bmatrix}, \quad D_2 = \begin{bmatrix} 0 \\ 0 \\ \dfrac{1}{m_1} \end{bmatrix}$$

利用 Level-1 的 S-function 完成其动态系统建模,MATLAB 代码如下所示。

```
function [sys,x0,str,ts] = suspension(t,x,u,flag)
switch flag,
  case 0,
    [sys,x0,str,ts] = mdlInitializeSizes;
  case 1,
    sys = mdlDerivatives(t,x,u);
  case 3,
    sys = mdlOutputs(t,x,u);
  case {2,4,9},
    sys = [];
  otherwise
    DAStudio.error('Simulink:blocks:unhandledFlag', num2str(flag));
end

function [sys,x0,str,ts] = mdlInitializeSizes
sizes = simsizes;
sizes.NumContStates = 4;
sizes.NumDiscStates = 0;
sizes.NumOutputs = 1;
sizes.NumInputs = 2;
sizes.DirFeedthrough = 1;
sizes.NumSampleTimes = 1;
sys = simsizes(sizes);
x0 = [0.1;0;0.1;0];
str = [];
ts = [0 0];

function sys = mdlDerivatives(t,x,u)
global Ap Bp1 Bp2
sys = Ap * x + Bp1 * u(1) + Bp2 * u(2);
```

```
function sys = mdlOutputs(t,x,u)
global Cp1 Dp1
sys = Cp1 * x + Dp1 * u(1);
```

(2) PID 控制器设计

期望的车身振动加速度为 $y_{ref}=0$,则输出跟踪误差为 $e=y_{ref}-y=-y$,采用 PID 控制实现主动悬架的液压力控制,PID 控制器是一种典型的动态输出反馈控制器,其控制律为

$$u(t)=K_p e(t)+K_i\int_0^t e(\tau)\mathrm{d}\tau+K_d \dot{e}(t)$$

其中,K_p、K_i、K_d 分别为误差的比例系数、积分系数、微分系数。利用 Simulink 封装技术封装后的 PID 控制模块如图 2.31 所示。

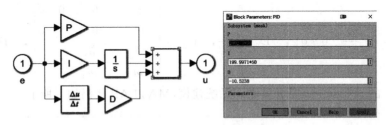

图 2.31　PID 控制器模块封装

(3) 主动悬架系统建模

利用 Simscape 模块库建立电控液压悬架系统模型如图 2.32 所示,该模型中包括液压力 PID 跟踪控制模块、液压马达控制单元、换向阀控制模块、比例阀控制模块以及其他液压元件和干扰力模块、测量模块等。

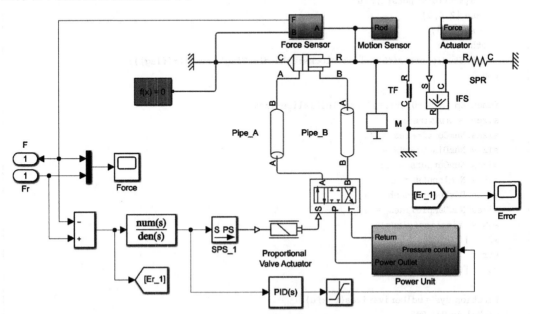

图 2.32　主动悬架系统

（4）主动悬架系统闭环仿真

在 Simulink 环境下搭建仿真模型,包括被动悬架与主动悬架的对比、路面激励输入等,仿真模型如图 2.33 所示。

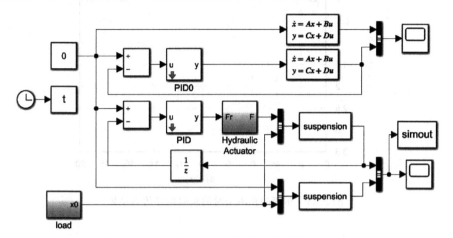

图 2.33　主动悬架系统闭环仿真模型

利用 MATLAB 脚本运行该模型,MATLAB 函数如下所示。

```
clear;clc;
global Ap Bp1 Bp2 Cp1 Dp1
m1 = 2500;m2 = 320;k1 = 80000;k2 = 500000;b1 = 350;b2 = 15020;
Ap = [0 1 0 0; -k1 * (m1 + m2)/m1/m2 - b1 * (m1 + m2)/m1/m2 - k2/m2 - b2/m2;
      0 0 0 1; -k1/m2 - b1/m2 - k2/m2 - b2/m2];
Bp1 = [0;(m1 + m2)/m1/m2;0;1/m2];Bp2 = [zeros(3,1);1];
Cp1 = [ -k1/m1 - b1/m1 0 0];Dp1 = 1/m1;
Cp2 = [1 0 0 0;0 1 0 0; -k1/m1 - b1/m1 0 0];Dp2 = [0;0;1/m1];
A31 = -Dp1^( -1) * Cp1 * Ap;A33 = -Dp1^( -1) * Cp1 * Bp1;
A = [Ap zeros(4,1) Bp1;Cp1 0 Dp1;A31 0 A33];
B1 = [0;0;0;0;0;Dp1^( -1)];B2 = [Bp2;0;0];
C1 = [Cp1 1 Dp1];C2 = [Cp1 0 Dp1];
load('w.mat', 'w')
w(:,1) = w(:,1) * 0.1;
sim('systemmodel')
plot(t,simout1)
grid on;xlabel('时间(s)');ylabel('加速度(m/s^2)');legend('被动悬架','主动悬架')
figure
plot(t,simout)
grid on;xlabel('时间(s)');ylabel('加速度(m/s^2)');legend('主动悬架','被动悬架')
```

车辆静止和运动时的仿真结果对比如图 2.34 和图 2.35 所示,可见,主动悬架的垂向振动抑制效果优于被动悬架。

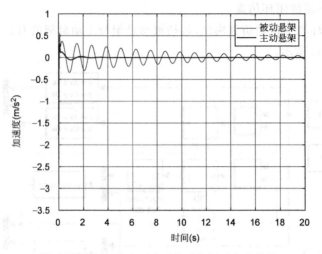

图 2.34 车辆静止不动时的垂向振动仿真结果

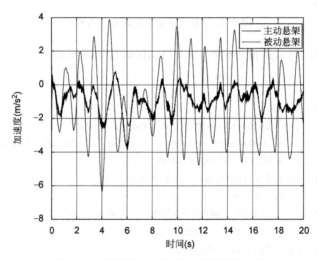

图 2.35 车辆运动时的垂向振动仿真结果

2.7 非线性模型的线性化

与非线性系统相比,线性系统更易于分析与设计,然而在实际应用中经常存在非线性系统,严格说来,所有的系统都含有不同程度的非线性成分。在这样的情况下,经常需要对非线性系统进行某种线性近似,从而简化系统的分析与设计过程。非线性系统的线性化(linearization)是提取线性系统特征的一种有效方法,实际上是在系统的工作点附近的邻域内提取系统的线性特征,从而对系统进行分析设计的一种方法。另外,如果所研究的系统是线性系统,则可以采用线性化方法提取输入端到输出端间的等效模型。

考虑下面给出的非线性系统的一般格式:

$$\begin{cases} \dot{x} = f(x,u,t) \\ y = g(x,u,t) \end{cases} \tag{2-31}$$

所谓系统的工作点,就是当系统状态变量导数趋于 0 时的状态变量的值。系统的工作点可以通过求解如下方程求得

$$\begin{cases} f(x_0,u_0,t) = 0 \\ g(x_0,u_0,t) = y_0 \end{cases} \tag{2-32}$$

在 u_0 的输入信号作用下,得到系统工作点 x_0 和 y_0 后,构造新的状态变量和控制输入变量分别为

$$z = x - x_0, \quad v = u - u_0 \tag{2-33}$$

则非线性系统在工作点 (x_0,y_0) 附近可以近似表示为如下的线性系统:

$$\begin{cases} \dot{z} = Az + Bv \\ y = Cz + Dv + y_0 \end{cases} \tag{2-34}$$

则称该模型为原系统的线性化模型,其中,系统矩阵为如下所示的雅克比矩阵:

$$\begin{aligned} A &= \left.\frac{\partial f(x,u)}{\partial x}\right|_{(x_0,y_0)}, \quad B = \left.\frac{\partial f(x,u)}{\partial u}\right|_{(x_0,y_0)} \\ C &= \left.\frac{\partial g(x,u)}{\partial x}\right|_{(x_0,y_0)}, \quad D = \left.\frac{\partial g(x,u)}{\partial u}\right|_{(x_0,y_0)} \end{aligned} \tag{2-35}$$

在建立非线性系统的状态空间模型后,可以求解其雅克比矩阵(2-35)将其线性化。此外,基于系统的非线性状态空间模型,在 Simulink 环境下搭建系统仿真模型,并利用 Simulink 中提供的 trim 函数,来求解非线性系统在指定输入下的工作点,该函数的调用格式为

$$[x,u,y,x_1] = \text{trim}(\text{model name}, x_0, u_0)$$

其中,model name 为 Simulink 模型的文件名,变量 x_0、u_0 为数值算法所要求的起始搜索点,是用户应该指定的状态初值和工作点的输入信号。对不含有非线性环节的系统来说,则不需要初始值 x_0、u_0 的设定。调用函数之后,实际的工作点在 x、u、y 变量中返回,而状态变量的导数值在变量 x_1 中返回。从理论上讲,状态变量在工作点处的一阶导数都应该等于 0,该函数正是基于这样的假设,采用数值最优化算法而实现的。

获得了工作点后,也可以采用 Simulink 程序中提供的 linmod2 函数来求取系统的线性化模型,该函数的调用格式为

$$[A,B,C,D] = \text{linmod2}(\text{model name}, x, u)$$

其中,x、u 为工作点处的状态变量与输入,得出的线性化的状态方程模型在(A,B,C,D)变量中返回。若省略了 x、u 变量(工作点变量),则将得出默认的线性化模型。事实上,若 Simulink 模型完全由线性环节搭建,则可以使用此函数提取出整个系统的线性模型,这时也无须输入工作点变量。如果系统中含有离散环节,则可以采用 dlinmod 函数来求系统的线性化模型。

例 2.17 考虑如图 2.36 所示的单摆运动模型,该模块受外力 F 作用,在往复摆动过程中还受空气阻力作用,以摆角 θ 作为输出,分析单摆系统模型。

针对该单摆系统,根据牛顿运动定律可得其受力模型为

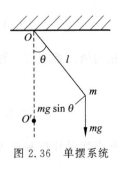

图 2.36 单摆系统

$$\ddot{\theta} = -k_d \dot{\theta} - k_g \sin\theta + F$$

构造系统状态变量为

$$x = \begin{bmatrix} x_1 \\ x_2 \end{bmatrix} = \begin{bmatrix} \dot{\theta} \\ \theta \end{bmatrix}$$

则系统非线性状态方程为

$$\dot{x} = \begin{bmatrix} -k_d x_1 - k_g \sin x_2 + F \\ x_1 \end{bmatrix}$$

利用 Level-2 的 S-function 完成其动态系统建模，MATLAB 代码如下所示。

```
function simpend(block)
setup(block);

function setup(block)
block.NumInputPorts = 1;
block.NumOutputPorts = 1;
block.SetPreCompInpPortInfoToDynamic;
block.SetPreCompOutPortInfoToDynamic;
block.NumDialogPrms = 3;
block.NumContStates = 2;
block.SampleTimes = [0 0];
block.SimStateCompliance = 'DefaultSimState';
block.RegBlockMethod('Start', @Start);
block.RegBlockMethod('Outputs', @Outputs);
block.RegBlockMethod('Derivatives', @Derivatives);

function Start(block)
block.ContStates.Data = block.DialogPrm(3).data;

function Outputs(block)
block.OutputPort(1).Data = block.ContStates.Data(2);

function Derivatives(block)
dampzzy = block.DialogPrm(1).Data;
gravzzy = block.DialogPrm(2).Data;
x = block.ContStates.Data;
u = block.InputPort(1).Data;
block.Derivatives.Data(1) = - dampzzy * x(1) - gravzzy * sin(x(2)) + u;
block.Derivatives.Data(2) = x(1);
```

利用模块封装技术将该 S-function 封装，函数名为 simpend，输入参数为 dampzzy、gravzzy 和 x0，如图 2.37 所示。

搭建的 Simulink 仿真模型如图 2.38 所示，其输入和输出分别是输入力 F 和摆角 θ。

将该单摆系统的仿真模型单独保存成一个 Simulink 文件并命名为 ex2_13.slx，可以用下面的函数命令

$$[A, B, C, D] = \text{linmod2}('ex2\_13')$$

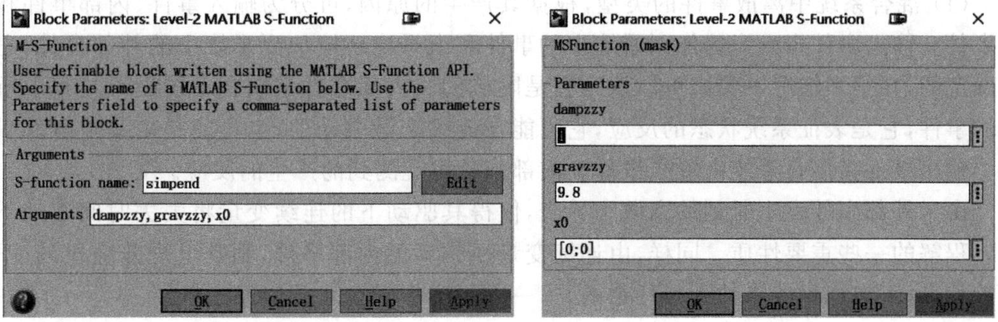

图 2.37　S-function 模块封装

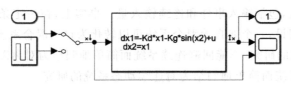

图 2.38　Simulink 单摆仿真模型

求得该单摆系统的线性化的状态空间模型为

$$\begin{cases} \dot{x} = \begin{bmatrix} -1 & -9.8 \\ 1 & 0 \end{bmatrix} x + \begin{bmatrix} 1 \\ 0 \end{bmatrix} F \\ y = \begin{bmatrix} 0 & 1 \end{bmatrix} x \end{cases}$$

利用 Simulink 的 linear analysis 工具箱也可以进行非线性模型的线性化,通过求解发现,利用 linmod2 所求得的线性化的状态方程,linear analysis 工具箱求得的结果,以及利用雅克比矩阵(2-35)求得的理论值,三者完全相同。因此,在实际的复杂非线性系统线性化问题中,当求解雅克比矩阵(2-35)存在困难时,可根据系统的数学模型搭建其 Simulink 仿真模型,然后利用 Simulink 模型进行线性化,此时有 linmod2 函数和 linear analysis 工具箱这两种方法来求解系统的线性化模型。

2.8　混合系统建模基础

除了上述章节中介绍的连续系统和离散系统之外,在智能驾驶车辆动力学系统中还有一种经常用到的系统即混合系统,虽然目前还未形成对混合系统统一的和公认的定义。但是,通常认为,一个混合系统应该具有如下几个特征:

(1) 系统中同时包含按照离散事件系统机制演化的离散事件和基于连续系统规律的连续变量,系统状态的演化过程是一种"混合"运动过程。

(2) 系统中离散事件和连续变量之间依据某种规则构成相互作用,离散事件过程和连续变量过程是相互约束的。

(3) 系统的状态是随时间而演化的,即系统具有一个动态系统的基本特征。

可见,与连续系统和离散事件系统不同,混合系统在演化机制上具有自身特点:

(1) 混合系统中离散事件的类型,根据其产生的原因,可分为输入事件、内部事件和输出事件。输入事件指人为地加到系统中的事件和由系统环境加到系统中的外部事件,它是不确定的,在很多情况下我们可以认为它是随机的。内部事件是混合系统运行过程中所产生的事件,它是表征系统状态的反应,它可能是连续变量驱动的,也可能是由其他事件引发的。输出事件指混合系统由输入事件和内部事件可观测到的产生的反应。

由于外部事件发生时刻的离散和异步,使得其驱动下的连续变量将失去时间驱动下微分方程解的一些重要性质。同样,由连续变量所推动的内部事件,则常呈现非随机的/不确定的特点,一方面这些事件不是任意的,另一方面这些事件也不是随机的。

(2) 按照系统是否包含有外部输入,可把混合系统分类为自治混合系统和非自治混合系统。自治混合系统中既没有输入事件,也没有连续输入量,即没有任何外部输入;非自治混合系统有外部输入,包括输入事件和连续输入量。事实上,在一定条件下,通过对考察对象的选择和适当的假设,一个非自治混合系统可以转化为自治混合系统。

(3) 对混合系统的研究,不能回避连续系统而简单地归结为对离散事件系统的研究,也不能回避离散事件系统而简单地归结为对连续动态系统的研究。

(4) 混合系统模型的复杂性并不意味着混合系统在处理上的困难性。由于同时包含连续动态系统和离散系统,使得混合系统在模型描述能力增强的前提下,模型复杂性也大为增加,但这并不意味着对具体的混合系统模型一定比连续动态系统或离散事件系统更难于处理。事实上,不少例子都说明了这一点。例如,某些光滑非线性连续系统的镇定,已被证明只能通过非光滑的离散事件系统型控制器来实现;在具有约束的连续系统的最优控制中,控制器必为离散时刻呈跳跃变化的开关型即离散事件系统型控制器;在离散事件系统的某些排队模型求解过程中,引入连续流模型被认为是近似求解优化问题的一种有效方法。

切换型混合系统所针对的是"多个控制器控制一个连续对象"的一类典型混合动态系统问题。例如,对于车辆动力学控制过程,控制单元中存有多个可供选择的控制程序及控制算法,并可根据车辆运行过程的实际检测数据来决定采用与其相适应的控制算法,如高附与低附、高速与低速、大曲率与小曲率等;当根据车辆行驶工况选定不同的控制程序时,所组成的闭环控制系统将服从不同的微分方程,但车辆运动状态始终是连续的,由此构成一个切换型混合系统。

一般地,切换系统所遵循的动态模式,只限于在有限个已知的连续变量微分方程的范围内。对于每个时间区间,切换系统的状态方程唯一,且属于已知连续变量微分方程范围内的一个模式。在切换时刻,系统状态满足连续性要求。

对于线性切换系统,系统状态方程和输出方程的一般形式可表示为:

$$\begin{cases} \dot{x}(t) = A_{\sigma(x,t)} x(t) + B_{\sigma(x,t)} u(t) \\ y(t) = C_{\sigma(x,t)} x(t) + D_{\sigma(x,t)} u(t) \end{cases} \quad (2\text{-}36)$$

其中,x、y 和 u 分别是系统的状态、输出和输入,A、B、C、D 是系统增益矩阵。$\sigma(x,t)$ 称为系统工作模式,即系统增益矩阵的切换序列,且取值于 $\{1,2,\cdots,N\}$,N 为正整数。对上述模式切换序列,通常采用"模式-切换时刻对"序列 $\{(m_i,t_i)\}_{i=0}^{\infty}$ 的形式给出,其中,m_i 表示系第 i 次切换所进入的模式,t_i 表示第 i 次切换发生的时刻。

在传统有限状态机模型中引入时间描述后使得其能有效地描述混合系统的运动特性,为混合系统的仿真给出了一个可行的建模方案,尤其是利用 Simulink 中的 Stateflow 工具可以非常方便地建立混合系统的仿真模型；针对系统的性能分析，特别是安全性和稳定性的校验，以及大系统的综合设计等方面的问题，也提出了很多可行的方法和若干准则。受限于篇幅限制，在此不对该问题展开论述，读者可自行查阅相关文献。

总之，目前线性切换系统已经得到较多的研究，对非线性切换系统也有所研究，研究重点主要涉及切换系统的能控性和稳定性，这也是目前线性切换系统理论在智能驾驶车辆系统动力学控制问题中应用较多的一种混合系统建模与分析方法。

2.9 本章小结

本章首先介绍了一些常用的数值算法，对其中的插值问题、拟合问题、解方程和微分方程问题等展开讨论，并结合具体的实例对其编程过程进行说明；然后，结合多个复杂示例，针对 Simulink 的使用问题对机电系统建模与仿真技术进行介绍；最后，对非线性系统线性化、混合系统建模问题进行初步探讨。

思 考 题

1. 插值与拟合作用的区别是什么？举例说明。
2. 利用 Simulink 系统辨识工具箱对车辆二自由度模型进行辨识。
3. 非线性系统线性化的方法有哪些？

第 3 章
车辆动力学与控制理论基础

3.1 概 述

汽车自 19 世纪末诞生以来,经过 100 多年来的不断改进、创新,凝聚了大量工程技术人员的智慧和匠心,同时汽车业的飞速发展,得益于石油、钢铁、化工、塑料、机械设备、电力、道路网、电子技术与金融等多种行业的支撑,才成为今日这样具有多种型式、不同规格,并被广泛用于社会经济生活多个领域的交通运输工具。

汽车动力学理论与控制理论是同步发展的理论体系。在卡尔·本茨发明的第一辆三轮汽车中,驾驶员的手是执行装置,用以操作车辆的加减速和转向机构;感觉器官是检测装置,感受车辆运动过程中的各种信息;人脑是中枢控制装置,对获得的信息进行分析、比较,作出判断、决策。由此可以看出:即使在最原始的汽车驾驶操控过程中,已经有了执行、检测、控制环节,它们构成了一个闭环的机电一体化系统。

控制理论是研究机电控制规律的技术科学,而所谓机电控制,是指在没有人直接参与的情况下,利用控制装置使被控对象自动地按照预定的规律运行和变化。在工程技术和科学的发展过程中,控制理论发挥着至关重要的作用。在现代制造业、工业过程控制、车辆动力学控制等领域,控制理论的作用也越来越重要。控制理论与实践发展的结果是获得具有最优性能的控制系统、提高效率、减轻工作强度,因此,越来越多的现代工程技术开始与这一领域的知识相融合。

车辆动力学是基于经典力学建立车辆在驾驶员或其他控制输入的作用下车辆动态运动特性的数学模型,是研究给定道路环境下车辆对驾驶员或控制系统输入动态响应的学科,也是汽车电子电控系统和智能驾驶等领域技术与产品研发和测试的重要基础。车辆动力学理论与控制理论相结合衍生的车辆动力学控制技术,是现代汽车电子电控系统、主动安全技术、高级驾驶辅助系统以及自动驾驶技术的基础,也是汽车先进电控技术快速发展的根本所在。因此,本章针对车辆动力学建模以及常用的控制理论进行介绍。

3.2 车辆系统模型

3.2.1 运动学模型

车辆运动学模型是根据车辆的几何关系建立的,不考虑影响车辆运动的力。建立运动学模型需要基于以下几点假设：

(1) 只考虑平面运动，不考虑车辆垂向的运动；

(2) 忽略前后载荷的转移，速度变化较为平缓；

(3) 内部结构是刚性的。

以前、后轮轴线中点作为研究对象，将车辆运动学模型简化成如图 3.1 所示的自行车模型。

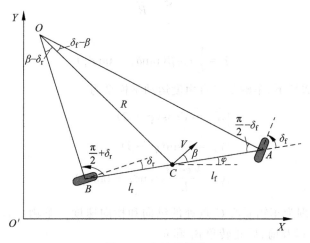

图 3.1 自行车模型

在该模型中，左右车轮由其前、后轴中心处的简化车轮代替，用 A、B 表示，车辆质心位于 C 点处，车辆瞬时旋转中心点为 O，它由前、后轮速度方向的垂线交点确定。前、后轮转角分别用 δ_f 和 δ_r 表示，前后轮轴距为 L，质心到前后轴的距离分别为 l_f, l_r。

在惯性坐标系 $O'XY$ 下，车辆运动用质心坐标 (X_C, Y_C) 和车身横摆角 φ 来描述，V 为质心处的速度，其速度方向用与 X 轴的夹角即航向角 γ 表示，且速度方向垂直于线段 OC。质心处速度方向与车身方向形成的夹角为车辆侧偏角，用 β 表示，三个参数之间的关系为

$$\gamma = \varphi + \beta \tag{3-1}$$

根据图 3.1 中转向半径 R 的几何关系可得

$$\begin{cases} R\sin(\delta_f - \beta) = l_f \sin\left(\dfrac{\pi}{2} - \delta_f\right) \\ R\sin(\beta - \delta_r) = l_r \sin\left(\dfrac{\pi}{2} + \delta_r\right) \end{cases} \tag{3-2}$$

将其展开可得

$$\begin{cases} R\sin\delta_f \cos\beta - R\cos\delta_f \sin\beta = l_f \cos\delta_f \\ R\cos\delta_r \sin\beta - R\sin\delta_r \cos\beta = l_r \cos\delta_r \end{cases} \tag{3-3}$$

进而可得转向半径的表达式为

$$R = \dfrac{L}{\cos\beta(\tan\delta_f - \tan\delta_r)} \tag{3-4}$$

以及车辆侧偏角满足关系式

$$\begin{cases} \tan\beta = \dfrac{l_f \tan\delta_r + l_r \tan\delta_f}{L} \\ \cos\beta = \dfrac{L\cos\delta_f \cos\delta_r}{\sqrt{l_r^2 \cos^2\delta_r + l_f^2 \cos^2\delta_f + 2l_f l_r \cos\delta_f \cos\delta_r \cos(\delta_f - \delta_r)}} \end{cases} \quad (3-5)$$

假设车辆在曲率缓慢变化的道路上行驶，车辆的横摆角速度为

$$\dot\varphi = \frac{V}{R} \quad (3-6)$$

即

$$\dot\varphi = \frac{V}{L}\cos\beta(\tan\delta_f - \tan\delta_r) \quad (3-7)$$

则在惯性坐标系 OXY 下，车辆的二自由度运动学模型为

$$\begin{cases} \dot X_C = V\cos(\varphi + \beta) \\ \dot Y_C = V\sin(\varphi + \beta) \\ \dot\varphi = \dfrac{V\cos\beta}{L}(\tan\delta_f - \tan\delta_r) \end{cases} \quad (3-8)$$

其中，$\dot X_C$ 和 $\dot Y_C$ 分别为车辆质心 C 点处的纵向和横向速度。车辆二自由度运动学模型的输入是质心速度 V 以及前、后轮转角 δ_f 和 δ_r。

特别地，针对前轮转向车辆时，可假设 $\delta_r = 0$，此时的车辆运动学模型为

$$\begin{cases} \dot X_C = V\cos(\varphi + \beta) \\ \dot Y_C = V\sin(\varphi + \beta) \\ \dot\varphi = \dfrac{V\sin\delta_f}{\sqrt{l_r^2 + l_f^2 \cos^2\delta_f + 2l_f l_r \cos^2\delta_f}} \\ \dot V = a \\ \beta = \arctan\dfrac{l_r \tan\delta_f}{L} \end{cases} \quad (3-9)$$

此时的控制输入是纵向加速度 a 和前轮转角 δ_f，分别是纵向控制系统（驱动与制动）和横向控制系统（方向盘）的控制输入。

3.2.2 动力学模型

动力学主要研究作用于物体的力与物体运动的关系，车辆动力学模型一般用于分析车辆的平顺性和车辆操纵的稳定性。对于车来说，研究车辆动力学，主要是研究车辆轮胎及其相关部件的受力情况。比如纵向速度控制，通过控制轮胎转速实现；横向航向控制，通过控制轮胎转角实现。

如图 3.2 所示，车辆上的作用力沿着三个不同的轴分布：

纵轴上的力包括驱动力和制动力，以及滚动阻力和拖拽阻力，汽车绕纵轴作侧倾运动；

横轴上的力包括转向力、离心力和侧风力，汽车绕横轴作俯仰运动；

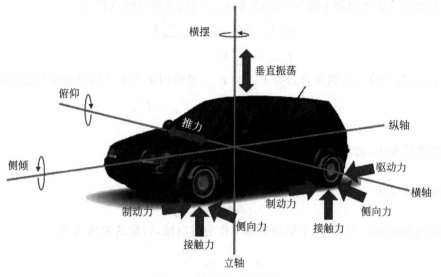

图 3.2 车辆动力学模型

立轴上的力包括车辆上下振荡施加的力,汽车绕立轴作横摆运动。

而在单车模型假设的前提下,再作如下假设即可简单搭建车辆的动力学模型:

(1) 只考虑纯侧偏轮胎特性,忽略轮胎力的纵横向耦合关系;

(2) 用单车模型描述车辆的运动,不考虑载荷的左右转移;

(3) 悬架系统是刚性的,忽略悬架运动的影响;

(4) 忽略横纵向空气动力学;

(5) 假设车辆方向盘转角与前轮转角之间为线性关系,忽略转向系的惯性和阻尼等。

在智能车的横向控制过程中,把车辆的横向控制模型转化为线性二自由度汽车模型,仅考虑车辆的横向速度和横摆角速度,如图 3.3 所示。其中,车辆坐标系的原点 C 与车辆的重心重合,车辆横向速度为 V_y,纵向速度为 $V_x = V_{\text{ego}}$,横摆角速度为 ω_r。

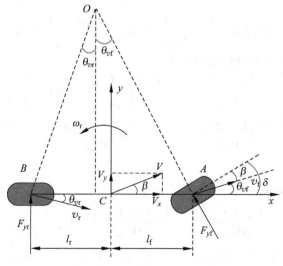

图 3.3 车辆二自由度模型

由车辆运动学知识和牛顿第二定律可得,二自由度模型的方程为

$$m(\dot{V}_y + V_{ego}\omega_r) = \sum F_y \tag{3-10}$$

$$I_z \dot{\omega}_r = \sum M_z \tag{3-11}$$

设车辆前、后轴两轮胎的侧向合力为 F_{yf} 和 F_{yr},忽略回正力矩且假设轮胎侧偏角较小,则

$$m(\dot{V}_y + V_{ego}\omega_r) = F_{yf} + F_{yr} \tag{3-12}$$

$$I_z \dot{\omega}_r = l_f F_{yf} - l_r F_{yr} \tag{3-13}$$

在二自由度模型中,前轮的横向速度为

$$v_f = V_y + l_f \omega_r \tag{3-14}$$

后轮的横向速度为

$$v_r = V_y - l_r \omega_r \tag{3-15}$$

由于轮胎的侧偏角 α 很小,且车辆的后轴不作为转向轴,后轮的侧偏角为

$$\alpha_r = \frac{V_y - l_r \omega_r}{V_{ego}} \tag{3-16}$$

设前轮的转向角为 δ,则

$$\tan(\alpha_f + \delta) = \frac{v_f}{V_{ego}} \tag{3-17}$$

前轮的侧偏角可近似为

$$\alpha_f = \frac{V_y + l_f \omega_r}{V_{ego}} - \delta \tag{3-18}$$

则前、后轮的侧向力为

$$F_{yf} = -C_{\alpha f} \alpha_f \tag{3-19}$$

$$F_{yr} = -C_{\alpha r} \alpha_r \tag{3-20}$$

根据式(3-12)~式(3-20)可得

$$m(\dot{V}_y + V_{ego}\omega_r) = C_{\alpha f}\delta - \frac{C_{\alpha f} + C_{\alpha r}}{V_{ego}}V_y - \frac{C_{\alpha f} l_f - C_{\alpha r} l_r}{V_{ego}}\omega_r \tag{3-21}$$

$$I_z \dot{\omega}_r = C_{\alpha f} l_f \delta - \frac{C_{\alpha f} l_f - C_{\alpha r} l_r}{V_{ego}}V_y - \frac{C_{\alpha f} l_f^2 + C_{\alpha r} l_r^2}{V_{ego}}\omega_r \tag{3-22}$$

对式(3-21)和式(3-22)进行变换可得

$$\begin{bmatrix} m & 0 \\ 0 & I_z \end{bmatrix} \begin{bmatrix} \dot{V}_y \\ \dot{\omega}_r \end{bmatrix} = \begin{bmatrix} -\dfrac{C_{\alpha f} + C_{\alpha r}}{V_{ego}} & -\dfrac{C_{\alpha f} l_f - C_{\alpha r} l_r}{V_{ego}} - mV_{ego} \\ -\dfrac{C_{\alpha f} l_f - C_{\alpha r} l_r}{V_{ego}} & -\dfrac{C_{\alpha f} l_f^2 + C_{\alpha r} l_r^2}{V_{ego}} \end{bmatrix} \begin{bmatrix} V_y \\ \omega_r \end{bmatrix} + \begin{bmatrix} C_{\alpha f} \\ C_{\alpha f} l_f \end{bmatrix} \delta$$

$$\tag{3-23}$$

对上式进行化简可得

$$\begin{bmatrix} \dot{V}_y \\ \dot{\omega}_r \end{bmatrix} = \begin{bmatrix} -\dfrac{C_{\alpha f} + C_{\alpha r}}{mV_{ego}} & -\dfrac{C_{\alpha f} l_f - C_{\alpha r} l_r}{mV_{ego}} - V_{ego} \\ -\dfrac{C_{\alpha f} l_f - C_{\alpha r} l_r}{I_z V_{ego}} & -\dfrac{C_{\alpha f} l_f^2 + C_{\alpha r} l_r^2}{I_z V_{ego}} \end{bmatrix} \begin{bmatrix} V_y \\ \omega_r \end{bmatrix} + \begin{bmatrix} \dfrac{C_{\alpha f}}{m} \\ \dfrac{C_{\alpha f} l_f}{I_z} \end{bmatrix} \delta \tag{3-24}$$

其中，I_z 为车辆的转动惯量（kg·m²），$C_{\alpha f}$ 和 $C_{\alpha r}$ 分别为车辆前后轮的侧偏刚度（N/rad），δ 为前轮转角（rad）。

当车辆达到稳态转向时，即

$$\begin{bmatrix} \dot{V}_y \\ \dot{\omega}_r \end{bmatrix} = \begin{bmatrix} 0 \\ 0 \end{bmatrix} \tag{3-25}$$

根据二自由度模型(3-24)可得

$$\begin{cases} -\dfrac{C_{\alpha f}+C_{\alpha r}}{mV_{\text{ego}}}V_y - \left(\dfrac{C_{\alpha f}l_f - C_{\alpha r}l_r}{mV_{\text{ego}}} + V_{\text{ego}}\right)\omega_r + \dfrac{C_{\alpha f}}{m}\delta = 0 \\ -\dfrac{C_{\alpha f}l_f - C_{\alpha r}l_r}{I_z V_{\text{ego}}}V_y - \dfrac{C_{\alpha f}l_f^2 + C_{\alpha r}l_r^2}{I_z V_{\text{ego}}}\omega_r + \dfrac{C_{\alpha f}l_f}{I_z}\delta = 0 \end{cases} \tag{3-26}$$

求解可得车辆的稳态侧偏和横摆特性为

$$\begin{cases} \left.\dfrac{\omega_r}{\delta}\right|_s = \dfrac{V_{\text{ego}}/L}{1+\dfrac{m}{L^2}\left(\dfrac{l_r}{C_{\alpha f}} - \dfrac{l_f}{C_{\alpha r}}\right)V_{\text{ego}}^2} = \dfrac{V_{\text{ego}}/L}{1+KV_{\text{ego}}^2} \\ \left.\dfrac{V_y}{\omega_r}\right|_s = l_r - \dfrac{ml_f}{C_{\alpha r}L}V_{\text{ego}}^2 \end{cases} \tag{3-27}$$

其中，稳定性因数为

$$K = \dfrac{m}{L^2}\left(\dfrac{l_r}{C_{\alpha f}} - \dfrac{l_f}{C_{\alpha r}}\right)$$

3.2.3 轮胎模型

轮胎是汽车的重要部件，它的结构参数和力学特性决定着汽车的主要行驶性能。因为除空气作用力外，汽车行驶所需的所有外力都是由轮胎与路面之间的相互作用产生的。轮胎所受的法向力、纵向力、侧向力和回正力矩对汽车操纵稳定性有重要影响，是研究汽车系统动力学和智能驾驶车辆运动规划与运动控制的基础。特别是对汽车正向操纵稳定性的仿真研究，如何匹配合适的轮胎模型是至关重要的。

轮胎模型用于研究轮胎六分力（纵向力、侧向力、垂向力、翻转力矩、滚动阻力矩、回正力矩）与轮胎结构参数和使用参数的关系如图 3.4 所示。轮胎动力学模型对汽车操纵稳定性仿真计算结果有很大的影响，轮胎动力学模型的精度必须与汽车操纵稳定性模型精度相匹配。由于轮胎具有结构的复杂性和力学性能的非线性，选择既符合实际又便于使用的轮胎动力学模型是研究汽车操纵稳定性的关键。轮胎动力学模型根据建模方法的不同，主要分为理论模型、经验模型和半经验模型，轮胎理论模型可以利用解析表达式描述轮胎的受力，便于建立汽车操纵稳定性线性模型和理论分析；轮胎经验模型应用较少；轮胎半经验模型精度较高，用于汽车操纵稳定性仿真效果好。

1. 低滑移率纵向力模型

在低滑移率时的轮胎纵向力与滑移率成正比。如图 3.5 所示，轮胎滑移率用来衡量车

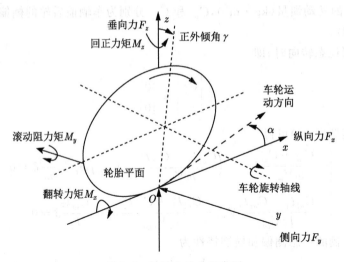

图 3.4 轮胎六分力示意图

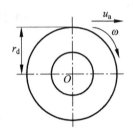

图 3.5 轮胎转动示意图

轮相对于纯滚动(或纯滑动)状态的偏离程度,是影响轮胎产生纵向力的一个重要因素。轮胎的纵向滑移率定义如下:

$$\lambda_x = \begin{cases} \dfrac{\omega r_d - u_a}{\omega r_d} \times 100\%, & \text{驱动工况} \\ \dfrac{u_a - \omega r_d}{u_a} \times 100\%, & \text{制动工况} \end{cases} \quad (3\text{-}28)$$

其中,u_a 为实际车轮轴心的纵向速度,ω 为车轮旋转速度,r_d 为车轮转动半径。

由试验结果建立由每个轮胎产生的轮胎纵向力模型,其中,纵向力由轮胎地面法向力和路面附着系数决定,而路面的附着系数与滑移率有关,其典型变化如图 3.6 所示。

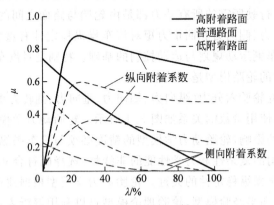

图 3.6 轮胎线性模型

对于安装有防抱死系统(ABS)的车辆,其轮胎滑移率一般较低(在干路面上小于 20%),由图 3.6 可知,轮胎纵向力与滑移率成正比,因此,纵向力模型为

$$F_x = \mu_x F_z \quad (3\text{-}29)$$

其中,μ_x 是摩擦系数,F_z 是轮胎的地面法向力,当考虑车辆纵横向加速度响应时,各车轮的

垂向力分别为

$$\begin{cases} F_{zfl} = \dfrac{l_r}{2L}mg - \dfrac{h_g}{2L}ma_x - \dfrac{l_r h_g}{Lw_b}ma_y \\ F_{zfr} = \dfrac{l_r}{2L}mg - \dfrac{h_g}{2L}ma_x + \dfrac{l_r h_g}{Lw_b}ma_y \\ F_{zrl} = \dfrac{l_f}{2L}mg + \dfrac{h_g}{2L}ma_x - \dfrac{l_f h_g}{Lw_b}ma_y \\ F_{zrr} = \dfrac{l_f}{2L}mg + \dfrac{h_g}{2L}ma_x + \dfrac{l_f h_g}{Lw_b}ma_y \end{cases} \quad (3\text{-}30)$$

其中,h_g 是车辆质心高度,w_b 是轮距。

2. 小侧偏角侧向力模型

基于轮胎刷子模型可得侧向力与侧偏角的关系为

$$F_y = \begin{cases} -C_\alpha \tan\alpha + \dfrac{C_\alpha^2}{3\eta\mu F_z}|\tan\alpha|\tan\alpha - \dfrac{C_\alpha^3}{27\eta^2\mu^2 F_z^2}\tan^3\alpha, & \text{当 } |\alpha| \leqslant \arctan\dfrac{3\eta\mu F_z}{C_\alpha} \\ -\eta\mu F_z \text{sgn}\alpha, & \text{其他} \end{cases}$$

(3-31)

轮胎侧向力中的系数 η 是为了保证轮胎横纵向力不超过轮胎的附着极限,其表达式为

$$\eta = \dfrac{\sqrt{\mu^2 F_z^2 - F_x^2}}{\mu F_z} \quad (3\text{-}32)$$

其中,前后轮的垂向力分别为

$$\begin{cases} F_{zf} = \dfrac{1}{L}(mgl_r - hF_x) \\ F_{zr} = \dfrac{1}{L}(mgl_f + hF_x) \end{cases} \quad (3\text{-}33)$$

其中,h 为车辆质心离地高度。因此,在小侧偏角时的轮胎侧向力与轮胎侧偏角成正比,即

$$F_y = -C_\alpha \alpha \quad (3\text{-}34)$$

上式也是建立车辆二自由度动力学模型的重要假设条件。

由于轮胎的侧偏角 α 很小,根据式(3-16)和式(3-18)可得前、后轮的侧偏角为

$$\begin{cases} \alpha_f = \dfrac{V_y + l_f\omega_r}{V_{ego}} - \delta \\ \alpha_r = \dfrac{V_y - l_r\omega_r}{V_{ego}} \end{cases} \quad (3\text{-}35)$$

其中,前轮的转向角为 δ,则前、后轮的侧向力为

$$\begin{cases} F_{yf} = -C_{\alpha f}\left(\dfrac{V_y + l_f\omega_r}{V_{ego}} - \delta\right) \\ F_{yr} = -C_{\alpha r}\dfrac{V_y - l_r\omega_r}{V_{ego}} \end{cases} \quad (3\text{-}36)$$

3. 联合轮胎力模型

前面已经讨论了在只有低滑移率和小侧偏角存在时轮胎的纵向力和侧向力,但在侧偏和滑移同时耦合作用时,轮胎力的公式需要考虑其合力矢量不能超过轮胎摩擦极限 μF_z。

在侧偏角和纵向滑移率都存在的情况下,基于抛物线分布的地面法向作用力的轮胎联合模型,轮胎合力的数学模型如下:

$$F = \begin{cases} \mu F_z [3\lambda\theta - 3(\lambda\theta)^2 + (\lambda\theta)], & \lambda \leqslant \dfrac{1}{\theta} \\ \mu F_z, & \lambda > \dfrac{1}{\theta} \end{cases} \quad (3\text{-}37)$$

其中,$\lambda = \sqrt{\lambda_x^2 + \lambda_y^2}$ 为总的滑移率,且横、纵向滑移率为

$$\lambda_x = \begin{cases} \dfrac{\omega r_d - u_a}{\omega r_d} \times 100\%, & \text{驱动工况} \\ \dfrac{u_a - \omega r_d}{u_a} \times 100\%, & \text{制动工况} \end{cases}$$

$$\lambda_y = \dfrac{u_a}{\omega r_d} \tan\alpha \quad (3\text{-}38)$$

轮胎参数和地面法向力函数参数为

$$\theta = \dfrac{4a^2 bk}{3\mu F_z} \quad (3\text{-}39)$$

其中,a、b、k 是与轮胎有关的常参数。则轮胎纵向力和侧向力为

$$\begin{cases} F_x = \dfrac{\lambda_x}{\lambda} F \\ F_y = \dfrac{\lambda_y}{\lambda} F \end{cases} \quad (3\text{-}40)$$

4. 魔术公式轮胎模型

轮胎魔术公式是典型的轮胎半经验模型,是目前应用最广泛的轮胎模型之一。轮胎魔术公式是用三角函数的组合公式拟合轮胎试验数据,仅用一套形式相同的公式就可以完整且较好地表达轮胎的纵向力、侧向力、回正力矩以及纵向力、侧向力的联合作用工况。目前,轮胎魔术公式有多种模型,如 Pacejka89 模型、Pacejka94 模型、MF-Tyre 轮胎模型、PAC2002 轮胎模型等,本节将重点介绍 Pacejka89 模型。

Pacejka89 轮胎模型采用 SAE 标准轮胎坐标系,遵守的符号协议为:纵向力与纵向滑动率符号一致;侧向力与侧偏角符号一致;小侧偏角时,回正力矩与侧偏角符号相反。Pacejka89 轮胎模型是将纵向特征量描述为垂直载荷的函数,侧向特征量描述为垂直载荷与外倾角的函数。垂直载荷与外倾角一定时,Pacejka89 轮胎纵向力模型为纵向滑动率的正弦函数,侧向力与回正力矩为侧偏角的正弦函数,且纵向力、侧向力与回正力矩求解函数是相互独立的。Pacejka89 轮胎模型采用的单位制有别于国际单位制,垂直载荷单位为 kN,纵向滑动率单位为%,侧偏角单位为(°),纵向力与侧向力单位为 N,回正力矩单位为 N·m。

Pacejka89 轮胎模型可统一描述为

$$Y(x) = y(x) + S_v$$
$$y(x) = D\sin\{C\arctan[Bx - E(Bx - \arctan(Bx))]\}$$
$$x = X + S_h \tag{3-41}$$

式中,$Y(x)$ 为轮胎纵向力、侧向力或回正力矩;x 为考虑水平偏移因子时的自变量;$y(x)$ 为不考虑垂直偏移因子的纵向力、侧向力或回正力矩;X 为纵向滑动率或侧偏角;D 为峰值因子,表征 $y(x)$ 曲线的峰值;C 为形状因子,表征 $y(x)$ 曲线的形状;B 为刚度因子,决定 $y(x)$ 曲线原点处的斜率;E 为曲率因子,表征 $y(x)$ 曲线峰值和渐进线附近的曲率;S_v 为垂直偏移因子,表征 $y(x)$ 曲线的垂直偏移程度;S_h 为水平偏移因子,表征 $y(x)$ 曲线的水平偏移程度。S_v 和 S_h 是由轮胎的帘布层转向效应、轮胎的圆锥度效应、滚动阻力矩和外倾角引起的,用来描述特性曲线相对原点的偏移;B、C、D 决定 $x=0$ 处的斜率。Pacejka89 轮胎模型中的系数如图 3.7 所示。

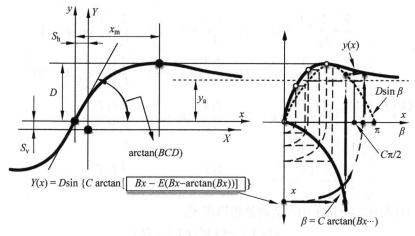

图 3.7　Pacejka89 轮胎模型

3.2.4　轮胎侧偏刚度估计

车身侧偏角或侧向运动速度在车辆横向控制系统中常用作状态反馈量,但是其无法利用车载传感器直接测量,故需要设计状态观测器重构车辆横向运动状态。另外,对于不同道路条件,轮胎侧偏刚度不同,给车辆模型引入了一定的不确定性与非线性特性。考虑到轮胎侧偏刚度在车辆横向动力学模型中起着重要作用,因此,首先在线辨识轮胎的侧偏刚度信息,再基于车辆二自由度模型设计横向运动状态观测器。

1. 横摆角速度法

假设车辆稳态行驶且轮胎的侧偏角很小,此时,根据式(3-26)可得横向速度和横摆稳态转向特性为

$$\left.\frac{V_y}{\omega_r}\right|_s = l_f - \frac{ml_f V_{ego}^2}{C_{\alpha r} L} \tag{3-42}$$

则根据式(3-24)可得横摆角速度响应为

$$\omega_r(k+1) = \left[1 - \frac{1+KV_{ego}^2}{I_z V_{ego}} C_{\alpha f} L l_f T\right]\omega_r(k) + \frac{C_{\alpha f} l_f}{I_z} T \delta(k) \tag{3-43}$$

其中，T 为采样周期。该响应特性等价于

$$\omega_r(k+1) - \omega_r(k) = \left[-\frac{V_{ego} L l_f T}{I_z}\omega_r(k),\ \frac{l_f T}{I_z}\delta(k) - \frac{L l_f T}{I_z V_{ego}}\omega_r(k)\right]\begin{bmatrix} KC_{\alpha f} \\ C_{\alpha f} \end{bmatrix} \tag{3-44}$$

假设轮胎侧偏刚度在过去 n 个采样周期内是近似相等的，则定义

$$\theta(k) = \begin{bmatrix} K(k-1)C_{\alpha f}(k-1) \\ C_{\alpha f}(k-1) \end{bmatrix},\quad y(k) = \begin{bmatrix} \omega_r(k) - \omega_r(k-1) \\ \omega_r(k-1) - \omega_r(k-2) \\ \omega_r(k-2) - \omega_r(k-3) \\ \vdots \\ \omega_r(k-n+1) - \omega_r(k-n) \end{bmatrix}$$

$$\varphi(k) = \begin{bmatrix} -\dfrac{V_{ego} L l_f T}{I_z}\omega_r(k-1) & \dfrac{l_f T}{I_z}\delta(k-1) - \dfrac{L l_f T}{I_z V_{ego}}\omega_r(k-1) \\ -\dfrac{V_{ego} L l_f T}{I_z}\omega_r(k-2) & \dfrac{l_f T}{I_z}\delta(k-2) - \dfrac{L l_f T}{I_z V_{ego}}\omega_r(k-2) \\ -\dfrac{V_{ego} L l_f T}{I_z}\omega_r(k-3) & \dfrac{l_f T}{I_z}\delta(k-3) - \dfrac{L l_f T}{I_z V_{ego}}\omega_r(k-3) \\ \vdots & \vdots \\ -\dfrac{V_{ego} L l_f T}{I_z}\omega_r(k-n) & \dfrac{l_f T}{I_z}\delta(k-n) - \dfrac{L l_f T}{I_z V_{ego}}\omega_r(k-n) \end{bmatrix} \tag{3-45}$$

则式(3-44)可写成如下所示的参数递推辨识形式：

$$y(k) = \varphi(k)\theta(k) + e(k) \tag{3-46}$$

其中，$\theta(k)$ 为待辨识的参数矢量，$\varphi(k)$ 为输入递推矢量，$e(k)$ 为辨识误差。可采用递推最小二乘法(RLS)对未知矢量 $\theta(k)$ 进行在线辨识。

对于每个采样周期，使用历史采样数据，通过反复迭代辨识未知矢量 $\theta(k)$。RLS 迭代算法以模型误差的最小方差为目标，具体的迭代步骤如下。

（1）构造系统输出递推矢量 $y(k)$ 和输入递推矢量 $\varphi(k)$，给定参数初值 $\theta(0)$ 和协方差矩阵初值 $K_e(0)$；

（2）计算辨识误差：

$$e(k) = y(k) - \varphi(k)\theta(k) \tag{3-47}$$

（3）计算增益校正矢量和协方差矩阵：

$$K_e(k) = P(k-1)\varphi^T(k)[\lambda + \varphi(k)P(k-1)\varphi^T(k)]^{-1} \tag{3-48}$$

$$P(k) = \frac{1}{\lambda}P(k-1) - \frac{1}{\lambda}P(k-1)\varphi^T(k)\varphi(k)P(k-1)[\lambda + \varphi(k)P(k-1)\varphi^T(k)]^{-1} \tag{3-49}$$

（4）更新估计参数矢量：

$$\theta(k) = \theta(k-1) + K_e(k)e(k) \tag{3-50}$$

其中,λ 称为遗忘因子,能够有效减小与模型相关的历史数据带来的影响,其取值范围一般为 $0.9 \leqslant \lambda \leqslant 1$。通过迭代实现参数矢量 $\theta(k)$ 的辨识后,可得前后车轮的侧偏刚度分别为

$$C_{\alpha f}=\theta_2(k), \quad C_{\alpha r}=\frac{ml_f\theta_2(k)}{ml_r-L^2\theta_1(k)} \tag{3-51}$$

2. 侧向-横摆综合法

在上述方法中利用了车辆侧向和横摆运动的稳态响应特性,忽略了车辆的瞬态过程。考虑到侧向速度不可测,但是侧向加速度可测,则根据(3-24)可得侧向加速度和横摆角速度响应分别为

$$\begin{cases} a_y(k)=-\dfrac{C_{\alpha f}+C_{\alpha r}}{mV_{\text{ego}}}V_y(k)-\left(\dfrac{C_{\alpha f}l_f-C_{\alpha r}l_r}{mV_{\text{ego}}}+V_{\text{ego}}\right)\omega_r(k)+\dfrac{C_{\alpha f}}{m}\delta(k) \\ \omega_r(k+1)=-\dfrac{C_{\alpha f}l_f-C_{\alpha r}l_r}{I_zV_{\text{ego}}}TV_y(k)+\left(1-\dfrac{C_{\alpha f}l_f^2+C_{\alpha r}l_r^2}{I_zV_{\text{ego}}}T\right)\omega_r(k)+\dfrac{C_{\alpha f}l_f}{I_z}T\delta(k) \end{cases} \tag{3-52}$$

消去侧向速度可得

$$\omega_r(k+1)-\omega_r(k)=\left[\dfrac{Tm}{I_z}a_y(k)-\dfrac{TmV_{\text{ego}}^2}{V_{\text{ego}}I_z}\omega_r(k)\right]\dfrac{C_{\alpha f}l_f-C_{\alpha r}l_r}{C_{\alpha f}+C_{\alpha r}}+ \\ \left[\dfrac{TL}{I_z}\delta(k)-\dfrac{TL^2}{V_{\text{ego}}I_z}\omega_r(k)\right]\dfrac{C_{\alpha f}C_{\alpha r}}{C_{\alpha f}+C_{\alpha r}} \tag{3-53}$$

与上述方法相类似,假设轮胎侧偏刚度在过去 n 个采样周期内是近似相等的,定义

$$\theta(k)=\begin{bmatrix}\dfrac{l_fC_{\alpha f}(k-1)-l_rC_{\alpha r}(k-1)}{C_{\alpha f}(k-1)+C_{\alpha r}(k-1)} \\ \dfrac{C_{\alpha f}(k-1)C_{\alpha r}(k-1)}{C_{\alpha f}(k-1)+C_{\alpha r}(k-1)}\end{bmatrix}, \quad y(k)=\begin{bmatrix}\omega_r(k)-\omega_r(k-1) \\ \omega_r(k-1)-\omega_r(k-2) \\ \omega_r(k-2)-\omega_r(k-3) \\ \vdots \\ \omega_r(k-n+1)-\omega_r(k-n)\end{bmatrix}$$

$$\varphi(k)=\begin{bmatrix}\dfrac{Tm}{I_z}a_y(k-1)-\dfrac{TmV_{\text{ego}}^2}{V_{\text{ego}}I_z}\omega_r(k-1) & \dfrac{TL}{I_z}\delta(k-1)-\dfrac{TL^2}{V_{\text{ego}}I_z}\omega_r(k-1) \\ \dfrac{Tm}{I_z}a_y(k-2)-\dfrac{TmV_{\text{ego}}^2}{V_{\text{ego}}I_z}\omega_r(k-2) & \dfrac{TL}{I_z}\delta(k-2)-\dfrac{TL^2}{V_{\text{ego}}I_z}\omega_r(k-2) \\ \dfrac{Tm}{I_z}a_y(k-3)-\dfrac{TmV_{\text{ego}}^2}{V_{\text{ego}}I_z}\omega_r(k-3) & \dfrac{TL}{I_z}\delta(k-3)-\dfrac{TL^2}{V_{\text{ego}}I_z}\omega_r(k-3) \\ \vdots & \vdots \\ \dfrac{Tm}{I_z}a_y(k-n)-\dfrac{TmV_{\text{ego}}^2}{V_{\text{ego}}I_z}\omega_r(k-n) & \dfrac{TL}{I_z}\delta(k-n)-\dfrac{TL^2}{V_{\text{ego}}I_z}\omega_r(k-n)\end{bmatrix} \tag{3-54}$$

则可得如下所示的参数递推辨识形式:

$$y(k)=\varphi(k)\theta(k)+e(k) \tag{3-55}$$

其中,$\theta(k)$ 为待辨识的参数矢量,可采用递推最小二乘法(RLS)对未知矢量 $\theta(k)$ 进行在线

辨识。

对于每个采样周期,使用历史采样数据,通过反复迭代辨识未知矢量 $\theta(k)$。RLS 迭代算法以模型误差的最小方差为目标,具体的迭代步骤与横摆角速度估计法相类似,在此不再赘述。则通过迭代实现参数矢量 $\theta(k)$ 的辨识后,即可得前后车轮的侧偏刚度分别为

$$C_{\alpha f} = \frac{L\theta_2(k)}{l_f - \theta_1(k)}, \quad C_{\alpha r} = \frac{L\theta_2(k)}{l_r + \theta_1(k)} \tag{3-56}$$

3.3 常用滤波器及其应用

3.3.1 低通滤波器

考虑实际中传感器的测量噪声和各类信号干扰问题,因此,在实际控制过程中需要对传感器信号或控制输入信号进行滤波处理,而低通滤波器是使用最多的一种滤波方法。低通滤波器作为一种高效过滤方式,规则为允许低频信号能正常通过,而超过设定临界值的高频信号则被阻隔、减弱,但是阻隔、减弱的幅度则会依据不同的频率以及不同的滤波目的而改变。

一阶滤波,又称一阶惯性滤波或一阶低通滤波,是使用软件算法实现类似于普通硬件 RC 低通滤波器的功能。一阶低通滤波器的传递函数为

$$G(s) = \frac{1}{Ts + 1} \tag{3-57}$$

其中,T 为截止频率。在实际中一般采用一阶低通滤波的离散形式,因此,先将上述传递函数转化为微分方程的形式,即

$$T\dot{y}(t) + y(t) = u(t) \tag{3-58}$$

其中,u 和 y 分别代表滤波器的输入和输出数据,将其离散化可得

$$y(k) = \frac{T}{T + T_s} y(k-1) + \frac{T_s}{T + T_s} u(k) \tag{3-59}$$

其中,T_s 为采样时间。因此,可得一阶低通滤波算法的递归公式为

$$y(k) = \alpha y(k-1) + (1-\alpha)u(k) \tag{3-60}$$

其中,α 为低通滤波系数,$u(k)$ 为本次采样值,$y(k-1)$ 为上次滤波器的输出值,$y(k)$ 为本次滤波器的输出值。

因此,一阶低通滤波算法采用本次采样值与上次滤波输出值进行加权,得到有效滤波值,使得输出对输入有反馈作用,因其类似于实际物理系统的一阶惯性环节,在实际应用中有着较好的滤波效果,因而被广泛应用于传感器信号和控制输入信号的滤波处理。利用 Simulink 搭建的典型低通滤波器如图 3.8 所示,其滤波系数为 0.5。

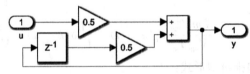

图 3.8 低通滤波器

3.3.2 卡尔曼滤波器

卡尔曼滤波(KF)是一种利用线性系统状态方程,通过系统输入和输出观测数据,对系统状态进行最优估计的算法。由于观测数据中包括系统噪声和干扰的影响,所以最优估计也可视为滤波过程。KF 在噪声方差已知的情况下能够从一系列存在噪声的数据中,利用递归估计出动态系统的状态。由于便于计算机编程实现,并能够对现场采集的数据进行实时的更新和处理,KF 是目前应用最为广泛的一种状态估计和数据滤波方法。

例如,在智能驾驶中的视觉检测问题中,视觉传感器可以检测到障碍物的相对距离,但是自动驾驶控制系统对障碍物的相对速度也很感兴趣,同时,传感器检测到的相对距离信息中往往是带有噪声的。KF 利用障碍物的相对距离测量信息,设法滤除噪声的影响,得到相对距离更好的估计值,同时,估计障碍物的相对运动速度。

利用 KF 实现状态估计时,首先需要建立系统的状态空间模型。假设障碍物在二维平面上做匀速运动(CV),其状态包括横纵向的相对距离、相对速度,则障碍物的运动模型可表示为

$$\begin{bmatrix} p_x \\ p_y \\ v_x \\ v_y \end{bmatrix}_{k+1} = \begin{bmatrix} 1 & 0 & \Delta t & 0 \\ 0 & 1 & 0 & \Delta t \\ 0 & 0 & 1 & 0 \\ 0 & 0 & 0 & 1 \end{bmatrix} \begin{bmatrix} p_x \\ p_y \\ v_x \\ v_y \end{bmatrix}_k + \nu \tag{3-61}$$

其中,ν 为过程噪声,Δt 为采样周期。可简记为

$$x_{k+1} = A x_k + \nu \tag{3-62}$$

其中,

$$x = \begin{bmatrix} p_x \\ p_y \\ v_x \\ v_y \end{bmatrix}, \quad A = \begin{bmatrix} 1 & 0 & \Delta t & 0 \\ 0 & 1 & 0 & \Delta t \\ 0 & 0 & 1 & 0 \\ 0 & 0 & 0 & 1 \end{bmatrix}$$

由于视觉传感器可以测量横纵向相对位置,因此测量方程为

$$z_k = C x_k + \omega \tag{3-63}$$

其中,ω 是测量噪声,且

$$C = \begin{bmatrix} 1 & 0 & 0 & 0 \\ 0 & 1 & 0 & 0 \end{bmatrix}$$

卡尔曼滤波是一个递推滤波算法,每次递推都包括预测和更新两个部分,预测部分是使用上一时刻状态的估计做出对当前状态的预测,更新部分是利用当前状态的观测值来修正预测阶段获得的预测值,获得一个更接近真实值的估计值。针对上述自治系统,KF 算法主要包括以下五个步骤:

$$\hat{x}_k^- = A \hat{x}_{k-1} \tag{3-64}$$

$$P_k^- = A P_{k-1} A^\mathrm{T} + Q \tag{3-65}$$

$$K_k = P_k^- C^\mathrm{T} (C P_k^- C^\mathrm{T} + R)^{-1} \tag{3-66}$$

$$\hat{x}_k = \hat{x}_k^- + K_k (z_k - C \hat{x}_k^-) \tag{3-67}$$

$$P_k = (I - K_k C) P_k^- \tag{3-68}$$

其中，Q 和 R 矩阵分别为系统噪声和测量噪声的协方差矩阵。

当系统模型是非线性状态方程或测量方程是非线性函数时，可以将其线性化并采用扩展卡尔曼滤波(EKF)来实现状态估计。EKF 中线性化状态方程，更新后的状态和协方差矩阵与前一时刻的状态和协方差矩阵保持线性关系，但是，线性卡尔曼滤波器的状态转移矩阵用状态方程的雅克比矩阵替代。因此，EKF 算法与 KF 算法的迭代过程基本相同，只是状态转移矩阵用状态雅克比矩阵代替，测量矩阵用测量雅克比矩阵代替。

利用 Simulink 搭建的 KF 仿真模型如图 3.9 所示。

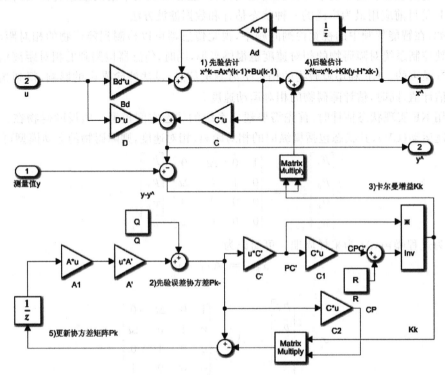

图 3.9 卡尔曼滤波器

3.4 二次规划及其应用

二次规划(QP)是指在变量 x 的线性等式和线性不等式的约束下，求二次型目标函数的极小值问题。二次规划问题的一般形式为

$$\begin{cases} \min q(x) = \dfrac{1}{2} x^\mathrm{T} G x + c^\mathrm{T} x \\ \mathrm{s.t.}\ a_i^\mathrm{T} x = b_i, \quad i = 1, 2, \cdots, m \\ \qquad a_i^\mathrm{T} x \leqslant b_i, \quad i = m+1, \cdots, p \end{cases} \quad (3\text{-}69)$$

其中，$c = [c_1, c_2, \cdots, c_n]^\mathrm{T}$，$G$ 为 $n \times n$ 阶对称矩阵，$a_1, a_2, \cdots, a_p$ 均为 n 维列向量，假设 $a_1, a_2, \cdots, a_m$ 线性无关，$x = (x_1, x_2, \cdots, x_n)^\mathrm{T}$，$b_1, b_2, \cdots, b_p$ 为已知常数，$m \leqslant n, p \geqslant m$。二次规划问题的求解较为成熟，MATLAB 提供了一个二次规划函数 quadprog，可以非常方便地

求解 QP 问题。接下来介绍 QP 的三个典型应用场景及其求解方法。

3.4.1 路面附着系数估计

路面附着系数是车辆动力学控制策略中非常重要的一个参数,比如在低附路面行驶时需要及时调整纵向跟车距离,且方向盘转动的速度也要及时放缓,车辆运动规划的策略都要及时做出调整。因此,智能汽车在行驶时要对路面附着系数进行实时估计,根据车辆运动状态实时调整车辆横纵向动力学控制策略。本章节重点考虑使用二次规划算法获得路面附着系数-滑移率曲线,进而估计出道路附着系数。

1. 车辆纵向行驶方程

已知车辆纵向行驶方程为

$$F = Gf\cos\alpha + \frac{C_D A}{21.15}u_x^2 + G\sin\alpha + \delta m \frac{du}{dt} \qquad (3\text{-}70)$$

式中,C_D 为空气阻力系数,A 为迎风面积,δ 为汽车旋转质量换算系数,m 为车重。可将式(3-70)写成如下形式:

$$F_0 = \mu mg\cos\alpha + mg\sin\alpha + \delta m a_x \qquad (3\text{-}71)$$

其中,车重 m、附着系数 μ 是未知参数,F_0 为已知合力,其表达式如下所示:

$$F_0 = F - \frac{C_D A}{21.15}u_x^2 \qquad (3\text{-}72)$$

2. 轮胎附着分段线性化模型

对路面附着系数-滑移率曲线进行分段线性化处理,假设在滑移率为 s_0(一般在 20% 左右)时,路面附着系数最大,得到如下两个线性函数:

$$\mu = \begin{cases} \mu_0 + k_1 s, & s \leqslant s_0 \\ \mu_0 + (k_1 + k_2)s_0 - k_2 s, & s > s_0 \end{cases} \qquad (3\text{-}73)$$

上式中的符号见图 3.10,其中,μ 为路面附着系数,s 为滑移率,μ_0 为第一段函数的截距,k_1 为第一段函数的斜率,k_2 为第二段函数的斜率。

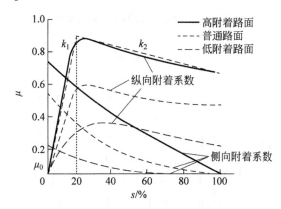

图 3.10 轮胎附着-滑移率曲线图

3. 转化为 QP 问题

设置状态向量为 $x=[\mu_0 m, k_1 m, k_2 m, m]^T$,则车辆纵向行驶方程(3-71)可转化为如下向量形式:

当 $s \leqslant s_0$ 时,

$$F_0 = (\mu_0 + k_1 s)mg\cos\alpha + mg\sin\alpha + \delta m a_x = A_1 x \tag{3-74}$$

其中,

$$A_1 = [g\cos\alpha \quad sg\cos\alpha \quad 0 \quad \delta a_x + g\sin\alpha] \tag{3-75}$$

当 $s > s_0$ 时,

$$F_0 = [\mu_0 + (k_1 + k_2)s_0 - k_2 s]mg\cos\alpha + mg\sin\alpha + \delta m a_x = A_2 x \tag{3-76}$$

其中,

$$A_2 = [g\cos\alpha \quad s_0 g\cos\alpha \quad (s_0 - s)g\cos\alpha \quad \delta a_x + g\sin\alpha] \tag{3-77}$$

则可得车辆纵向行驶方程的线性回归形式:

$$F_0 = \begin{cases} A_1 x + w, & s \leqslant s_0 \\ A_2 x + w, & s > s_0 \end{cases} \tag{3-78}$$

其中,w 为回归误差。考虑到模型误差,求最优状态估计问题使得回归误差最小,即性能指标定义为二次型形式:

$$\min_x J = \|A_i x - F_0\|_2^2 = x^T A_i^T A_i x - 2F_0^T A_i x + F_0^T F_0 \tag{3-79}$$

这样就得到了标准的 QP 形式的目标函数。

4. 约束条件

根据轮胎模型的工程经验可设置约束条件:

$$\begin{cases} 0 \leqslant \mu_0 \leqslant 0.2 \\ 0.2 \leqslant k_1 \leqslant \dfrac{1}{s_0} \\ \mu_0 + k_1 s_0 \leqslant 1 \\ 0.1 k_1 \leqslant -k_2 \leqslant 0.8 k_1 \\ \mu_0 + (k_1 + k_2)s_0 - k_2 \geqslant 0 \end{cases} \tag{3-80}$$

将其转化为

$$Ax \leqslant 0 \tag{3-81}$$

其中,

$$A = \begin{bmatrix} -1 & 0 & 0 & 0 \\ 1 & 0 & 0 & -0.2 \\ 0 & -1 & 0 & 0.2 \\ 0 & s_0 & 0 & -1 \\ 1 & s_0 & 0 & -1 \\ 0 & 0.1 & 1 & 0 \\ 0 & -0.8 & -1 & 0 \\ -1 & -s_0 & 1-s_0 & 0 \end{bmatrix} \tag{3-82}$$

同时，根据车辆开发工程经验可得

$$x_{\min} \leqslant x \leqslant x_{\max} \tag{3-83}$$

其中，

$$x_{\min} = \begin{bmatrix} 0 \\ 0.2 m_0 \\ -\dfrac{0.8}{s_0}(m_0 + \Delta m_{\max}) \\ m_0 \end{bmatrix}, \quad x_{\max} = \begin{bmatrix} 0.2(m_0 + \Delta m_{\max}) \\ \dfrac{1}{s_0}(m_0 + \Delta m_{\max}) \\ -\dfrac{0.02}{s_0} m_0 \\ m_0 + \Delta m_{\max} \end{bmatrix} \tag{3-84}$$

其中，m_0 为车辆整备质量，$\Delta m_{\max}$ 为车辆最大载重质量。

5. 仿真结果

根据实车数据，使用 MATLAB 编程求解如下标准 QP 问题，得到路面附着系数-滑移率曲线结果如图 3.11 所示。

$$\min J_0 = x^{\mathrm{T}} A_i^{\mathrm{T}} A_i x - 2 F_0^{\mathrm{T}} A_i x$$

$$\text{s.t.} \begin{cases} Ax \leqslant 0 \\ x_{\min} \leqslant x \leqslant x_{\max} \end{cases} \tag{3-85}$$

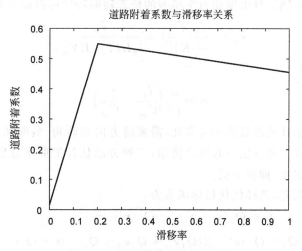

图 3.11 路面附着系数估计结果

进而求得最优的状态向量 $x_{\mathrm{opt}} = [\mu_0 m, k_1 m, k_2 m, m]^{\mathrm{T}}$，则车重和轮胎附着率-滑移率曲线参数为

$$m = x_{\mathrm{opt}}(4), \quad \mu_0 = \dfrac{x_{\mathrm{opt}}(1)}{x_{\mathrm{opt}}(4)}, \quad k_1 = \dfrac{x_{\mathrm{opt}}(2)}{x_{\mathrm{opt}}(4)}, \quad k_2 = \dfrac{x_{\mathrm{opt}}(3)}{x_{\mathrm{opt}}(4)} \tag{3-86}$$

进而根据线性化的轮胎模型(3-73)可得轮胎附着系数，根据系数 k_1 即可判断当前道路是低附路面还是高附路面。

3.4.2 车辆行驶曲率估计

车辆行驶道路的曲率是智能车辆弯道辅助转向、车辆横摆稳定性控制以及自主循迹等动力学控制问题中非常重要的一个参数。目前,利用车载传感器估计曲率的方法主要有方向盘转角、横向加速度或横摆角速度、摄像头检测车道线等方法。本节将利用二次规划实现车辆行驶曲率的多测量融合估计。

第一种方法是利用横向加速度或横摆角速度直接可求得曲率:

$$\begin{cases} \kappa_d = \dfrac{a_y}{V_{ego}^2} \\ \kappa_d = \dfrac{\omega}{V_{ego}} \end{cases} \tag{3-87}$$

第二种也是最常用的方法,利用摄像头检测车道线,通过拟合车道线方程可得曲率 κ_L。

第三种方法是根据方向盘转角直接计算曲率。当车辆低速时可利用阿克曼转向几何求得转弯曲率:

$$\kappa_w = \frac{\tan\delta}{L} = \frac{\delta_w}{i_g L} \tag{3-88}$$

当车辆高速时利用车辆二自由度动力学模型的稳态转向特性可得曲率为

$$\kappa_w = \frac{\delta/L}{1+KV_x^2} = \frac{\delta_w}{i_g L(1+KV_x^2)} \tag{3-89}$$

其中,稳定性因数为

$$K = \frac{m}{L^2}\left(\frac{l_f}{C_{\alpha r}} - \frac{l_r}{C_{\alpha f}}\right)$$

为了提高曲率估计的准确性和可靠性,需要将方向盘转角、横向加速度或横摆角速度、摄像头检测车道线这三种方法一起结合使用,三种方法估计的曲率分别为 $\kappa_w, \kappa_d, \kappa_L$,将三者同时使用以降低误差,抑制干扰。

考虑曲率估计误差,选择优化目标函数为

$$\begin{aligned}\min J &= Q_1(\kappa-\kappa_w)^2 + Q_2(\kappa-\kappa_d)^2 + Q_3(\kappa-\kappa_L)^2 \\ &= (Q_1+Q_2+Q_3)\kappa^2 - 2(Q_1\kappa_w+Q_2\kappa_d+Q_3\kappa_L)\kappa + Q_1\kappa_w^2 + Q_2\kappa_d^2 + Q_3\kappa_L^2\end{aligned} \tag{3-90}$$

其中,Q_i 代表三种方法估计所得曲率所对应的权重系数。

同时,考虑曲率的约束条件:

$$\begin{cases} |\kappa| \leqslant \kappa_{\max} \\ |\Delta\kappa| \leqslant \Delta\kappa_{\max} \end{cases} \tag{3-91}$$

将该问题写成标准 QP 问题,则可利用迭代法求解每个时刻的曲率:

$$\begin{aligned}\min J_0 &= (Q_1+Q_2+Q_3)\kappa^2(t) - 2(Q_1\kappa_w+Q_2\kappa_d+Q_3\kappa_L)\kappa(t) \\ \text{s.t.} \quad &\begin{cases} -\kappa_{\max} \leqslant \kappa(t) \leqslant \kappa_{\max} \\ -\Delta\kappa_{\max} \leqslant \kappa(t)-\kappa(t-1) \leqslant \Delta\kappa_{\max} \end{cases}\end{aligned} \tag{3-92}$$

3.4.3 车辆速度规划

在结构化道路环境下,为了寻求优质平滑的路径,常常要对智能车的速度进行规划,所以要对智能车的端点、平滑性、舒适性与安全性以及行驶速度进行约束,可使用 QP 算法构建速度规划模型,并对目标函数、设计约束条件进行求解。

因为五次多项式曲线连续平滑,具有三阶连续性,规划所得的轨迹曲线或速度分布平滑性好,计算方便,因此被广泛应用于智能车辆运动规划中。本节采用分段五次多项式曲线来进行速度规划。假设当前速度规划总时长为 T,时间步长为 Δt,则采样点个数为 $m = T/\Delta t$。将速度曲线按照时长均分为 $K\left(K = \dfrac{m}{n}, n = 1, 2, \cdots\right)$ 条子曲线,其中,K 为正整数,则每条子曲线的规划时长为 $c = T/K = n\Delta t$。这样,就可将整段速度曲线按照规划时长分成 K 条子曲线后逐条依次进行规划。

针对第一条速度曲线,利用五次多项式进行规划,即

$$S_1(t) = u_{0,1} + u_{1,1}t + u_{2,1}t^2 + u_{3,1}t^3 + u_{4,1}t^4 + u_{5,1}t^5 \tag{3-93}$$

通过对时间 t 求导可得到速度、加速度以及冲击度为

$$v_1(t) = \dot{S}_1(t) = u_{1,1} + 2u_{2,1}t + 3u_{3,1}t^2 + 4u_{4,1}t^3 + 5u_{5,1}t^4$$

$$a_1(t) = \ddot{S}_1(t) = 2u_{2,1} + 6u_{3,1}t + 12u_{4,1}t^2 + 20u_{5,1}t^3$$

$$j_1(t) = \dddot{S}_1(t) = 6u_{3,1} + 24u_{4,1}t + 60u_{5,1}t^2 \tag{3-94}$$

可推广到第 k 条速度曲线的五次多项式为

$$\begin{cases} S_k(t) = \sum_{i=0}^{5} u_{i,k} t^i = U_k^{\mathrm{T}} R \\ v_k(t) = \sum_{i=1}^{5} i u_{i,k} t^{i-1} = U_k^{\mathrm{T}} \dot{R} \\ a_k(t) = \sum_{i=2}^{5} i(i-1) u_{i,k} t^{i-2} = U_k^{\mathrm{T}} \ddot{R} \\ j_k(t) = \sum_{i=3}^{5} i(i-1)(i-2) u_{i,k} t^{i-3} = U_k^{\mathrm{T}} \dddot{R} \end{cases} \tag{3-95}$$

式中 $1 \leqslant k \leqslant K$,$u_{i,k}$ 为曲线拟合系数,时间采样矩阵为

$$R = [1, t, t^2, t^3, t^4, t^5]^{\mathrm{T}}$$

曲线系数矩阵为

$$U_k = [u_{0,k}, u_{1,k}, u_{2,k}, u_{3,k}, u_{4,k}, u_{5,k}]^{\mathrm{T}}$$

以代价函数作为目标函数,在考虑安全性与舒适性的条件下,速度、加速度以及冲击度引入目标函数,则可得:

$$J(U_k) = \sum_{k=1}^{K} \int_{(k-1)c}^{kc} [\varepsilon_1 (v_k(t) - v_r)^2 + \varepsilon_2 a_k^2(t) + \varepsilon_3 j_k^2(t)] \mathrm{d}t \tag{3-96}$$

其中，ε_1为速度权重，ε_2为加速度权重，ε_3为冲击度权重，v_r为期望行驶速度。目标函数中的第一项是在考虑时间和经济性的条件下，将期望行驶速度引入目标函数；第二项和第三项主要是考虑行驶时的舒适性和经济性。

根据式(3-95)可得

$$v_k^2(t) = U_k^T \begin{bmatrix} 0 & 0 & 0 & 0 & 0 & 0 \\ 0 & 1 & 2t & 3t^2 & 4t^3 & 5t^4 \\ 0 & 2t & 4t^2 & 6t^3 & 8t^4 & 10t^5 \\ 0 & 3t^2 & 6t^3 & 9t^4 & 12t^5 & 15t^6 \\ 0 & 4t^3 & 8t^4 & 12t^5 & 16t^6 & 20t^7 \\ 0 & 5t^4 & 10t^5 & 15t^6 & 20t^7 & 25t^8 \end{bmatrix} U_k$$

$$a_k^2(t) = U_k^T \begin{bmatrix} 0 & 0 & 0 & 0 & 0 & 0 \\ 0 & 0 & 0 & 0 & 0 & 0 \\ 0 & 0 & 4 & 12t & 24t^2 & 40t^3 \\ 0 & 0 & 12t & 36t^2 & 72t^3 & 120t^4 \\ 0 & 0 & 24t^2 & 72t^3 & 144t^4 & 240t^5 \\ 0 & 0 & 40t^3 & 120t^4 & 240t^5 & 400t^6 \end{bmatrix} U_k$$

$$j_k^2(t) = U_k^T \begin{bmatrix} 0 & 0 & 0 & 0 & 0 & 0 \\ 0 & 0 & 0 & 0 & 0 & 0 \\ 0 & 0 & 0 & 0 & 0 & 0 \\ 0 & 0 & 0 & 36 & 144t & 360t^2 \\ 0 & 0 & 0 & 144t & 576t^2 & 1440t^3 \\ 0 & 0 & 0 & 360t^2 & 1440t^3 & 3600t^4 \end{bmatrix} U_k$$

将上式代入式(3-96)，可将代价函数化为二次规划的标准形式：

$$J(U_k) = \sum_{k=1}^{K} (U_k^T H U_k + L_k^T U_k + \varepsilon_1 v_r^2 c) \tag{3-97}$$

其中，系数矩阵为

$$H = \varepsilon_1 H_1 + \varepsilon_2 H_2 + \varepsilon_3 H_3, \quad H_1 = \begin{bmatrix} 0 & 0 & 0 & 0 & 0 & 0 \\ 0 & c & c^2 & c^3 & c^4 & c^5 \\ 0 & c^2 & \frac{4}{3}c^3 & \frac{3}{2}c^4 & \frac{8}{5}c^5 & \frac{5}{3}c^6 \\ 0 & c^3 & \frac{3}{2}c^4 & \frac{9}{5}c^5 & 2c^6 & \frac{15}{7}c^7 \\ 0 & c^4 & \frac{8}{5}c^5 & 2c^6 & \frac{16}{7}c^7 & \frac{5}{2}c^8 \\ 0 & c^5 & \frac{5}{3}c^6 & \frac{15}{7}c^7 & \frac{5}{2}c^8 & \frac{25}{9}c^9 \end{bmatrix}$$

$$H_2 = \begin{bmatrix} 0 & 0 & 0 & 0 & 0 & 0 \\ 0 & 0 & 0 & 0 & 0 & 0 \\ 0 & 0 & 4c & 6c^2 & 8c^3 & 10c^4 \\ 0 & 0 & 6c^2 & 12c^3 & 18c^4 & 24c^5 \\ 0 & 0 & 8c^3 & 18c^4 & \dfrac{144}{5}c^5 & 40c^6 \\ 0 & 0 & 10c^4 & 24c^5 & 40c^6 & \dfrac{400}{7}c^7 \end{bmatrix}$$

$$H_3 = \begin{bmatrix} 0 & 0 & 0 & 0 & 0 & 0 \\ 0 & 0 & 0 & 0 & 0 & 0 \\ 0 & 0 & 0 & 0 & 0 & 0 \\ 0 & 0 & 0 & 36c & 72c^2 & 120c^3 \\ 0 & 0 & 0 & 72c^2 & 192c^3 & 360c^4 \\ 0 & 0 & 0 & 120c^3 & 360c^4 & 720c^5 \end{bmatrix}, \quad L_k = -2\varepsilon_1 v_r \begin{bmatrix} 0 \\ c \\ [k^2-(k-1)^2]c^2 \\ [k^3-(k-1)^3]c^3 \\ [k^4-(k-1)^4]c^4 \\ [k^5-(k-1)^5]c^5 \end{bmatrix}$$

至此,已经获得了基于五次多项式速度规划的目标函数,并将其转化成二次规划目标函数的标准形式,下面要合理设置约束条件进行求解。

(1) 起点的边界约束

设车辆在起始点为 0 处开始行驶,初速度为 v_0,加速度为 a_0,则可得等式约束:

$$S_1(0)=0, \quad v_1(0)=v_0, \quad a_1(0)=a_0 \tag{3-98}$$

(2) 障碍约束

基于障碍与道路宽度获取采样点的上下边界为 $S_{\mathrm{up}_{k,j}}$ 和 $S_{\mathrm{low}_{k,j}}$,则有

$$S_{\mathrm{low}_{k,j}} \leqslant U_k^{\mathrm{T}} R(t_j) \leqslant S_{\mathrm{up}_{k,j}} \tag{3-99}$$

(3) 速度约束

构建速度约束函数,设置采样点最高速度和最低速度:

$$v_{\mathrm{low}_{k,j}} \leqslant U_k^{\mathrm{T}} \dot{R}(t_j) \leqslant v_{\mathrm{up}_{k,j}} \tag{3-100}$$

(4) 连续约束

在两条连续的曲线 k 和 $k+1$ 的交点处 $(t_k, S_k) = (t_{k+1}, S_{k+1})$,若要使两条子曲线平滑过渡连接,如图 3.12 所示,则同时满足两条子曲线 k 和 $k+1$ 的连续性约束,二者在采样点 (t_k, S_k) 处的切线必是重合的,其中,交点处的采样时间为 $t_k = k_c$,$1 \leqslant k \leqslant K$。

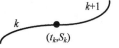

图 3.12 平滑约束示意图

则平滑性约束条件为

$$\begin{cases} U_k^{\mathrm{T}} R(kc) = U_{k+1}^{\mathrm{T}} R(kc) \\ U_k^{\mathrm{T}} \dot{R}(kc) = U_{k+1}^{\mathrm{T}} \dot{R}(kc) \\ U_k^{\mathrm{T}} \ddot{R}(kc) = U_{k+1}^{\mathrm{T}} \ddot{R}(kc) \\ U_k^{\mathrm{T}} \dddot{R}(kc) = U_{k+1}^{\mathrm{T}} \dddot{R}(kc) \end{cases}, \quad 1 \leqslant k \leqslant K-1 \tag{3-101}$$

该约束条件等价于：

$$\begin{bmatrix} 1 & kc & (kc)^2 & (kc)^3 & (kc)^4 & (kc)^5 \\ 0 & 1 & 2kc & 3(kc)^2 & 4(kc)^3 & 5(kc)^4 \\ 0 & 0 & 2 & 6kc & 12(kc)^2 & 20(kc)^3 \\ 0 & 0 & 0 & 6 & 24kc & 60(kc)^2 \end{bmatrix}(U_{k+1}-U_k)=0, \quad 1 \leqslant k \leqslant K-1$$

至此，已经得到了目标函数和约束条件，使用 MATLAB 函数 quadprog 直接求解即可。

3.5 PID 控制

PID 控制是一种典型的误差反馈控制器，如图 3.13 所示。被控量的值由传感器来检测，这个值与给定的目标值进行比较，得到控制偏差，PID 控制器按一定规律计算操作变量，以使偏差趋近于零，其输出通过执行器作用于控制过程。

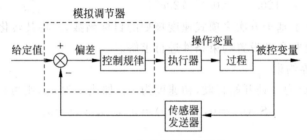

图 3.13 典型反馈控制回路

3.5.1 模拟 PID 控制

PID 调节器是一种线性调节器，它将给定值 $r(t)$ 与实际输出值 $c(t)$ 的偏差的比例（P）、积分（I）、微分（D）通过线性组合构成控制量，对控制对象进行控制，原理图如图 3.14 所示。

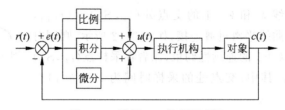

图 3.14 模拟 PID 控制原理图

则 PID 控制为

$$u(t)=K_P\left[e(t)+\frac{1}{T_I}\int_0^t e(t)\mathrm{d}t+T_D\frac{\mathrm{d}e(t)}{\mathrm{d}t}\right] \tag{3-102}$$

其中，误差为 $e(t)=r(t)-c(t)$。PID 控制的各校正环节的作用为：

（1）比例环节：即时成比例地反映控制系统的偏差信号 $e(t)$，偏差一旦产生，调节器立即产生控制作用以减小偏差。

（2）积分环节：主要用于消除静差，提高系统的无差度。积分作用的强弱取决于积分时间常数，T_I 越大，积分作用越弱，反之则越强。

（3）微分环节：能反映偏差信号的变化趋势（变化速率与偏差方向），并能在偏差信号的值变得太大之前，在系统中引入一个有效的早期修正信号，从而加快系统的动作速度，减小调节时间。

3.5.2 数字 PID 控制

在实际中应用更多的是 PID 控制的离散形式：

$$u(k)=K_P\left\{e(k)+\frac{T}{T_I}\sum_{i=0}^{k}e(i)+\frac{T_D}{T}[e(k)-e(k-1)]\right\} \qquad (3\text{-}103)$$

数字 PID 控制有位置式和增量式两种控制形式。

控制律(3-103)就是典型的位置式 PID 控制，代表的是误差 $e(t)$ 的绝对控制输入。考虑其增量形式，根据控制律(3-103)可得

$$\begin{cases}u(k-1)=K_P\left\{e(k-1)+\dfrac{T}{T_I}\sum_{i=0}^{k-1}e(i)+\dfrac{T_D}{T}[e(k-1)-e(k-2)]\right\}\\ u(k)=K_P\left\{e(k)+\dfrac{T}{T_I}\sum_{i=0}^{k}e(i)+\dfrac{T_D}{T}[e(k)-e(k-1)]\right\}\end{cases} \qquad (3\text{-}104)$$

则可得增量式 PID 控制输入为

$$u(k)=u(k-1)+\Delta u(k) \qquad (3\text{-}105)$$

其中，增量控制为

$$\Delta u(k)=K_P[e(k)-e(k-1)]+K_P\frac{T}{T_I}e(k)+K_P\frac{T_D}{T}[e(k)-2e(k-1)+e(k-2)]$$

$$(3\text{-}106)$$

其等价于

$$\Delta u(k)=a_1 e(k)+a_2 e(k-1)+a_3 e(k-2) \qquad (3\text{-}107)$$

其中，

$$a_1=K_P\left(1+\frac{T}{T_I}+\frac{T_D}{T}\right),\quad a_2=-K_P\left(1+\frac{2T_D}{T}\right),\quad a_3=K_P\frac{T_D}{T}$$

增量式 PID 控制(3-105)具有计算简单、易于实现的特点，当限制增量 $\Delta u(k)$ 的绝对值以及变化率时，增量控制的平滑性较好，因此可以取得较好的舒适性能。

3.6 线性二次型状态调节器

在现代控制理论中，最优控制原理占据很重要的一席地位，它不仅在航空航天领域具有成功的应用先例，在汽车主动悬架控制、自适应巡航控制中也有成熟的应用体系。最优控制理论能够解决的问题是，按照控制对象的动态特性，选择一个允许控制，使得被控对象按照技术要求运行，并使得给定的性能指标在满足一定约束条件下达到最优值。从数学的观点

来看,就是求一类带约束条件的泛函极值问题。

最优化中的目标函数一般可以选择为误差信号的积分型指标或时间最短、能量最省等指标。和最优化技术类似,最优控制问题也分为有约束的最优控制问题和无约束的最优控制问题。无约束的最优控制问题可以通过变分法来求解,对于小规模问题,可能求解出问题的解析解,如二次型最优调节器设计问题就有直接求解公式。有约束的最优化问题则较难处理,需要借助于 Pontryagin 极大值原理。

当一个线性系统性能指标泛函是状态变量和控制变量的二次型函数的积分,并且由状态变量构成线性状态反馈系统时,则这样的最优控制称为线性二次型调节器(Linear quadratic regulator,LQR)。线性二次型最优控制的最优解可以用统一的解析式表示,且可得到一个简单的线性状态反馈控制率而构成一个闭环最优控制系统,这对于在工程上实现最优控制具有现实意义。同时,线性二次型问题可以有效减小开环控制的误差,使控制系统更加精确。另外,二次型最优控制的解析解可以表达为

$$u(t) = -R^{-1}B^{\mathrm{T}}Px(t) \tag{3-108}$$

其中,P 是如下 Riccati 方程的解:

$$PBR^{-1}B^{\mathrm{T}}P - A^{\mathrm{T}}P - PA - Q = 0 \tag{3-109}$$

其中,系统矩阵 A、B 和权重矩阵 Q、R 都是已知量。这就表示可以将最优控制的求解问题转化为求解一个非线性 Riccati 微分方程或者代数方程的问题。而 Riccati 方程的求解问题已经是成熟的研究,且有诸多计算程序可以借鉴,MATLAB 软件提供了 lqr 和 dlqr 函数可以非常方便地求解二次型最优控制问题,这使得二次型最优控制的应用范围大大提升。

3.7 模型预测控制

自 20 世纪中叶至今,众多学者对现代控制理论在状态空间模型方面进行了大量研究,使控制工程和控制理论得到了极大的发展。随着科学技术的飞速发展和工业生产过程中的复杂程度越来越高,现代控制理论对于存在非线性、不确定性等复杂动态特征系统而言,局限性日益凸显,主要体现在以下两个方面:

(1) 随着工业生产过程复杂度的提高,工业生产对数学模型的精度要求越来越高,对复杂的被控对象建立高精度数学模型的难度也在增加;

(2) 在实际控制过程中,系统参数具有时变特征,由于系统的固有约束和模型存在不定性,将对由理想模型综合得到的控制律产生影响,使其性能显著降低。

现代控制理论已经很难对现代工业生产过程实现理想的控制效果,甚至会出现恶化,不如传统控制技术的效果。此外,针对现代工业生产日益复杂的特点,广大学者致力于寻找一种计算速度快、无需高精度模型且综合控制性能良好的系统优化控制方法。同时,由于计算机技术的迅猛发展,也为新型控制算法的探索及实现提供了技术保障。

模型预测控制(model predictive control,MPC)具有鲁棒性、适用性强的特点,在实际生产过程中得到了广泛的应用。作为一种新的控制方法,它能够显著降低由于控制过程中存在系统参数、模型误差及环境不确定性而引起的不利影响,因此在复杂的工业生产过程中对被控系统精确模型的建立及控制有较强的适用性。

近年来，MPC 理论被广泛应用到智能汽车轨迹跟随控制中，原因是它在处理约束和求解最优控制序列方面有着很明显的优势。MPC 控制器也称作滚动时域控制器，该控制器根据控制系统的动力学模型预测未来一段时间内系统的输出行为，同时考虑系统中各执行器的动态特性约束以及状态约束，通过求解带约束的最优控制问题，使得系统在未来一段时间内的跟踪误差最小，从而得到最优的控制输入。MPC 控制器的原理如图 3.15 所示。由于 MPC 算法具有模型预测、滚动优化和反馈校正等优良特性，所以 MPC 控制器具有很好的自适应性以及鲁棒性，因而被广泛应用于智能驾驶车辆动力学控制问题中。

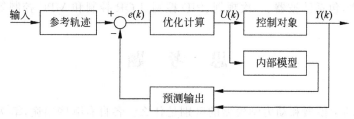

图 3.15　模型预测控制原理框图

MPC 的基本原理可概括为：在每个采样时刻，根据当前获得的当前测量信息，在线求解一个有限时域的开环优化问题，并将得到的控制序列的第一个元素作用于被控对象，在下一个采样时刻，重复上述过程，再用新的测量值刷新优化问题并重新求解。在线求解开环优化问题获得开环优化序列是 MPC 与传统控制方法的主要区别。MPC 算法主要包括三个步骤：

（1）预测系统未来动态；

（2）数值求解如下优化问题：

$$\min_{U(k)} J[y(k), U(k)] \tag{3-110}$$

同时满足以下约束条件：

$$\text{控制约束：} U_{\min} \leqslant U(k) \leqslant U_{\max}$$

$$\text{输出约束：} y_{\min} \leqslant y(k) \leqslant y_{\max}$$

$$\text{动力学约束：} \begin{cases} x(k+1) = f[x(k), U(k)] \\ y(k) = g[x(k), U(k)] \end{cases} \tag{3-111}$$

（3）将最优解的第一个元素作用于系统。

由于约束的存在，往往很难得到优化问题的解析解，即得不到最优反馈律的解析式，故一般采用数值方法求解。特别地，通常将线性系统的 MPC 问题转化为二次规划问题求解

$$\min_{U(k)} J = U^{\mathrm{T}}(k) G U(k) + H^{\mathrm{T}} U(k)$$

$$\text{s.t.} AU(k) \leqslant b \tag{3-112}$$

对于 QP 问题有多种成型的方法求解，常用的方法包括有效集法（active-set method）和内点法（interior-point method）等，MATLAB 也提供了函数 quadprog 可以非常方便地求解 QP 问题。而对于有非线性因素存在的，非线性 MPC 的求解最终可归结于非线性规划问题的求解，难以转换为 QP 问题，需采用数值方法求解。常用的数值方法是序列最小二次规划法（sequential quadratic programming，SQP），这是一种基于梯度的迭代算法，有良好的收敛性。除此之外，还有诸如广义最小残差法和随机算法，如遗传算法（genetic algorithm，GA）、

粒子群算法（particle swarm optimization，PSO）等数值算法。

3.8 本章小结

本章主要针对车辆动力学与控制中的基础理论进行了简单回顾，首先介绍了车辆运动学模型、动力学模型和轮胎模型中的魔术公式，然后回顾了智能驾驶车辆动力学控制问题中常用的一些方法，包括滤波器、二次规划、PID 控制、LQR 控制和 MPC 控制等。

思 考 题

1. 车辆运动学模型和动力学模型的区别是什么？各自有哪些用途，举例说明。
2. 研究轮胎模型在智能驾驶中的作用是什么？
3. 简述卡尔曼滤波器的作用。
4. 描述 PID、LQR、MPC 这三种控制策略的核心思想。

第 4 章

MATLAB 自动驾驶系统仿真

4.1 概 述

基于驾驶场景的仿真是智能网联汽车自动驾驶仿真的主要特点,构建驾驶场景是自动驾驶仿真的前提。MATLAB 自动驾驶工具箱(automated driving toolbox,ADT)提供了驾驶场景、传感器、车辆动力学以及 3D 场景仿真等模块,根据这些模块可以快速构建各种需要的自动驾驶系统仿真模型,以用于自动驾驶的仿真测试。本章对 ADT 的主要模块进行简介,对 ADT 的使用进行介绍,并结合多个实例详细讲解 ADT 的使用方法。

4.2 ADT 主要模块简介

在 Simulink library 中,选择"Automated Driving Toolbox"即可进入自动驾驶工具箱界面,显示 ADT 的主要功能模块,如图 4.1 所示。

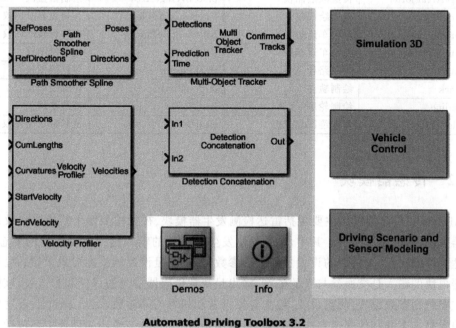

图 4.1 自动驾驶工具箱功能模块

4.2.1 驾驶场景模块

ADT 中的驾驶场景模块如图 4.2 所示,其功能是读入驾驶场景文件,输出驾驶场景中交通参与者的姿态和车道边界等信息。驾驶场景模块设置包括驾驶场景设置、车道设置、端口设置和模拟使用等。ADT 除了所提供的驾驶场景模块之外,还提供了丰富的驾驶场景构建函数,如表 4.1 所示。

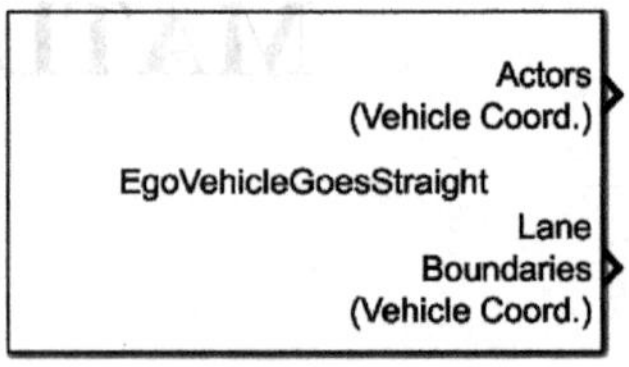

图 4.2 驾驶场景读入模块

表 4.1 常用驾驶场景函数

函 数	作用描述	函 数	作用描述
drivingScenario	创建驾驶场景	plot	绘制驾驶场景
road	添加道路	roadNetwork	添加道路网
roadBoundaries	添加道路边界	laneMarking	车道线
laneMarkingVertices	车道线顶点	laneType	车道类型
lanespec	车道规范	laneBoundaries	车道边界
clothoidLaneBoundary	回旋线车道边界模型	computeBoundaryModel	计算车道边界点
currentLane	当前车道	vehicle	添加车辆
actor	添加交通参与者	trajectory	交通参与者轨迹
actorPoses	交通参与者姿态	actorProfiles	交通参与者特性
chasePlot	绘制追逐图	record	交通参与者状态记录
targetPoses	目标姿态	targetOutlines	目标轮廓
updatePlots	更新驾驶场景图	birdsEyePlot	创建鸟瞰图
coverageAreaPlotter	覆盖区绘图仪	plotCoverageArea	绘制覆盖区
detectionPlotter	检测绘图仪	laneBoundaryPlotter	车道边界绘图仪
plotLaneBoundary	绘制车道边界	laneMarkingPlotter	车道标线绘图仪
plotLaneMarking	绘制车道标线	pathPlotter	路径绘图仪
plotPath	绘制路径	trackPlotter	轨迹绘图仪
plotTrack	绘制轨迹	outlinePlotter	轮廓绘图仪
plotOutline	绘制轮廓	findPlotter	查找绘图仪
clearPlotterData	清除绘图仪数据	clearData	清除特定绘图仪数据

4.2.2 传感器模块

ADT 中的传感器模块主要包括雷达检测发生器模块、视觉检测发生器模块和激光点云发生器模块,如图 4.3 所示。其中,雷达检测发生器模块的输入是交通参与者的姿态,输出是雷达的检测信号,该模块的设置主要包括参数设置、测量设置和检测对象设置;视觉检测发生器模块的输入是交通参与者的姿态,输出是视觉传感器检测的目标和车道线,该模块的设置主要包括参数设置、测量设置、检测对象设置和相机内部参数设置;激光点云发生器模块的输入是本车和其他交通参与者的姿态,输出是激光点云,该模块的设置主要包括参数设置、测量设置。

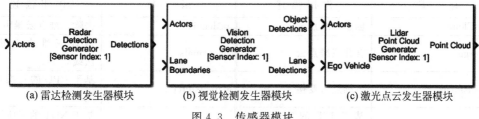

(a) 雷达检测发生器模块　　(b) 视觉检测发生器模块　　(c) 激光点云发生器模块

图 4.3　传感器模块

ADT 中的另一个传感器模块是检测连接模块，可以连接来自多个不同传感器的检测，以实现多传感器融合感知，如图 4.4 所示。检测连接模块将来自多个传感器模块的检测组合到单个输出总线上，当来自多个传感器模块的检测被传递到多目标跟踪器模块时，可以通过更改要组合的输入传感器的数量来增加输入端口的数量，从而容纳更多的传感器数据。该模块的输入是要组合的传感器检测，输出是组合后多传感器检测结果，该模块的设置包括要组合的传感器数目、端口设置和传感器模拟设置。ADT 所提供的传感器函数如表 4.2 所示，方便用户利用脚本建立传感器模型。

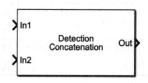

图 4.4　检测连接模块

表 4.2　常用传感器函数

函　　数	作用描述	函　　数	作用描述
radarDetectionGenerator	雷达检测器	visionDetectionGenerator	视觉检测器
plotDetection	绘制目标检测	monoCamera	配置单目相机
imageToVehicle	图像坐标转换为车辆坐标	vehicleToImage	车辆坐标转换为图像坐标
estimateMonoCameraParameters	单目相机外部参数	birdsEyeview	创建鸟瞰图对象
transformImage	将图像转换为鸟瞰图像	segmentLaneMarkerRidge	检测灰度图中的车道
parabolicLaneBoundary	抛物线车道边界模型	findParabolicLaneBoundaries	用抛物线模型寻找车道边界
insertLaneBoundary	在图像中插入车道边界	cubicLaneBoundaryModel	三次方车道边界模型
findCubicLaneBoundaries	用三次方模型寻找车道边界	evaluateLaneBoundaries	评价车道边界模型
vehicleDetectorACF	ACF 车辆检测器	detect	ACF 目标检测
vehicleDetectorFasterRCNN	RCNN 车辆检测器	peopleDetectorACF	ACF 行人检测器
vision.PeopleDetector	基于 HOG 特征检测行人	configureDetectorMonoCamera	单目摄像机目标检测器
trainACFObjecDetector	训练 ACF 目标检测器	trainFastRCNNObjectDetector	训练 RCNN 目标检测器
trainFasterRCNNObjectDetector	训练更快的 RCNN 目标检测器	trainYOLOv2ObjectDetector	训练 YOLO v2 目标检测器
objecDetectorTrainingData	目标检测器训练数据	insertMarker	插入标记

续表

函　数	作用描述	函　数	作用描述
pointCloud	创建三维点云	pcdenoise	去除三维点云噪声
pcmerge	合并三维点云	pcnormals	估计三维点云表面法线
pctransform	三维点云变换	pcregistercpd	基于CPD的三维点云配准
pcregistericp	基于ICP的三维点云配准	pcregisterndt	基于NDT的三维点云配准
pcsegdist	基于欧几里得的点云分割	segmentLidarData	激光雷达数据分割
segmentGroundFromLidarData	激光雷达数据分割地面点	pcfitplane	三维点云平面拟合

4.2.3　多目标跟踪模块

ADT中的多目标跟踪模块主要用于创建和管理多目标的跟踪，其输入是由雷达检测发生器和视觉检测发生器模块生成的检测序列表以及预测时间，输出是确认的跟踪轨迹，该模块的设置包括跟踪器管理、航迹输入与输出设置等，如图4.5所示。ADT还提供了如表4.3所示的多目标跟踪函数，方便用户建立基于卡尔曼滤波算法的多目标跟踪模型。

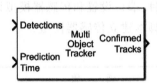

图4.5　多目标跟踪模块

表4.3　常用目标跟踪函数

函　数	作用描述	函　数	作用描述
multObjectTracker	多目标跟踪器	objectDetection	单目标检测报告
getTrackPositions	获取跟踪位置	getTrackVelocities	获取跟踪速度
trackingKF	线性卡尔曼滤波器	predict	卡尔曼滤波器预测
correct	卡尔曼滤波器校正	initcvkf	匀速线性卡尔曼滤波器
initcakf	加速线性卡尔曼滤波器	trackingEKF	线性扩展卡尔曼滤波器
initcvekf	匀速线性扩展卡尔曼滤波器	initcaekf	加速线性扩展卡尔曼滤波器
initctekf	转向线性扩展卡尔曼滤波器	trackingUKF	无迹卡尔曼滤波器
initcvukf	匀速无迹卡尔曼滤波器	initcaukf	加速无迹卡尔曼滤波器
initctukf	转向无迹卡尔曼滤波器	constvel	匀速运动模型
constveljac	匀速运动的雅可比矩阵	cvmeas	匀速运动测量函数
cvmeasjac	匀速运动测量函数的雅可比矩阵	constacc	加速运动模型
constaccjac	加速运动的雅可比矩阵	cameas	加速运动测量函数
cameasjac	加速运动测量函数的雅可比矩阵	constturn	转向运动模型
constturnjac	转向运动的雅可比矩阵	ctmeas	转向运动的测量函数
ctmeasjac	转向运动测量函数的雅可比矩阵		

4.2.4 轨迹平滑模块

车辆期望轨迹的平滑性直接决定了规划轨迹的可行性以及车辆行驶的舒适性,ADT 中提供的轨迹平滑模块主要包括路径平滑模块和速度生成模块,如图 4.6 所示。其中,路径平滑模块主要用于对规划的参考路径进行平滑处理,路径平滑样条曲线模块通过将输入参考路径姿态拟合为三次样条曲线,以生成由一系列离散化的姿态组成的平滑的车辆路径。给定输入的参考路径方向,该模块还返回每个姿态的相应方向。该模块的输入是车辆沿着路径的姿态和方向,输出是平滑处理以后的车辆沿着路径的姿态和方向,路径平滑样条曲线模块的设置包括输出姿态数、输入姿态的最小间隔和采样时间。

ADT 中的速度生成模块主要根据期望路径和需要满足的速度、加速度和冲击度约束条件生成平滑的参考速度,作为车辆纵向动力学控制时的目标速度,如图 4.7 所示。速度生成模块的输入是行驶方向、累积行驶里程、路径曲率、车辆初始速度和终止速度,输出是为期望路径上各点处的参考速度,该模块的设置主要包括车辆参数设置、舒适度标准设置、输出、采样时间等。除此之外,ADT 还提供了如表 4.4 所示的路径规划函数,方便用户建立所需的路径规划模型。

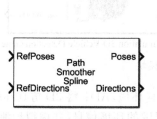 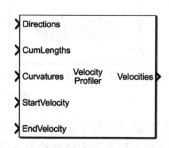

图 4.6　路径平滑模块　　　　　图 4.7　速度生成模块

表 4.4　常用路径规划函数

函　　数	作用描述	函　　数	作用描述
vehicleCostMap	车辆成本图	vehicleDimensions	车辆尺寸
checkFree	空闲区检测	checkOccupied	占用区域检测
getCosts	获取单元格成本	setCosts	设置单元格成本
inflationCollisionChecker	碰撞检测	pathPlannerRRT	RRT * 路径规划器
plan	路径规划	checkPathValidity	检查路径规划的有效性
interpolate	沿路径插入车辆姿态	smoothPathSpline	路径平滑
lateralControllerStanley	横向控制器		

4.2.5　3D 仿真模块

ADT 中的 3D 仿真模块包括 3D 场景配置模块、3D 仿真车辆模块、3D 仿真相机模块、3D 仿真鱼眼相机模块、3D 仿真激光雷达模块、3D 仿真雷达模块、3D 仿真雷达配置模块,如

图 4.8 所示。

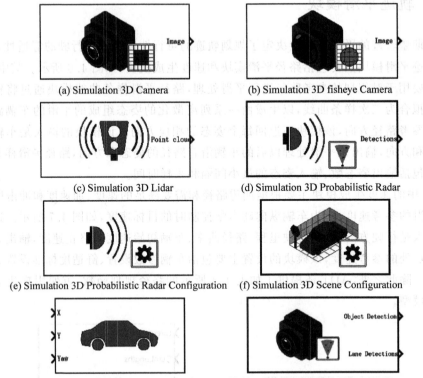

图 4.8　3D 仿真模块

3D 场景配置模块实现了虚幻引擎渲染的 3D 仿真环境, ADT 将 3D 仿真环境与 Simulink 集成在一起, 因此可以非常方便地检测并输出车辆周围的环境信息, 并虚拟地测试感知、控制和规划算法。3D 场景配置模块可以实现直行道路、弯曲道路、停车场、双车道变换、开放路面、美国城市街区、美国高速公路、虚拟试验场和公园停车场等场景的高逼真 3D 仿真。

3D 仿真车辆模块可以在 3D 环境中实时跟随地面的车辆, 提供的 3D 车辆模型包括跑车、轿车、运动型多用途车、皮卡车和掀背车等, 该模块使用车辆的输入位置和偏航角来调整车辆的高度、侧倾角和俯仰角, 使其跟随地面地形。该模块确定车辆的速度和方向, 并调整每个车轮的转向角和旋转速度。

3D 仿真相机模块在 3D 模拟环境中为具有镜头的相机提供接口, 该模块输出模拟过程中由相机捕获的图像, 可以使用这些图像来可视化和验证自动驾驶算法。3D 仿真鱼眼相机在 3D 模拟环境中为具有鱼眼镜头的相机提供接口。3D 仿真激光雷达模块提供 3D 模拟环境中激光雷达传感器的接口, 该模块返回具有指定视场和角度分辨率的模拟点云, 还可以输出传感器到目标点的距离。3D 仿真雷达模块提供 3D 模拟环境中雷达传感器的接口, 3D 仿真雷达配置模块为 3D 模拟环境中的参与者配置雷达特征。

4.2.6　车辆动力学模块

MATLAB 提供了丰富的车辆动力学模块, 可以支持用户建立高精度的车辆动力学模型,包括动力传动系模块、车轮与轮胎模块、转向模块、悬架模块、车辆模块和车辆场景模块,如图 4.9 所示。

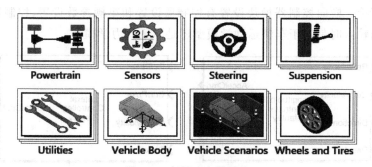

图 4.9　车辆动力学模块

自动驾驶仿真用得最多的是车辆模块,包括车辆道路总载荷模型、单轨车辆三自由度模型、双轨车辆三自由度模型、车辆纵向单自由度模型、车辆纵向三自由度模型和车辆六自由度模型等,如图 4.10 所示。

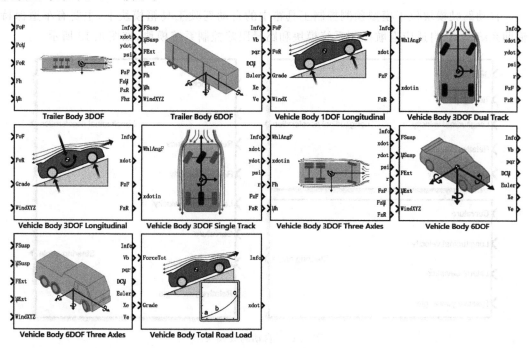

图 4.10　车辆模块

4.2.7　车辆控制模块

车辆控制模块包括纵向控制器模块和横向控制器模块,如图 4.11 所示。其中,纵向控制器模块的作用是车辆的纵向车速控制,其输入是参考速度、车辆的当前速度、车辆的行驶方向和触发将速度误差积分重置为零,输出是车辆的加速命令和减速命令;纵向控制器模块设置有控制器设置和车辆参数设置,控制器设置有比例增益、积分增益和采样时间,车辆参数设置有最大纵向加速度和最大纵向减速度。横向控制器模块的作用是车辆的横向运动控制，其输入是参考姿态、车辆的当前姿态、车辆的当前速度和车辆的行驶方向，输出是车辆的转向控制指令；横向控制器模块设置有控制器设置和车辆参数设置，控制器设置中可以选择求解控制输入时是基于车辆运动学模型还是车辆动力学模型。

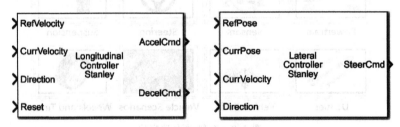

图 4.11　车辆控制模块

4.2.8　自动驾驶模块

自动驾驶模块位于模型预测控制工具箱中的自动驾驶工具箱模块下，主要有车道保持辅助系统模块、自适应巡航控制系统模块和路径跟踪控制系统模块，如图 4.12 所示。

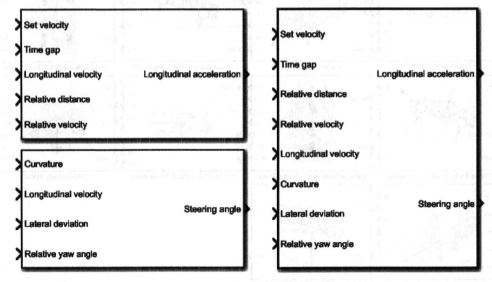

图 4.12　自动驾驶模块

自适应巡航控制系统模块模拟自适应巡航控制（ACC）系统，该系统通过调整主车的纵向加速度来跟踪设定速度并保持与目标车辆的安全距离。在满足安全距离、速度和加速度约束的条件下，使用模型预测控制（MPC）计算最优的加速度。ACC 模块的输入分别为设定车速、安全时间、主车速度、目标车辆与主车之间相对距离、目标车辆与主车之间相对速度，输出为纵向加速度。ACC 模块的设置包括主车模型设置、ACC 控制器约束和 MPC 相关参数设置。

车道保持辅助系统模块模拟车道保持辅助（LKA）系统，该系统通过调整转向角使汽车沿车道的中心行驶。该控制器降低了汽车相对于车道中心线的侧向偏差和相对偏航角，并采用自适应 MPC 在满足转向角约束的条件下计算最优的前轮转角。LKA 模块的输入是道路曲率、车辆行驶速度、横向偏差和相对偏航角,输出为转向角。LKA模块的设置包括车辆参数设置、LKA控制器约束和MPC相关参数设置。

路径跟踪控制系统模块模拟路径跟踪控制系统,该系统使汽车沿着车道的中心行驶,同时跟踪设定速度并保持与目标车辆的安全距离。为此,控制器调整汽车的纵向加速度和前轮转向角。该模块在满足安全距离、速度、加速度和转向角约束的条件下,使用自适应MPC计算最优的纵向加速度和前轮转角。路径跟踪控制系统模块的输入分别是主车设定速度、目标车辆与主车之间的安全时间、目标车辆与主车之间的相对距离、目标车辆与主车之间的相对速度、主车行驶速度、道路曲率、主车横向偏离车道中心的距离、主车偏航角;输出分别是主车的纵向加速度和前轮转向角。路径跟踪控制系统模块设置包括参数设置、控制器设置和块选项,参数设置有车辆参数、车辆模型和初始车速的设置以及模型输入和输出之间的传输延迟设置、间距控制;控制器设置包括路径跟踪控制器设置、模型预测控制器约束设置和控制器行为设置。

4.3 自动驾驶场景搭建

驾驶场景是指满足智能网联汽车或无人驾驶汽车某种测试需求而构建的虚拟交通场景,它可以包括道路(中心线、车道线及路面材质等)、交通元素(交通灯与交通标志)、交通参与者(机动车、非机动车与行人)、道路周边元素(包括路灯、车站、垃圾箱、绿化带、建筑物)等。

基于驾驶场景的仿真是智能网联汽车自动驾驶仿真的主要特点,构建驾驶场景是自动驾驶仿真的前提。MATLAB自动驾驶场景构建主要有三种方法:采用脚本构建驾驶场景,通过APP构建驾驶场景,通过场景库构建驾驶场景。

4.3.1 采用脚本构建场景

通过几个仿真实例对该场景建模方法进行解释说明。

例4.1 车辆路径循迹仿真。

一辆汽车在S形曲线上行驶,绘制汽车行驶过程中车道边界和车道线的变化情况。

在MATLAB编辑器窗口输入以下程序。

```
s = drivingScenario('StopTime',3);
roadcenters = [-35,20,0;-20,-20,0;0,0,0;20,20,0;35,-20,0];
lm = [laneMarking('Solid','Color','w');laneMarking('Dashed','Color','y');...
laneMarking('Dashed','Color','y');laneMarking('Solid','Color','w')];
ls = lanespec(3,'Marking',lm);
road(s,roadcenters,'Lanes',ls);
car = vehicle(s,'ClassID',1,'Position',[-35,20,0]);
waypoints = [-35,20,0;-20,-20,0;0,0,0;20,20,0;35,-20,0];
speed = 30;
trajectory(car,waypoints,speed);
plot(s)
```

```
    chasePlot(car)
    bep = birdsEyePlot('XLim',[-40,40],'YLim',[-30,30]);
    olPlotter = outlinePlotter(bep);
    lblPlotter = laneBoundaryPlotter(bep,'Color','r','LineStyle','-');
    lbrPlotter = laneBoundaryPlotter(bep,'Color','g','LineStyle','-');
    rbsEdgePlotter = laneBoundaryPlotter(bep);
    while advance(s)
        rbs = roadBoundaries(car);
        [position,yaw,length,width,originOffset,color] = targetOutlines(car);
      lb = laneBoundaries(car,'XDistance',0:5:30,'LocationType','Center','AllBoundaries',false);
        plotLaneBoundary(rbsEdgePlotter,rbs)
        plotLaneBoundary(lblPlotter,{lb(1).Coordinates})
        plotLaneBoundary(lbrPlotter,{lb(2).Coordinates})
      plotOutline(olPlotter,position,yaw,length,width,'OriginOffset',originOffset,'Color',
    color)
    end
```

输出结果如图 4.13、图 4.14 图 4.15 所示。

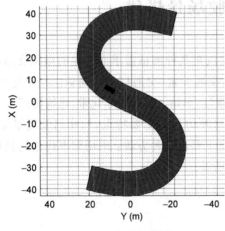

图 4.13 仿真场景图

图 4.14 追逐图

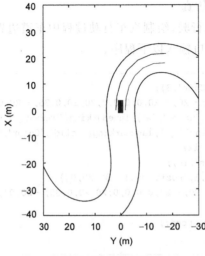

图 4.15 鸟瞰图

例 4.2 两辆车在驾驶场景中的运动仿真。

驾驶场景为大型立体交通场景,道路带有一定的倾斜角,有多个交通汇入汇出口;道路上有一辆主车和一辆目标车,分别以 20m/s 和 30m/s 的速度在环形交通道路上行驶,并同时在场景图、追逐图和鸟瞰图上显示它们的运动状态。

在 MATLAB 编辑器窗口输入以下程序。

```
scenario = drivingScenario;
roadCenters = [0,40,49,50,100,50,49,40,-40,49,-50,100,-50,49,-40,0;...
    -50,-50,-50,-50,0,50,50,50,50,50,50,0,-50,-50,-50,-50;...
    0,0,.45,.45,.45,.45,.45,0,0,.45,.45,.45,.45,.45,0,0]';
bankAngles = [0,0,10,10,10,10,10,0,0,10,10,10,10,10,0,0];
road(scenario,roadCenters,bankAngles,'lanes',lanespec(2));
plot(scenario);
rb = roadBoundaries(scenario);
figure
outerBoundary = rb{1};
innerBoundary = rb{2};
plot3(innerBoundary(:,1),innerBoundary(:,2),innerBoundary(:,3),'r',...
    outerBoundary(:,1),outerBoundary(:,2),outerBoundary(:,3),'g')
axis equal
egoCar = vehicle(scenario,'ClassID',1,'Position',[80,40,0.45],'Yaw',30);
figure
rb = roadBoundaries(egoCar);
outerBoundary = rb{1};
innerBoundary = rb{2};
plot3(innerBoundary(:,1),innerBoundary(:,2),innerBoundary(:,3),'r',...
    outerBoundary(:,1),outerBoundary(:,2),outerBoundary(:,3),'g')
axis equal
chasePlot(egoCar);
fastCar = vehicle(scenario,'ClassID',1);
d = 2.7/2;
h = .45/2;
roadOffset = [0,0,0,0,d,0,0,0,0,0,0,-d,0,0,0,0;-d,-d,-d,-d,0,d,d,d,d,d,d,0,-d,
    -d,-d,-d;...0,0,h,h,h,h,0,0,h,h,h,h,0,0]';
rWayPoints = roadCenters + roadOffset;
lWayPoints = roadCenters - roadOffset;
rWayPoints = [repmat(rWayPoints(1:end-1,:),5,1);rWayPoints(1,:)];
lWayPoints = [repmat(lWayPoints(1:end-1,:),5,1);lWayPoints(1,:)];
trajectory(egoCar,rWayPoints(:,:),20);
trajectory(fastCar,lWayPoints(:,:),30);
scenario.SampleTime = 0.02;
scenario.StopTime = 4;
while advance(scenario)
pause(0.001);
end
close all
scenario.StopTime = 0.100;
```

```
poseRecord = record(scenario);
r = poseRecord(5);
r.ActorPoses(1)
r.ActorPoses(2)
close all;
hFigure = figure;
hFigure.Position(3) = 900;
hPanel1 = uipanel(hFigure,'Units','Normalized','Position',[0,1/4,1/2,3/4],'Title','场景图');
hPanel2 = uipanel(hFigure,'Units','Normalized','Position',[0,0,1/2,1/4],'Title','追逐图');
hPanel3 = uipanel(hFigure,'Units','Normalized','Position',[1/2,0,1/2,1],'Title','鸟瞰图');
hAxes1 = axes('Parent',hPanel1);
hAxes2 = axes('Parent',hPanel2);
hAxes3 = axes('Parent',hPanel3);
plot(scenario,'Parent',hAxes1);
chasePlot(egoCar,'Parent',hAxes2);
egoCarBEP = birdsEyePlot('Parent',hAxes3,'XLimits',...
    [-200,200],'YLimits',[-240,240]);
fastTrackPlotter = trackPlotter(egoCarBEP,'MarkerEdgeColor',...
    'red','DisplayName','目标车','VelocityScaling',.5);
egoTrackPlotter = trackPlotter(egoCarBEP,'MarkerEdgeColor',...
    'blue','DisplayName','主车','VelocityScaling',.5);
egoLanePlotter = laneBoundaryPlotter(egoCarBEP);
plotTrack(egoTrackPlotter,[0,0])
egoOutlinePlotter = outlinePlotter(egoCarBEP);
restart(scenario)
scenario.StopTime = Inf;
while advance(scenario)
    t = targetPoses(egoCar);
    plotTrack(fastTrackPlotter,t.Position,t.Velocity)
    rbs = roadBoundaries(egoCar);
    plotLaneBoundary(egoLanePlotter,rbs)
    [position,yaw,length,width,originOffset,color] = targetOutlines(egoCar);
    plotOutline(egoOutlinePlotter,position,yaw,length,width,...
        'OriginOffset',originOffset,'Color',color)
end
```

输出结果如图 4.16 所示。

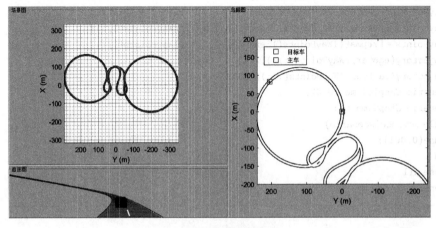

图 4.16 驾驶场景仿真

例 4.3 车辆前向碰撞仿真。

在驾驶场景中有一辆高速运动的主车和一辆停在 150m 处的静止目标车,主车以 80km/h 的初速度、$-3m/s^2$ 的减速度行驶。主车采用毫米波雷达检测前方车辆,毫米波雷达安装在主车前保险杠上,离地面高度 0.2m,方位角 20°,角分辨率 4°,最大测量距离 100m,距离分辨率 2.5m。主车需在目标车前 1m 处完全停止,同时在场景图、追逐图和鸟瞰图上显示它们的运动状态。

在 MATLAB 编辑器窗口输入以下程序。

```
addpath(fullfile(matlabroot,'toolbox','shared','tracking','fusionlib'));
rng default;
initialDist = 150;
initialSpeed = 80;
brakeAccel = 3;
finalDist = 1;
[scenario,egoCar] = helperCreateSensorDemoScenario('FCW',initialDist,...
    initialSpeed,brakeAccel,finalDist);
radarSensor = radarDetectionGenerator('SensorIndex',1,'UpdateInterval',0.1,...
    'SensorLocation',[egoCar.Wheelbase + egoCar.FrontOverhang,0],...
    'Height',0.2,'FieldOfView',[20,5],'MaxRange',100,'AzimuthResolution',4,...
    'RangeResolution',2.5,'ActorProfiles',actorProfiles(scenario));
[bep,figScene] = helperCreateSensorDemoDisplay(scenario,egoCar,radarSensor);
metrics = struct;
while advance(scenario)
    gTruth = targetPoses(egoCar);
    time = scenario.SimulationTime;
    [dets,~,isValidTime] = radarSensor(gTruth,time);
    if isValidTime
        helperUpdateSensorDemoDisplay(bep,egoCar,radarSensor,dets);
        metrics = helperCollectScenarioMetrics(metrics,gTruth,dets);
    end
end
```

输出结果如图 4.17 所示,可见主车最后在目标车辆前 1m 处完全停止,车辆未发生碰撞。

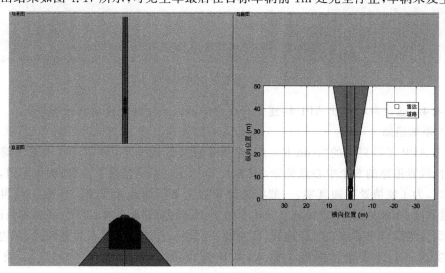

图 4.17 车辆前向碰撞仿真结果

4.3.2 采用 APP 构建场景

MATLAB 提供了丰富了 APP,可辅助相关的功能开发,其中就包含了自动驾驶工具箱 APP,可以在 MATLAB APP 导航栏中打开,如图 4.18 所示,也可以利用 MATLAB 命令函数 drivingScenarioDesigner 打开该 APP。

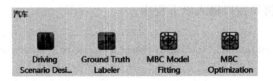

图 4.18 MATLAB APP 导航栏

打开后的驾驶场景界面如图 4.19 所示,界面上侧是工具栏,左侧窗格是设置道路和交通参与者属性工具,中间是驾驶场景设计区,右侧是方块式驾驶场景区。在工具栏中,有添加道路图标、交通参与者图标、相机图标和雷达图标,非常便于用户使用。

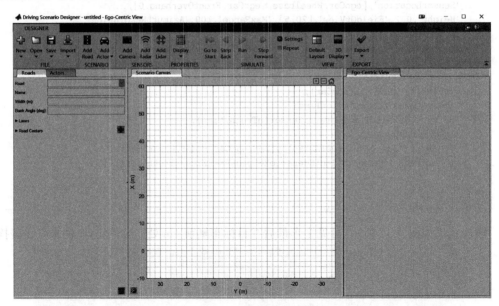

图 4.19 驾驶场景设计界面

例 4.4 通过自动驾驶 APP 构建一个在弯曲道路上行驶的自动驾驶场景。

(1) 添加道路

单击 APP 工具栏中的"Add Road",在场景设计区选择 5 个中心点,单击右键生成道路,同时,设置道路的 5 个中心点坐标,如图 4.20 所示。默认情况下,道路为单车道,并且没有车道线,为了使情景更加真实,一般将道路设置为两车道或多车道。车道信息包括车道数、车道宽度、车道标记,车道标记又分为车道类型、颜色、路面强度、线宽、线长和线间隔等。车道类型分为没有车道线、实线、虚线、双实线、双虚线、左边是实线右边是虚线、左边是虚线右边是实线。车道线颜色用英文输入,如输入白色"white",显示[1 1 1];输入黄色

"yellow",显示[0.98 0.86 0.36];输入红色"red",显示[1 0 0];输入黑色"black",显示[0 0 0]。在左侧窗格,"Roads"标签下,展开车道,设置车道数为2,并设置车道宽度为3.5m,该宽度为典型的高速公路车道宽度,如图4.20所示。在标记列表中选择"2:Dashed",然后设置类型为"DoubleSolid",并将颜色设为字符串"yellow",通过将中间车道线由单虚线变为双黄实线,将道路变为双向,如图4.20所示。

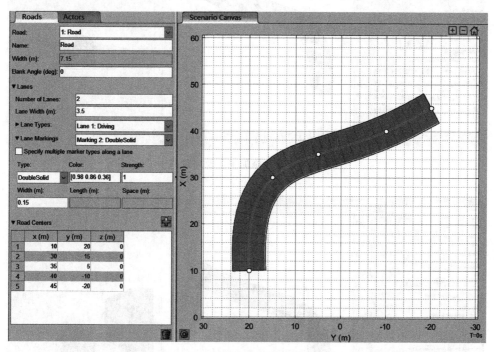

图4.20 构建道路和道路信息设置

(2)添加车辆

单击APP工具栏中的"Add Actor",可以在驾驶场景中添加的交通参与者有小型汽车、卡车、自行车、行人和障碍物等。驾驶场景中的主车包含有检测驾驶场景中的车道线、行人以及其他车辆的传感器,先添加主车,再添加其他车辆,以便主车进行检测。右击道路的某一点,选择"Add Car",添加主车;为了确定车辆的行驶路径,右击车辆,选择添加路径点"Add Way-points",并沿着道路添加车辆所要经过的路径点;添加最后一个点后,按"Enter"键或右击,车辆会自动旋转并朝向第一个路径点,如图4.21所示。为了精确表达驾驶路径,可以调整或添加新的路径点。添加完主车后,可以对车辆属性进行设置,车辆属性包括车辆参数和车辆轨迹。车辆参数包括车辆尺寸参数和车辆姿态参数,车辆尺寸参数包括车辆的长度、宽度、高度、前悬和后悬;车辆姿态参数包括横滚角、俯仰角和偏航角。车辆轨迹包括车辆行驶速度和路径点,如果想要更精细的速度控制,可以取消"Constant Speed"选项框,在"Waypoints"表格中设置每个路径点间的速度,如图4.21所示。

在添加主车并设置完成后,再添加一辆供主车检测的车。单击"Add Actors",选择"Car",添加第二辆车,并添加第二辆车所要经过的路径点,第二辆车具体添加的位置、路径点和车速等参数,根据需要进行设置,设置方法与主车的设置方法相类似。添加不同的车辆,第二辆车设置为Truck,两辆车用不同的颜色表示,如图4.22所示。

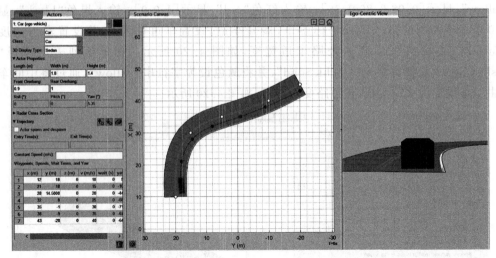

图 4.21 添加主车及路径

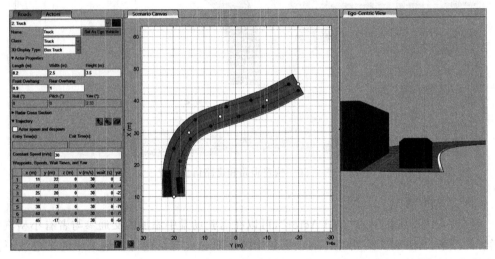

图 4.22 添加第二辆车及路径

(3) 添加传感器

为主车添加雷达和摄像头传感器,以实现对行人、车道和其他车辆的检测。首先添加相机,在 APP 工具栏中,选择添加相机"Add Camera",显示传感器在车辆的标准位置,主要有 8 个位置,分别为前保险杠位置、前左轮位置、前右轮位置、前窗位置、后左轮位置、后右轮位置、后窗位置和后保险杠位置。假设在前保险杠位置添加相机,单击前保险杠位置的相机,则相机添加到主车的前保险杠处。相机的默认状态是只检测交通参与者,不检测车道。为了使其能够检测车道,可以在左侧窗格中的"Sensors"进行设置,如图 4.23 所示,包括传感器位置设置、相机参数设置和检测参数设置等,传感器位置设置包括 X 坐标值、Y 坐标值和高度值,以及横滚值、俯仰值和偏航值;相机参数设置包括焦距、图像宽度和焦点;检测参数设置包括检测类型、检测概率、每张图像的误报、检测坐标、传感器限值、车道设置、精度和噪声设置;检测类型又包括对象、对象和车道、车道;检测坐标有车辆笛卡儿坐标和传感器笛卡儿坐标；传感器限值有最大速度、最大检测距离、最大允许遮挡、最小对象图像宽度、最小对象图像高度；车道设置有车道更新间隔、最小车道图像宽度、最小车道图像高度、边界精度、有无车道限制等。

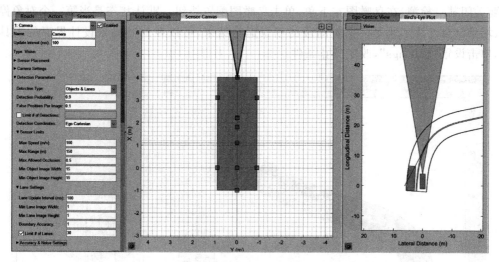

图 4.23 添加相机和相机参数设置

接下来给主车添加雷达，在 APP 工具栏中，选择添加雷达"Add Radar"，将雷达传感器添加到前保险杠位置，如图 4.24 所示。相机和雷达给主车前方双重覆盖，形成冗余感知。根据需要，可以在左侧窗格中的"Sensors"中选择"Radar"对雷达的位置、检测参数等进行设置。雷达位置的设置与相机位置的设置一样，包括 X 坐标值、Y 坐标值和高度值，以及横滚值、俯仰值和偏航值；检测参数设置包括检测概率、虚警率、视场方位角、俯仰角、最大探测范围、是否有最小和最大测速范围、是否有海拔高度、是否有堵塞、高级参数、精度和噪声设置，雷达的参数设置如图 4.24 所示。

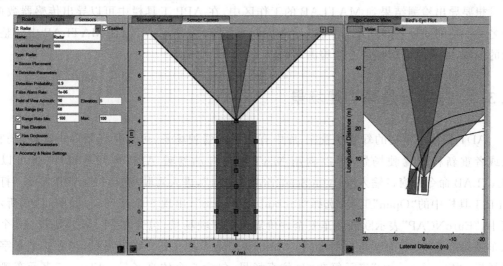

图 4.24 添加雷达和雷达参数设置

（4）运行驾驶场景

为了进行传感器检测，单击"Run"，驾驶场景开始运行，车辆开始运动，如图 4.25 所示，其中左图为从主车的视角以主车为中心展示的场景，右图为鸟瞰图展示的检测场景。如果需要关闭某一检测，在鸟瞰图左下角，单击鸟瞰图配置按钮。默认状态是当第一个对象停止后，场景结束。为了获得一定时间段的场景运行结果，可以在驾驶场景设计界面的工具栏中，单击设置"Settings"，改变停止条件。

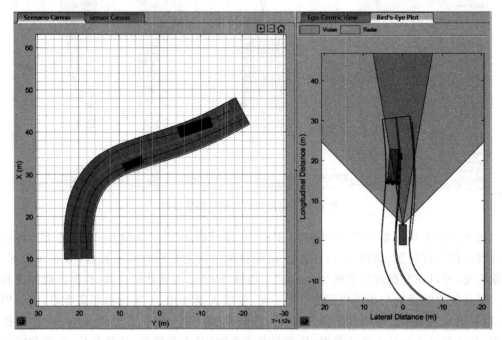

图 4.25 车辆运动和传感器检测场景

想要导出检测结果到 MATLAB 的工作区中，在 APP 工具栏中可以导出传感器数据，命名工作空间变量名并确定，也可以导出整个仿真场景。然后，可以在 MATLAB 中调整场景的参数，并通过调用函数产生检测结果。

4.3.3 采用场景库构建场景

ADT 提供了丰富的驾驶场景库，库中有常用的驾驶场景，可以从场景库中选择驾驶场景或者重新构建驾驶场景，可以利用 MATLAB 自动驾驶 APP 打开场景库，也可以在MATLAB 命令行窗口输入"drivingScenarioDesigner"，进入驾驶场景设计 APP 界面。打开APP 工具栏中的"Open"工具，选择"Prebuilt Scenario"，出现 5 个文件夹，如图 4.26 所示。其中，"EuroNCAP"表示欧洲新车安全评价需要的驾驶场景，包含 27 个 AEB 场景、30 个紧急车道保持场景、40 个车道保持场景；"Intersections"表示交叉路口场景，包含 5 个十字路口场景；"Simulation3D"表示复杂 3D 仿真场景，包含 5 个仿真场景；"Turns"表示车辆转弯场景，包含 8 个驾驶场景；"U-Turns"表示车辆掉头场景，包含 6 个掉头场景。

场景库中的所有驾驶场景，单击 APP 工具栏中的"Run"，驾驶场景开始运行。场景库

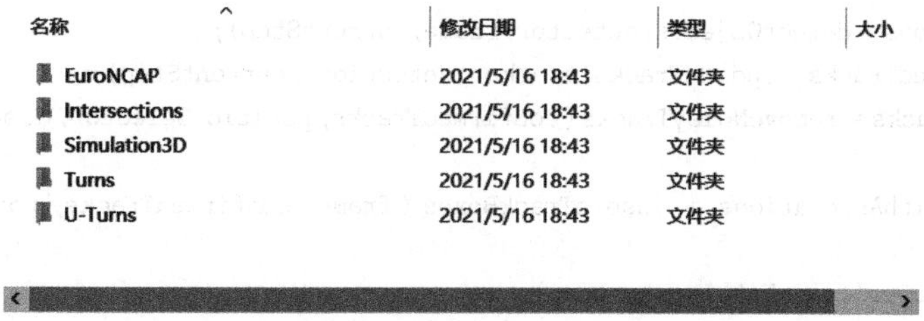

名称	修改日期	类型	大小
EuroNCAP	2021/5/16 18:43	文件夹	
Intersections	2021/5/16 18:43	文件夹	
Simulation3D	2021/5/16 18:43	文件夹	
Turns	2021/5/16 18:43	文件夹	
U-Turns	2021/5/16 18:43	文件夹	

图 4.26 驾驶场景库

中的驾驶场景可以根据需要重新构建或者进行相应的修改，比如调整道路和其他交通参与者的参数。如果需要对场景库中的驾驶场景进行修改，单击 APP 工具栏中的"Export"，选择"Export MATLAB Function"，生成驾驶场景的源程序，通过对源程序的修改，可以重新构建新的驾驶场景。因此，可以将采用脚本构建驾驶场景、通过 APP 构建驾驶场景、通过场景库构建驾驶场景这三种方法结合使用，快速开发出所需要的自动驾驶仿真场景。

4.4 自动驾驶仿真实例

4.4.1 视觉检测

使用安装在车辆中的视觉传感器检测和跟踪多个车辆，具体实现步骤如下。
（1）定义视觉传感器的内部参数和外部参数。
（2）加载并配置一个预先训练的车辆检测器。
（3）设置多目标跟踪器。
（4）检测器检测每个视频帧。
（5）用检测结果更新跟踪器。
（6）在视频中显示检测和跟踪结果。
在 MATLAB 编辑器窗口输入以下程序。

```
d = load('FCWDemoMonoCameraSensor.mat','sensor');
detector = vehicleDetectorACF('full-view');
vehicleWidth = [1.5, 2.5];
detector = configureDetectorMonoCamera(detector,d.sensor,vehicleWidth);
[tracker,positionSelector] = setupTracker();
videoFile = '05_highway_lanechange_25s.mp4';
videoReader = VideoReader(videoFile);
videoPlayer = vision.DeployableVideoPlayer();
currentStep = 0; snapshot = [];
snapTimeStamp = 120;
cont = hasFrame(videoReader);
while cont
    currentStep = currentStep + 1;
    frame = readFrame(videoReader);
```

```
        detections = detectObjects(detector,frame,currentStep);
        confirmedTracks = updateTracks(tracker,detections,currentStep);
confirmedTracks = removeNoisyTracks(confirmedTracks,positionSelector,d.sensor.Intrinsics.
ImageSize);
        frameWithAnnotations = insertTrackBoxes(frame,confirmedTracks,positionSelector,d.
sensor);
        videoPlayer(frameWithAnnotations);
        if currentStep == snapTimeStamp
            snapshot = frameWithAnnotations;
        end
        cont = hasFrame(videoReader)&&isOpen(videoPlayer);
end
if ~isempty(snapshot)
    figure
    imshow(snapshot)
end
function [tracker,positionSelector] = setupTracker()
    tracker = multiObjectTracker('FilterInitializationFcn',@initBboxFilter, ...
        'AssignmentThreshold',50,'DeletionThreshold',5,'ConfirmationThreshold',[3 5]);
    positionSelector = [1,0,0,0,0,0,0,0;0,0,1,0,0,0,0,0;0,0,0,0,1,0,0,0;0,0,0,0,0,0,1,
                    0];
end
function filter = initBboxFilter(Detection)
    dt = 1;cvel = [1 dt; 0 1];
    A = blkdiag(cvel,cvel,cvel,cvel);
    G1d = [dt^2/2; dt];
    Q1d = G1d * G1d';
    Q = blkdiag(Q1d, Q1d, Q1d, Q1d);
    H = [1,0,0,0,0,0,0,0;0,0,1,0,0,0,0,0;0,0,0,0,1,0,0,0;0,0,0,0,0,0,1,0];
    state = [Detection.Measurement(1);0;Detection.Measurement(2);0; ...
            Detection.Measurement(3);0;Detection.Measurement(4);0];
    L = 100;
    stateCov = diag([Detection.MeasurementNoise(1,1),L, ...
                    Detection.MeasurementNoise(2,2),L, ...
                    Detection.MeasurementNoise(3,3),L, ...
                    Detection.MeasurementNoise(4,4),L]);
    filter = trackingKF('StateTransitionModel',A,'MeasurementModel',H, ...
    'State',state,'StateCovariance',stateCov, ...
    'MeasurementNoise',Detection.MeasurementNoise,'ProcessNoise',Q);
end
function detections = detectObjects(detector,frame,frameCount)
    bboxes = detect(detector,frame);
    L = 100;
    measurementNoise = [L,0,0,0;0,L,0,0;0,0,L/2,0;0,0,0,L/2];
    numDetections = size(bboxes,1);
    detections = cell(numDetections,1);
    for i = 1:numDetections
detections{i} = objectDetection(frameCount, bboxes(i,:), 'MeasurementNoise',
measurementNoise);
    end
```

```
        end
    function tracks = removeNoisyTracks(tracks,positionSelector,imageSize)
        if isempty(tracks)
            return
        end
        positions = getTrackPositions(tracks,positionSelector);
        invalid = (positions(:,1)<1|positions(:,1) + positions(:,3)> imageSize(2)|...
        positions(:,3)<=20|positions(:,4)<=20);
        tracks(invalid) = [];
    end
    function I = insertTrackBoxes(I,tracks,positionSelector,sensor)
        if isempty(tracks)
            return
        end
        labels = cell(numel(tracks),1);
        bboxes = getTrackPositions(tracks,positionSelector);
        for i = 1:numel(tracks)
            box = bboxes(i,:);
            xyVehicle = imageToVehicle(sensor,[box(1) + box(3)/2, box(2) + box(4)]);
            labels{i} = sprintf('x = %.1f,y = %.1f',xyVehicle(1),xyVehicle(2));
        end
        I = insertObjectAnnotation(I,'rectangle',bboxes,labels,'Color','yellow',...
            'FontSize',10,'TextBoxOpacity',0.8,'LineWidth',2);
    end
```

视觉检测的输出结果如图 4.27 所示。

图 4.27　基于视觉传感器的多车辆检测和跟踪

4.4.2　毫米波雷达目标检测

本节构建一个有行人和车辆的前向碰撞预警(FCW)仿真场景,模拟在静止车辆旁边人行道上横穿马路的行人,对毫米波雷达的目标检测进行仿真。毫米波雷达的探测性能通常由在特定范围内探测到 RCS 为 0dBsm 的参考目标的概率来决定,在本节中选择远程毫米波雷达,在 100m 范围内探测 RCS 为 0dBsm 的目标,其探测概率为 90%。

在 MATLAB 编辑器窗口输入以下程序。

```
initDist = 150;
finalDist = 2;
scenario = drivingScenario;
scenario.SampleTime = 0.01;
approxCarLength = 5;
xHillEnd = initDist - finalDist - approxCarLength;
roadCenters = [0 0 0;
               xHillEnd 0 0;
               initDist + approxCarLength + 100 0 0];
roadWidth = 3.5;
road(scenario,roadCenters,roadWidth);
egoCar = vehicle(scenario);
vel = 10;
accel = -4;
tStop = -vel/accel;
dStop = 0.5 * accel * tStop^2 + vel * tStop; % Stopping distance
xStartBrake = initDist - (dStop + finalDist) - (egoCar.Wheelbase + egoCar.FrontOverhang) + egoCar.RearOverhang;
xStopped = initDist - finalDist + egoCar.RearOverhang;
x = [egoCar.RearOverhang;xStartBrake;xStopped];
if any(x > xHillEnd)
    x = sort([x;xHillEnd]);
end
numPts = numel(x);
egoWaypoints = zeros(numPts,3);
egoWaypoints(:,1) = x;
egoWaypoints(:,3) = interp1(roadCenters(:,1),roadCenters(:,3),x,'pchip');
velWaypoints = vel * ones(numPts,1);
iFnd = x > xStartBrake;
velWaypoints(iFnd) = interp1([xStartBrake xStopped],[vel 0],x(iFnd));
trajectory(egoCar,egoWaypoints,velWaypoints);
tgtCar = vehicle(scenario);
xc = initDist + tgtCar.RearOverhang + egoCar.Wheelbase + egoCar.FrontOverhang + egoCar.RearOverhang;
tgtCar.Position = [xc 0 0];
ped = actor(scenario,'Length',0.24,'Width',0.45,'Height',1.7);
xp = initDist - 0.5;
waypoints = [xp 10;xp 8;xp 5;xp 0;xp -5];
speed = [1;1;1;0.5;1.5];
trajectory(ped,waypoints,speed);
radarSensor = radarDetectionGenerator('SensorIndex',1,'UpdateInterval',0.1,...
    'SensorLocation',[egoCar.Wheelbase + egoCar.FrontOverhang,0],'DetectionProbability',...
    0.9,'Height',0.2,'FieldOfView',[90,15],'MaxRange',100,'AzimuthResolution',4,...
    'ReferenceRCS',0,'RangeResolution',2.5,'ActorProfiles',actorProfiles(scenario));
[bep,figScene] = helperCreateSensorDemoDisplay(scenario,egoCar,radarSensor);
metrics = struct;
while advance(scenario)
    gTruth = targetPoses(egoCar);
    time = scenario.SimulationTime;
```

```
    [dets,~,isValidTime] = radarSensor(gTruth,time);
    if isValidTime
        helperUpdateSensorDemoDisplay(bep,egoCar,radarSensor,dets);
        metrics = helperCollectScenarioMetrics(metrics,gTruth,dets);
    end
end
```

输出结果如图 4.28 所示。

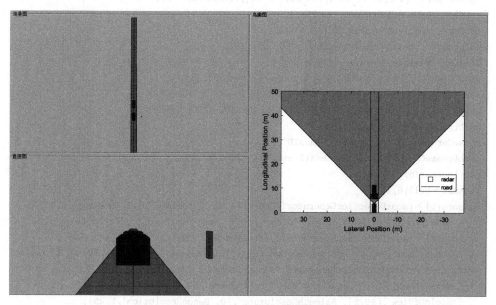

图 4.28 FCW 驾驶场景仿真

4.4.3 视觉与毫米波雷达融合检测

本节将介绍如何生成驾驶场景,模拟传感器检测和利用传感器融合跟踪模拟的车辆,主要测试基于传感器融合的左侧超车车辆的目标跟踪能力。该驾驶场景为两车道的高速公路,长度为 500m,共有 4 辆车,主车正前方和正后方各有一辆行驶的车辆,还有一辆从左侧超车的车辆,所有车辆按照设定的路径和速度行驶。超车车辆从右侧车道开始,向左变道完成超车后又向右变回右车道。

本示例中,主车带有 6 个毫米波雷达和两个视觉传感器,传感器检测范围为 360°,传感器检测区域有一些重叠和覆盖,以形成冗余感知能力。主车前后各装一个远程毫米波雷达传感器和一个视觉传感器;两侧分别装有两个短程毫米波雷达,每个短程毫米波雷达可覆盖 90°检测范围,其中一个毫米波雷达覆盖车辆中部到后部区域,另一个毫米波雷达覆盖车辆中部到前部区域。多目标跟踪器使用卡尔曼滤波算法来处理位置和速度跟踪问题。另外,传感器可以模拟每个目标的多个检测,特别是当目标非常接近毫米波雷达时。由于跟踪器假定每个传感器对每个目标只进行一次检测,因此在跟踪器处理检测信息之前需进行聚类处理。

驾驶场景仿真包括车辆运动、调用传感器仿真和实行车辆追踪。驾驶场景生成和传感器仿真可以有不同的时间步长,而不同的时间步长可以解耦驾驶场景仿真和传感器仿真,这对不考虑传感器测量精度情况下精准地模拟车辆的运动很有好处。传感器和驾驶场景可以有不同的更新频率。本示例中,驾驶场景更新周期为 0.01s,传感器更新周期为 0.1s。

在 MATLAB 编辑器窗口输入以下程序。

```
scenario = drivingScenario; scenario.SampleTime = 0.01;
roadCenters = [0 0;50 0;100 0;250 20;500 40]; roadWidth = 7.2;
road(scenario, roadCenters, roadWidth);
egoCar = vehicle(scenario, 'ClassID', 1);
path(egoCar, roadCenters(2:end, :) - [0 1.8], 25);
leadCar = vehicle(scenario, 'ClassID', 1);
path(leadCar, [70 0; roadCenters(3:end, :)] - [0 1.8], 25);
passingCar = vehicle(scenario, 'ClassID', 1);
waypoints = [0 -1.8;50 1.8;100 1.8;250 21.8;400 32.2;500 38.2];
path(passingCar, waypoints, 35);
chaseCar = vehicle(scenario, 'ClassID', 1);
path(chaseCar, [25 0; roadCenters(2:end, :)] - [0 1.8], 25);
plot(scenario)
sensors = cell(8,1);
sensors{1} = radarDetectionGenerator('SensorIndex', 1, 'Height', 0.2, 'MaxRange', 174, ...
    'SensorLocation', [egoCar.Wheelbase + egoCar.FrontOverhang, 0], 'FieldOfView', [20,5]);
sensors{2} = radarDetectionGenerator('SensorIndex', 2, 'Height', 0.2, 'Yaw', 180, ...
    'SensorLocation', [-egoCar.RearOverhang, 0], 'MaxRange', 174, 'FieldOfView', [20,5]);
sensors{3} = radarDetectionGenerator('SensorIndex', 3, 'Height', 0.2, 'Yaw', 120, ...
    'SensorLocation', [0, egoCar.Width/2], 'MaxRange', 30, 'ReferenceRange', 50, ...
    'FieldOfView', [90,5], 'AzimuthResolution', 10, 'RangeResolution', 1.25);
sensors{4} = radarDetectionGenerator('SensorIndex', 4, 'Height', 0.2, 'Yaw', -120, ...
    'SensorLocation', [0, -egoCar.Width/2], 'MaxRange', 30, 'ReferenceRange', 50, ...
    'FieldOfView', [90,5], 'AzimuthResolution', 10, 'RangeResolution', 1.25);
sensors{5} = radarDetectionGenerator('SensorIndex', 5, 'Height', 0.2, 'Yaw', 60, ...
    'SensorLocation', [egoCar.Wheelbase, egoCar.Width/2], 'MaxRange', 30, 'ReferenceRange', 50, ...
    'FieldOfView', [90,5], 'AzimuthResolution', 10, 'RangeResolution', 1.25);
sensors{6} = radarDetectionGenerator('SensorIndex', 6, 'Height', 0.2, 'Yaw', -60, 'SensorLocation', ...
    [egoCar.Wheelbase, -egoCar.Width/2], 'MaxRange', 30, 'ReferenceRange', 50, ...
    'FieldOfView', [90,5], 'AzimuthResolution', 10, 'RangeResolution', 1.25);
sensors{7} = visionDetectionGenerator('SensorIndex', 7, 'FalsePositivesPerImage', 0.1, ...
    'SensorLocation', [0.75 * egoCar.Wheelbase 0], 'Height', 0.1);
sensors{8} = visionDetectionGenerator('SensorIndex', 8, 'FalsePositivesPerImage', 0.1, ...
    'SensorLocation', [0.2 * egoCar.Wheelbase 0], 'Height', 1.1, 'Yaw', 180);
tracker = multiObjectTracker('FilterInitializationFcn', @initSimDemoFilter, ...
    'AssignmentThreshold', 30, 'ConfirmationParameters', [4 5]);
positionSelector = [1 0 0 0;0 0 1 0];
velocitySelector = [0 1 0 0;0 0 0 1];
BEP = createDemoDisplay(egoCar, sensors);
toSnap = true;
while advance(scenario)&&ishghandle(BEP.Parent)
    time = scenario.SimulationTime;
```

```
            ta = targetPoses(egoCar);
            detections = {};
            isValidTime = false(1,8);
            for i = 1:8
                [sensorDets,numValidDets,isValidTime(i)] = sensors{i}(ta,time);
                if numValidDets
                    for j = 1:numValidDets
                        if ~isfield(sensorDets{j}.ObjectAttributes{1},'SNR')
                            sensorDets{j}.ObjectAttributes{1}.SNR = NaN;
                        end
                    end
                    detections = [detections;sensorDets];
                end
            end
            if any(isValidTime)
                if isa(sensors{1},'drivingRadarDataGenerator')
                    vehicleLength = sensors{1}.Profiles.Length;
                else
                    vehicleLength = sensors{1}.ActorProfiles.Length;
                end
                detectionClusters = clusterDetections(detections,vehicleLength);
                confirmedTracks = updateTracks(tracker,detectionClusters,time);
updateBEP(BEP,egoCar,detectionClusters,confirmedTracks,positionSelector,velocitySelector);
            end
            if ta(1).Position(1)> 0&&toSnap
                toSnap = false;snapnow
            end
end
%% 初始化一个基于单个检测目标的固定速度的卡尔曼滤波器
function filter = initSimDemoFilter(detection)
H = [1 0 0 0; 0 0 1 0; 0 1 0 0; 0 0 0 1];
filter = trackingKF('MotionModel','2D Constant Velocity','State', H' * detection.Measurement,
'MeasurementModel',H, 'StateCovariance ', H' * detection.MeasurementNoise * H,'MeasurementNoise',
detection.MeasurementNoise);
end
%% 根据检测到的对象的距离是否小于车辆大小,将单次检测中疑似同一辆车的多个检测信息进
行融合.
function detectionClusters = clusterDetections(detections,vehicleSize)
N = numel(detections);distances = zeros(N);
for i = 1:N
    for j = i + 1:N
        if detections{i}.SensorIndex == detections{j}.SensorIndex
    distances(i,j) = norm(detections{i}.Measurement(1:2) - detections{j}.Measurement(1:2));
        else
            distances(i,j) = inf;
        end
    end
end
```

```
leftToCheck = 1:N;i = 0;
detectionClusters = cell(N,1);
while ~isempty(leftToCheck)
    underConsideration = leftToCheck(1);
    clusterInds = (distances(underConsideration,leftToCheck)< vehicleSize);
    detInds = leftToCheck(clusterInds);
    clusterDets = [detections{detInds}];clusterMeas = [clusterDets.Measurement];
    meas = mean(clusterMeas,2);meas2D = [meas(1:2);meas(4:5)];
    i = i + 1;
    detectionClusters{i} = detections{detInds(1)};
    detectionClusters{i}.Measurement = meas2D;
    leftToCheck(clusterInds) = [];detectionClusters(i + 1:end) = [];
    for i = 1:numel(detectionClusters)
        measNoise(1:2,1:2) = vehicleSize^2 * eye(2);
        measNoise(3:4,3:4) = eye(2) * 100 * vehicleSize^2;
        detectionClusters{i}.MeasurementNoise = measNoise;
    end
end
end
%% 生成一个带有三个面板的显示界面
function BEP = createDemoDisplay(egoCar,sensors)
hFigure = figure('Position',[0,0,1200,640],'Name','Sensor Fusion Example');
movegui(hFigure,[0 - 1]);
hCarViewPanel = uipanel(hFigure,'Position',[0 0 0.5 0.5],'Title','场景图');
hCarPlot = axes(hCarViewPanel);
chasePlot(egoCar,'Parent',hCarPlot);
hTopViewPanel = uipanel(hFigure,'Position',[0 0.5 0.5 0.5],'Title','追逐图');
hCarPlot = axes(hTopViewPanel);
chasePlot(egoCar,'Parent',hCarPlot,'ViewHeight',130,'ViewLocation',[0 0],'ViewPitch',90);
hBEVPanel = uipanel(hFigure,'Position',[0.5 0 0.5 1],'Title','鸟瞰图');
hBEVPlot = axes(hBEVPanel);frontBackLim = 60;
BEP = birdsEyePlot('Parent',hBEVPlot,'Xlimits',[ - frontBackLim frontBackLim],'Ylimits',[ - 35
35]);
for i = 1:6
    cap = coverageAreaPlotter(BEP,'FaceColor','red','EdgeColor','red');
    if isa(sensors{i},'drivingRadarDataGenerator')
plotCoverageArea(cap,sensors{i}.MountingLocation(1:2),sensors{i}.RangeLimits(2),...
        sensors{i}.MountingAngles(1),sensors{i}.FieldOfView(1));
    else
        plotCoverageArea(cap,sensors{i}.SensorLocation,sensors{i}.MaxRange,...
            sensors{i}.Yaw,sensors{i}.FieldOfView(1));
    end
end
for i = 7:8
    cap = coverageAreaPlotter(BEP,'FaceColor','blue','EdgeColor','blue');
    if isa(sensors{i},'drivingRadarDataGenerator')
        plotCoverageArea(cap,sensors{i}.MountingLocation(1:2),...
            sensors{i}.RangeLimits(2),sensors{i}.MountingAngles(1),45);
    else
```

```
            plotCoverageArea(cap,sensors{i}.SensorLocation,sensors{i}.MaxRange,sensors{i}.Yaw,45);
        end
    end
    detectionPlotter(BEP,'DisplayName','vision','MarkerEdgeColor','blue','Marker','^');
    detectionPlotter(BEP,'DisplayName','radar','MarkerEdgeColor','red');
    laneMarkingPlotter(BEP,'DisplayName','lane markings');
    trackPlotter(BEP,'DisplayName','track','HistoryDepth',10);
    xlim(BEP.Parent,[-frontBackLim frontBackLim]);
    ylim(BEP.Parent,[-frontBackLim frontBackLim]);
    outlinePlotter(BEP,'Tag','Ground truth');
end
%% 更新鸟瞰图,包括道路边界、雷达检测点和路径
function updateBEP(BEP,egoCar,detections,confirmedTracks,psel,vsel)
    [lmv,lmf] = laneMarkingVertices(egoCar);
    plotLaneMarking(findPlotter(BEP,'DisplayName','lane markings'),lmv,lmf);
    [position,yaw,length,width,originOffset,color] = targetOutlines(egoCar);
    plotOutline(findPlotter(BEP,'Tag','Ground truth'),position,yaw,length,width,...
        'OriginOffset',originOffset,'Color',color);
    N = numel(detections);detPos = zeros(N,2);isRadar = true(N,1);
    for i = 1:N
        detPos(i,:) = detections{i}.Measurement(1:2)';
        if detections{i}.SensorIndex > 6
            isRadar(i) = false;
        end
    end
    plotDetection(findPlotter(BEP,'DisplayName','vision'),detPos(~isRadar,:));
    plotDetection(findPlotter(BEP,'DisplayName','radar'),detPos(isRadar,:));
    isNotBarrier = arrayfun(@(t)t.ObjectClassID,confirmedTracks)>0;
    confirmedTracks = confirmedTracks(isNotBarrier);
    trackIDs = {confirmedTracks.TrackID};
    labels = cellfun(@num2str,trackIDs,'UniformOutput',false);
    [tracksPos,tracksCov] = getTrackPositions(confirmedTracks,psel);
    tracksVel = getTrackVelocities(confirmedTracks,vsel);
    plotTrack(findPlotter(BEP,'DisplayName','track'),tracksPos,tracksVel,tracksCov,labels);
end
```

输出结果如图 4.29 和图 4.30 所示。在本例中,展示了如何生成驾驶场景,模拟传感器检测并利用检测信息和多传感器融合跟踪主车周围的运动车辆。可以非常方便地更改道路信息,增加或删除车辆;也可以尝试增加、移除或修改主车的传感器或修改跟踪参数。

4.4.4 激光雷达检测

利用激光雷达的点云检测地面和车辆周围的障碍物,目的是规划车辆的可行驶区。
在 MATLAB 编辑器窗口输入以下程序。

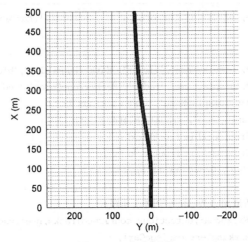

图 4.29 仿真场景

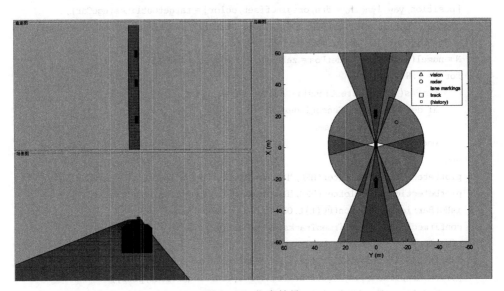

图 4.30 仿真结果

```
d = load('01_city_c2s_fcw_10s_Lidar.mat');
pcloud = d.LidarPointCloud;
pc = pcloud(1).ptCloud;
xBound = 40;
yBound = 20;
xlimits = [-xBound, xBound];
ylimits = [-yBound, yBound];
zlimits = pc.ZLimits;
player = pcplayer(xlimits, ylimits, zlimits);
indices = find(pc.Location(:,2)>= -yBound & pc.Location(:,2)<= yBound...
    &pc.Location(:,1)>= -xBound & pc.Location(:,1)<= xBound);
pc = select(pc, indices);
view(player, pc)
```

```
maxDistance = 0.2;
referenceVector = [0,0,1];
[~,inPlanePointIndices,outliers] = pcfitplane(pc,maxDistance,referenceVector);
labelSize = [pc.Count,1];
colorLabels = zeros(labelSize,'single');
colors = [0,0,1;0,1,0;1,0,0;1,0,1];
blueIdx = 0;
greenIdx = 1;
redIdx = 2;
blackIdx = 3;
colorLabels(inPlanePointIndices) = greenIdx;
pcWithoutGround = select(pc,outliers);
sensorLocation = [0,0,0];
radius = 10;
nearIndices = findNeighborsInRadius(pcWithoutGround,sensorLocation,radius);
nearPointIndices = outliers(nearIndices);
colorLabels(nearPointIndices) = redIdx;
radius = 3;
nearIndices = findNeighborsInRadius(pcWithoutGround,sensorLocation,radius);
vehiclePointIndices = outliers(nearIndices);
pcVehicle = select(pcWithoutGround,nearIndices);
delta = 0.1;
selfCube = [pcVehicle.XLimits(1) - delta,pcVehicle.XLimits(2) + delta...
    pcVehicle.YLimits(1) - delta,pcVehicle.YLimits(2) + delta...
    pcVehicle.ZLimits(1) - delta,pcVehicle.ZLimits(2) + delta];
colorLabels(vehiclePointIndices) = blackIdx;
colormap(player.Axes,colors)
view(player,pc.Location,colorLabels);
title(player.Axes,'Segmented Point Cloud');
for k = 2:length(pcloud)
pc = pcloud(k).ptCloud;
indices = find(pc.Location(:,2)>= - yBound & pc.Location(:,2)<= yBound...
    & pc.Location(:,1)>= - xBound & pc.Location(:,1)<= xBound);
pc = select(pc,indices);
colorLabels = zeros(pc.Count,1,'single');
[~,inPlanePointIndices,outliers] = pcfitplane(pc,maxDistance,...
    referenceVector);
colorLabels(inPlanePointIndices) = greenIdx;
pcWithoutGround = select(pc,outliers);
radius = 10;
nearIndices = findNeighborsInRadius(pcWithoutGround,sensorLocation,radius);
nearPointIndices = outliers(nearIndices);
colorLabels(nearPointIndices) = redIdx;
nearIndices = findPointsInROI(pcWithoutGround,selfCube);
vehiclePointIndices = outliers(nearIndices);
colorLabels(vehiclePointIndices) = blackIdx;
view(player,pc.Location,colorLabels);
end
```

激光点云的检测输出结果如图 4.31 所示。图中,绿色为地面,红色为障碍物,蓝色为未标注物,粉色为装有激光雷达的车辆即本车。

彩图 4.31

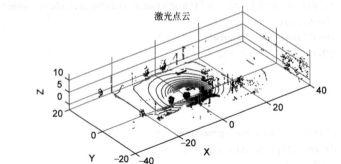

图 4.31 基于激光雷达的地面和障碍物检测

4.4.5 车辆自动避障

使用自适应模型预测控制(MPC)使汽车行驶并避开车道上的障碍物。为此要设计一个避障系统,通过汽车上的传感器(如雷达)可测量到汽车前方同一车道上的障碍物。障碍物可以是静态的,也可以是移动的。驾驶员最常见的动作是暂时变更到另一条车道,驶过障碍物,然后再返回到原来的车道。作为自动驾驶,避障系统可以在无须人工干预的情况下完成车辆操控。避障系统使用油门、刹车和方向盘操控汽车绕着车道上的静态障碍物行驶。

在该仿真场景中,假设有 3 条直车道,每条车道宽 4m;汽车不超车时在中间车道行驶;障碍物是位于中间车道的一个非移动物体,其大小与汽车相同;汽车只从左侧车道(快车道)通过障碍物。假设汽车与障碍物之间距离为 50m,汽车上传感器的检测距离为 30m;汽车车速为 20m/s。在障碍物周围建立一个虚拟的安全区域,汽车在通过障碍物时,不会离障碍物太近。安全区以障碍物为中心,长度等于车长 2 倍,宽度等于车道宽度 2 倍。

在 MATLAB 编辑器窗口输入以下程序。

```
V = 20;
x0 = [0;0;0;V];
u0 = [0;0];
Ts = 0.02;
[Ad,Bd,Cd,Dd,U,Y,X,DX] = obstacleVehicleModelDT(Ts,x0,u0);
dsys = ss(Ad,Bd,Cd,Dd,'Ts',Ts);
dsys.InputName = {'Throttle','Delta'};
dsys.StateName = {'X','Y','Theta','V'};
dsys.OutputName = dsys.StateName;
lanes = 3;
laneWidth = 4;
obstacle = struct;
obstacle.Length = 5;
obstacle.Width = 2;
obstacle.X = 50;
```

```matlab
obstacle.Y = 0;
obstacle.safeDistanceX = obstacle.Length;
obstacle.safeDistanceY = laneWidth;
obstacle = obstacleGenerateObstacleGeometryInfo(obstacle);
obstacle.DetectionDistance = 30;
f = obstaclePlotInitialCondition(x0,obstacle,laneWidth,lanes);
status = mpcverbosity('off');
mpcobj = mpc(dsys);
mpcobj.PredictionHorizon = 60;
mpcobj.ControlHorizon = 2;
mpcobj.ManipulatedVariables(1).RateMin = -0.2*Ts;
mpcobj.ManipulatedVariables(1).RateMax = 0.2*Ts;
mpcobj.ManipulatedVariables(2).RateMin = -pi/30*Ts;
mpcobj.ManipulatedVariables(2).RateMax = pi/30*Ts;
mpcobj.ManipulatedVariables(1).ScaleFactor = 2;
mpcobj.ManipulatedVariables(2).ScaleFactor = 0.2;
mpcobj.Weights.OutputVariables = [0 30 0 1];
mpcobj.Model.Nominal = struct('U',U,'Y',Y,'X',X,'DX',DX);
E1 = [0,0];
F1 = [0,1,0,0];
G1 = laneWidth*lanes/2;
E2 = [0,0];
F2 = [0,-1,0,0];
G2 = laneWidth*lanes/2;
E3 = [0,0];
F3 = [0,-1,0,0];
G3 = laneWidth*lanes/2;
setconstraint(mpcobj,[E1;E2;E3],[F1;F2;F3],[G1;G2;G3],[1;1;0.1]);
refSignal = [0,0,0,V];
x = x0;
u = u0;
egoStates = mpcstate(mpcobj);
T = 0:Ts:4;
saveSlope = zeros(length(T),1);
saveIntercept = zeros(length(T),1);
ympc = zeros(length(T),size(Cd,1));
umpc = zeros(length(T),size(Bd,2));
for k = 1:length(T)
[Ad,Bd,Cd,Dd,U,Y,X,DX] = obstacleVehicleModelDT(Ts,x,u);
measurements = Cd*X + Dd*u;
ympc(k,:) = measurements';
detection = obstacleDetect(x,obstacle,laneWidth);
[E,F,G,saveSlope(k),saveIntercept(k)] = ...
    obstacleComputeCustomConstraint(x,detection,obstacle,laneWidth,lanes);
newPlant = ss(Ad,Bd,Cd,Dd,'Ts',Ts);
newNominal = struct('U',U,'Y',Y,'X',X,'DX',DX);
options = mpcmoveopt;
options.CustomConstraint = struct('E',E,'F',F,'G',G);
[u,Info] = mpcmoveAdaptive(mpcobj,egoStates,newPlant,newNominal,...
    measurements,refSignal,1,options);
umpc(k,:) = u';
x = Ad*x + Bd*u;
```

```
end
mpcverbosity(status);
figure(f)
for k = 1:length(saveSlope)
    X = [0;50;100];
    Y = saveSlope(k) * X + saveIntercept(k);
    line(X,Y,'LineStyle','--','Color','g')
end
plot(ympc(:,1),ympc(:,2),'-k');
text(70,0,'汽车行驶路径')
```

仿真场景的输出结果如图4.32所示。

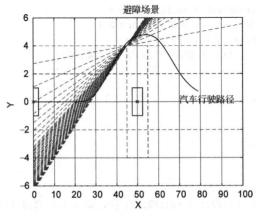

彩图4.32

图4.32 车辆自动避障场景仿真结果

4.5 本章小结

利用MATLAB自动驾驶工具箱(ADT),可以对智能驾驶汽车系统进行闭环仿真,特别是先进驾驶辅助系统的仿真。本章首先对自动驾驶工具箱的各个模块进行简介,结合具体的实例重点介绍自动驾驶场景构建的三种方法,根据所介绍的示例通过改变驾驶场景和数据来源,就可以用于开发智能驾驶汽车、先进驾驶辅助系统或自动驾驶系统;最后,建立了5个自动驾驶仿真实例,加深对ADT使用方法的理解。

思 考 题

1. 利用自动驾驶工具箱搭建一个仿真场景。
2. 自动驾驶工具箱中传感器模型和车辆动力学模型的作用分别是什么?
3. 自动驾驶工具箱中的车辆控制模块所采用的控制算法是什么?

第 5 章

PreScan 自动驾驶系统仿真

5.1 概 述

安全性难以保证、系统可靠性差是阻碍智能驾驶汽车发展的重要原因,因此,为提高智能驾驶车辆安全性、可靠性,智能驾驶汽车在真正商业应用之前,需要进行大量的试验验证。但是其作为新兴技术且将应用于开放、复杂、不确定的动态环境,而汽车行驶环境具有的典型随机特征和自然属性往往是不可预测、难以复现的,因此,智能驾驶汽车的数字化模拟仿真技术是有效解决传统的基于开放道路或封闭试验场测试存在的危险性问题的重要手段,也是现代汽车智能驾驶技术与产品测试、验证和评价的必然途径。

在此背景下,包含真实物理关系传感器模型的 PreScan 仿真软件应运而生。PreScan 是一款当前全球范围内处于领先地位的车辆主动安全仿真软件,它以物理模型为基础,支持基于摄像头、雷达、激光雷达、GPS、车车通信等多种主动安全系统和辅助驾驶系统的开发应用。

PreScan 能够快速建立车辆行驶的模拟场景(车辆行驶速度、相对距离、相对车速、天气状况、光线等),并提供与 CarSim、MATLAB/Simulink 等其他应用软件良好的开发接口进行联合仿真。PreScan 主要特点包括:
(1) 方便的交通测试场景高精度建模;
(2) 丰富的主动安全传感器模型库;
(3) 开放的控制算法/硬件在环接口;
(4) 自带车辆动力学模型和外部接口;
(5) 丰富的软硬件接口,方便实现模型在环、硬件在环仿真。

总之,基于 PreScan 的仿真模型,在环境的几何外形上具有很高的逼真度,且车辆动力学参数也较精确。因此,利用 PreScan 能够缩短主动安全和智能驾驶系统的开发周期,降低研发成本,并有效避免实车实验的各类风险。

本章首先对 PreScan 自动驾驶仿真工具的主要模块进行简介,并对 PreScan 的使用方法进行介绍,最后简要介绍 PreScan 的仿真模型库。

5.2 主要模块简介

5.2.1 驾驶场景模块

路面的作用是辅助完成场景搭建,PreScan 支持通过导入城市地图以实现路网的建模。

路面选项包含以下四种：棋盘（Chessplane）、混凝土（Concrete）、草坪（Grass）、人行道（Pavement）。同时还可以对路面设置传感器属性，以保证传感器能检测到路面特性。

环境要素是用来美化、修饰所需要搭建的仿真场景，包括各类树木（图5.1）。可以对其属性进行设置，设定其为可检测的障碍物。污点同样是用来完善所搭建的仿真场景，让模型更加逼真，但污点不能设定为可检测的障碍物。一般情况下，除了摄像头，树木和路面污点都不会被其他任何传感器检测到。

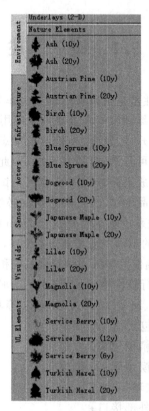

图5.1 驾驶场景库中的树木

5.2.2 基础设施模块

PreScan 中的仿真实验都是在一些基础设施中进行的，这些基础设施包括两个主要部分：道路（网络）和基础设施对象，其中道路是最重要的一个部分。目前可用的道路段是直路、弯路、自由路、螺旋路、入口和出口车道、车道适配器路、斜坡、环形路、X和Y形路口、人行道等，每种路段都可以进行单独配置，也可以将所有选择的路段连接在一起，组成更复杂的道路网络。道路设计功能菜单如图5.2所示。PreScan 可以利用衍生物元素来装饰仿真场景，比如在道路两旁设置路线归置（Line Placement）、护栏（Guardrail）、墙体（Wall）、放线标记（Line Placed Marker）等。

建筑物和抽象建筑在模拟中通常起到遮挡驾驶员和摄像头视线的作用。基础设施还包含道路交通标志,起到丰富仿真场景的作用。交通标志牌还可以设置材料反射特性,以及标志牌破损或被其他材料(如雪或灰尘)覆盖等,进一步影响到标志牌的逆反射特性。可以利用动画元素赋予交通标志牌某些控制逻辑,如可变交通信号灯。PreScan 支持设置交通标志为反射器,以用于在夜间、雾天等条件下标记道路,此种交通标志一般位于路边的柱子、护栏上的额外标记。

PreScan 也支持用户导入外部路网或地图文件,自动构建整个道路网络。PreScan 允许用户加载外部 OSM (.osm)地图文件(图 5.3)和 OpenDRIVE 道路网络文件。当导入 OSM 文件时,该文件中定义的"公路"被转换为道路段,并放置在当前仿真场景中。PreScan 可以自动将所有的路段粘合在一起,但是有时由于几何上的限制,可能无法正确连接所有的路段,此时需要对导入的 OSM 地图进行手动修改调整。当导入 OpenDRIVE 文件时,OpenDRIVE 导入器在 xy 平面上对道路数据进行标准化处理,道路将不再作为库元素可用。如果仿真场景包含模块库中的道路,就不可能导入 OpenDRIVE 文件。如果导入成功,道路网络将显示在构建区和 VisViewer 中。

图 5.2 道路设计功能菜单

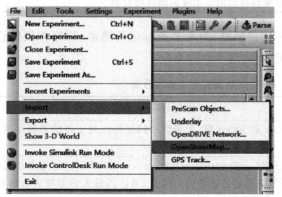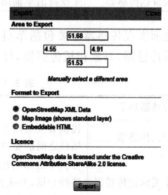

图 5.3 导入 OSM 地图

5.2.3 传感器模块

PreScan 传感器可分为理想传感器、详细传感器和地面实况传感器三大类型。

理想传感器代表快速但不准确的传感器组,不需要精确的几何图形,且不使用对象的响应模型。理想传感器主要包括空气传感器、C2C/C2I、信标/车载单元(OBU)、短距离通信(DSRC)等,详见表 5.1。

表 5.1　PreScan 理想传感器分类

传感器种类	作用与特性
空气传感器	参与者信息接收器,一种快速、简单和通用的检测方案,具有一个由范围和角度定义的探测区域
C2C/C2I	参与者之间的接收机和发射机信息交互通道
信标/车载单元(OBU)	使用信标和车载 OBU 信息在基础设施和车辆之间交互,是双向通信系统
短距离通信(DSRC)	通过 DSRC 接收机和发射机交换车辆之间的状态信息

详细传感器主要包括相机、鱼眼相机、技术独立传感器(TIS)、雷达、激光雷达和超声波雷达传感器等,详见表 5.2。

表 5.2　PreScan 详细传感器分类

传感器种类	作用与特性
相机传感器	支持车道偏离预警、障碍物检测等应用
鱼眼相机传感器	具有默认的鱼眼效果并自动分配给相机,在水平和垂直方向上都能覆盖一个大的视野,可支持如自动泊车等应用
TIS	技术独立传感器(TIS)是一种主动扫描传感器,不受特定技术(如毫米波雷达、激光雷达)的限制,可用于系统级别验证任何主动扫描传感器
雷达传感器	支持障碍物测距和环境测绘,广泛应用于各类 ADAS 仿真系统
激光雷达传感器	激光测距本质上是对一束光从光源到目标再返回的飞行时间的测量,通过测量传感器周围物体的距离来制作环境深度图,以用于车辆的环境感知系统
超声波雷达传感器	支持泊车辅助系统和自动泊车系统的障碍物检测

地面实况传感器主要包括车道标记传感器、分析车道标记传感器、深度相机传感器、边界矩形传感器、对象相机传感器,详见表 5.3。

表 5.3　PreScan 地面实况传感器分类

传感器种类	作用与特性
车道标记传感器	提供有关道路上的车道线的信息,所提供的信息是相对于传感器的车道线和扫描线之间的交点,支持车道保持功能开发
分析车道标记传感器	分析车道标记传感器(analytical lane marker sensor,ALMS)利用多项式拟合车道线数据,并优先考虑靠近传感器的多项式,当达到最大的多项式数量时,传感器会停止拟合新的多项式
深度相机传感器	提供具有深度值的"相机"图像来代替颜色,可以用于提供对于校准立体相机重要的地面真实数据
边界矩形传感器	提供有关参与者边界矩形的信息,并且作为在相机输入上工作的边界矩形算法的参考。例如用于在夜间、雾、雨或雪等不良照明条件下的行人检测。采用宽松或严格两种工作模式,宽松模式给出了对于汽车或房屋作为静态元素的参考输出,严格模式基于所选摄像机所看到的行人四肢,提供一个精确的边界矩形
对象相机传感器	对象相机传感器(OCS)对包含相机单元和图像处理单元的系统进行建模。它在对象级别上输出数据,检测所有被标记为"传感器可检测"的物体,同时,还可将参考图像输出到 Simulink 中

5.2.4 车辆模块

PreScan 车辆模块设计主要是车辆运行参数的设置以及驾驶员模型。在 PreScan 中，驾驶员的行为包括两种不同的输入方式：手动输入的外部方向盘和油门、刹车，即人在回路中，可以实现硬件在环和驾驶员在环测试；路径跟踪控制器模块。驾驶员模型可与简单的车辆动力学模型结合使用。接下来重点介绍车辆的 2D 简单动力学模型和 3D 简单动力学模型。

1. 2D 简单动力学模型

PreScan 为用户提供了一个简单的动力学模型以方便模拟车辆动力学行为。简单的动力学模型由发动机、变速箱、主减速器、底盘（车辆动力学）、换挡逻辑、自动换挡和手动换挡之间的切换组件组成，如图 5.4 所示。由于 PreScan 与 MATLAB/Simulink 有接口，用户可以使用自建模型或者第三方动力学软件所建立的模型（如 CarSim 模型）。

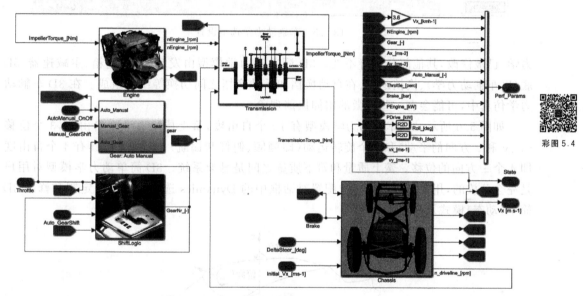

彩图 5.4

图 5.4 2D 简单动力学模型

车辆动力学部分以自行车模型为基础，也称为二自由度模型，它采用一个线性轮胎模型。简单的动力学模型对用户是完全开放的，可以在 GUI 中设置简单动力学模型的参数。选择对象配置对话框中的"简单（动态）"，就会打开简单的动态对话框。在如图 5.5 所示的动力学选项卡中，可以修改车辆力学参数。在传动选项卡中可设置动力传动系统及编辑换挡策略，当改变升降挡换挡点时，相应的图将被更新；对于传动系统，可以修改齿轮的数目和相应的传动比，还可以修改发动机转矩图以及转向系统的转向特性图。

2. 3D 简单动力学模型

3D 车辆动力学模型与 2D 简单动力学模型具有相同的组成部分，但底盘部分（车辆动

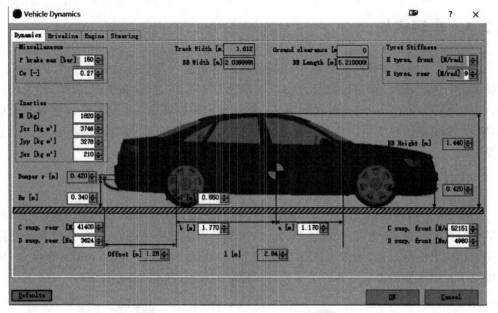

图 5.5 车辆动力学选型设置

力学)已被修改,其他部分保持不变。3D 简单动力学模型由发动机、变速箱、主减速器、3D 底盘(车辆动力学)、换挡逻辑、在自动换挡和手动换挡之间切换等组件组成。在 3D 车辆动力学仿真中,可能会有一些轻微的俯仰振荡现象。

如图 5.6 所示,3D 车辆动力学模型有 10 个自由度,簧上质量有 6 个自由度,3 个位移(x、y 和 z 方向的平动)和 3 个旋转运动(即侧倾、俯仰和偏航);簧下质量具有 4 个自由度即 4 个 z 方向的位移。簧上质量和簧下质量之间是悬架系统。3D 简单动力学模型对用户是完全开放的,用户可以通过对象配置对话框中的 Dynamics 选项卡,选择、定制和修改 3D 简单(动态)模式及其相关参数。

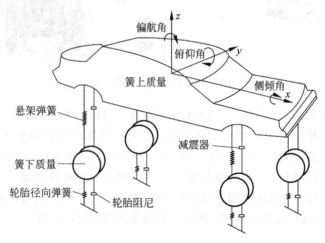

图 5.6 3D 车辆动力学模型

5.2.5 轨迹设置模块

轨迹定义了一个行为主体随时间变化的路径。轨迹通常用于测试传感器或为交通参与者分配开环行为,以测试控制器性能。此处的开环指的是行为主体不具备智能,只是遵循它被分配的轨迹进行运动。在 PreScan 中,车辆行驶轨迹包括两部分:路径和速度参数。

车辆路径可以用三种模式来定义:自由设置模式,用户通过手动规划的路径段来定义路径;继承模式,用户从底层路段中继承一条路径;GPS 跟踪,用户重新利用储存在 GPS 记录中的信息来获得一个路径。

车辆速度参数描述了汽车的速度与时间的关系。速度曲线是独立的参数,一般与一个特定的路径没有联系。速度参数可以通过 PreScan 的速度曲线编辑器来输入或修改,如图 5.7 所示,速度曲线编辑器提供了很好的预览功能,可以直观地显示速度与时间和速度与距离的关系图,当与路径映射时,可以显示纵向和横向的加速度水平。

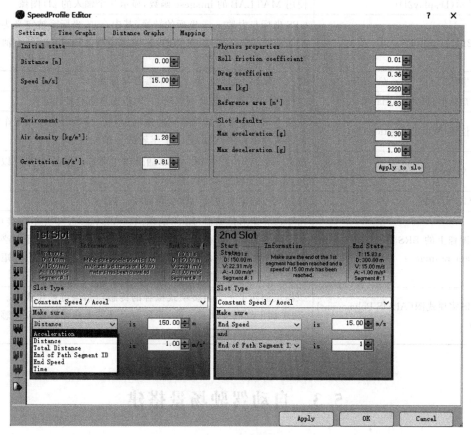

图 5.7 速度曲线编辑器

5.2.6 可视化模块

除了仿真过程中的各类示波器和显示窗的使用以外,PreScan 还提供了一种人类视角

(Human),可以模拟人类视觉系统的范围和角度来实时动态显示场景运行情况,其用法包括两种:

(1)摄像机与车辆相连接:在模拟过程中,从驾驶员或副驾驶员的眼睛位置,或在用户定义的相对于车辆的位置(可自定义)查看。

(2)在仿真实验中的固定镜头视图。

5.2.7 其他实用模块

PreScan 还提供了其他实用模块(Useful Blocks),可用于仿真过程中一些特殊的需求,主要模块功能介绍如表 5.4 所示。

表 5.4 PreScan 实用模块简介

模 块 名 称	作用与特性
2D 显示(Display2D)	使用 MATLAB 的 imagesc 函数,显示一个输入的 2D 图像
GPS2xyz/xyz2GPS	GPS 坐标与大地 xyz 坐标的转换,其中,xyz 坐标系被定义为在指定的 GPS 坐标处的切向平面,x 轴指向东,y 轴指向北,z 轴指向地球的外部
转换坐标(Transform Coordinates)	将一个位置矢量转换到另一个参考坐标系
保持初始值(Hold Initial Value)	该模块在 $t=0$ 时获取输入值,并无限期地重复使用它
车轮位置(Wheel Position)	从整个车体运动中计算车轮的垂向位移。该模块的输入是车辆的侧倾角和俯仰角,输出是 4 个车轮的 z 轴位移
AVI 文件(AVI File)	读取一个 AVI 文件并将 RGB 通道输出到 Simulink,结果可以显示在 MATLAB 的图表中
MOMO to VIS	将方向盘的输出转换为动画块的相应输入
相机图像上的 BRS 数据(BRS data on Camera image)	由于边界矩形传感器(BRS)的输出在 VisViewer 中并不直接可见,该模块便是为了在摄像机图像上显示 BRS 的输出。使用时必须为摄像机图像输出创建一个摄像机传感器,然后,输出的边界矩形将被叠加在视图窗口中的相机图像之上
ALMS 多项式图(ALMS Polynominal Plot)	该模块创建了一个由多项式拟合的传感器结果可视化表示。它在 xy 平面上绘制多项式曲线,并自动调整其坐标轴以适应传感器数据,这解释了在模拟过程中可能出现的缩放效应

5.3 自动驾驶场景搭建

5.3.1 采用 GUI 构建场景

用户可以使用 PreScan GUI 创建所需要的实验场景,接下来简单介绍仿真场景创建的基本步骤。

1. 创建实验

利用 GUI 工具新建一个实验项目，在主界面左侧会出现场景创建包含的各种元素。

2. 创建道路环境

当选中所创建的道路，右侧属性编辑器可以修改道路长度、车道数目、车道宽度等道路相关参数。在 Environment 中包含树木、草坪等环境元素，可以对道路两侧场地进行布置。

3. 创建路径

路径的创建可以通过左侧工具栏中 Inherited Path Definition 或者 Manual Path Definition 来创建。

4. 创建车辆模型

在 Actors 一栏能够看到所有的车辆模型，将车辆模型放置在路径上，车辆将遵循预设路径来运行，右键选择 Object configuration 可以编辑车辆的相关参数如图 5.8 所示，在 Dynamics 中选择 2D 模型，在 Driver Model 中选择 Path follower。

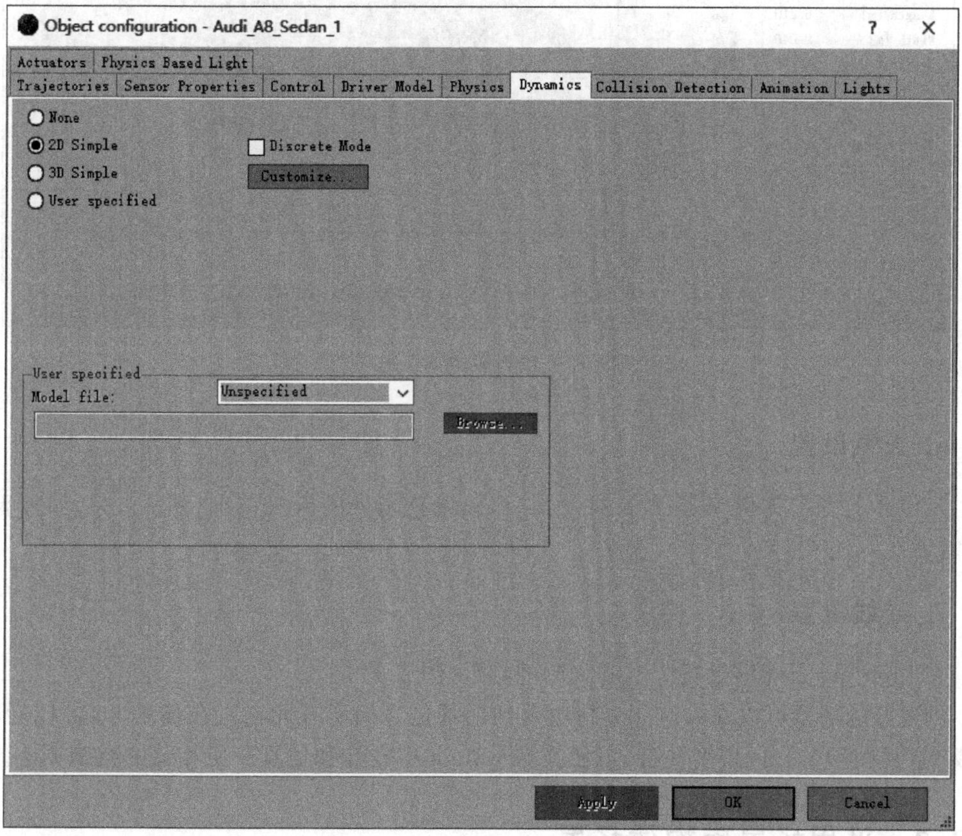

图 5.8 车辆参数设置界面

5. 创建传感器

在 Sensors 一栏可以看到所有的传感器类型,用户可以根据需要来选择传感器。车辆安装传感器后会自动弹出属性编辑界面(图 5.9),可以修改传感器的安装位置、检测范围等属性。

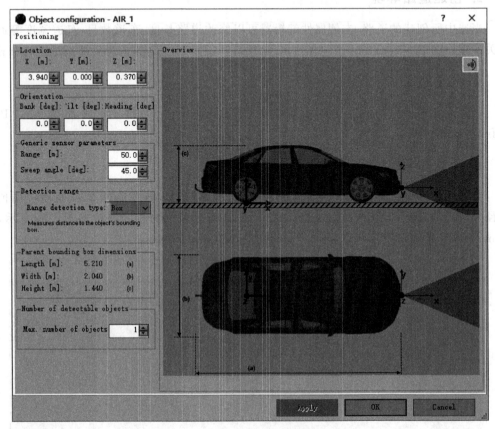

图 5.9 传感器参数设置界面

6. 天气设置

工作区上方工具栏 Weather Settings 可以设置场景的天气情况(图 5.10),如雾天、雨天、雪天。

7. 光线设置

在 Lighting 下能够设置天空和太阳的参数(图 5.11)。

创建好的场景可以在右侧元素树中看到场景包含的所有元素。在场景 build 以后将会生成 3D 视图和 *.xls 模型文件,以便在 Simulink 中设计和仿真分析相关的控制算法。

5.3.2 采用场景库构建场景

PreScan 提供了丰富的仿真场景库,场景库中包含各类常用的 92 个驾驶场景,可以从

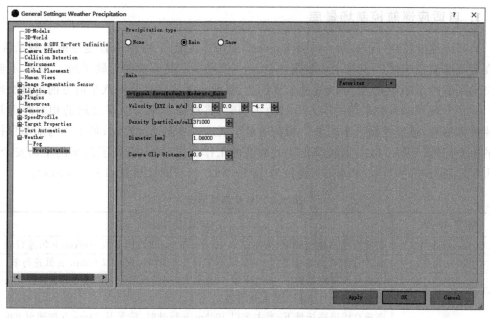

图 5.10　天气参数设置界面

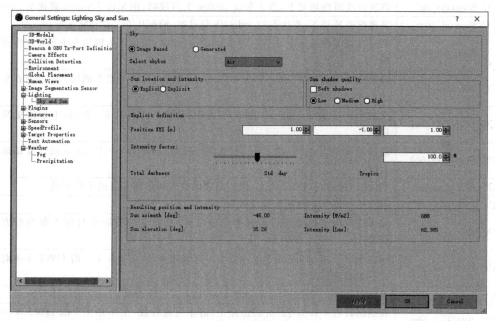

图 5.11　光线参数设置界面

场景库中选择驾驶场景或者重新构建驾驶场景。场景库中的驾驶场景可以根据需要重新构建或者进行相应的修改,比如调整道路环境和其他交通参与者的参数。如果需要对场景库中的驾驶场景进行修改,可通过 GUI 工具对所选择的场景模型 *.pex 进行修改,修改完成后利用 build 和 regenerate 重新编译仿真场景,并生成相应的 Simulink 仿真模型文件。

1. 自适应巡航控制场景库

自适应巡航控制(adaptive cruise control，ACC)系统，又可称为智能巡航控制系统，它是在传统巡航控制(CC)基础上发展起来的新一代汽车驾驶员辅助驾驶系统。ACC 不但具有自动巡航的全部功能，还可以通过车载雷达、摄像头等传感器监测汽车前方的道路交通环境。一旦发现当前行驶车道的前方有其他车辆时，将根据本车与前车之间的相对距离及相对速度等信息，通过控制汽车的油门和刹车对车辆进行纵向速度控制，使本车与前车保持合适的安全间距。采用 ACC 系统降低了驾驶员的工作负担，大大提高了汽车的主动安全性，扩大了巡航行驶的范围。PreScan 提供的 18 个 ACC 仿真测试场景如表 5.5 所示。

表 5.5 ACC 测试场景

场 景 模 型	场 景 描 述
ACC_Scenario_001	高速直线道路场景下，当主车以 100km/h 行驶时，前车以 100km/h 匀速行驶
ACC_Scenario_002	高速直线道路场景下，当主车以 100km/h 行驶时，前车以 60km/h 低速行驶
ACC_Scenario_003	高速直线道路场景下，当主车以 100km/h 行驶时，前车从 54km/h 减速至 18km/h 然后加速为 54km/h 后匀速行驶
ACC_Scenario_004	高速直线道路场景下，当主车以 100km/h 行驶时，前车从 54km/h 加速至 90km/h 后又减速至 0km/h
ACC_Scenario_005	高速直线道路场景下，当主车以 100km/h 行驶时，前车以 72km/h 减速至 0km/h
ACC_Scenario_006	高速弯道场景下，当主车以 80km/h 行驶时，前车从 50km/h 减速至 0km/h
ACC_Scenario_007	高速直线道路场景下，主车以 100km/h 行驶时，邻车道车辆切入主车所在车道的前方
ACC_Scenario_008	高速直线道路场景下，主车以 100km/h 行驶时，相邻车道车辆切入主车所在车道的前方一段时间后然后切出
ACC_Stop_GO_001	交通堵塞场景下，主车以 20km/h 低速行驶时，前车以 8~20km/h 速度加减速行驶
ACC_Stop_GO_002	通堵塞场景下，主车以 20km/h 低速行驶时，前车以 0~10km/h 的速度加减速行驶
ACC_ISO_test_001	场景中共包含三辆车，主车、同一车道的前车和相邻车道的干扰车辆
ACC_ISO_test_002	前车从一定车速减速至完全停车
ACC_ISO_test_003	主车正常跟车后前车切出并换至邻车道，此时主车的跟车目标为新的前方目标车
ACC_ISO_test_004	在转弯半径为 500m 的弯道上主车匀速跟随前车，主车在 1/3 的 HWT 车头时距内开始减速
ACC_ISO_test_005	前车以 24m/s 的速度匀速行驶，10s 后在 2s 内减速至 17m/s 后保持匀速
ACC_ISO_test_006	在道路转弯半径为 125m 的道路上，前车匀速行驶，主车在 1/3 的 HWT 车头时距内开始减速
ACC_ISO_test_007	前车加速行驶后主车能够跟随前车，并且超越邻车道的干扰车辆
ACC_ISO_test_008	在转弯半径为 125m 的弯道上，主车匀速跟随前车，主车在 1/3 的 HWT 车头时距内开始减速

ACC 功能的弯道、切入、起停、切出共 4 个典型场景的仿真效果如图 5.12～图 5.15 所示。

图 5.12 高速弯道 ACC 测试场景

图 5.13 高速直道切入测试场景

图 5.14 ACC_Stop_GO 测试场景

图 5.15 ACC 切出测试场景

2. 自动紧急制动场景库

自动紧急制动（AEB）系统通过车载雷达或摄像头监测前方目标的距离和相对速度，当驾驶员制动过晚、制动力过小或者完全无制动措施时，AEB 系统将采取措施辅助驾驶员避免或减轻碰撞。AEB 系统包含报警与紧急制动两大模块。Euro NCAP 曾经通过对交通事故的分析发现，90% 的交通事故是由于驾驶员的注意力不集中而引起的，而 AEB 系统则可以有效避免或减少事故的发生。欧盟和澳大利亚第三方车辆安全认证机构 Euro NCAP 和 ANCAP，于 2015 年发表题为"现实世界追尾碰撞中 AEB 的有效性"的研究报告，结果显示：AEB 技术可在现实世界中减少 38% 的追尾碰撞，且无论是在城市道路（限速 60km/h）或郊区道路行驶的情况下，效果并无显著差别。

PreScan 中 AEB 的 11 个仿真测试场景如表 5.6 所示。

表 5.6 AEB 测试场景

场 景 模 型	场 景 描 述
PreBraking_Scenario1	主车以 70km/h 正常行驶，前方突然有车辆切入本车车道
PreBraking_Scenario2	主车以 100km/h 的速度行驶，前方发生交通事故
ADAC_AEBS_Test_B1	两车初始距离为 200m，目标车以 20km/h 行驶，主车以 50km/h 行驶；目标车以 60km/h 行驶，主车以 100km/h 行驶
ADAC_AEBS_Test_B2	目标车初始速度为 60km/h，减速度为 $-3m/s^2$，主车初始速度为 60km/h，两车的初始距离为 40m
ADAC_AEBS_Test_B3	目标车初始速度为 40km/h，减速度为 $-3m/s^2$，主车以 50km/h 匀速行驶，两车之间的初始距离为 120m

续表

场景模型	场景描述
ADAC_AEBS_Test_B4	两车之间的初始距离为250m,目标车静止,主车分别以20km/h、30km/h、40km/h、70km/h的速度行驶
ADAC_AEBS_Test_B5	目标车以20km/h的速度匀速行驶,主车以100km/h速度匀速行驶,当碰撞不能够有效避免时,车辆会接受来自驾驶员踩踏板所施加的制动力,来增加制动力
ADAC_AEBS_FailOperationTest_A1	主车以60km/h行驶在弯道上,干扰车以30km/h速度行驶在邻车道,AEBS错误介入,导致主车制动
ADAC_AEBS_FailOperationTest_A2	目标车以90km/h行驶,主车以130km/h行驶,当主车距离目标车为50m时,主车开启转向灯在1s内换道至左车道,AEBS错误介入,导致主车制动
ADAC_AEBS_FailOperationTest_A3	目标车以50km/h的速度行驶,然后在2s内减速至30km/h后进行90°转弯。主车以50km/h匀速行驶,两车的初始距离为30m,目标车的指示灯已打开,AEBS错误介入,导致主车制动
ADAC_AEBS_FailOperationTest_A4	主车以50km/h速度匀速行驶,当距离目标车30m时,在1s内主车开启指示灯进行换道,AEBS错误介入,导致主车制动
NCAP_AEBS_Test_T1_CCR_m	主车以30km/h的速度接近低速行驶的目标车,两车初始距离为100m,当TTC为2.6s时,AEBS发出警告,当TTC为1.6s时,AEBS施加40%的制动压力,当TTC为0.6s时,AEBS施加100%的制动压力
NCAP_AEBS_Test_T2_CCR_b	主车以50km/h的速度接近低速行驶的目标车,两车初始距离为40m,当TTC为2.6s时,AEBS发出警告,当TTC为1.6s时,AEBS施加40%的制动压力,当TTC为0.6s时,AEBS施加100%的制动压力
NCAP_AEBS_Test_T2_CCR_b_2	主车以50km/h的速度接近低速行驶的目标车,两车初始距离为12m,当TTC为2.6s时,AEBS发出警告,当TTC为1.6s时,AEBS施加40%的制动压力,当TTC为0.6s时,AEBS施加100%的制动压力
NCAP_AEBS_Test_T3_CCR_s	主车以10km/h的速度接近低速行驶的目标车,两车初始距离为100m,当TTC为2.6s时,AEBS发出警告,当TTC为1.6s时,AEBS施加40%的制动压力,当TTC为0.6s时,AEBS施加100%的制动压力

AEB功能的常规制动、弯道误报测试等两个典型场景的仿真效果如图5.16和图5.17所示。

图5.16 AEB常规制动测试场景

图5.17 AEB弯道误报测试场景

3. 换道辅助系统场景库

换道辅助系统(LCAS)利用车身周围安装的测距雷达测量周围车辆与本车的距离和速

度差。只要这个速度差和距离在换道辅助系统认为的换道危险临近值之内，那么安装在车外后视镜上的 LED 警告灯便会发出警告。当其他车辆超过本车或本车超过其他车辆时，指示器都可能会亮起，从而提醒驾驶员注意，降低发生碰撞事故的风险。

PreScan 中换道辅助系统的 16 个仿真测试场景如表 5.7 所示。

表 5.7 LCAS 测试场景

场景模型	场景描述
eVALUE_Scenario_TestCase_1_1	目标车辆以 20.83m/s 的速度超过主车，当目标车辆超越主车时，主车 LCA 系统发出警告
eVALUE_Scenario_TestCase_1_2	目标车辆以 25m/s 的速度超过主车，当目标车辆超越主车时，主车 LCA 系统发出警告
eVALUE_Scenario_TestCase_1_3	主车以 20.83m/s 的速度超过目标车，当主车超越目标车时，主车 LCA 系统发出警告
eVALUE_Scenario_TestCase_1_4	主车以 25m/s 的速度超过目标车，当主车超越目标车时，主车 LCA 系统发出警告
LCA_Real_Life_Exit_Highway	车辆行驶在带有出口的直道上。在驶出高速公路之前，主车超越多个目标车。在指示灯打开的一侧，将会出现警告。当主车超越目标车辆时，主车 LCA 系统发出警告
LCA_Real_Life_Highway	车辆行驶在弯道上，主车变速行驶在中间车道上，主车超越目标车辆，同时也被另一些目标车辆超越，当超车时，主车 LCA 系统发出警告
ISO_Scenario_StraightRoad_LCA_1	主车在直道上行驶，目标车辆在邻车道上行驶，目标车辆加速并超过主车，当目标车辆超越主车时，主车 LCA 系统发出警告
ISO_Scenario_StraightRoad_LCA_2	主车在直道上行驶，目标车辆在邻车道上行驶，主车加速并超过目标车辆。当主车超越目标车辆时，主车 LCA 系统发出警告
ISO_Scenario_StraightRoad_LCA_1_Night	夜晚的测试场景是在环境光的情况下进行，环境光是来自主车及目标车辆的前后灯光。主车在直道上行驶，目标车辆在邻车道上行驶，目标车辆加速并超过主车，当目标车辆超越主车时，主车 LCA 系统发出警告
ISO_Scenario_StraightRoad_LCA_2_Night	夜晚的测试场景是在环境光的情况下进行，环境光是来自主车及目标车辆的前后灯光。主车在直道上行驶，目标车辆在邻车道上行驶，主车加速并超过目标车辆，当主车超越目标车辆时，主车 LCA 系统发出警告
ISO_Scenario_BendRoad_LCA_1	主车在变曲率的弯道上行驶，目标车辆在邻车道上行驶，当目标车辆加速超越主车时，主车 LCA 系统发出警告
ISO_Scenario_BendRoad_LCA_2	主车在变曲率的弯道上行驶，目标车辆在邻车道上行驶，当主车正在超越目标车辆时，主车 LCA 系统发出警告
ISO_Scenario_BendRoad_LCA_1_cs_Night	夜晚的测试场景是在环境光的情况下进行，环境光是来自主车及目标车辆的前后灯光。主车在变曲率的弯道上行驶，目标车辆在邻车道上行驶，目标车加速并超越主车。当目标车正在超越主车时，主车 LCA 系统发出警告
ISO_Scenario_BendRoad_LCA_2_cs_Night	夜晚的测试场景是在环境光的情况下进行，环境光是来自主车及目标车辆的前后灯光。主车在变曲率的弯道上行驶，目标车辆在邻车道上行驶，主车加速并超越目标车。当主车正在超过目标车时，主车 LCA 系统发出警告
ISO_Scenario_Lateral_LCA	目标车辆横向运动，主车在直道上正常行驶，目标车辆在邻车道内行驶。目标车辆相对主车以 0.25～0.75m/s 的横向速度运动。当主车正在超过目标车时，主车 LCA 系统发出警告

续表

场景模型	场景描述
ISO_Scenario_Lateral_LCA_Night	夜晚的测试场景是在环境光的情况下进行,环境光是来自主车及目标车辆的前后灯光。目标车辆横向运动,主车在直道上正常行驶,目标车辆在邻车道内行驶。目标车辆相对主车以0.25~0.75m/s的横向速度运动。当主车正在超过目标车时,主车LCA系统发出警告

LCAS功能的白天与夜晚时的直道或弯道下的典型场景仿真效果如图5.18~图5.21所示。

图5.18 白天高速直道测试场景　　图5.19 夜晚直道测试场景

图5.20 白天弯道测试场景　　图5.21 夜晚弯道测试场景

4. 车道保持辅助系统场景库

在车辆行驶时,车道保持辅助系统(LKAS)借助前视摄像头识别行驶车道的标识线并控制车辆保持在车道内行驶。如果车辆接近识别到的标记线并可能脱离行驶车道,则LKAS会通过方向盘的振动,或者是声音和警示灯来提请驾驶员注意,并轻微转动方向盘修正行驶方向,使车辆行驶在正确的车道上,若方向盘长时间检测到无人主动干预,则发出报警,用来提醒驾驶员。

PreScan中车道保持辅助系统的27个仿真测试场景如表5.8所示。

表5.8 LKAS测试场景

场景模型	场景描述
NHTSA_LDW_Straight_Botts_Dots_left	在直线道路上,主车以72km/h行驶,车辆穿过左侧的博斯点
NHTSA_LDW_Straight_Botts_Dots_right	在直线道路上,主车以72km/h行驶,车辆穿过右侧的博斯点

续表

场 景 模 型	场 景 描 述
NHTSA_LDW_Straight_dashed_left	在直线道路上,主车以 72km/h 行驶,车辆穿过左侧虚线
NHTSA_LDW_Straight_dashed_right	在直线道路上,主车以 72km/h 行驶,车辆穿过右侧虚线
NHTSA_LDW_Straight_solid_left	在直线道路上,主车以 72km/h 行驶,车辆穿过左侧实线
NHTSA_LDW_Straight_solid_right	在直线道路上,主车以 72km/h 行驶,车辆穿过右侧实线
NHTSA_LDW_Curved_Botts_Dots_left	道路右侧曲率半径 150m,车辆以速度为 20m/s 穿过左侧博斯线
NHTSA_LDW_Curved_Botts_Dots_right	道路左侧曲率半径 150m,车辆以速度为 20m/s 穿过右侧博斯线
NHTSA_LDW_Curved_dashed_left	道路右侧曲率半径 150m,车辆以速度为 20m/s 穿过左侧虚线
NHTSA_LDW_Curved_dashed_right	道路左侧曲率半径 150m,车辆以速度为 20m/s 穿过右侧虚线
NHTSA_LDW_Curved_solid_left	道路右侧曲率半径 150m,车辆以速度为 20m/s 穿过左侧实线
NHTSA_LDW_Curved_solid_right	道路左侧曲率半径 150m,车辆以速度为 20m/s 穿过右侧实线
ISO_LDW_curved_left_departure_left_Ⅰ	道路左侧曲率半径 500m,车辆以速度 21m/s 向左换道
ISO_LDW_curved_left_departure_left_Ⅱ	道路左侧曲率半径 250m,车辆以速度 18m/s 向左换道
ISO_LDW_curved_left_departure_right_Ⅰ	道路左侧曲率半径 500m,车辆以速度 21m/s 向右换道
ISO_LDW_curved_left_departure_right_Ⅱ	道路左侧曲率半径 250m,车辆以速度 18m/s 向右换道
ISO_LDW_curved_right_departure_left_Ⅰ	道路右侧曲率半径 500m,车辆以速度 21m/s 向左换道
ISO_LDW_curved_right_departure_left_Ⅱ	道路右侧曲率半径 250m,车辆以速度 18m/s 向左换道
ISO_LDW_curved_right_departure_right_Ⅰ	道路右侧曲率半径 500m,车辆以速度 21m/s 向右换道
ISO_LDW_curved_right_departure_right_Ⅱ	道路右侧曲率半径 250m,车辆以速度 18m/s 向右换道
ISO_LDW_straight_departure_left	车辆在直道上以速度 21m/s 向左穿过车道线
ISO_LDW_straight_departure_left	车辆在直道上以速度 21m/s 向右穿过车道线
ISO_LDW_straight_false_alarm	车辆直行 1000m 不换道,并且没有警报出现
Real_Life_colored_lines_and_dirt	在一个场景中实验不同的线条颜色、类型、宽度和长度,还有污垢
Real_Life_exit_highway	车在右车道线行驶,并且车辆的右侧有高速路进出口车道线
Real_Life_Reference	为 LDW 系统开启情况下的双弯道路况,车辆以速度 90～110km/h 在双弯机动车道。在 LDW 系统开启情况下主车会被设置离开车道线两次。LKA 程序开启时,主车会在车道线中心行驶
Real_Life_road_construction	基于上述路况的优化方案。由于场景的复杂性,LKA 系统在筑路场景中可能会出现问题。这说明在关键条件下模拟测试 ADAS 的重要性

LKAS 功能的典型直道、弯道和复杂场景下的仿真效果如图 5.22～图 5.24 所示。

图 5.22　高速直道测试场景

图 5.23　弯道测试场景

图 5.24　实际复杂道路测试场景

5. 自动泊车系统场景库

对于许多驾驶员而言，顺利完成泊车是一件痛苦的经历，大城市由于停车空间有限，将汽车泊入狭小的车库内已成为一项必备技能。自动泊车技术的发展为之提供了解决之道，只需轻轻启动按钮、放松、等待，其他一切即可自动完成。

自动泊车是指汽车不需要人工控制，而自动泊车入位的一种高级驾驶辅助系统。PreScan 中自动泊车的 2 个仿真测试场景如表 5.9 所示。

表 5.9　自动泊车测试场景

场景模型	场景描述
ParkAssist_Scenario001	左右相邻车位都停有车辆的一个空车位，左右车辆的车头方向一致
ParkAssist_Scenario002	左右相邻车位都停有车辆的一个空车位，左右车辆的车头方向不一致

自动泊车测试场景 ParkAssist_Scenario001 的仿真结果如图 5.25 所示。

图 5.25　典型自动泊车测试场景

6. 行人防护系统场景库

车辆行人防护系统(PPS)能够对行人采取主动保护,在事故发生以前就及时通知驾驶员,避免车祸的发生或者将伤害降至最小。该系统利用安装在车身周围的摄像头、激光雷达、超声波雷达等传感器实时检测车辆前方情况,并能随时通过声音、图像等方式向驾驶员提供车辆周围及车辆本身的必要信息,并可以自动或半自动地进行车辆控制,从而有效地防止碰撞事故的发生。

PreScan 中行人防护系统的 11 个仿真测试场景如表 5.10 所示。

表 5.10 PPS 测试场景

场景模型	场景描述
PPS_Scenario_001	晴天测试场景,行人以 5.5km/h 的速度行走(非跑步),主车以 50km/h 的速度行驶,与主车相反方向的汽车和与主车同方向的汽车都在行驶
PPS_Scenario_002	晴天测试场景,主车行驶车速为 30km/h
PPS_Scenario_003	晴天测试场景,主车行驶车速为 20km/h
PPS_Scenario_004	夜间测试场景,当前位置公路两侧有路灯,主车车速为 30km/h,与主车相反方向的汽车和与主车同方向的汽车都在行驶
PPS_Scenario_005	夜间测试场景,当前位置公路两侧没有路灯,汽车的行驶车速为 30km/h,与主车相反方向的汽车和与主车同方向的汽车都在行驶
PPS_Scenario_006	晴天测试场景,主车测试车速为 30km/h,有一位儿童以 8km/h 的速度奔跑过马路
PPS_Scenario_007	大雨天气测试场景,主车测试车速为 50km/h
PPS_Scenario_008	浓雾天气测试场景,主车测试车速为 50km/h
EuroNCAP_AEB_VRU_farside_adult	行人以 8km/h 的速度从道路左侧跑到行驶中的汽车前面的道路上
EuroNCAP_AEB_VRU_nearside_adult	行人以 5km/h 的速度从道路右侧走到行驶中的汽车前面的道路上
EuroNCAP_AEB_VRU_nearside_child_obstructed	一名儿童以 5km/h 从道路一侧跑出,主车视线被邻车道停放的车辆挡住

PPS 功能的晴天、夜晚、大雨、浓雾等天气下的典型行人横穿场景仿真效果如图 5.26~图 5.29 所示。

图 5.26 晴天行人横穿测试场景

图 5.27 夜晚行人横穿测试场景

图 5.28　大雨行人横穿测试场景

图 5.29　浓雾行人横穿测试场景

7. 交通标志识别场景库

道路交通标志识别（TSR）系统是智能驾驶系统的重要组成部分，它在车辆行驶过程中对道路周围出现的各类交通标志进行信息采集和识别，及时向驾驶员做出指示或警告，甚至接替驾驶员直接对车辆控制，以确保交通顺畅和防止事故的发生。TSR 技术的研究最早开始于奔驰等 14 家大型汽车公司联合发起的 Prometheus 计划，目前已成为"智能交通系统 ITS"研究领域中的热点和难点之一，也是难度较大的实景目标识别问题之一。自然场景下采集到的道路交通标志图像除了易受天气、光照、复杂背景等因素影响外，还可能出现遮挡、变形、掉色等情况，这些都将直接影响到最终的识别结果。

PreScan 提供的交通标志识别的 7 个仿真测试场景如表 5.11 所示。

表 5.11　TSR 测试场景

场景模型	场景描述
TSR_Scenario_001	高速公路上的限速标志在道路两侧的情景
TSR_Scenario_002	高速公路上的限速标志在悬空横梁的情景
TSR_Scenario_003	带有警告标识牌的城市场景
TSR_Scenario_004	在各种限速标志及警告的郊区
TSR_Scenario_005	夜晚的城市测试场景
TSR_Scenario_006	夜晚郊区测试场景
TSR_EuroNCAP_MSA_ISA	目前还没有交通标志识别系统的测试协议，模型 TSR 增加了智能速度辅助功能，并为此功能进行了测试。PreScan 中包含的 Euro NCAP SAS 测试的目的是检查车辆智能减速的功能和效率，以遵守使用 TSR 检测的交通法规。当 TSR 系统检测到车辆不遵守交通规则时，系统可以施加制动力，将行驶速度调整到暂时适用的限速范围。ISA 使用的制动力参数值可由用户在系统模型中设置

TSR 功能的高速公路、城市市区以及夜晚等典型场景仿真效果如图 5.30～图 5.32 所示。

图 5.30 高速测试场景

图 5.31 市区测试场景

图 5.32 夜晚测试场景

5.4 本章小结

PreScan 能够快速建立车辆行驶场景模型,并提供与 CarSim、Simulink 等其他应用软件良好的开发接口以实现联合仿真,可支持摄像头、雷达、激光雷达、ADAS 等多种功能开发应用,是当前全球范围内处于领先地位的自动驾驶仿真软件。本章首先简要介绍 PreScan 自动驾驶仿真工具的主要模块,然后介绍自动驾驶场景搭建的一般方法,最后,对 PreScan 所提供的丰富的场景库进行简单描述。

思 考 题

1. PreScan 车辆模块内部模型是基于什么车辆模型搭建的?
2. 利用 PreScan GUI 搭建一个仿真场景。

第 6 章
控制系统自动代码生成与半实物仿真

6.1 概述

在控制器开发和快速原型设计中,半实物仿真技术相当重要,对实际系统设计的控制器效果好坏可以直接通过半实物仿真的方法加以检验。因为这样的半实物仿真是针对实际过程的仿真,又是实时进行的,所以又被称为实时仿真。

在硬件在环仿真(hardware-in-the-loop simulation,HILS)中,由于硬件实物的引入,需要模拟这些部件的真实工作环境和激励信号,还需要以一些专用的物理仿真模型加以实现。HILS 作为替代真实环境或设备的一种典型方法,既提高了仿真的逼真性,又解决了以前存在于系统中的许多复杂建模难题,因此半实物仿真已成为现代汽车电子产品测试验证主要的发展方向。另外,在开发的初期阶段,需要快速地建立控制对象原型及控制器模型,并对整个控制系统进行多次离线以及在线的试验来验证控制系统软、硬件方案的可行性,这个过程称之为快速控制原型(RCP)。

在实际控制系统中,半实物仿真通常有两种具体的表现形式:一种是控制器用实物,而受控对象使用数字模型。例如,自动驾驶测试过程中,考虑到安全因素可以用车辆动力学模型来模拟车辆本身的运动过程,这时为了测试控制系统的可靠性,通常需要使用真正的控制系统,从而构成控制器的半实物仿真回路;另一种情况可以用计算机实现其控制器,而将实车直接放置在仿真回路中,构造起智能车辆的半实物仿真系统。半实物仿真的最大优势是仿真结果的验证过程是直观的,所以在智能驾驶汽车开发过程中,采用半实物仿真的策略可以大大缩短产品开发周期。因此,本章首先对控制系统自动代码生成与半实物仿真相关知识进行简介,并以 dSPACE 快速原型和嵌入式两款控制器平台为例,介绍控制系统半实物仿真平台的搭建流程。

6.2 自动代码生成简介

在传统的控制理论研究中可以利用 MATLAB/Simulink 进行控制算法的设计与仿真,但是 Simulink 仿真大多为非实时仿真,模型中复杂的硬件环节由数学模型所代替。对于一些仿真实时性要求较高的场合,如存在数据采集、串口通信等实时仿真任务时,往往达不到预期的理想控制效果。而且离线仿真不能对内存、接口和通信等实时参量进行评价,从而设计者必须不断对自身的设计做出调整,开发周期相对过长。为了解决这一矛盾,MathWorks 公司又推出了 Real-Time Workshop(RTW)实时工具,利用它能够实现 MATLAB/Simulink 模型向其他语言模型转换,这样可以满足实时仿真速度的不同要求,有助于缩短开发周期,具有较大的经济价值和市场前景。

RTW 使用一个高级的 M 文件命令控制程序创建过程,默认命令是 make-rtw,该创建过程包含如下 4 个步骤:

1. 分析模型

RTW 的程序创建过程首先从对 Simulink 模块方框图的分析开始,RTW 读取模型文件(model.mdl)并对其进行编译,形成模型的中间描述文件 model.rtw。

2. 目标语言编译器生成代码

在程序创建的第二阶段,目标语言编译器(TLC)将中间描述文件(model.rtw)按照一定规则转换为目标指定代码。

3. 生成自定义的联编文件

创建过程的第三阶段是生成自定义联编文件,即 model.mk 文件。所生成联编文件的作用在于,指导联编程序如何对从模型中生成的源代码、主程序、库文件或用户提供的模块进行编译和连接。

4. 生成可执行程序

创建过程的最后一个阶段是生成可执行程序,该阶段是可选项。如果用户定制的目标系统是嵌入式微处理器或 DSP 板,可以只生成源代码。然后使用特定的开发环境对代码进行交叉编译并将其下载到目标控制器硬件中。

6.3 基于 dSPACE 的快速原型开发实例

dSPACE 实时仿真系统是德国 dSPACE 公司开发的一套基于 MATLAB/Simulink 的控制系统在实时环境下的开发及测试工作平台,实现了硬件和 MATLAB/Simulink 等软件的无缝连接。其开发思路是将系统或产品开发诸功能与过程集成和一体化,将产品的概念设计、数学分析和模拟仿真、实时仿真实验以及实验结果的调试和监控都集成到一套开发平台中来完成。dSPACE 实时系统由两大部分组成,一是硬件系统,二是软件环境。

dSPACE 具有相比同类产品组合性强、过渡性好、快速性好、实时性好、可靠性好以及性价比高等的优势,广泛应用于航空航天、机器人、汽车等工业控制领域。

6.3.1 dSPACE 平台介绍

dSPACE 实时仿真系统为 HIL 和 RCP 的应用提供了一个协调统一的一体化解决途径,是最早支持 Simulink 直接进行硬件控制与仿真的开发平台,代表着当前国际上半实物仿真方面的最高水平。dSPACE 是基于 MATLAB/Simulink 的控制系统开发及测试的工作平台,实现了和 MATLAB/Simulink 软件的无缝连接,利用自动代码生成技术可以非常方便地把所开发的 Simulink 模型编译并部署到控制器硬件中。dSPACE 实时系统拥有高速计算能力的硬件系统,还拥有方便易用的实现代码生成/下载和试验/调试的软件环境,适用于控制器的快速原型设计、半实物仿真、自动产品级代码生成和虚拟系统测试等,如图 6.1 所示。

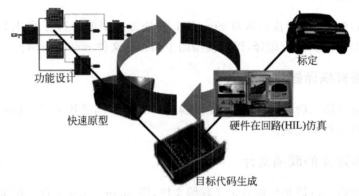

图 6.1 V 形开发流程

dSPACE 在实际应用中分为两种:一是快速控制原型(RCP),其存在真实的被控对象,dSPACE 作为控制器,控制算法与真实存在的被控对象通过 dSPACE 上配备的 I/O 接口建立通信,再对整个系统进行实时在线或离线仿真,以此来验证所设计的控制方案的可行性,并且在 RCP 下允许反复修改 Simulink 环境下的控制模型;二是硬件在环(HIL),与前者不同的是,真实存在的是实际的控制器硬件设备,dSPACE 在此时作为控制系统的被控对象,使用硬件在环的优势是可以对实际的控制器进行各种严苛工况下的测试、诊断和分析。

dSPACE 的硬件系统的主要特点是具有高速计算能力,包括单板系统、组件系统以及其他系统等。其中单板系统主要包括 CPU 与外围 I/O 集成,DS1104 及 DS1104 处理器板等;组件系统包括处理器板、I/O 板以及多处理器系统等;其他系统包括接插件、扩展箱、单主机多系统连接板以及连接器 LED 板等。目前常见的车载控制器硬件主要是MicroAutoBox 系列控制器(图 6.2)。

图 6.2 MicroAutoBox II 控制器

在此,简要介绍一下 DS1103 PPC 控制器板。DS1103 PPC 控制器拥有大量 I/O 接口,使其可以满足 RCP 的应用需求。DS1103 PPC 控制器板除 36 路 ADC、8 路 DAC 以外还配有数字 I/O。同时,DS1103 PPC 控制器板还集成了一个以 TI 公司的 TMS320F240 DSP 为核心的 I/O 子系统,可用来满足特殊的 I/O 要求。这种 DSP 可提供三相 PWM 信号发生器,尤其适于驱动方面的控制应用。DS1103 拥有 6 路数字增量编码器接口,可以方便地应用于机器人的设计。DS1103 还配有一个测速控制器,可用来对数字或模拟增量编码器位置信号进行解析,这使其可以应用于电气驱动控制。DS1103 还集成了 Infineon 的控制器局域网络(controller area network,CAN)控制器,使其也可以适应汽车及自动化方面的应用。DS1103 可以方便地插入 PC 中,由 PC 负责提供电源,完成程序下载。所有的实时计算都是由 PPC 控制器板独立执行,只有 dSAPCE 的试验工具软件并行运行于主机上。

使用 dSPACE 对控制系统进行控制算法的设计与仿真研究,需用到它所提供的一套计算机辅助控制系统设计工具组,其开发过程依次为建立模型、离线仿真、设置实时 I/O、生成代码、编译及下载、试验标定等,主要基于以下开发工具。

(1) MATLAB/Simulink

MathWorks 公司的 MATLAB/Simulink 仿真工具,支持搭建连续系统、离散系统和混杂系统模型,并对模型离线处理、参数优化、仿真验证等,同时用来进行模型框图的控制系统离线仿真和数据分析等。

(2) RTW

MathWorks 公司的 Real-Time Workshop(RTW)工具,是一个基于 Simulink 的代码自动生成环境,可直接从 Simulink 搭建的仿真模型中生成优化的、可移植的、符合相关标准的代码,并根据目标自动生成多种环境下的程序。

(3) RTI

dSPACE 公司的 Real-Time Interface(RTI)工具,对 Simulink 库进行扩展,利用这些框图不需要另外编写代码就能完成 I/O 接口及初始化过程的设置,利用 RTI 提供的模板可快速搭建所需要的仿真模型,同时对 RTW 进行扩展,实现 dSPACE 实时硬件代码的自动下载,用来使代码可以在处理器目标系统中运行。

(4) ControlDesk

dSPACE 公司的 ControlDesk 上位机软件,可实现对硬件平台注册和管理,用来对闭环实验进行交互操作(自动/手动标定),实时图形化管理,建立用户虚拟仪表,在线调整参数,完成数据可视化及数据记录等。

智能驾驶汽车领域的工程师经常利用 dSPACE 设备开发试验样车上的各种电子控制系统,具体开发步骤可以概括如下:

(1) 根据被控对象的模型特点,在 Simulink 环境下搭建被控对象的数学模型;

(2) 确定合理的控制系统整体方案;

(3) 在被控对象模型的基础之上,进行控制系统模型的搭建,用以进行仿真分析;

(4) dSPACE 与 Simulink 环境相连的 I/O 接口模块设计,根据系统的输入、输出的端口的数量,设置 I/O 接口数量,并利用 RTI 库建立两者的逻辑关系;

(5) 对上述数学模型以及相应的控制模型进行代码转换,并选择 RTW Build(或按 Ctrl+B 键实现操作)自动产生相应的代码语言,然后进行代码的编译和下载,开发者开始对代码进行调试和分析工作;

(6) 建立实时试验调试界面和仪表界面,此过程利用 ControlDesk 实现,试验数据和控制参数均可以在该界面下进行实时的修改和调整。

6.3.2 环境搭建与自动代码生成

描述控制系统的 C 代码可以由 Simulink 模型自动生成并下载到实时控制系统硬件中,这项工作主要由 MATLAB/Simulink 中的 RTW 工具与 dSPACE 系统中的 RTI 来完成。RTI 连接 dSPACE 实时硬件系统和软件开发工具,可以处理连续系统、离散系统、混合系统和多采样频率系统。对 MATLAB 库进行扩展,使用户只需完全致力于实际的控制系统设计与分析过程而无须手工编程。

RTI 工具的使用方法与 Simulink 模块库的使用方法完全一样,就是利用图形方式从 dSPACE 的 RTI 库中选定相应模块,将其拖放到用 Simulink 搭建的系统模型框图中,如图 6.3 所示,主要包括 RTICANMM MultiMessage GeneralSetup、RTICANMM MultiMessage ControllerSetup 以及 RTICANMM MultiMessage MainBlock 等;其中 RTICANMM MultiMessage GeneralSetup 相当于整个系统的配置头文件,当使用 RTI 模板时必须要调用该配置头文件。RTICANMM MultiMessage ControllerSetup 与 RTICANMM MultiMessage MainBlock 一起配合使用,用于 CAN 通信的硬件接口和通信协议配置。每个 CAN 通道都需要一个"RTICANMM ControllerSetup"和"RTICANMM MainBlock"的模块组合。"RTICANMM ControllerSetup"用于配置 CAN 通道硬件接口。还需要注意的是 CAN 通道的波特率,根据 CAN 线连接的控制器设备进行设置。这里要特别注意的是,选择 CAN 通道号要根据公式(Board number－1) * 2＋Controller number 的计算结果得到。RTICANMM MultiMessage MainBlock 用于 DBC 协议文件的加载和设置,并根据实际情况判断该通道是接收信号还是发送信号。

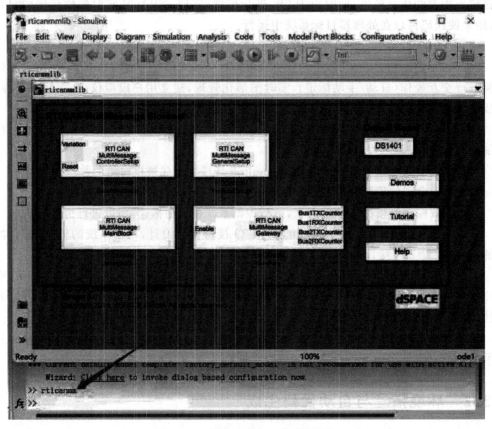

图 6.3　RTI 库中的 CAN 通信模块

在 MATLAB 界面中,通过快捷键 Ctrl＋E 来打开相关代码生成的设置界面,单击 Code Generation 可查看并设置相关的一些内容(图 6.4)。可根据需要设置代码生成的语言以及

TLC 模板文件,如生成嵌入式 C 或 C++代码等。

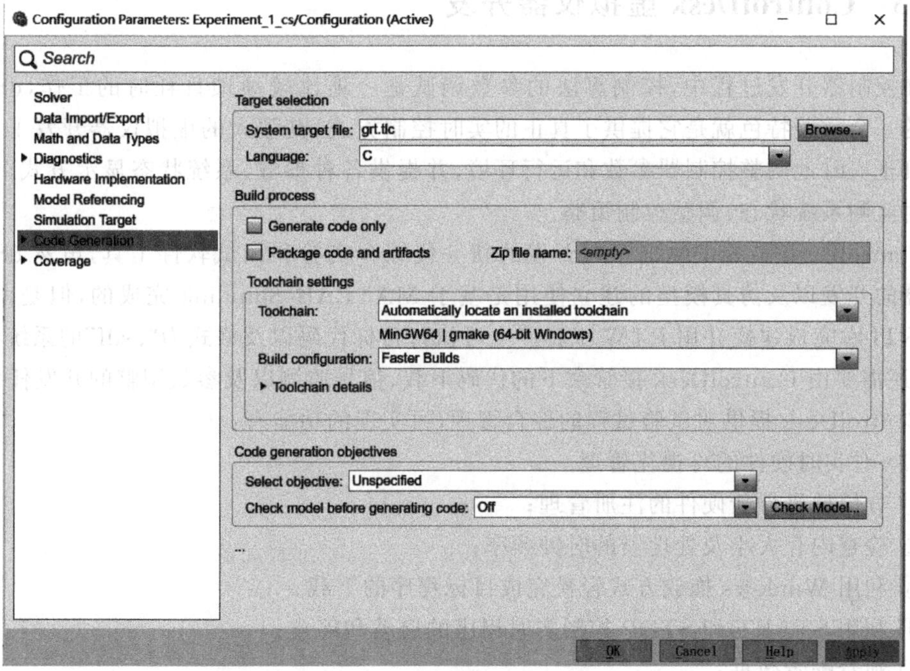

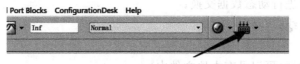

图 6.4 自动代码生成配置

在 Simulink 中完成模型搭建和代码生成配置后,单击"Build Model"或利用 Ctrl+B 快捷键,Simulink 会自动生成代码(图 6.5)。

图 6.5 代码生成编译

当模型编译完成后,在当前工作路径下会生成代码相关文件,如图 6.6 所示。

其中,除了.slx 模型文件外,其余都是代码生成文件。".sdf"格式为 ControlDesk 工程索引文件;".ppc/.x86"格式为可执行程序文件;".trc"格式为变量描述文件;".map"格式为变量及函数在控制器硬件中的存储地址文件;"_user.c"格式为用户自定义 C 代码文件;"_user.mk"格式为用户自定义编译过程脚本文件。其中,".sdf"和".trc"格式文件是 dSPACE 控制器硬件使用时最重要的两个文件,如果发现只生成了其中一个文件,需要检查程序的端口配置和参数设置是否正确,并重新生成代码。

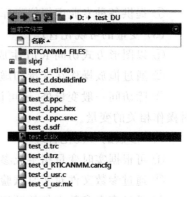

图 6.6 自动代码生成文件

6.3.3 ControlDesk 虚拟仪器开发

在控制器开发过程中，控制算法的参数调试是一项比较烦琐且耗时的工作，dSPACE系统的一个重要特色就是它提供了真正的实时控制方式，其强大的虚拟仪器开发工具支持用户真正实时地调整控制器参数和运行环境，并提供各种参数、系统状态显示方式，便于用户实时监测系统状态、调整控制策略。

ControlDesk 是 dSPACE 公司开发的新一代综合实验和测试软件工具，虽然 dSPCAE 控制器的开发以及仿真模型的建立使用是基于 MATLAB/Simulink 完成的，但是，当用户利用 RTI 库完成建模并用 RTW 工具产生可执行目标代码以及格式为".sdf"的系统描述文件后，还需要由 ControlDesk 接管余下的代码下载、信号监测以及参数调整的开发任务。

ControlDesk 提供对试验过程的综合管理，可实现的功能有：

(1) 对实时硬件的可视化管理
① 方便地进行新硬件的注册管理；
② 检查内存大小及处理器的时钟频率；
③ 利用 Windows 拖放方式轻松完成目标程序的下载；
④ 利用 START 和 STOP 控制实时程序的启动和停止；
⑤ 观看配置数据；
⑥ 对控制器平台进行管理。

(2) 用户虚拟仪表的建立
① 用拖放方式建立虚拟仪表；
② 与实时程序进行动态数据交换；
③ 跟踪实时曲线；
④ 在线调参；
⑤ 记录实时数据（可记录在本地文件中）；
⑥ 实时数据回放；
⑦ 提供各种专业虚拟仪表库（汽车库等）。

(3) 变量的可视化管理
① 以图形方式访问 RTI 生成的变量文件；
② 通过拖放操作在变量和虚拟仪表之间建立联系；
③ 除访问一般变量外，还可访问诸如采样时间、中断优先级、程序执行时间等其他与实时操作相关的变量。

(4) 参数的可视化管理
① 可根据实时变量树生成参数文件；
② 通过参数文件对实时试验进行批参数修改；
③ 通过多个参数文件的顺序调入，研究不同参数组对实时试验的影响。

(5) 试验过程的自动化
① 提供到 ControlDesk 所有组成部分的编程接口；
② 对耗时及需重复进行的试验过程可以实现自动化，如参数研究；

③ 利用 Macro Recorder 记录 ControlDesk 的操作；
④ 利用面向对象的功能强大的算法语言编制自动试验算法；
⑤ 提供与 MATLAB 接口，实现与 MATLAB 的数据交换。

6.3.4 控制器硬件在环仿真

在硬件在环(HIL)仿真中，实际控制器和用来替代真实环境的仿真模型一起组成闭环测试系统，即控制系统提供真实的控制输入，模拟系统提供仿真所需要的虚拟场景。

控制器硬件在环仿真测试以实时处理器运行对象仿真模型来模拟被控对象的运行状态，通过各类 I/O 接口与实际控制器相连接，实现对系统控制性能实时性与有效性的全面测试。其硬件在环仿真开发流程主要为：

(1) 在 MATLAB/Simulink 中搭建控制模型。

(2) 采用 RTI 库进行替换，即配置 CAN 通道，用硬件接口管理代替原有的逻辑虚拟接口，将控制部分与实物部分连接起来。

(3) 使用 RTW 工具把 Simulink 框图的图形化语言转化为外部硬件能理解的 C 语言，生成到实时硬件中。

(4) 利用 ControlDesk 进行实时分析监测和调节控制器参数。

以图 6.7 所示的自动驾驶摄像头黑箱试验平台为例进行分析，试验平台由摄像头实物、dSPACE 控制器实物、工控机实物、场景仿真模拟软件、CAN 通信设备实物以及试验监控软件等组成，包括摄像头硬件在环和控制器硬件在环，可用于 ADAS 功能的开发测试。试验平台使用摄像头采集模拟场景的环境信息，通过 CAN 通信设备传入 dSPACE 控制器中，经过控制器计算的控制指令通过 CAN 通信发送到场景仿真软件中用于控制被测车辆，同时车辆动力学信息通过 CAN 通信传入摄像头和仿真场景中用于信息校正和状态更新，试验监控软件对仿真系统运行状态、控制系统参数、车辆运行参数等实时监测，从而实现整个硬件在环系统的闭环仿真。

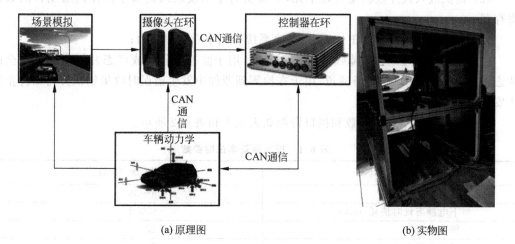

(a) 原理图　　　　　　　　　　(b) 实物图

图 6.7　自动驾驶黑箱试验平台

6.4 嵌入式开发实例

6.4.1 嵌入式硬件介绍

嵌入式处理器是嵌入式系统的核心,是控制系统运行的关键硬件单元。嵌入式的使用范围极其广泛,从最初的4位处理器,到目前仍在大规模应用的8位单片机,到最新的受到青睐的32位、64位嵌入式CPU。嵌入式处理器的寻址空间可以从64kB到16MB,处理速度最快可以达到2000MIPS,封装从8个引脚到144个引脚不等。

目前,具有嵌入式功能特点的处理器已经超过1000种,广泛应用的体系结构包括MCU、MPU等30多个系列。鉴于嵌入式系统广阔的发展前景,很多半导体制造商都大规模生产嵌入式处理器,并且由各科技公司自研设计微控制器也已经成为未来嵌入式领域的一大趋势,其中从单片机、DSP到FPGA有各式各样的品种,其速度越来越快,性能越来越强,价格也越来越低。

本次嵌入式开发实例以ADAS域控制器为对象来介绍,该域控制器中所使用的主计算芯片是恩智浦公司(NXP)的MPC574x系列中的MPC5744P芯片,使用配套的基础软件(S32 Design Studio for Power Architecture、MATLAB/Simulink)和其他开发工具,开发者能够安全、便捷、高效地搭建所需要的控制系统,并在实车上进行运行。

MPC574xP系列车规级MCU是业界第一款通过功能安全ISO-26262 ASIL-D Qualification认证的汽车级MCU——MPC5643L的新一代产品,主要针对底盘安全和新能源电机控制应用,其为双核锁步PowerPC e200 z4内核,加上端到端的ECC以及故障收集与处理单元FCCU等安全机制,可以满足上述功能安全要求。该芯片的主要特征如下:

(1) 具有双核锁步PowerPC e200 z4内核,可提供最高200MHz的运行频率;

(2) 提供嵌入式浮点辅助处理单元,支持实时单精度嵌入式数字操作的通用目的数据寄存器;

(3) 提供端到端错误纠正代码,以提高系统容错率及检测能力;

(4) 提供一个可编程故障收集和控制单元,用于监控设备集成状态并提供灵活安全的状态控制,该单元提供了一条通道,用于在检测到器件中发生错误时收集错误并将器件重置于安全状态。

该控制器的基本性能参数和接口资源如表6.1和表6.2所示。

表6.1 控制器基本性能参数

项　　目	性 能 参 数
供电电压范围/V	9～36
下电静态延时消耗/mA	<0.1
额定电流/A	15
最大支持电流/A	50
传感器5V输出精度/%	±1

表 6.2 控制器接口资源

类型	接口功能	接口数量	备注
数字量输入	高电平	12	可配置成高/低电平检测,其中,小于2V低电平有效,大于4V高电平有效
	低电平	3	
数字量输出	低边开关	5	每路最大支持过流2A
	高边开关	8	每路最大支持输出电流10A
模拟量输入	电压检测	10	3路高抑制比输入、1路初始上拉,有3路可配置成电流(0～10mA)或者(0～10V)检测
电源输出	5V	6	输出精度1%,每路最大支持100mA输出电流
	12V	2	输出精度5%,每路最大支持100mA输出电流
脉冲输入	输入	4	信号迟滞电压400mV
电机	电机控制	2	电流能力:堵转50A
通信接口	CAN	3	3路未隔离,2路CAN可通过外置电阻进行终端电阻匹配
电源输入	系统供电	1	电源接入有防反功能,支持9～36V输入

通过上述接口资源,可以实现 CAN 通信、AD 数据采集、脉冲信号采集、高低边控制等功能。上述提到的域控制器的硬件实物图如图 6.8 和图 6.9 所示。

图 6.8 控制器正面

图 6.9 控制器背面

6.4.2 环境搭建与自动代码生成

本次使用 6.4.1 节中所述的控制器进行开发,所需的环境搭建包括 MATLAB/Simulink 及 S32 Design Studio for Power Architecture,前者用于控制算法的搭建及对应算法自动代码的生成,后者则用于将生成的自动代码配置到嵌入式的底层及进行相应的引脚的定义和调用,同时将配置好的底层代码通过烧录器烧录到控制器之中。

对应上述控制器所配合使用的程序烧录器为 USB Multilink Universa(图 6.10)。

在 MATLAB/Simulink 中编写完毕相应功能

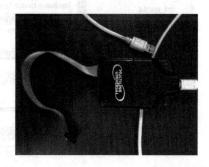

图 6.10 USB Multilink Universa 烧录器

的程序并且选择合适的路径后,直接单击代码自动生成图标即可,或者利用 Ctrl+B 快捷键进行编译,具体位置如图 6.11 中上方工具栏中突出标注所示。

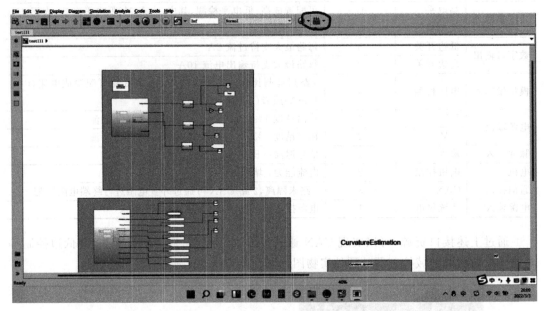

图 6.11 自动代码生成

在单击完毕自动代码生成后,会弹出 Code Generation Report,其中所涵盖的内容如图 6.12 所示。

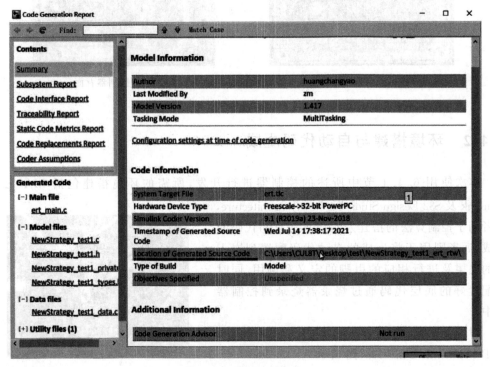

图 6.12 代码生成报告

图 6.12 中 Location 是生成的代码所存放的位置,在生成完毕相应代码后,即可打开相应的磁盘位置,找到所生成的文件。生成的文件内容具体如图 6.13 所示。

名称	修改日期	类型	大小
NewStrategy_test1_ert_rtw	2021/10/2 13:04	文件夹	
slprj	2021/10/1 16:27	文件夹	
NewStrategy_test1.slx	2021/10/11 10:15	Simulink Model	43 KB
NewStrategy_test1.slxc	2021/10/1 16:27	Simulink Cache	5 KB
NewStrategyInitial.m	2021/10/1 12:35	MATLAB Code	3 KB

图 6.13 生成代码文件目录

单击进入图 6.13 中的 NewStrategy_test1_ert_rtw 文件夹,其中的具体内容如图 6.14 所示,其中,较为重要的是 7 个.c 及.h 的文件,图中灰色突出的 7 个文件则是之后要进行复制并且粘贴到 S32 Design Studio for power architecture 软件中的内容。

名称	修改日期	类型	大小
html	2021/10/2 13:04	文件夹	
buildInfo.mat	2021/10/7 16:10	MATLAB Data	30 KB
codedescriptor.dmr	2021/10/2 13:04	DMR 文件	455 KB
codeInfo.mat	2021/10/2 13:04	MATLAB Data	8 KB
defines.txt	2021/10/2 13:04	文本文档	1 KB
ert_main.c	2021/10/2 13:04	C Source	4 KB
modelsources.txt	2021/10/2 13:04	文本文档	1 KB
NewStrategy_test1.bat	2021/10/1 16:27	Windows 批处理文件	1 KB
NewStrategy_test1.c	2021/10/2 13:04	C Source	13 KB
NewStrategy_test1.h	2021/10/2 13:04	C/C++ Header	12 KB
NewStrategy_test1.mk	2021/10/1 16:27	Makefile	13 KB
NewStrategy_test1.rsp	2021/10/1 16:27	RSP 文件	1 KB
NewStrategy_test1_comp.rsp	2021/10/1 16:27	RSP 文件	1 KB
NewStrategy_test1_data.c	2021/10/2 13:04	C Source	1 KB
NewStrategy_test1_private.h	2021/10/2 13:04	C/C++ Header	1 KB
NewStrategy_test1_ref.rsp	2021/10/1 16:27	RSP 文件	0 KB
NewStrategy_test1_types.h	2021/10/2 13:04	C/C++ Header	2 KB
rtw_proj.tmw	2021/10/1 16:27	TMW 文件	1 KB
rtwtypes.h	2021/10/2 13:04	C/C++ Header	4 KB
rtwtypeschksum.mat	2021/10/2 13:04	MATLAB Data	2 KB
setup_msvc150.bat	2021/10/1 16:27	Windows 批处理文件	1 KB

图 6.14 生成代码文件

6.4.3 FreeMaster 虚拟仪器开发

FreeMaster(老版本名为 PC-Master)是飞思卡尔为嵌入式系统开发的运行在 PC 机上的图形化在线调试工具,最初是为方便在线实时调试电机应用而开发的。

FreeMaster 作为图形化的在线调试工具,具有友好的界面和实用的性能,不仅支持简单的串口 SCI 调试,而且最新版更是开始支持 BDM(HC08/HCS08/HC12/HCS12/HCS12x)、JTAG(针对 56F800 系列 DSC)、USB、CAN、Ethernet 等在线调试。该软件支持的平台包括 DSC 系列 56F8xxx、HC08/HCS08、HC12/HCS12/HCS12x、PowerPC 系列 MPC55x 和 MPC56x、Codefire 系列 MCF51xxMCF52xx 和 Cortex-M4 的 Kinetis 系列,并且支持飞思卡尔的操作系统 MQX。下面简要介绍 FreeMaster 的一些特点:

(1) 图形化的调试环境,使用方便;
(2) 支持 RS232 通信接口和其他如 BDM、JTAG、CAN 接口等;
(3) 实时跟踪嵌入式 C 中的参数变量;
(4) 虚拟化的示波器窗口实时显示跟踪变量;
(5) 通过目标板上的记录区(Recorder)快速读取数据;
(6) 内置支持标准数据类型(包括整型、浮点、位等);
(7) 支持 Active X 接口,同时支持 VBScript 和 JScript 等;
(8) 支持 MATLAB 仿真接口;
(9) 支持通过以太网远程通信控制。

6.4.4 控制器硬件在环仿真

硬件在环(HIL)测试相比软件在环测试增加了硬件实物的部分,可将自动驾驶汽车的一部分硬件置于仿真测试回路中,其测试结果相比于软件在环测试更加接近真实值,但是由于硬件的部署,使得测试成本大幅增加。HIL 测试通常将一个被测传感器/控制器/执行器和一系列模拟设备做硬线连接(如 PWM、UART、CAN、GPIO 等),将记录或模拟的原始信号数据反向构建真实信号输入到硬件中,来完成对目标硬件的测试工作。控制器硬件在环仿真就是一种常见的硬件在环测试。

以本节所述的控制器为例进行分析(与图 6.7 类似),试验平台由摄像头、域控制器、工控机、场景仿真模拟软件和 CAN 通信平台组成,包括控制器硬件在环及摄像头硬件在环,该试验平台可用于 ADAS 功能的开发测试。试验平台使用摄像头采集模拟场景的环境信息,通过 CAN 通信设备将信息传输给域控制器中,经过域控制器根据相关算法运算后得到控制指令,再将该指令通过 CAN 通信设备传输给场景仿真软件中用于控制被测车辆,同时将车辆动力学信息通过 CAN 通信传给摄像头和仿真场景用于信息校正和更新。

6.4.5 控制系统参数标定

本节的实例所使用的控制器对应的参数标定使用的是 6.4.3 节中介绍的 FreeMaster。在完成上述自动代码生成及底层代码烧录的工作后,此时可以打开 FreeMaster 对所烧录的程序中的相关参数进行在线的调试工作。首先打开 FreeMaster 软件,单击 New Project 中的 Properties,进行相应的项目名及描述的更改,在完成后保存该项目,如图 6.15 所示。

然后在 Project 中选择 Options,在窗口中根据相应的情况设置通信接口,如图 6.16 所示。

完成 Options 设置后,便可在 View 中查看所支持标定的变量。紧接着在项目中创建示波器并且添加所要标定的参量,参量的创建如图 6.17 所示。

完成上述参量设置后,即可在所创建的示波器中实时观测到参量的变化,此时便可以进行标定工作,如图 6.18 所示。

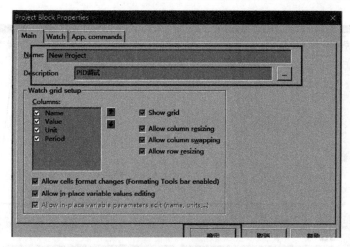

图 6.15 新建工程

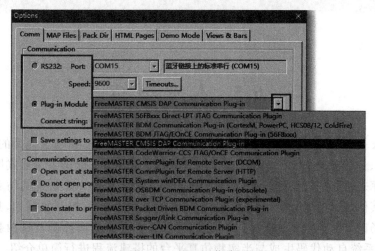

图 6.16 设置通信接口

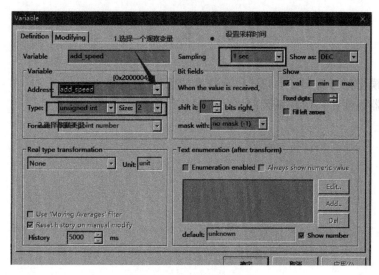

图 6.17 创建观测示波器

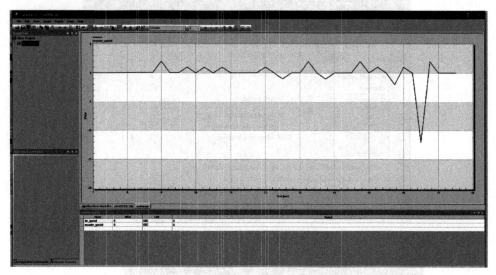

图 6.18 参数标定

6.5 本章小结

  Simulink 是广泛用于动态系统和嵌入式系统的多领域仿真和基于模型的设计工具，包括通信、控制、信号处理、视频处理和图像处理系统，Simulink 提供了交互式图形化环境和可定制模块库来对其进行设计、仿真、执行和测试。利用 Simulink 搭建的仿真模型可以非常方便地向其他语言模型转换，满足实时控制器的开发要求，缩短开发周期，具有较大的经济价值和市场前景。本章以 dSPACE 快速原型和自研嵌入式域控制器这两款控制器平台为例，对控制系统自动代码生成与半实物仿真平台的搭建流程进行简单介绍。

思 考 题

1. 基于模型的开发和自动代码生成技术的优势是什么？
2. 控制器硬件在环仿真系统的搭建流程是什么？

第 2 篇
项目实践

项目 1

基于卡尔曼滤波的传感器融合

P1.1 任务需求

为了克服单个传感器数据可靠性低、有效探测范围小等局限性，同时保证在任何时刻都能为车辆运行提供完全可靠的环境信息，在智能汽车的设计过程中需要使用多个传感器进行数据采集。多传感器融合的基本原理是将各种传感器进行多层次、多空间的信息互补和优化组合处理，最终产生对观测环境的一致性解释。在这个过程中要充分地利用多源信息进行合理支配与使用，而信息融合的最终目标则是基于各传感器获得的分离观测信息，通过对信息多级别、多角度组合以获得更多有用信息。这不仅是利用多个传感器相互协同工作的优势，而且也综合处理其他信息源的数据来提高整个传感器系统的智能化和可靠性。

在智能车辆动力学状态估计以及环境状态估计问题中，以基于卡尔曼滤波（KF）的多传感器数据融合作为手段，实现系统状态估计，其本质上是通过对多传感器结果权值的分配，使得融合结果置信度优于任意一种独立的传感器。因此本项目实训通过对几个不同的仿真实例的讲解，了解卡尔曼滤波的概念、基本原理及在智能车辆中的应用，并加深对 KF 的理解。

P1.2 车辆纵向行驶状态估计

P1.2.1 车速与坡度估计

在侧坡或纵坡等路段，车辆的加速度传感器能够测得车辆的纵向加速度，但由于坡度的存在，其测量值往往可能存在较大偏差，需要通过滤波算法，对加速度进行重新估计，求得车辆速度、加速度的准确估计后，可根据加速度的测量值和估计值估算得到路面的坡度。

首先，利用轮速传感器测得的 4 个车轮转速估算车速：

$$\begin{cases} u_{FL} = \dfrac{2\pi r \omega_{FL}}{60} \\ u_{FR} = \dfrac{2\pi r \omega_{FR}}{60} \\ u_{RL} = \dfrac{2\pi r \omega_{RL}}{60} \\ u_{RR} = \dfrac{2\pi r \omega_{RR}}{60} \end{cases} \quad (\text{P1-1})$$

其中,ω_{FL},ω_{FR},ω_{RL},ω_{RR} 为4个车轮的转速,u_{FL},u_{FR},u_{RL},u_{RR} 为4个车轮旋转的当量车速。因为轮胎不可避免地存在驱动打滑、制动打滑等状态,所以要对车轮打滑时的速度进行修正,此时使用上一时刻的速度与加速度估算当量车速。

$$u_i = \hat{v}_{k-1} + \hat{a}_{k-1}T, \quad i = \{FL, FR, RL, RR\} \tag{P1-2}$$

其中,T 为采样周期,i 为发生打滑的车轮。接下来,将4个车轮旋转的当量车速按照从小到大进行升序排序:

$$V_s = \text{sort}\{u_{FL}, u_{FR}, u_{RL}, u_{RR}\} \tag{P1-3}$$

当汽车加速度为正值时,驱动轮可能打滑,从动轮轮速更加接近真实轮速,选择第三大轮速作为参考车速;反之,选择第二大轮速作为参考车速,否则将4个参考车速平均作为参考车速:

$$V_k = \begin{cases} V_s(2), & \hat{a}_{k-1} > a_1 \\ V_s(3), & \hat{a}_{k-1} < a_2 \\ \dfrac{1}{4}\sum_{i=1}^{4} V_s(i), & a_2 \leqslant \hat{a}_{k-1} \leqslant a_1 \end{cases} \tag{P1-4}$$

其中,a_1 和 a_2 是判断车辆驱动或制动工况的加速度阈值,将由式(P1-4)获得的参考车速作为车速的测量值。

接下来介绍利用卡尔曼滤波估计车速和加速度的过程。

(1) 建立系统状态方程:

假设车辆在一个周期内匀加速行驶(CA 模型),状态向量 $x_k = [V_k, a_k]^T$,V_k 为当前车辆行驶的速度,a_k 为当前车辆行驶的加速度,可得系统状态方程:

$$x_k = Ax_{k-1} + Bu_{k-1} + w_{k-1} \tag{P1-5}$$

其中,$B=0$,w_k 为高斯白噪声。当采样周期 $T=0.02\text{s}$ 时,状态转移矩阵为

$$A = \begin{bmatrix} 1 & 0.02 \\ 0 & 1 \end{bmatrix}$$

(2) 建立测量方程:

车辆在当前周期内的行驶速度和加速度通过轮速传感器和加速度传感器可直接获得,则测量方程为

$$z_k = Hx_k + \nu_k \tag{P1-6}$$

其中,ν_k 为测量噪声。由于系统状态完全可测,则观测矩阵为

$$H = \begin{bmatrix} 1 & 0 \\ 0 & 1 \end{bmatrix}$$

(3) 给定滤波过程的初始状态,再根据如下所示的卡尔曼滤波的5个公式即可估计车速和加速度:

$$\hat{x}_k^- = A\hat{x}_{k-1} + Bu_{k-1} \tag{P1-7}$$

$$P_{k+1}^- = AP_k A^T + Q \tag{P1-8}$$

$$K_k = P_k^- H^T (HP_k^- H^T + R)^{-1} \tag{P1-9}$$

$$\hat{x}_k = \hat{x}_k^- + K_k(z_k - H\hat{x}_k^-) \tag{P1-10}$$

$$P_k = (I - K_k H) P_k^- \tag{P1-11}$$

其中,测量信息为 $z_k = [V_k, a_k]^T$。

设卡尔曼滤波估计得到的加速度为 a_{optimal},则可以根据下式估算道路坡度 θ:

$$\theta = \arcsin\left(\frac{a - a_{\text{optimal}}}{g}\right) \tag{P1-12}$$

其中,g 为重力加速度。

P1.2.2 滑移率与道路附着估计

根据上节中利用 KF 估计的车速以及实际测量的轮速,可得到每个车轮 i 的滑移率:

$$s_i = \begin{cases} \dfrac{\omega_i r - u_a}{\omega_i r} \times 100\%, & \text{驱动工况} \\ \dfrac{u_a - \omega_i r}{u_a} \times 100\%, & \text{制动工况} \end{cases}$$

$$i = \{\text{FL, FR, RL, RR}\} \tag{P1-13}$$

则整车的平均滑移率为 $s = \dfrac{1}{4}(s_{\text{FL}} + s_{\text{FR}} + s_{\text{RL}} + s_{\text{RR}})$。

已知车辆纵向行驶方程为

$$F = Gf\cos\alpha + \frac{C_D A}{21.15} u_a^2 + G\sin\alpha + \delta m \frac{du}{dt} \tag{P1-14}$$

忽略坡道阻力和空气阻力,可得简化的纵向行驶方程:

$$F - \mu m g = \delta m \frac{du}{dt} \tag{P1-15}$$

将附着率-滑移率曲线分段线性化,如图3.10所示,假设在滑移率为20%时,道路附着系数最大,得到分段线性函数如下:

$$\begin{cases} \mu = \mu_0 + k_1 s, & s < 0.2 \\ \mu = \mu_0 + 0.2(k_2 + k_1) - s k_2, & s > 0.2 \end{cases} \tag{P1-16}$$

因此,可以将道路附着估计问题转化为二次规划(QP)问题求解,根据简化的纵向行驶方程可得:

$$AX = F \tag{P1-17}$$

其中,构造的状态向量为 $X = [k_1 m \quad k_2 m \quad m \quad \mu_0 m]^T$,对车辆纵向行驶方程中的系数矩阵 A 进行分类讨论。

当 $s < 0.2$ 时:

$$\begin{bmatrix} sg & 0 & a & g \end{bmatrix} \begin{bmatrix} k_1 m \\ k_2 m \\ m \\ \mu_0 m \end{bmatrix} = F \tag{P1-18}$$

可得 $A = [sg \quad 0 \quad a \quad g]$。

当 $s > 0.2$ 时：

$$[0.2g \quad 0.2g-sg \quad a \quad g] \begin{bmatrix} k_1 m \\ k_2 m \\ m \\ \mu_0 m \end{bmatrix} = F \tag{P1-19}$$

可得 $A = [0.2g \quad 0.2g - sg \quad a \quad g]$。

在该优化问题中，目标函数为 $\|AX - F\|_2^2$ 取最小值，即：

$$\min J = \|AX - F\|_2^2 = X^T A^T A X - 2 F^T A X \tag{P1-20}$$

这样就得到了标准二次规划（QP）的目标函数。

在设计完目标函数后，根据工程经验设计约束条件：

$$\text{s.t.} \begin{cases} 0.1 k_1 \leqslant k_2 \leqslant 0.8 k_1 \\ 0.2 \leqslant k_1 \leqslant 5 \\ \mu_0 + 0.2 k_1 \leqslant 1 \\ \mu_0 + 0.2 k_1 - 0.8 k_2 \geqslant 0 \\ 600 \leqslant m \leqslant 800 \\ 0 \leqslant \mu_0 \leqslant 0.2 \end{cases} \tag{P1-21}$$

则该 QP 问题为：

$$\min J = \frac{1}{2} X^T H X + f_0 X$$
$$\text{s.t.} A_i X \leqslant B_i \tag{P1-22}$$

其中，目标函数中的系数矩阵为 $H = A^T A$，$f_0 = -F^T A$，不等式约束的系数矩阵为

$$A_i = \begin{bmatrix} -0.8 & 1 & 0 & 0 \\ 0.1 & -1 & 0 & 0 \\ 1 & 0 & -5 & 0 \\ -1 & 0 & 0.2 & 0 \\ 0.2 & 0 & -1 & 1 \\ -0.2 & 0.8 & 0 & -1 \\ 0 & 0 & 1 & 0 \\ 0 & 0 & -1 & 0 \\ 0 & 0 & -0.2 & 1 \\ 0 & 0 & 0 & -1 \end{bmatrix}, \quad B_i = \begin{bmatrix} 0 \\ 0 \\ 0 \\ 0 \\ 0 \\ 0 \\ 800 \\ -600 \\ 0 \\ 0 \end{bmatrix}$$

可使用 MATLAB 函数 quadprog 求解，该函数用法如下：

$$[x, fval, exitflag, output] = quadprog(H, f0, Ai, Bi)$$

P1.3 车辆横向运动状态估计

P1.3.1 横向运动速度估计

首先，设车辆横向运动状态向量为 $x = [\dot{y} \quad \dot{\psi}]^T$，基于车辆二自由度模型建立系统的状

态方程为

$$\begin{bmatrix} \ddot{y} \\ \ddot{\psi} \end{bmatrix} = \begin{bmatrix} -\dfrac{2C_{\alpha f}+2C_{\alpha r}}{mv_x} & -v_x - \dfrac{2l_f C_{\alpha f}-2l_r C_{\alpha r}}{mv_x} \\ -\dfrac{2l_f C_{\alpha f}-2l_r C_{\alpha r}}{I_z v_x} & -\dfrac{2l_f^2 C_{\alpha f}-2l_r^2 C_{\alpha r}}{I_z v_x} \end{bmatrix} \begin{bmatrix} \dot{y} \\ \dot{\psi} \end{bmatrix} + \begin{bmatrix} \dfrac{2C_{\alpha f}}{m} \\ \dfrac{2l_f C_{\alpha f}}{I_z} \end{bmatrix} \delta \quad \text{(P1-23)}$$

其中,δ 为前轮转角,m 为车身质量,y 为车辆的横向位移,ψ 为车辆的横摆角,$C_{\alpha f}$ 为前轮刚度系数,$C_{\alpha r}$ 为后轮刚度系数,I_z 为车辆绕 Z 轴旋转的转动惯量,v_x 为汽车的纵向速度,l_f 为前轴中心到车辆质心的距离,l_r 为后轴中心到车辆质心的距离。

考虑到卡尔曼滤波是线性估计器,在一段时间内可建设汽车纵向速度 v_x 为定值(车速是慢时变参数),则可将车辆的二自由度模型视为线性时不变模型(LTI)。将二自由度模型(P1-23)离散化可得:

$$x_k = \begin{bmatrix} -\dfrac{2C_{\alpha f}+2C_{\alpha r}}{mv_x} & -v_x - \dfrac{2l_f C_{\alpha f}-2l_r C_{\alpha r}}{mv_x} \\ -\dfrac{2l_f C_{\alpha f}-2l_r C_{\alpha r}}{I_z v_x} & -\dfrac{2l_f^2 C_{\alpha f}-2l_r^2 C_{\alpha r}}{I_z v_x} \end{bmatrix} x_{k-1} + \begin{bmatrix} \dfrac{2C_{\alpha f}}{m} \\ \dfrac{2l_f C_{\alpha f}}{I_z} \end{bmatrix} \delta + w_k \quad \text{(P1-24)}$$

其中,w_k 为卡尔曼滤波的过程噪声。

由于只有车辆的横摆角速度可测,因此系统的观测量为 $z=\dot{\psi}$,则可以得到测量方程为

$$z_k = Hx_k + \nu_k \quad \text{(P1-25)}$$

其中,观测矩阵 $H=\begin{bmatrix}1 & 0\end{bmatrix}$,$\nu_k$ 为卡尔曼滤波的测量噪声。

接下来,基于状态方程和观测方程,利用 KF 算法即可实现车辆横向速度和横摆角速度的准确估计。

P1.3.2 行驶道路曲率估计

首先,给出回旋曲线:

$$c(x_p) = c_0 + c_1 x_p \quad \text{(P1-26)}$$

其中,$c(x_p)$ 表示车辆前方 x_p 处的曲率,c_0 为车辆所处位置处道路曲率,c_1 为道路曲率变化率。可得道路曲率模型为

$$\begin{bmatrix} \dot{c}_0 \\ \dot{c}_1 \end{bmatrix} = \begin{bmatrix} 0 & v \\ 0 & 0 \end{bmatrix} \begin{bmatrix} c_0 \\ c_1 \end{bmatrix} \quad \text{(P1-27)}$$

将上式离散化得

$$\begin{bmatrix} c_0(k+1) \\ c_1(k+1) \end{bmatrix} = \begin{bmatrix} 1 & T_s v \\ 0 & 1 \end{bmatrix} \begin{bmatrix} c_0(k) \\ c_1(k) \end{bmatrix} + w_c(k) \quad \text{(P1-28)}$$

其中,$w_c(k)$ 为高斯噪声,T_s 为采样周期。然后,定义观测矩阵:

$$y(k) = \begin{bmatrix} y_{\text{camera}}(k) \\ y_{\text{dynamic}}(k) \end{bmatrix}$$

道路曲率的观测模型为

$$y(k) = Hx(k) + w_m(k) \tag{P1-29}$$

其中,观测矩阵 $H = \begin{bmatrix} 1 & 0 \\ 1 & 0 \end{bmatrix}$。

然后根据卡尔曼滤波算法迭代即可获得当前道路的曲率,KF 算法的 5 个过程与式(P1-7)~式(P1-11)相类似,在此将其省略。

P1.4 多目标跟踪

P1.4.1 运动模型

目标跟踪与预测依赖于目标运动模型的假定,而目标运动模型假定的目的在于采用合适的数学模型来描述目标真实运动情况,这本质上是一个系统建模的问题。目标运动建模是设计目标跟踪滤波器的基础,特别是在机动目标跟踪中,合适的目标运动模型,可以有效改善状态滤波和目标跟踪效果。目前在多传感器融合与多目标跟踪中应用最多的运动模型主要包括匀速模型、匀加速模型、Singer 模型和转弯模型。

1. 匀速模型

匀速(CV)模型即位移对时间的一阶导数是恒定的,而速度对时间的一阶导数等于 0。定义障碍物 j 的状态为

$$x_j(k) = [x_{\text{long}}, v_{\text{long}}, x_{\text{lat}}, v_{\text{lat}}]^T \tag{P1-30}$$

考虑到实际情况中速度的轻微变化,则加速度常常被看作是具有随机特性的扰动输入,可以用连续时间白噪声来建模,并假设其服从零均值高斯分布,则 CV 模型的离散状态空间描述如下所示:

$$x_j(k+1) = A_1 x_j(k) + B_1 w(k) \tag{P1-31}$$

其中,

$$A_1 = \begin{bmatrix} 1 & T & 0 & 0 \\ 0 & 1 & 0 & 0 \\ 0 & 0 & 1 & T \\ 0 & 0 & 0 & 1 \end{bmatrix}, \quad B_1 = \begin{bmatrix} 0 & 0 \\ 1 & 0 \\ 0 & 0 \\ 0 & 1 \end{bmatrix}, \quad w(k) = \begin{bmatrix} w_{\text{long}}(k) \\ w_{\text{lat}}(k) \end{bmatrix}$$

噪声 $w(k)$ 的协方差为

$$Q_1 = q \begin{bmatrix} \frac{1}{3}T^3 & \frac{1}{2}T^2 & 0 & 0 \\ \frac{1}{2}T^2 & T & 0 & 0 \\ 0 & 0 & \frac{1}{3}T^3 & \frac{1}{2}T^2 \\ 0 & 0 & \frac{1}{2}T^2 & T \end{bmatrix}$$

2. 匀加速模型

匀加速(CA)模型即位移对时间的二阶导数即速度对时间的一阶导数是恒定的,而加速度对时间的一阶导数等于 0。定义障碍物 j 的状态为

$$x_j(k) = [x_{\text{long}}, v_{\text{long}}, a_{\text{long}}, x_{\text{lat}}, v_{\text{lat}}, a_{\text{lat}}]^T \tag{P1-32}$$

与 CV 模型相类似,CA 模型的状态空间描述为

$$x_j(k+1) = A_2 x_j(k) + B_2 w(k) \tag{P1-33}$$

其中,

$$A_2 = \begin{bmatrix} 1 & T & \frac{1}{2}T^2 & 0 & 0 & 0 \\ 0 & 1 & T & 0 & 0 & 0 \\ 0 & 0 & 1 & 0 & 0 & 0 \\ 0 & 0 & 0 & 1 & T & \frac{1}{2}T^2 \\ 0 & 0 & 0 & 0 & 1 & T \\ 0 & 0 & 0 & 0 & 0 & 1 \end{bmatrix}, \quad B_2 = \begin{bmatrix} 0 & 0 \\ 0 & 0 \\ 1 & 0 \\ 0 & 0 \\ 0 & 0 \\ 0 & 1 \end{bmatrix}$$

噪声 $w(k)$ 的协方差为

$$Q_2 = q \begin{bmatrix} \frac{1}{20}T^5 & \frac{1}{8}T^4 & \frac{1}{6}T^3 & 0 & 0 & 0 \\ \frac{1}{8}T^4 & \frac{1}{6}T^3 & \frac{1}{2}T^2 & 0 & 0 & 0 \\ \frac{1}{6}T^3 & \frac{1}{2}T^2 & T & 0 & 0 & 0 \\ 0 & 0 & 0 & \frac{1}{20}T^5 & \frac{1}{8}T^4 & \frac{1}{6}T^3 \\ 0 & 0 & 0 & \frac{1}{8}T^4 & \frac{1}{6}T^3 & \frac{1}{2}T^2 \\ 0 & 0 & 0 & \frac{1}{6}T^3 & \frac{1}{2}T^2 & T \end{bmatrix}$$

3. Singer 模型

CA 模型假设目标的机动加速度导数为零均值白噪声过程。R. A. Singer 在 1969 年提出机动目标的零均值、一阶时间相关机动加速度模型,称为 Singer 模型。其假定机动加速度 $a(t)$ 为零均值平稳随机过程,应用 Wiener-Kolmogorov 白化程序后,机动加速度可用输入为白噪声的一阶时间相关模型来表示,即

$$\begin{cases} \dot{a}_{\text{long}} = -\alpha_1 a_{\text{long}} + w_1 \\ \dot{a}_{\text{lat}} = -\alpha_2 a_{\text{lat}} + w_2 \end{cases} \tag{P1-34}$$

定义障碍物 j 的状态为

$$x_j(k) = [x_{\text{long}}, v_{\text{long}}, a_{\text{long}}, x_{\text{lat}}, v_{\text{lat}}, a_{\text{lat}}]^T \tag{P1-35}$$

则 Singer 模型的状态空间描述为

$$x_j(k+1) = A_3 x_j(k) + B_3 w(k) \tag{P1-36}$$

其中,

$$A_3 = \begin{bmatrix} 1 & T & \dfrac{\alpha_1 T - 1 + e^{-\alpha_1 T}}{\alpha_1^2} & 0 & 0 & 0 \\ 0 & 1 & \dfrac{1 - e^{-\alpha_1 T}}{\alpha_1} & 0 & 0 & 0 \\ 0 & 0 & e^{-\alpha_1 T} & 0 & 0 & 0 \\ 0 & 0 & 0 & 1 & T & \dfrac{\alpha_2 T - 1 + e^{-\alpha_2 T}}{\alpha_2^2} \\ 0 & 0 & 0 & 0 & 1 & \dfrac{1 - e^{-\alpha_2 T}}{\alpha_2} \\ 0 & 0 & 0 & 0 & 0 & e^{-\alpha_2 T} \end{bmatrix}, \quad B_3 = \begin{bmatrix} 0 & 0 \\ 0 & 0 \\ 1 & 0 \\ 0 & 0 \\ 0 & 0 \\ 0 & 1 \end{bmatrix}$$

噪声 $w(k)$ 的协方差为

$$Q_3 = q \begin{bmatrix} q_{11}(\alpha_1) & q_{12}(\alpha_1) & q_{13}(\alpha_1) & 0 & 0 & 0 \\ q_{12}(\alpha_1) & q_{22}(\alpha_1) & q_{23}(\alpha_1) & 0 & 0 & 0 \\ q_{13}(\alpha_1) & q_{23}(\alpha_1) & q_{33}(\alpha_1) & 0 & 0 & 0 \\ 0 & 0 & 0 & q_{11}(\alpha_2) & q_{12}(\alpha_2) & q_{13}(\alpha_2) \\ 0 & 0 & 0 & q_{12}(\alpha_2) & q_{22}(\alpha_2) & q_{23}(\alpha_2) \\ 0 & 0 & 0 & q_{13}(\alpha_2) & q_{23}(\alpha_2) & q_{33}(\alpha_2) \end{bmatrix}$$

其中,

$$q_{11}(\alpha) = \frac{1}{2\alpha^5}\left(1 + 2\alpha T - 2\alpha^2 T^2 + \frac{2}{3}\alpha^3 T^3 - e^{-2\alpha T} - 4\alpha T e^{-\alpha T}\right)$$

$$q_{12}(\alpha) = \frac{1}{2\alpha^4}(1 - 2\alpha T + \alpha^2 T^2 - 2e^{-\alpha T} + e^{-2\alpha T} + 2\alpha T e^{-\alpha T})$$

$$q_{13}(\alpha) = \frac{1}{2\alpha^3}(1 - e^{-2\alpha T} - 2\alpha T e^{-\alpha T})$$

$$q_{22}(\alpha) = \frac{1}{2\alpha^3}(-3 + 2\alpha T + 4e^{-\alpha T} - e^{-2\alpha T})$$

$$q_{23}(\alpha) = \frac{1}{2\alpha^2}(1 - 2e^{-\alpha T} + e^{-2\alpha T})$$

$$q_{33}(\alpha) = \frac{1}{2\alpha}(1 - e^{-2\alpha T})$$

4. 转弯运动模型

目标的转弯运动通常称为联动式转弯运动,是二维平面中常见的一种运动形式,其运动特点是目标的角速度和速度大小保持不变,而速度方向时刻都在变化。对于离散情况下目标的转弯运动,设目标的转弯速率为 ω,定义障碍物 j 的状态为

$$x_j(k) = [x_{\text{long}}, v_{\text{long}}, x_{\text{lat}}, v_{\text{lat}}]^{\text{T}} \tag{P1-37}$$

则二维平面内目标的转弯运动模型可以表示为

$$x_j(k+1) = \begin{bmatrix} 1 & \dfrac{\sin\omega T}{\omega} & 0 & \dfrac{\cos\omega T - 1}{\omega} \\ 0 & \cos\omega T & 0 & -\sin\omega T \\ 0 & \dfrac{1-\cos\omega T}{\omega} & 1 & \dfrac{\sin\omega T}{\omega} \\ 0 & \sin\omega T & 0 & \cos\omega T \end{bmatrix} x_j(k) + \begin{bmatrix} \dfrac{1}{2}T^2 & 0 \\ T & 0 \\ 0 & \dfrac{1}{2}T^2 \\ 0 & T \end{bmatrix} w(k)$$

(P1-38)

一般来说，针对行人、非机动车等机动性较强的目标，可以采用 Singer 模型进行跟踪；对于高速运动的机动车，考虑到其横向运动的非完整性约束，其纵向运动适合采用 CA 模型跟踪，而横向运动则适合采用 CV 模型跟踪；而对于正在转弯运动的目标，可以采用转弯运动模型进行跟踪。

P1.4.2 数据关联

测量点迹与目标航迹相关也常称点迹分类或数据关联，是指检测到的点迹与已有航迹相互配对的过程，从而确定出点迹与航迹的隶属关系。它是航迹跟踪处理的基本问题，也是多目标跟踪的重点和难点之一。

在单目标无噪声的条件下，目标的波门内只会有一个点迹，此时只涉及目标的跟踪问题。但是，在多目标有噪声的情况下，便可能出现单个点迹落入多个波门的相交区域内，或者多个点迹落入单个目标的波门内，如图 P1.1 所示，此时就涉及数据关联的问题。其中，$\hat{x}_1, \hat{x}_2, \hat{x}_3$ 是该时刻 3 个目标的预测位置，$z_1, z_2, z_3, z_4, z_5, z_6$ 是测量结果。图中的线是添加的门限，用来筛除一些性能差的、距离太远的数据。数据关联其实就是一个沿着时间轴，将来自同一个物体的不同时刻的信号串连起来的过程。

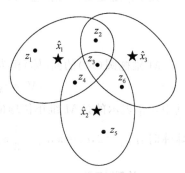

图 P1.1 目标与测量值的相对关系

通常，数据关联过程包括三部分内容：首先将传感器输出的观测/点迹进行门限过滤，利用先验统计知识过滤掉那些门限以外的所不希望的观测/点迹，包括其他目标形成的真点迹和噪声、干扰形成的假点迹，限制那些不可能的观测-航迹对的形成，在该关联门的输出中形成可行或有效点迹-航迹对，然后形成关联矩阵，用以度量各个点迹与该航迹接近的程度，最后将最接近预测位置的点迹按赋值策略将它们分别赋予相对应的航迹。

1. 门限过滤

数据关联利用的是多传感器检测的数据或点迹，这些数据不仅包括各传感器本身覆盖范围内的目标点迹，还包括重复的目标点迹和由干扰所产生的假点迹。面对大量的数据点，考虑到控制器实时性能要求，不可能把每个点迹与所有航迹都进行一一对比、判断，而判断某个点迹是不是某条航迹的延续点迹,实际上是没有必要的,因为同一条航迹上相邻的两个点迹是有相关性的,二者之间的距离不可能超出一定的范围。如果根据这个范围设立一个临界窗口,就可以把其他航迹所对应的点迹、由干扰所产生的假点迹拒之门外。每一条航迹都必须有一个这样的窗口,这种窗口就称为关联门。

在多传感器数据处理中采用关联门来限制非处理航迹和杂波数目的技术,就是所谓的门限滤除技术,把它与滤波、跟踪结合起来,也将其称为波门跟踪技术,关联门内的点迹称为有效点迹。显然,门限的大小会直接对关联产生重大影响。门限小了,套不住可能的目标;门限大了,又起不到抑制其他目标和干扰的作用。通常都是以外推坐标数据作为波门中心,使相邻延续点迹以较大的概率落入关联门为原则来设立关联门。实际上,由于关联门限制了由噪声、干扰产生的假点迹,以及由固定目标产生的孤立点迹,不仅提高了数据关联质量,同时也提高了系统的关联速度。

目前应用最多的关联门是椭圆关联门,它是由残差矢量的范数表示的。如果残差矢量的范数满足下式,则观测点落入关联门内:

$$d^2 = (z-\hat{z})S^{-1}(z-\hat{z})^{\mathrm{T}} \leqslant G \tag{P1-39}$$

其中,S 是残差 $\tilde{z} = z - \hat{z}$ 的协方差矩阵。G 是关联门的距离阈值,椭圆门可由两种方法来确定关联门限:最大似然法和卡方分布法。由于残差矢量的范数 d^2 是 M 个独立高斯分布随机变量的平方和,它服从自由度为 M 的卡方概率分布,因此在实际中应用最多的方法是卡方分布法,接下来对常数 G 的确定进行简介。

设 P_G 是正确观测点落入关联门之内的概率值,则

$$\begin{cases} P_G = P(d^2 \leqslant G) \\ P(d^2 > G) = 1 - P_G \end{cases} \tag{P1-40}$$

M 维椭圆(球)的面(体)积为

$$V = c_M g^M \mid S(k) \mid^{1/2}, \quad M = \dim(\tilde{z}) \tag{P1-41}$$

其中,c_M 表示的是 M 维单位球的体积($c_M = \pi^{M/2}/\Gamma(M/2+1)$),例如针对一维、二维、三维球体时有 $c_1 = 2, c_2 = \pi, c_3 = \frac{4}{3}\pi$。

2. 关联矩阵

关联矩阵是表示两个实体之间相似性程度的度量,对每一个可行观测-航迹对都必须计算其关联矩阵。为了进行观测-观测对和观测-航迹对之间的相似性的定量描述,必须定义度量标准,这种标准提供观测对相似与否的定量描述。

距离度量具有明显的几何意义,具有较好的通俗性和直觉效果,是一种最简单、应用最广泛的关联度量方法,其中,使用最多的是加权欧氏距离,与式(P1-39)相类似,可得两个实体 i 和 j 的加权距离为

$$d_{ij}^2 = \tilde{z}_{ij} S^{-1} \tilde{z}_{ij}^{\mathrm{T}} \tag{P1-42}$$

其中,$\tilde{z}_{ij}$ 为实体 i 和 j 的距离,也可以看作是残差,S 是残差的协方差矩阵。

3. 数据关联

数据关联的准确性直接影响传感器融合和目标跟踪的整体效果。目前的数据关联算法

有多种,比如最邻近法(neatest neighbor,NN)、全局最邻近关联(global nearest neighbor, GNN)、概率数据关联(probability data association,PDA)、联合概率数据关联(joint probability data association,JPDA)、多假设跟踪(multi-hypothesis tracking,MHT)、神经网络等。本节将对几种常用的数据关联算法进行简单介绍。

(1) NN 最邻近关联

最邻近数据关联算法是提出最早也是最简单的数据关联方法,有时也是最有效的方法之一。它把落在关联门之内并且与被跟踪目标的预测位置"最邻近"的观测点迹作为关联点迹,这里的"最邻近"一般是指观测点迹在统计意义上距离被跟踪目标的预测位置最近。

最邻近数据关联主要适用于跟踪空域中存在单目标或目标数较少的情况,或者说只适用于对稀疏目标环境的目标跟踪。其主要优点是运算量小,易于实现。其主要缺点则是在目标密度较大时,容易跟错目标。

假设在第 k 次扫描之前,已经建立了 N 条航迹。第 k 次新观测为 $Z_j(k)$,$j=1,2,\cdots,N$。在第 i 条航迹的关联门内,观测 j 和航迹 i 的差矢量定义为测量值和预测值之间的差,即滤波器残差为

$$e_{ij}(k) = Z_j(k) - H\hat{X}_i(k|k-1) \tag{P1-43}$$

其中,$\hat{X}_i(k|k-1)$ 为状态估计的模型预测值,也称为先验估计,其计算式为

$$\hat{X}_i(k|k-1) = A\hat{X}_i(k-1|k-1) \tag{P1-44}$$

其中,A 为状态转移矩阵,H 为观测矩阵,设 $S(k)$ 为 $e_{ij}(k)$ 的协方差矩阵,则统计的欧氏距离为

$$d_{ij}^2 = e_{ij}(k)S^{-1}(k)e_{ij}^{\mathrm{T}}(k) \tag{P1-45}$$

若该距离在设定的阈值范围内时,则距离最近的目标可以认为成功关联。

注意,按统计距离最近的准则,离预测位置最近的点迹在密集多目标环境中未必是被跟踪目标的最佳配对点迹,这就是这种方法容易跟错目标的原因。

(2) GNN 全局最邻近关联

距离计算方法和 NN 相同,但是使总的距离或关联代价达到最小,点迹与航迹的最优匹配问题可描述为

$$\min J = \sum_{i=1}^{m}\sum_{j=1}^{n} c_{ij}x_{ij}$$

$$\text{s.t.} \begin{cases} \sum_{j=1}^{n} x_{ij} = 1 \\ \sum_{i=1}^{m} x_{ij} = 1 \end{cases} \tag{P1-46}$$

其中,x_{ij} 为二值变量,为 0 表示不关联,为 1 表示关联;c_{ij} 表示测量 i 与目标 j 之间距离。因此,用关联矩阵 $X=\{x_{ij}\}$ 表示 m 个测量信息与 n 个目标之间的关联状态时,矩阵 X 的每行每列只能有 1 个元素为 1。

关联矩阵较大时,二维分配问题可用 Munkre 算法或 Burgeois 算法求解,求解具有多项式复杂度的非 NP 问题。

(3) PDA 概率数据关联

考虑系统的状态空间模型为

$$\begin{cases} X(k) = F(k-1)X(k-1) \\ Z(k) = H(k)X(k) \end{cases} \quad \text{(P1-47)}$$

其中，$X(k)$、$Z(k)$分别是k时刻的系统状态和测量值，$F(k)$和$H(k)$分别是系统的状态增益矩阵和观测矩阵。

考虑在关联门内可能有很多回波，即所谓的有效回波，按前面的最邻近数据关联方法认为离预测位置最近的回波是来自目标的回波，但按概率数据关联的思想则认为：只要是有效回波，就都有可能源于目标，只是每个回波源于目标的概率有所不同。这种方法利用了跟踪内门的所有回波以获得可能的后验信息，并根据大量的相关计算给出了各概率加权系数及其加权和，然后用它更新目标状态。

将概率数据关联技术与卡尔曼滤波技术结合在一起，就是通常所说的概率数据关联滤波器(PDAF)。首先给出滤波器的初始值$\hat{X}(0|0)$，$P(0|0)$，则PDAF算法的递推过程如下所示。

预测方程：
$$\hat{X}(k|k-1) = F(k-1)\hat{X}(k-1|k-1) \quad \text{(P1-48)}$$

预测协方差矩阵：
$$P(k|k-1) = F(k-1)P(k-1|k-1)F^T(k-1) + Q(k-1) \quad \text{(P1-49)}$$

预测的观测值：
$$\hat{Z}(k|k-1) = H(k)\hat{X}(k|k-1) \quad \text{(P1-50)}$$

预测新息向量：
$$V_i(k) = Z_i(k) - \hat{Z}(k|k-1) \quad \text{(P1-51)}$$

预测信息的协方差矩阵：
$$S(k) = H(k)P(k|k-1)H^T(k) + R(k) \quad \text{(P1-52)}$$

卡尔曼增益矩阵：
$$K(k) = P(k|k-1)H^T(k)S^{-1}(k) \quad \text{(P1-53)}$$

等效新息向量：
$$V(k) = \sum_{i=1}^{m(k)} \beta_i(k) V_i(k) \quad \text{(P1-54)}$$

其中，$m(k)$是第k次测量所获得的回波数目。$\beta_i(k) = P(X_k|Z_k)$表示在已知所有的有效观测值之后，当前k时刻第i个观测值来源于这个目标的概率。将这个概率当作权重，求所有落入关联门内点迹的新息向量的加权和即为等效新息向量。

卡尔曼滤波方程：
$$\hat{X}(k|k) = \hat{X}(k|k-1) + K(k)V(k) \quad \text{(P1-55)}$$

滤波协方差矩阵：
$$P(k|k) = \beta_0(k)P(k|k-1) - [1-\beta_0(k)][I - K(k)H(k)]P^c(k) + \widetilde{P}(k) \quad \text{(P1-56)}$$

$$P^c(k) = P(k|k-1) - K(k)S(k)K^T(k) \quad \text{(P1-57)}$$

由于无法确定在k时刻关联门内的$m(k)$个有效观测值哪个是正确的，因此使用正定矩阵$\widetilde{P}(k)$来增加滤波后状态估计的不确定度：

$$\widetilde{P}(k) = K(k) \left[\sum_{i=1}^{m(k)} \beta_i V_i(k) V_i^T(k) - V(k) V^T(k) \right] K^T(k) \tag{P1-58}$$

其中，概率系数 $\beta_i(k)$ 如下：

$$\beta_i(k) = \begin{cases} \dfrac{L_i(k)}{1 - P_D P_G + \sum_{j=1}^{m(k)} L_j(k)}, & i = 1, \cdots, m(k) \\ \dfrac{1 - P_D P_G}{1 - P_D P_G + \sum_{j=1}^{m(k)} L_j(k)}, & i = 0 \end{cases} \tag{P1-59}$$

以及

$$L_i(k) \triangleq \frac{N[z_i(k); \hat{z}(k|k-1), S(k)] P_D}{\lambda} \tag{P1-60}$$

式中，P_D 表示目标的检测概率，即目标会被传感器检测到的概率，由传感器性能决定，是一个已知值；P_G 表示目标出现在关联门内的概率，与关联门的形式设计有关，下面给出一种关联门的设计方式。

在 PDAF 中更新到以下公式时，可求得预测观测值 $\hat{Z}(k|k-1)$ 和协方差 $S(k)$，设定关联门区域如下：

$$\begin{aligned} v(k, \lambda) &= \{\tilde{z}: \tilde{z}^T S(k)^{-1} \tilde{z} \leqslant \lambda (\text{或 } g^2 \text{ 表示})\} \\ &= \{z: [z - \hat{z}(k|k-1)]^T S(k)^{-1} [z - \hat{z}(k|k-1)] \leqslant \lambda\} \end{aligned} \tag{P1-61}$$

上式为一个椭球形，其中 λ 即为阈值，表示目标出现在关联门内的概率为 P_G。

当关联门内杂波的分布服从方差为 CV 的泊松分布，其中 C 表示单位体积内期望的杂波数量，$\beta_i(k)$ 可表示为如下形式：

$$\beta_j = \frac{\exp(-\tilde{y}_j' S^{-1} \tilde{y}_j / 2)}{b + \sum_{i=1}^m \exp(-\tilde{y}_i' S^{-1} \tilde{y}_i / 2)}, \quad j = 1, \cdots, m \tag{P1-62}$$

$$\beta_0 = \frac{b}{b + \sum_{i=1}^m \exp(-\tilde{y}_i' S^{-1} \tilde{y}_i / 2)} \tag{P1-63}$$

其中，

$$b = \frac{1}{P_D} (2\pi)^{\frac{M}{2}} C |S|^{\frac{1}{2}} (1 - P_D P_G) = \frac{1}{P_D c_M g^M} (2\pi)^{\frac{M}{2}} CV (1 - P_D P_G) \tag{P1-64}$$

其中，上式中 $\tilde{y}_j$ 在此处等同于第 i 个观测的新息向量 $\tilde{z}_i$，S 等同于第 i 个观测新息向量的协方差矩阵。

(4) JPDA 联合概率数据关联

概率数据关联算法是建立在杂波环境中只有一个目标回波，且此目标的航迹已经形成的基础上的。PDA 的最大优点是它的存储量与标准卡尔曼滤波几乎相等，实时性好，故易于实现，也可用于多目标的环境，但应用于目标稀疏的环境才有效。如果在目标密集的环境中，如果同一邻域内有另一目标的测量值进入关联门，并连续出现在多个采样周期，这个目标就表现为一个连续干扰,可能使跟踪目标丢失或误跟另一目标。

联合概率数据关联(joint probability data association,JPDA)算法是 PDA 的推广,它不需要任何关于目标和杂波的先验信息。JPDA 算法是目前公认的在杂波环境中对多目标进行跟踪的最理想方法之一,但是该方法与其他数据关联算法相比,其计算量较大,实时性较差。

假设在杂波环境中有 T 个目标,则系统的状态空间模型为

$$\begin{cases} X^t(k) = F(k-1)X^t(k-1) \\ Z^t(k) = H(k)X^t(k) \\ t = 1, 2, \cdots, T \end{cases} \tag{P1-65}$$

其中,t 表示第 t 个目标。

由初始状态 $\hat{X}^t(0)$,$\hat{P}^t(0)$ 开始递推,假设已知滤波到 $k-1$ 时刻,求出估计状态和协方差矩阵分别为 $\hat{X}^t(k-1)$、$\hat{P}^t(k-1)$,$t=1,2,\cdots,T$。为了符号表示简洁,除非另有说明,否则 $k-1$ 表示的含义是 $k-1|k-1$,即 $k-1$ 时刻对 $k-1$ 时刻的最优滤波估计,也即后验估计,则 JPDAF 算法的递归流程如下:

预测状态:

$$\hat{X}^t(k|k-1) = F(k-1)\hat{X}^t(k-1) \tag{P1-66}$$

预测状态的协方差:

$$\hat{P}^t(k|k-1) = F(k-1)\hat{P}^t(k-1)F^T(k-1) + Q^t(k-1) \tag{P1-67}$$

预测观测值:

$$\hat{Z}^t(k) = H(k)\hat{X}^t(k|k-1) \tag{P1-68}$$

需要注意,这里每个目标都会有一个对应预测观测方程。

预测新息向量:

$$V_j^t = Z_j(k) - \hat{Z}^t(k) \tag{P1-69}$$

每个有效观测对应每个目标的预测观测值,因此这里面总共有 $m_k T$ 个信息向量。其中,$Z_j(k)$ 为第 j 个观测值。则当综合所有观测后,第 t 个目标的修正新息向量为

$$V^t(k) = \sum_{i=1}^{m(k)} \beta_i^t(k) V_i^t(k) \tag{P1-70}$$

根据观测到的所有回波,在每个目标的预测观测值附近建立关联门,并设置关联门的阈值为 g_t^2,$t=1,2,\cdots,T$,进而建立有效回波矩阵 $\Omega = \{\hat{w}_{jt}(\theta_i)\}$,其中,

$$\hat{w}_{jt} = \begin{cases} 1, & Z_{kj} \text{ 落入关联门内} \\ 0, & \text{否则} \end{cases} \tag{P1-71}$$

由 Ω 生成可行联合事件 θ_i,$i=1,2,\cdots,L$,其中,L 为可行联合事件总和。则计算可行联合事件概率 $P\{\theta_i|Z^k\}$,$i=1,2,\cdots,L$ 后,可得第 j 个观测属于目标 t 的概率即关联概率为

$$\beta_{jt} = \sum_{i=1}^{L} P\{\theta_i|Z^k\} \hat{w}_{jt}(\theta_i), \quad j=1,2,\cdots,m_k, t=1,2,\cdots,T \tag{P1-72}$$

计算卡尔曼增益:

$$K^t(k) = \hat{P}^t(k|k-1) H^T(k) [S^t(k)]^{-1} \tag{P1-73}$$

其中,观测的协方差为

$$S^t(k) = H(k)\hat{P}^t(k \mid k-1)H^T(k) + R^t(k) \quad \text{(P1-74)}$$

计算后验状态滤波值:

$$\hat{X}^t(k) = \hat{X}^t(k \mid k-1) + K^t(k)V^t(k) \quad \text{(P1-75)}$$

更新后验状态协方差:

$$\hat{P}^t(k) = \hat{P}^t(k \mid k-1) - (1-\beta_{0t})K^t(k)S^t(k)[K^t(k)]^T + \widetilde{P}^t(k) \quad \text{(P1-76)}$$

其中,为了增加滤波后状态估计不确定度的正定矩阵 $\widetilde{P}^t(k)$ 为

$$\widetilde{P}^t(k) = K^t(k)\Big[\sum_{j=1}^{m(k)} \beta_{jt}V_j^t(V_j^t)^T - V^t(V^t)^T\Big][K^t(k)]^T \quad \text{(P1-77)}$$

P1.4.3 传感器融合

1. 串联融合

串联融合是先对各个独立传感器所获得的原始数据进行局部处理,然后再将结果送入信息融合中心进行智能优化组合来获得最终的结果,有时候也称为分布式融合(图 P1.2)。该种融合策略对通信带宽的需求低,自带时间同步功能,计算速度快,可靠性和延续性好,但跟踪的精度远没有并联式的高。

2. 并联融合

并联融合是将各传感器获得的原始数据直接送至信息融合中心进行统一融合处理,可以实现实时融合(图 P1.3)。优点是数据处理的精度高,算法灵活;缺点是对处理器的要求高,可靠性较低,数据量大,若传感器数量和障碍物数量都较大时难以实现。

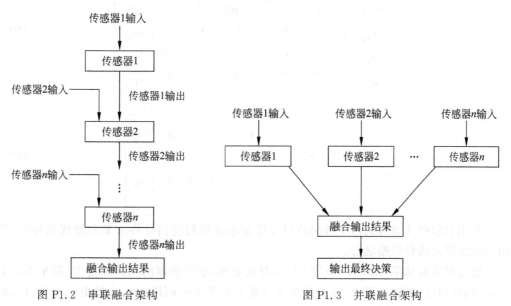

图 P1.2 串联融合架构   图 P1.3 并联融合架构

P1.4.4　简单凸联合

在 k 时刻对同一目标,传感器 i 的局部状态估计为 $\hat{x}^i(k)$,估计协方差为 $P^i(k)$,传感器 j 的局部估计为 $\hat{x}^j(k)$,估计协方差为 $P^j(k)$,两个传感器的估计误差独立,均值为零。

融合中心对于任意两个传感器之间的航迹状态估计融合结果为

$$\hat{x} = P^j(P^i+P^j)^{-1}\hat{x}^j + P^i(P^i+P^j)^{-1}\hat{x}^j \tag{P1-78}$$

协方差融合方程为

$$P = P^i(P^i+P^j)^{-1}P^j \tag{P1-79}$$

对应的信息矩阵形式的表达式分别为

$$\begin{cases} \hat{x} = [(P^i)^{-1}+(P^j)^{-1}]^{-1}(P^i)^{-1}\hat{x}^i + [(P^i)^{-1}+(P^j)^{-1}]^{-1}(P^j)^{-1}\hat{x}^i \\ P^{-1} = (P^i)^{-1}+(P^j)^{-1} \end{cases} \tag{P1-80}$$

扩展到 $N>2$ 的情况,假设传感器之间不存在误差的相关性,则融合方程为

$$\begin{cases} \hat{x} = \left[\sum_{i=1}^{N}(P^i)^{-1}\right]^{-1}\sum_{i=1}^{N}(P^i)^{-1}\hat{x}^i \\ P^{-1} = \sum_{i=1}^{N}(P^i)^{-1} \end{cases} \tag{P1-81}$$

简单凸联合融合算法相对来说更容易实现,所以其应用十分广泛。当不存在过程噪声,且传感器在初始时刻的估计误差不相关时,该算法是最优的。

下面列举两个摄像头基于凸联合算法的传感器融合和目标跟踪案例,流程框架图如图 P1.4 所示。假设两个摄像头估计误差不相关,输出两个摄像头的横纵向位置,其中横向采用 CV 模型,纵向采用 CA 模型,可以得到离散化后的状态空间为

$$\begin{bmatrix} x_{k+1} \\ v_{x_{k+1}} \\ a_{x_{k+1}} \\ y_{k+1} \\ v_{y_{k+1}} \end{bmatrix} = \begin{bmatrix} 1 & 0.02 & 0.0002 & 0 & 0 \\ 0 & 1 & 0.02 & 0 & 0 \\ 0 & 0 & 1 & 0 & 0 \\ 0 & 0 & 0 & 1 & 0.02 \\ 0 & 0 & 0 & 0 & 1 \end{bmatrix} \begin{bmatrix} x_k \\ v_{x_k} \\ a_{x_k} \\ y_k \\ v_{y_k} \end{bmatrix} \tag{P1-82}$$

$$z_k = \begin{bmatrix} x_k \\ y_k \\ -a_{\text{ego},k} \end{bmatrix} = \begin{bmatrix} 1 & 0 & 0 & 0 & 0 \\ 0 & 1 & 0 & 0 & 0 \\ 0 & 0 & 1 & 0 & 0 \end{bmatrix} \begin{bmatrix} x_k \\ v_{x_k} \\ a_{x_k} \\ y_k \\ v_{y_k} \end{bmatrix} \tag{P1-83}$$

利用卡尔曼滤波得到两个传感器目标跟踪系统的最优估计协方差和最优估计值,再利用凸联合算法进行数据融合。

通过对实验结果(图 P1.5~图 P1.8)对比发现,在传感器的数据融合中,简单凸联合算法运算简单且结果较为可靠,弥补了单个摄像头在某个时间段内无法捕捉到有效目标的缺陷,具有广泛的应用前景。

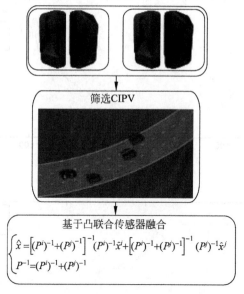

图 P1.4　基于凸联合算法的传感器融合和目标跟踪框架图

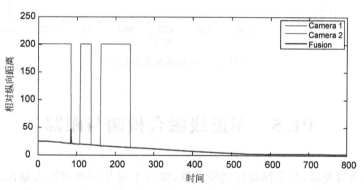

图 P1.5　相对纵向距离对比

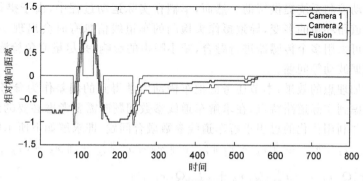

图 P1.6　相对横向距离对比

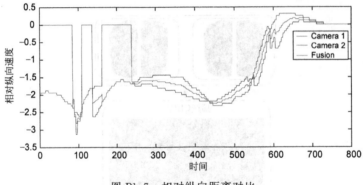

图 P1.7　相对纵向距离对比

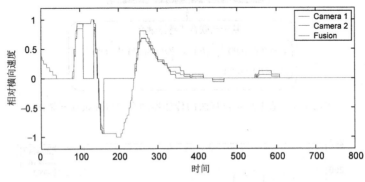

图 P1.8　相对横向距离对比

P1.5　车道线融合检测与跟踪

车辆在自动驾驶时,为了保证行驶安全性,需要了解并预测周围大量的环境信息,其中车道线的信息对自动驾驶起着极为重要的作用。在行驶过程中通常利用单个摄像头检测车道线信息,获得车道线的偏移量、倾斜角、曲率半径等参数信息,并预测车道线的走向,为驾驶员或车辆自动控制系统提供帮助。然而,车辆在实际运动过程中,由于摄像头本身特性、车辆振动以及道路环境的多变,导致摄像头检测的车道线信息有时会出现一定的偏差。为解决上述问题可采用多个传感器进行融合,减小噪声的影响,并尽量避免检测车道线时产生误报、漏报、数据波动等问题。

为达到更加理想的效果,本节还考虑把车辆动力学得到的偏差作为参考对车道线信息进行融合。考虑到实际道路特点,在求解车道线参数问题时需要考虑必要的约束条件(误差小且连续性),并利用优化的思想求解车道线参数融合问题,即求解如下所示的优化问题:

$$\operatorname{argmin} \| x_k - x_{k-1} \|_{Q_1}^2 + \| x_k - x_1 \|_{Q_2}^2 + \| x_k - x_2 \|_{Q_3}^2 + \| x_k - (x_{k-1} + \Delta x_{\mathrm{dyn}}) \|_{Q_4}^2$$

$$= x_k^{\mathrm{T}} Q_1 x_k - x_k^{\mathrm{T}} Q_1 x_{k-1} - x_{k-1}^{\mathrm{T}} Q_1 x_k + x_{k-1}^{\mathrm{T}} Q_1 x_{k-1} +$$

$$x_k^{\mathrm{T}} Q_2 x_k - x_k^{\mathrm{T}} Q_2 x_1 - x_1^{\mathrm{T}} Q_2 x_k + x_1^{\mathrm{T}} Q_2 x_1 +$$

$$x_k^{\mathrm{T}} Q_3 x_k - x_k^{\mathrm{T}} Q_3 x_2 - x_2^{\mathrm{T}} Q_3 x_k + x_2^{\mathrm{T}} Q_3 x_2 +$$

$$x_k^{\mathrm{T}} Q_4 x_k - x_k^{\mathrm{T}} Q_4 (x_{k-1} + \Delta x_{\mathrm{dyn}}) - (x_{k-1} + \Delta x_{\mathrm{dyn}})^{\mathrm{T}} Q_4 x_k + (x_{k-1} + \Delta x_{\mathrm{dyn}})^{\mathrm{T}} Q_4 (x_{k-1} + \Delta x_{\mathrm{dyn}})$$

$$
\begin{aligned}
&= x_k^T(Q_1+Q_2+Q_3+Q_4)x_k - x_k^T(Q_1 x_{k-1}+Q_2 x_1+Q_3 x_2+Q_4(x_{k-1}+\Delta x_{\text{dyn}})) - \\
&\quad (x_{k-1}^T Q_1 + x_1^T Q_2 + x_2^T Q_3 + (x_{k-1}+\Delta x_{\text{dyn}})^T Q_4)x_k + (x_{k-1}^T Q_1 x_{k-1} + \\
&\quad x_1^T Q_2 x_1 + x_2^T Q_3 x_2 + (x_{k-1}+\Delta x_{\text{dyn}})^T Q_4 (x_{k-1}+\Delta x_{\text{dyn}})) \\
&= x_k^T(Q_1+Q_2+Q_3+Q_4)x_k - 2(Q_1 x_{k-1}+Q_2 x_1+Q_3 x_2+Q_4(x_{k-1}+\Delta x_{\text{dyn}}))x_k^T + \\
&\quad (x_{k-1}^T Q_1 x_{k-1} + x_1^T Q_2 x_1 + x_2^T Q_3 x_2 + (x_{k-1}+\Delta x_{\text{dyn}})^T Q_4 (x_{k-1}+\Delta x_{\text{dyn}})) \quad \text{(P1-84)}
\end{aligned}
$$

式中,$x_k = [c_k, \Delta\theta_k, \Delta d_k]^T$ 为待优化的车道线参数,分别代表车道线曲率、车道线相对本车的航向角偏差和横向偏差。x_1 和 x_2 分别是摄像头 1 和摄像头 2 检测到的车道线参数,Q_i 为权重系数。上述优化目标函数中的 4 个优化目标分别代表:车道线不能突变(即车道线连续变化),优化后的车道线与多摄像头检测的车道线尽量保持一致,优化后的车道线与利用车辆动力学预测的车道线尽量保持一致,最后利用 4 个权重矩阵将所有的优化指标统一起来。同时,考虑到 x_k 中车道线参数的数量级不同,权重矩阵 Q_i 取值时也需要对其进行考虑。

根据车辆动力学预测车道线变化率的模型为

$$
\Delta x_{\text{dyn}} = \left[a\frac{\delta}{L} + (1-a)\frac{\dot\varphi}{V_{\text{ego}}} - c_{k-1} \quad \dot\varphi T \quad \Delta\theta_{k-1} V_{\text{ego}} T \right] \quad \text{(P1-85)}
$$

其中,a 为权重系数,$\dot\varphi$ 为横摆角速度,V_{ego} 为本车车速,T 为采样周期,δ 为前轮转角,L 为车辆轴距。

考虑到道路曲线随时间变化的特征,因此需要实时估计车道线参数 x_k,将优化问题转化为标准的 QP 问题,针对本问题有:

$$
\operatorname{argmin} J(x_k) = \frac{1}{2} x_k^T H x_k - f x_k^T + J_0
$$

$$
\text{s.t.} \begin{cases} -x_{k\max} \leqslant x_k \leqslant x_{k\max} \\ -\Delta x_{k\max} \leqslant x_k - x_{k-1} \leqslant \Delta x_{k\max} \end{cases}
$$

其中,$H = Q_1+Q_2+Q_3+Q_4$,$f = Q_1 x_{k-1}+Q_2 x_1+Q_3 x_2+Q_4[x_{k-1}+\Delta x_{\text{dyn}}]$,$J_0$ 是与 x_k 无关的常数项,可忽略不计。当忽略上述问题的约束条件时,可得最优解为 $x_k = H^{-1} \cdot f$,即 QP 问题的最小二乘解。

以两个摄像头和控制器硬件在环测试结果如图 P1.9~图 P1.11,从中可以看出该车道线融合算法可以有效提高摄像头检测车道线的精度,同时融合了车辆动力学信息,使得车道线的信息更加可靠。

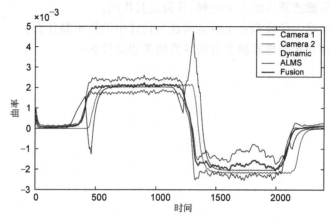

彩图 P1.9

图 P1.9 曲率融合结果对比

彩图 P1.10

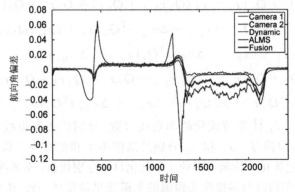

图 P1.10 航向角偏差融合对比

彩图 P1.11

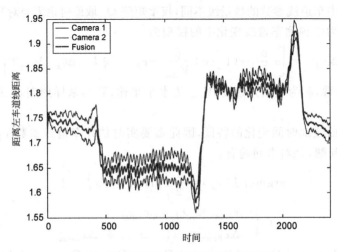

图 P1.11 距离左车道线距离融合对比

思 考 题

1. 写出卡尔曼滤波算法的 5 个过程,并简述其作用。
2. 车辆横纵向动力学模型在车辆运动状态估计中的作用是什么?
3. 多目标跟踪和多传感器融合算法开发的流程是什么?

项目 2

车辆运动学模型仿真

P2.1 任务需求

基于车辆运动学模型设计车辆横纵向运动控制器,控制车辆从当前位置自动行驶到指定位置,属于点对点的自主导航控制系统,比如控制自主车辆从当前点泊入指定的车位上。通过本项目实训,了解简单的车辆运动学建模方法和坐标系变换方法,能够利用 Simulink 工具和雅克比矩阵将非线性模型线性化,并能设计基于线性化模型的二次型最优控制器,最后实现车辆运动学模型的闭环仿真与分析。

P2.2 运动学模型

车辆运动学模型是根据车辆的几何关系建立的,不考虑影响车辆运动的力。以车辆后轴中点作为研究对象,在惯性坐标系 oxy 下,车辆运动状态可用车辆坐标 (x,y) 和车身航向角 θ 来描述即车辆位姿表示为 (x,y,θ),v 为车辆纵向行驶速度,如图 P2.1 所示。

则车辆运动学模型为

$$\begin{cases} \dot{x} = v\cos\theta \\ \dot{y} = v\sin\theta \\ \dot{v} = u_1 \\ \dot{\theta} = u_2 \end{cases} \quad (\text{P2-1})$$

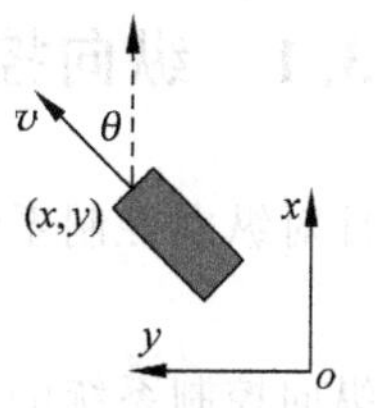

图 P2.1 车辆运动学模型

其中,u_1 和 u_2 分别是车辆的纵向和横向控制输入。

设车辆行驶的目标点位姿为 (x_0,y_0,θ_0),则在车辆目标点处建立局部相对坐标系,如图 P2.2 所示的坐标系变换示意图,则车辆当前位置相对目标位置的横纵向偏差和航向角偏差满足下列几何关系:

$$\begin{bmatrix} d_x \\ d_y \\ d_\theta \end{bmatrix} = \begin{bmatrix} \cos\theta_0 & \sin\theta_0 & 0 \\ -\sin\theta_0 & \cos\theta_0 & 0 \\ 0 & 0 & 1 \end{bmatrix} \begin{bmatrix} x - x_0 \\ y - y_0 \\ \theta - \theta_0 \end{bmatrix} \quad (\text{P2-2})$$

其中,d_x,d_y,d_θ 分别为车辆的纵向偏差、横向偏差和航向角偏差。

根据式(P2-1)和式(P2-2)可得车辆在相对坐标系下的运动学模型为

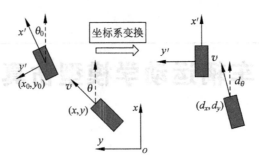

图 P2.2 坐标系变换

$$\begin{bmatrix} \dot{d}_x \\ \dot{d}_y \\ \dot{d}_\theta \\ \dot{v} \end{bmatrix} = \begin{bmatrix} v\cos d_\theta \\ v\sin d_\theta \\ 0 \\ 0 \end{bmatrix} + \begin{bmatrix} 0 & 0 \\ 0 & 0 \\ 0 & 1 \\ 1 & 0 \end{bmatrix} \begin{bmatrix} u_1 \\ u_2 \end{bmatrix} \quad \text{(P2-3)}$$

因此,该车辆运动学模型是一个多输入的非线性模型,其两个输入分别为车辆的纵向(油门/刹车)和横向(方向盘)控制输入。

P2.3 横纵向解耦控制

由车辆运动学模型(P2-3)可知,该系统是一个横纵向耦合的非线性系统,设计控制系统的难度较大,因此可将横纵向系统解耦,分别设计各自子系统的控制器。

P2.3.1 纵向控制器

针对纵向控制系统,根据式(P2-3)可得解耦后的车辆纵向运动学模型为

$$\dot{v}(t) = u_1(t) \quad \text{(P2-4)}$$

车辆纵向控制系统的目的是车辆的纵向行驶速度跟踪,车辆初始速度为 0,到达指定位置时的速度也为 0,当开始行驶时的目标速度为 V_{set},当车辆即将到达目标位置时其目标速度为 0。车辆纵向运动控制系统是一个简单的单输入单输出系统,可以采用如下所示的 PID 控制策略实现车辆速度跟踪控制:

$$u_1(t) = K_p e(t) + K_i \int_0^t e(\tau) d\tau + K_d \dot{e}(t) \quad \text{(P2-5)}$$

其中,K_p、K_i、K_d 分别为误差的比例系数、积分系数、微分系数,速度跟踪误差为

$$e(t) = V_{\text{ref}} - v(t) \quad \text{(P2-6)}$$

其中,目标参考速度为

$$V_{\text{ref}} = \begin{cases} V_{\text{set}}, & d \geqslant d_0 \\ 0, & d < d_0 \end{cases} \quad \text{(P2-7)}$$

其中，d_0 为判断车辆是否接近目标位置的距离阈值，d 为车辆当前位置到目标位置的距离，其计算公式为

$$d=\sqrt{d_x^2+d_y^2} \tag{P2-8}$$

在车辆运动过程中，可将 V_{ref} 视作常数，则速度跟踪误差的导数为

$$\dot{e}(t)=-\dot{v}(t)=-u_1(t) \tag{P2-9}$$

令跟踪误差的积分 q 为

$$q(t)=\int_0^t e(\tau)\mathrm{d}\tau \tag{P2-10}$$

则根据式(P2-5)可得控制输入为

$$u_1(t)=\frac{K_p}{1+K_d}e(t)+\frac{K_i}{1+K_d}q(t) \tag{P2-11}$$

根据式(P2-9)和式(P2-10)可得增广的闭环系统为

$$\dot{q}(t)=e(t)$$
$$\dot{e}(t)=-\frac{K_i}{1+K_d}q(t)-\frac{K_p}{1+K_d}e(t) \tag{P2-12}$$

其状态空间模型为

$$\begin{bmatrix}\dot{q}(t)\\\dot{e}(t)\end{bmatrix}=\begin{bmatrix}0 & 1\\-\dfrac{K_i}{1+K_d} & -\dfrac{K_p}{1+K_d}\end{bmatrix}\begin{bmatrix}q(t)\\e(t)\end{bmatrix} \tag{P2-13}$$

显然，该系统是一个二阶的双积分系统，其特征方程为

$$\lambda^2+\frac{K_p}{1+K_d}\lambda+\frac{K_i}{1+K_d}=0 \tag{P2-14}$$

其中，λ 为系统的特征根。当 PID 控制器(P2-5)中的系数满足如下条件时，纵向速度跟踪系统是渐近稳定的，可实现车辆期望行驶速度的稳定跟踪。

$$K_p>0,\quad K_i>0,\quad K_d>-1 \tag{P2-15}$$

P2.3.2 横向控制器

针对横向控制系统，其目的是车辆的横向运动轨迹跟踪，根据式(P2-3)可得解耦后的车辆横向运动学模型为

$$\begin{bmatrix}\dot{d}_y\\\dot{d}_\theta\end{bmatrix}=\begin{bmatrix}v\sin d_\theta\\0\end{bmatrix}+\begin{bmatrix}0\\u_2\end{bmatrix} \tag{P2-16}$$

将该模型线性化后得：

$$\dot{z}=Az+Bu_2 \tag{P2-17}$$

其中，车辆横向状态 z 和系统矩阵 A、B 分别为

$$z=\begin{bmatrix}d_y\\d_\theta\end{bmatrix},\quad A=\begin{bmatrix}0 & v\\0 & 0\end{bmatrix},\quad B=\begin{bmatrix}0\\1\end{bmatrix} \tag{P2-18}$$

利用线性二次型调节器(LQR)方法实现系统(P2-17)的状态反馈控制，选取最优控制

的二次型性能指标为

$$J(u_2) = \frac{1}{2}\int_{t_0}^{\infty}[z^{\mathrm{T}}(t)Qz(t) + u_2^{\mathrm{T}}(t)Ru_2(t)]\mathrm{d}t \quad \text{(P2-19)}$$

要求寻找最优控制 $u_2(t)$ 使得性能指标 J 最小。其中，假设输入 $u_2(t)$ 无约束，Q 为对称半正定矩阵，R 为对称正定矩阵。

设控制器增益为 K，则横向反馈控制策略为

$$u_2 = -Kz = -K\begin{bmatrix}d_y\\ d_\theta\end{bmatrix} \quad \text{(P2-20)}$$

根据连续系统无限时间调节器的变分求解结果可得，控制器增益为

$$K = R^{-1}B^{\mathrm{T}}P \quad \text{(P2-21)}$$

其中，P 是如下 Riccati 方程的解：

$$PBR^{-1}B^{\mathrm{T}}P - A^{\mathrm{T}}P - PA - Q = 0 \quad \text{(P2-22)}$$

利用 Lyapunov 稳定性理论分析 LQR 控制系统的稳定性。针对线性化的模型(P2-17)，其闭环系统为

$$\dot{z}(t) = (A - BR^{-1}B^{\mathrm{T}}P)z(t) \quad \text{(P2-23)}$$

定义二次型 Lyapunov 函数

$$V(t) = z^{\mathrm{T}}(t)Pz(t) \quad \text{(P2-24)}$$

对 Lyapunov 函数求导可得

$$\dot{V}(t) = \dot{z}^{\mathrm{T}}(t)Pz(t) + z^{\mathrm{T}}(t)P\dot{z}(t) \quad \text{(P2-25)}$$

将系统状态方程(P2-23)代入上式可得

$$\dot{V}(t) = z^{\mathrm{T}}(t)\lfloor(A - BR^{-1}B^{\mathrm{T}}P)^{\mathrm{T}}P + P(A - BR^{-1}B^{\mathrm{T}}P)\rfloor z(t) \quad \text{(P2-26)}$$

将 Riccati 方程(P2-22)代入上式可得

$$\dot{V}(t) = -z^{\mathrm{T}}(t)(Q + PBR^{-1}B^{\mathrm{T}}P)z(t) \quad \text{(P2-27)}$$

由 Q 和 R 的正定性可得 $\dot{V}(t) \leqslant 0$，因此，LQR 控制系统是渐进稳定的。

黎卡提方程(P2-22)的求解问题已经是一个较成熟的研究，且有诸多计算程序可以借鉴，接下来介绍三种最常用的方法。

方法一：简单迭代算法。

参考离散系统的无限时间状态调节器的递推黎卡提方程，方程(P2-22)的求解等价于如下递归方程的求解，因此，当给定初值 $P_0 = Q$ 后，则可以利用如下的迭代公式求解黎卡提方程(P2-14)：

$$P_{i+1} = Q + A^{\mathrm{T}}P_iA - A^{\mathrm{T}}P_iB(R + B^{\mathrm{T}}P_iB)^{-1}B^{\mathrm{T}}P_iA \quad \text{(P2-28)}$$

如果 P_{i+1} 收敛到一个常数矩阵即 $\|P_{i+1} - P_i\| < \varepsilon$，则完成黎卡提方程(P2-22)的迭代求解，此时的最优状态反馈控制增益矩阵为

$$K = (R + B^{\mathrm{T}}P_iB)^{-1}B^{\mathrm{T}}P_iA \quad \text{(P2-29)}$$

利用上述迭代法求解黎卡提方程和最优控制算法可以用 MATLAB 来实现，代码如下。

```
function [K,E] = mylqr(A,B,Q,R)
Ts = 0.001;
```

```
Ad = eye(size(A)) + A * Ts;
Bd = B * Ts;
P0 = Q;
error = 10000;
err = 1e - 6;
while (error > = err)
    P = Ad' * P0 * Ad - Ad' * P0 * Bd * (inv(R + Bd' * P0 * Bd)) * Bd' * P0 * Ad + Q;
    error = norm(P - P0);
    P0 = P;
end
K = inv(R + Bd' * P * Bd) * Bd' * P * Ad;
E = eig(A - B * K);
```

方法二：利用 lqr 函数。

MATLAB 控制系统工具箱中提供了求解黎卡提代数方程的函数 lqr，调用的格式为

$$[K,P,E] = lqr(A,B,Q,R)$$

其中，输入矩阵为 A、B、Q、R，返回矩阵 K 为状态反馈矩阵，P 为黎卡提代数方程的解，E 为闭环系统的零极点。

方法三：利用 care 函数。

也可采用 MATLAB 控制系统工具箱中 care 函数求解黎卡提代数方程，其调用方法如下：

$$[P,E,K] = care(A,B,Q,R,zeros(size(B)),eye(size(A)))$$

其中，采用 care 函数的优点在于可设置 P 的终值条件，而采用 lqr 函数不能设置黎卡提代数方程的边界条件。

采用 MATLAB 工具箱中的 lqr 和 care 函数可以求解线性时不变（LTI）系统的状态反馈控制增益，但是针对线性时变系统或线性变参（LPV）模型的控制器实时求解时，方法一中的迭代法是常用的解决方法。

P2.4　系统闭环仿真

1. Simulink 仿真模型搭建

首先在 Simulink 环境下搭建车辆运动学模型以及坐标系变换模型，如图 P2.3 和图 P2.4 所示。

然后搭建整个闭环仿真模型，如图 P2.5 所示，包括横纵向解耦控制器，其中，纵向运动采用 PID 控制，横向运动采用 LQR 控制。

2. 横向运动学系统非线性模型的线性化

线性化模型（P2-17）可根据求雅克比矩阵求得，也可以根据所建立的 Simulink 仿真模型求得。在 Simulink 仿真模型中首先对非线性模型的输入和输出分别添加 open-loop

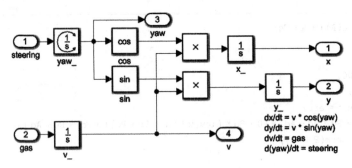

图 P2.3　车辆运动学模型

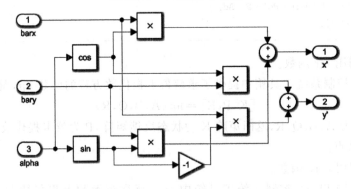

图 P2.4　坐标系变换模型

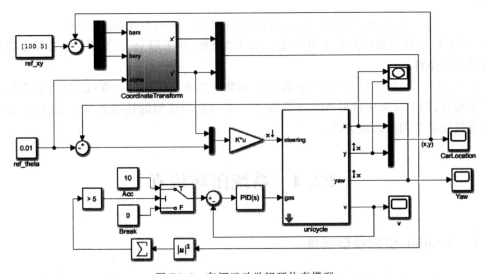

图 P2.5　车辆运动学闭环仿真模型

input 和 open-loop output 节点,如图 P2.5 所示,然后利用 Simulink 的 linear analysis 工具可直接求得线性化之后的系统模型,或者利用命令行函数求解 Simulink 非线性仿真模型的线性化模型,所用函数命令如下:

```
model = 'unicyclemodelcontrol';sys = linearize(model,getlinio(model))
```

其中,unicyclemodelcontrol 是在 Simulink 环境下所搭建的非线性仿真模型。

3. 控制器求解

MATLAB 软件提供了 lqr 函数可以非常方便地求解二次型最优控制问题。设定车辆初始位置为(0,0),初始航向角为 0,初始速度为 5m/s,则针对线性化的系统模型求解 LQR 控制器,求解程序如下:

```
A = [0,5;0,0];B = [0;1];Q = 10 * eye(2);R = 1;K = lqr(A,B,Q,R)
```

求得控制器增益矩阵为 K=[3.1623,6.4516]。

4. 系统仿真

设定目标位置为(100,5),目标航向角为 0.01,仿真结果如图 P2.6 和图 P2.7 所示。由图可见,所设计的横纵向控制器可以控制车辆行驶至指定的位置并保持目标航向角。

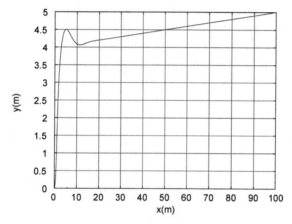

图 P2.6 车辆行驶轨迹

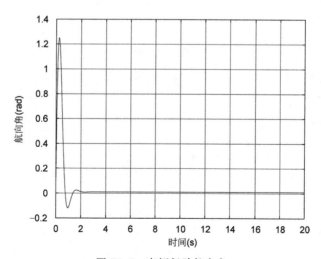

图 P2.7 车辆行驶航向角

思 考 题

1. 非线性系统线性化的方法包括哪些？
2. 车辆横纵向运动学模型解耦的目的是什么？
3. 基于解耦后的车辆横纵向运动学模型，分别采用什么控制方法实现车辆的运动控制？

项目 3

四轮转向汽车操纵稳定性

P3.1 任务需求

四轮转向（four wheel steering, 4WS）是提高车辆主动安全性的技术之一，其主要目的是提高汽车在高速行驶或在侧向风力作用时的操作稳定性，改善在低速下的操纵轻便性，以及减小在低速停车时的转弯半径。四轮转向系统具有以下显著的优点：

第一，在转向时能够基本保持车辆质心侧偏角为零，且能够改善汽车对方向盘输入的动态响应特性，在一定程度上改善横摆角速度和侧向加速度的瞬态响应性能指标，提高车辆高速行驶的稳定性。当在高速行驶中转向时，四轮转向系统通过后轮与前轮的同相转向，增加车辆的转向不足，能有效降低/消除车辆侧滑事故的发生概率，提高车辆高速行驶的稳定性及安全性，进而缓解驾驶员在各种路况下（尤其是在风雨天）高速驾车的疲劳程度。

第二，缩小车辆低速转向时的转弯半径。在低速转向时，车辆因前、后轮的反向转向能够缩小转弯半径达 20%。四轮转向技术使大型车辆具有如同小型车辆的操纵及泊车敏捷性。

第三，当汽车在紧急转向避障时，四轮转向汽车的机动运动能力更强，避障行驶的自由度更高。针对左、右车轮转角可以独立控制的车型，当汽车直线行驶和紧急制动时，两个后轮的角度会往里靠，形成"内八字"，增强行驶稳定性，且能给刹车提供额外辅助。

第四，四轮转向系统的冗余安全性更高，如当前轮转向系统失效时，后轮转向系统还可以继续工作，保证车辆具有可靠的转向能力。

通过本项目实训，了解四轮转向系统的基本原理及系统结构和应用，然后以二自由度模型为例，对四轮转向车辆的转向特性及操纵稳定性进行分析，并与传统的前轮转向车辆进行仿真对比，最后给出一个关于车辆横向运动速度和横摆角速度的线性二自由度模型，并基于该模型设计四轮转向车辆的圆周轨迹跟踪控制器。通过仿真分析，进一步加深对车辆动力学建模与分析的理解，能够设计简单的四轮转向控制系统，并掌握基本的编程仿真技能。

P3.2 四轮转向系统原理

四轮转向系统的基本原理是：利用车辆行驶速度和驾驶员输入的方向盘转角信号来控制前、后轮的转角输入，以提高车辆的通过性、操纵性和稳定性。对四轮转向车辆来说，当车辆低速行驶时，为减小转弯半径，通常后轮转向方向与前轮相反，即所谓的"反向转向"；在高速转向时,为了提高车辆的稳定性和加快车辆的侧向响应速度,后轮将产生与前轮同向的转向角,即所谓的"同向转向",如图 P3.1 所示。

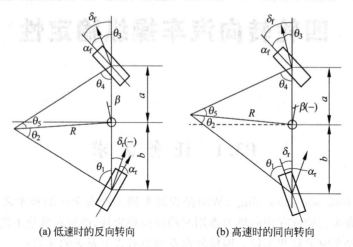

(a) 低速时的反向转向　　　　(b) 高速时的同向转向

图 P3.1　四轮转向汽车的转向运动

四轮转向系统对后轮转角的控制不仅与车速有关,而且还与前轮转角、横摆角速度等车辆运动状态有关,其控制策略通常采用电子控制系统来实现。如图 P3.2 所示,车辆转向时将前轮转向信号和车辆运动状态发给转向控制单元(SCU),SCU 进行分析计算后,控制前、后轮转向执行机构执行相应的转向动作,通过转向传动机构驱动前、后轮发生偏转;同时,SCU 实时监测车辆运动状态,实时调整后轮转角,进而根据车辆实际运动状态实现车辆四轮转向。

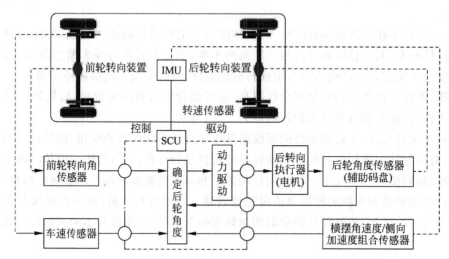

图 P3.2　四轮转向控制系统工作原理

本质上讲,四轮转向的优点来源于系统对后轮轮胎侧向力独立控制的能力。由于四轮转向车辆可同时独立控制前、后轮的侧偏角和轮胎侧向力,因而可提高车辆的瞬态响应,并改善车辆的转向控制能力。下面基于二自由度模型,对四轮转向系统的动力学特性进行分析,进而说明四轮转向车辆是如何通过后轮转向角控制来改善车辆操纵稳定性的,并以此为基础讨论四轮转向控制策略的设计问题。

P3.3 动力学建模与分析

P3.3.1 二自由度模型

将车辆的横向控制模型简化为线性二自由度汽车模型,仅考虑车辆的横向位移和横摆角速度,如图 P3.3 所示。其中坐标系的原点 C 与车辆的重心 G 重合,车辆横向加速度为 V_y,纵向速度为 V_{ego},横摆角速度为 ω_r。

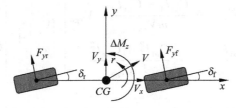

图 P3.3 四轮转向车辆二自由度模型

由车辆运动学知识得,二自由度模型的方程为

$$m(\dot{V}_y + V_{ego}\omega_r) = \sum F_y \quad \text{(P3-1)}$$

$$I_z\dot{\omega}_r = \sum M_z \quad \text{(P3-2)}$$

设车辆前、后轴两轮胎的侧向合力为 F_{yf} 和 F_{yr},忽略回正力矩,则:

$$m(\dot{V}_y + V_{ego}\omega_r) = F_{yf} + F_{yr} \quad \text{(P3-3)}$$

$$I_z\dot{\omega}_r = l_f F_{yf} - l_r F_{yr} \quad \text{(P3-4)}$$

在二自由度模型中,前轮的横向速度为

$$v_f = V_y + l_f\omega_r \quad \text{(P3-5)}$$

后轮的横向速度为

$$v_r = V_y - l_r\omega_r \quad \text{(P3-6)}$$

车辆前、后轴都是转向轴,设前、后轮的转向角为 δ_f 和 δ_r,则:

$$\tan(\alpha_f + \delta_f) = \frac{v_f}{V_{ego}} \quad \text{(P3-7)}$$

$$\tan(\alpha_r + \delta_r) = \frac{v_r}{V_{ego}} \quad \text{(P3-8)}$$

由于轮胎的侧偏角很小,则前、后轮的侧偏角可近似为

$$\alpha_f = \frac{V_y + l_f\omega_r}{V_{ego}} - \delta_f \quad \text{(P3-9)}$$

$$\alpha_r = \frac{V_y - l_r\omega_r}{V_{ego}} - \delta_r \quad \text{(P3-10)}$$

则前、后轮的侧向力为

$$F_{yf} = -C_{\alpha f}\alpha_f \quad (\text{P3-11})$$

$$F_{yr} = -C_{\alpha r}\alpha_r \quad (\text{P3-12})$$

与前轮转向车辆相比,四轮转向系统的侧向力和横摆扭矩均多出了由后轮转角引起的附加增量,这是四轮转向系统可以改善车辆操纵稳定性的根本原因所在。

根据式(P3-3)~式(P3-12)可得:

$$m(\dot{V}_y + V_{ego}\omega_r) = C_{\alpha f}\delta_f + C_{\alpha r}\delta_r - \frac{C_{\alpha f} + C_{\alpha r}}{V_{ego}}V_y - \frac{C_{\alpha f}l_f - C_{\alpha r}l_r}{V_{ego}}\omega_r \quad (\text{P3-13})$$

$$I_z\dot{\omega}_r = C_{\alpha f}l_f\delta_f + C_{\alpha r}l_r\delta_r - \frac{C_{\alpha f}l_f - C_{\alpha r}l_r}{V_{ego}}V_y - \frac{C_{\alpha f}l_f^2 + C_{\alpha r}l_r^2}{V_{ego}}\omega_r \quad (\text{P3-14})$$

对式(P3-13)和式(P3-14)进行变换可得四轮转向的状态空间模型:

$$\begin{bmatrix}\dot{V}_y \\ \dot{\omega}_r\end{bmatrix} = \begin{bmatrix} -\dfrac{C_{\alpha f}+C_{\alpha r}}{mV_{ego}} & -\dfrac{C_{\alpha f}l_f - C_{\alpha r}l_r}{mV_{ego}} - V_{ego} \\ -\dfrac{C_{\alpha f}l_f - C_{\alpha r}l_r}{I_z V_{ego}} & -\dfrac{C_{\alpha f}l_f^2 + C_{\alpha r}l_r^2}{I_z V_{ego}} \end{bmatrix}\begin{bmatrix}V_y \\ \omega_r\end{bmatrix} + \begin{bmatrix}\dfrac{C_{\alpha f}}{m} & \dfrac{C_{\alpha r}}{m} \\ \dfrac{C_{\alpha f}l_f}{I_z} & -\dfrac{C_{\alpha r}l_r}{I_z}\end{bmatrix}\begin{bmatrix}\delta_f \\ \delta_r\end{bmatrix}$$

$$(\text{P3-15})$$

其中,I_z 为车辆的转动惯量(kg·m²),$C_{\alpha f}$ 和 $C_{\alpha r}$ 分别为车辆前后轮的侧偏刚度(N/rad),δ_f 和 δ_r 分别为前后轮转角(rad)。

P3.3.2 稳态转向特性

四轮转向的后轮转向角输入通常由两部分信息决定:一部分是正比于前轮转向角的输入,另一部分是与侧向加速度有关的输入,其中侧向加速度由纵向车速与横摆角速度确定。假定四轮转向系统的后轮转向角控制输入为

$$\delta_r = G_\delta \delta_f + G_a V_{ego}\omega_r \quad (\text{P3-16})$$

其中,G_δ 为前、后轮转向角之比,G_a 为车辆侧向运动状态的反馈增益。则二自由度模型可简化为

$$\begin{bmatrix}\dot{V}_y \\ \dot{\omega}_r\end{bmatrix} = \begin{bmatrix} -\dfrac{C_{\alpha f}+C_{\alpha r}}{mV_{ego}} & -\dfrac{C_{\alpha f}l_f - C_{\alpha r}l_r - G_a C_{\alpha r}V_{ego}^2}{mV_{ego}} - V_{ego} \\ -\dfrac{C_{\alpha f}l_f - C_{\alpha r}l_r}{I_z V_{ego}} & -\dfrac{C_{\alpha f}l_f^2 + C_{\alpha r}l_r^2 + G_a C_{\alpha r}l_r V_{ego}^2}{I_z V_{ego}} \end{bmatrix}\begin{bmatrix}V_y \\ \omega_r\end{bmatrix} + \begin{bmatrix}\dfrac{C_{\alpha f}+G_\delta C_{\alpha r}}{m} \\ \dfrac{C_{\alpha f}l_f - G_\delta C_{\alpha r}l_r}{I_z}\end{bmatrix}\delta_f$$

$$(\text{P3-17})$$

当 $G_\delta = G_a = 0$ 时,模型(P3-17)等效于前轮转向车辆的二自由度模型。

当车辆稳态行驶时,车辆的稳定行驶状态即为车辆二自由度模型的平衡点即

$$\begin{bmatrix}\dot{V}_y \\ \dot{\omega}_r\end{bmatrix} = \begin{bmatrix}0 \\ 0\end{bmatrix} \quad (\text{P3-18})$$

根据式(P3-17)和式(P3-18)可得平衡点为

$$V_y = -\frac{C_{\alpha f}l_f mV_{ego}^2 - C_{\alpha f}C_{\alpha r}l_r L - G_a C_{\alpha f}C_{\alpha r}LV_{ego}^2 - G_\delta(C_{\alpha f}C_{\alpha r}l_f L + C_{\alpha r}l_r mV_{ego}^2)}{C_{\alpha f}C_{\alpha r}L^2 - mV_{ego}^2(C_{\alpha f}l_f - C_{\alpha r}l_r) + G_a C_{\alpha f}C_{\alpha r}LV_{ego}^2} V_{ego}\delta_f$$

$$\omega_r = \frac{C_{\alpha f}C_{\alpha r}L(1-G_\delta)}{C_{\alpha f}C_{\alpha r}L^2 - mV_{ego}^2(C_{\alpha f}l_f - C_{\alpha r}l_r) + G_a C_{\alpha f}C_{\alpha r}LV_{ego}^2} V_{ego}\delta_f \qquad (P3\text{-}19)$$

车辆稳态转向行驶时，四轮转向系统的控制目标是使稳态质心侧偏角为0，即横向运动速度的稳态值为0，可得

$$C_{\alpha f}l_f mV_{ego}^2 - C_{\alpha f}C_{\alpha r}l_r L - G_a C_{\alpha f}C_{\alpha r}LV_{ego}^2 - G_\delta(C_{\alpha f}C_{\alpha r}l_f L + C_{\alpha r}l_r mV_{ego}^2) = 0 \qquad (P3\text{-}20)$$

则前、后轮转向角之比为

$$G_\delta = \frac{C_{\alpha f}l_f mV_{ego}^2 - C_{\alpha f}C_{\alpha r}l_r L - G_a C_{\alpha f}C_{\alpha r}LV_{ego}^2}{C_{\alpha r}l_r mV_{ego}^2 + C_{\alpha f}C_{\alpha r}l_f L} \qquad (P3\text{-}21)$$

因此，四轮转向系统式（P3-16）按照式（P3-21）来设定前、后轮转向角之比时，就可以保证车辆稳态行驶时的横向运动速度为0，而该前、后轮转向角比随车辆行驶速度变化而变化。根据式（P3-21）可得临界速度满足关系式

$$G_\delta = \frac{C_{\alpha f}l_f mV_{ego}^2 - C_{\alpha f}C_{\alpha r}l_r L - G_a C_{\alpha f}C_{\alpha r}LV_{ego}^2}{C_{\alpha r}l_r mV_{ego}^2 + C_{\alpha f}C_{\alpha r}l_f L} = 0 \qquad (P3\text{-}22)$$

则可得临界速度为

$$V_0 = \sqrt{\frac{C_{\alpha r}l_r L}{l_f m - G_a C_{\alpha r}L}} \qquad (P3\text{-}23)$$

在临界车速 V_0 附近时，前、后轮转向角之比 G_δ 约为0，此时四轮转向系统式（P3-16）等价于前轮转向系统。

如图P3.4所示，当车速小于 V_0 即低速时，前、后轮转向角之比 G_δ 为负值，前、后轮转动方向相反，可减小转弯半径，提高车辆的通过性与操纵灵活性；当车速大于 V_0 即高速时，前、后轮转向角之比 G_δ 为正值，前、后轮转动方向相同，车辆侧向加速度响应时间缩短，横摆角速度响应也大幅减小。

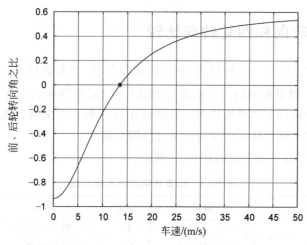

图 P3.4 前、后轮转向角之比随车速的变化曲线图

四轮转向系统(P3-16)按照式(P3-21)来设定前后轮转向角之比时,根据式(P3-19)可得车辆的稳态横摆角速度响应为

$$\omega_r = \frac{1-G_\delta}{L(1+K_v V_{ego}^2)} V_{ego} \delta_f \quad \text{(P3-24)}$$

其中,稳定性因数为

$$K_v = -\frac{m}{L^2}\left(\frac{l_f}{C_{ar}} - \frac{l_r}{C_{af}}\right) + \frac{G_a}{L} \quad \text{(P3-25)}$$

当车速大于临界速度 V_0 时,由于前、后轮转向角之比 G_δ 为正值,因此,根据式(P3-24)可得四轮转向车辆的横摆角速度比两轮转向车辆的横摆角速度大幅度减小。此外,根据稳定性因数(P3-25)可得,前、后轮转向角之比 G_δ 并不改变车辆的转向特性,而车辆侧向运动状态反馈增益 $G_a>0$ 的引入增加了车辆不足转向的趋势,随着车速的增加,将更好地抑制稳态横摆角速度增益,这说明了正比例系数 G_a 的引入对四轮转向车辆的操纵稳定性起着非常重要的作用。

P3.3.3 楔形移动特性

上节中分析了四轮转向车辆的稳态转向特性,四轮转向系统(P3-16)的控制目标是使稳态质心侧偏角为0,即横向运动速度的稳态值为0。当四轮转向车辆作楔形移动时,四轮转向系统(P3-16)的控制目标是使稳态横摆角速度为0,根据式(P3-19)可得前、后轮转向角之比 G_δ 为

$$G_\delta = 1 \quad \text{(P3-26)}$$

根据式(P3-19)可得,比例系数 G_a 对横向运动速度的稳态值没有影响,则可取 $G_a=0$,则此时的四轮转向系统式(P3-16)为

$$\delta_r = \delta_f \quad \text{(P3-27)}$$

此时,前、后轮转角相等,四轮转向车辆作楔形移动,车辆的稳态侧偏角为

$$\beta = \frac{V_y}{V_{ego}} = \delta_f \quad \text{(P3-28)}$$

P3.3.4 前轮转向和四轮转向比较

当四轮转向系统式(P3-16)按照式(P3-21)来设定前、后轮转向角之比 G_δ 且假设比例系数 $G_a=0.001$ 时,根据车辆的二自由度模型式(P3-15)对四轮转向车辆的操纵性能进行仿真分析,并与前轮转向车辆的操纵稳定性进行比较。本节给出两种典型工况下的仿真结果,通过与前轮转向车辆的仿真结果对比来加以解释说明。

本次仿真所采用的车辆参数如表 P3.1 所示。

表 P3.1 仿真所采用的车辆参数

变量	含义	取值	变量	含义	取值
M	整车质量	1920kg	I_z	绕 z 轴转动惯量	3217kg·m²
C_{af}	前轮侧偏刚度	−70000N/rad	C_{ar}	后轮侧偏刚度	−110000N/rad
l_f	质心到前轴距离	1.55m	l_r	质心到后轴距离	1.45m

根据式(P3-23)计算得到对应的临界速度在 13.5m/s 左右。

1. 阶跃转角输入工况

车速分别取 10m/s、20m/s、30m/s 三种工况,两轮转向车辆和四轮转向车辆的前轮转角输入都是 10°,四轮转向车辆的前、后轮转角输入如图 P3.5 所示。由图可见,当车速小于临界速度时,前、后轮转动方向相反,可减小转弯半径,提高车辆的通过性与操纵灵活性;当车速大于临界车速时,前、后轮转动方向相同,且速度越快后轮转角越大,有助于改善车辆的横摆角速度响应。

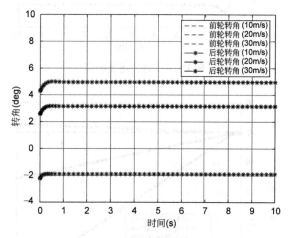

图 P3.5　前、后轮转角输入

前轮转向车辆与四轮转向车辆的操纵动力学响应对比结果包括侧向速度与侧向位移响应、横摆角速度响应依次如图 P3.6 所示。由图可见,四轮转向车辆稳态运动时没有侧偏现象,且瞬态过程的侧偏角也小于前轮转向车辆,速度越快瞬态控制效果越明显,同时,对于四轮转向车辆,车速越快侧向速度越大,但最终都将趋近于 0。由图 P3.7 可见,两轮转向车辆存在明显的侧偏现象,且车速越快侧偏越严重,而四轮转向车辆的侧偏角明显小于两轮转向车辆。由图 P3.8 可见,两轮转向车辆的横摆角速度随着车速的增大而增大,四轮转向车辆的横摆角速度随着车速的增加而减小,这是因为高速时,前、后轮为同位转向,横摆角速度减小,而在低速时,四轮转向车辆采用逆位转向策略,减小了转弯半径但是略微增大了横摆角速度,不过与两轮转向车辆相比还是具有较大的优势,尤其是高速时的优势更明显。由图 P3.9 可见,四轮转向系统增加了车辆不足转向的趋势,随着车速的增加,将更好地抑制稳态横摆角速度增益,这也说明了正比例系数 G_a 的引入对四轮转向车辆的操纵稳定性起着非常重要的作用。

2. 正弦转角输入工况

车速分别取 10m/s、20m/s、30m/s 三种工况,两轮转向车辆和四轮转向车辆的前轮转角输入都是相同的正弦转角,四轮转向车辆的前、后轮转角输入如图 P3.10 所示。

前轮转向车辆与四轮转向车辆的操纵动力学响应对比结果如图 P3.11~图 P3.14 所示。由图可见,四轮转向车辆的侧偏角远小于前轮转向车辆,且速度越快四轮转向车辆侧偏

彩图 P3.6

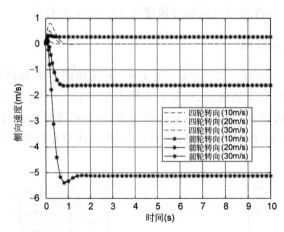

图 P3.6 侧向速度响应

彩图 P3.7

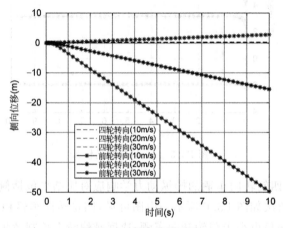

图 P3.7 侧向位移响应

彩图 P3.8

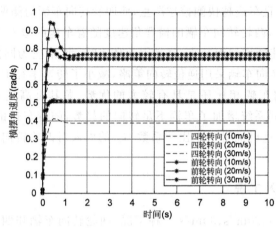

图 P3.8 横摆角速度响应

的控制效果越明显,同时,四轮转向车辆的横摆角速度随着车速的增加而减小,四轮转向车辆在侧偏抑制与横摆角速度控制方面的优势非常明显。由图 P3.14 可见,四轮转向车辆的

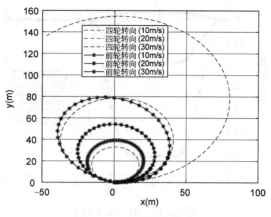

图 P3.9 车辆行驶轨迹

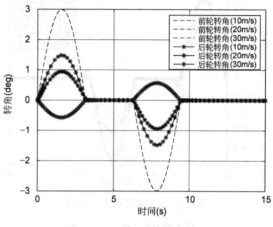

图 P3.10 前、后轮转角输入

不足转向特性比两轮转向车辆更突出,在高速时将更好地抑制车辆侧偏与横摆运动,这也说明了四轮转向车辆的操纵稳定性比前轮转向车辆表现得更优异。

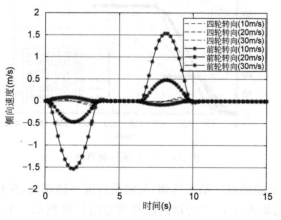

图 P3.11 侧向速度响应

彩图 P3.12

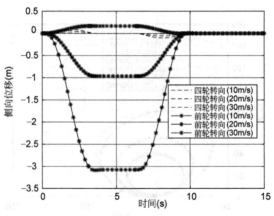

图 P3.12　侧向速度响应

彩图 P3.13

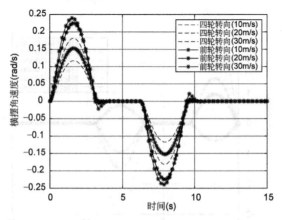

图 P3.13　横摆角速度响应

彩图 P3.14

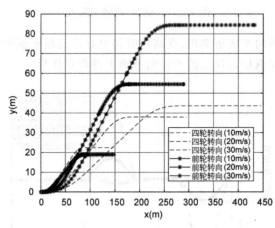

图 P3.14　车辆行驶轨迹

由上述两个仿真试验的对比结果可知，与前轮转向车辆相比，在相同的方向盘转角输入下，四轮转向车辆采用如式（P3-16）所示的控制策略给后轮施加一个转向角，改善了转向系统的响应特性，车辆侧向运动速度明显减小。采用四轮转向系统提高了车辆的瞬态响应及车辆转向时的横摆阻尼，同时也减小了横摆角速度的振动周期、响应峰值和车身侧偏角。采用式(P3-21)来设定前、后轮转向角之比 G_δ 时,四轮转向系统使得车辆转向过程中的侧偏角非常接近于 0,从侧向动力学响应(如横摆角速度、侧向加速度等)来看,四轮转向车辆的控制效果也比前轮转向车辆的控制效果更好。

P3.4 PID 控制器

PID 控制器是一种典型的动态输出反馈控制器,其控制律为

$$\delta_f(t) = K_p e(t) + K_i \int_0^t e(\tau) d\tau + K_d \dot{e}(t) \tag{P3-29}$$

其中,K_p、K_i、K_d 分别为误差的比例系数、积分系数、微分系数。PID 控制器适用于单输入单输出系统,应用于前、后轮转向车辆控制系统难度较大,因此,后轮转向角控制输入策略选择式(P3-16),系统测量输出选择可测的横摆角速度,可得单输入单输出系统模型为

$$\begin{cases} \dot{x} = Ax + Bu \\ y = Cx \end{cases} \tag{P3-30}$$

其中,

$$x = \begin{bmatrix} V_y \\ \omega_r \end{bmatrix}, \quad y = \omega_r, \quad u = \delta_f, \quad B = \begin{bmatrix} \dfrac{C_{\alpha f} + G_\delta C_{\alpha r}}{m} \\ \dfrac{C_{\alpha f} l_f - G_\delta C_{\alpha r} l_r}{I_z} \end{bmatrix}, \quad C = \begin{bmatrix} 0 & 1 \end{bmatrix}$$

$$A = \begin{bmatrix} -\dfrac{C_{\alpha f} + C_{\alpha r}}{m V_{ego}} & -\dfrac{C_{\alpha f} l_f - C_{\alpha r} l_r - G_a C_{\alpha r} V_{ego}^2}{m V_{ego}} - V_{ego} \\ -\dfrac{C_{\alpha f} l_f - C_{\alpha r} l_r}{I_z V_{ego}} & -\dfrac{C_{\alpha f} l_f^2 + C_{\alpha r} l_r^2 + G_a C_{\alpha r} l_r V_{ego}^2}{I_z V_{ego}} \end{bmatrix} \tag{P3-31}$$

此时,系统(P3-30)即为一个单输入单输出系统,可以针对该模型设计一个 PID 控制器。

假设期望行驶轨迹的转弯半径为 R_0,则期望的横摆角速度为

$$\omega_{ref} = \dfrac{V_{ego}}{R_0} \tag{P3-32}$$

则 PID 控制器(P3-29)的跟踪误差为

$$e(t) = \omega_{ref}(t) - \omega_r(t) = \dfrac{V_{ego}}{R_0} - \omega_r(t) \tag{P3-33}$$

P3.5 隆伯格状态观测器

利用全状态反馈控制可以非常方便地实现四轮转向控制,而不受限于后轮转向控制策略(P3-16)。但是,四轮转向车辆模型(P3-15)存在状态不可测问题,即横向速度不可测,而只有横摆角速度是可测的,同时,考虑横摆角速度的测量误差,因此,当设计状态反馈控制器时,需要先设计四轮转向车辆模型的状态观测器,以估计出系统的横向速度和横摆角速度并

实现全状态反馈控制。因此，考虑单输入单输出的四轮转向车辆模型为

$$\begin{cases} \dot{x}(t) = Ax(t) + Bu(t) \\ y(t) = Cx(t) \end{cases} \quad \text{(P3-34)}$$

其中，系统矩阵如式(P3-31)所示。接下来设计隆伯格观测器以重构四轮转向车辆(P3-34)的运动状态：

$$\begin{cases} \dot{\hat{x}}(t) = A\hat{x}(t) + Bu(t) + K_e[y(t) - \hat{y}(t)] \\ \hat{y}(t) = C\hat{x}(t) \end{cases} \quad \text{(P3-35)}$$

其中，$\hat{x}$ 为 x 的状态估计值，K_e 称为观测器的增益矩阵。隆伯格观测器利用可量测输出 y 与估计输出 $\hat{y}$ 之差来对先验估计值进行修正，矩阵 K_e 起到加权修正的作用。

为了得到观测器的误差动态方程，定义跟踪误差为

$$e(t) = x(t) - \hat{x}(t) \quad \text{(P3-36)}$$

将式(P3-34)减去式(P3-35)可得

$$\dot{e}(t) = \dot{x}(t) - \dot{\hat{x}}(t) = (A - K_e C)e(t) \quad \text{(P3-37)}$$

可见，误差向量的动态特性由矩阵 $A - K_e C$ 的特征值决定。如果矩阵 $A - K_e C$ 渐近稳定，则对任意初始误差 $e(0)$，误差向量 $e(t)$ 都将趋近于 0，也就是说，$\hat{x}(t)$ 都将收敛到 $x(t)$。因此，可以利用极点配置法对隆伯格观测器的增益矩阵进行设计。

当给定系统矩阵 A 和 C 以及期望的观测器极点 p 后，可以利用下面的函数命令求得观测器增益矩阵 K_e：

$$\text{Ke} = \text{place}(A', C', p)'$$

P3.6 状态反馈控制器

当附加了后轮转角后，车辆横摆角速度和侧向运动速度的稳态增益随车速和前轮转角发生了较大幅度的变化，即同向转向时稳态增益减小，反向转向时稳态增益增大，这就增加了转向系统的控制难度。因此，可以用最优控制思想来设计四轮转向的控制策略。

由于采用了式(P3-21)来设定前、后轮转向角之比 G_δ，四轮转向系统使得车辆转向过程中的侧偏角几乎为 0，因此，四轮转向的最优控制问题可以描述为：在前、后轮转向角之比 G_δ 和比例系数 G_a 已知的情况下，寻找一个最优的前轮转角输入使得四轮转向车辆的横摆角速度最小化，同时，考虑控制能量的最小化，因此，该最优控制的性能指标可定义为

$$J = \int_0^\infty (x^T Q x + \delta_f^T R \delta_f) dt \quad \text{(P3-38)}$$

其中，$Q = \begin{bmatrix} 0 & 0 \\ 0 & q^2 \end{bmatrix}$ 为权矩阵，q 和 R 为权重系数。

由最优控制理论可知，若控制输入为

$$\delta_f = -k_1 V_y - k_2 \omega_r = -Kx = -R^{-1} B^T P x \quad \text{(P3-39)}$$

则性能指标 J 为最小，其中 P 是黎卡提方程的解：

$$PA + A^T P - PBR^{-1}B^T P + Q = 0 \quad \text{(P3-40)}$$

考虑到系统状态的不可测问题，利用观测器重构的状态进行反馈控制，即

$$\delta_{\mathrm{f1}} = -K\hat{x} \tag{P3-41}$$

其中,$\hat{x}$为利用隆伯格观测器(P3-35)估计的x的状态值。

根据式(P3-24)所示的稳态横摆角速度响应,以及期望的横摆角速度(P3-32),可得四轮转向车辆稳态行驶时的前馈控制输入为

$$\delta_{\mathrm{f2}} = \frac{L(1+K_{\mathrm{v}}V_{\mathrm{ego}}^{2})}{R_{0}(1-G_{\delta})} \tag{P3-42}$$

则采用前馈与反馈相结合的控制策略时的前轮转角输入为

$$\delta_{\mathrm{f}} = \delta_{\mathrm{f1}} + \delta_{\mathrm{f2}} \tag{P3-43}$$

P3.7 闭环系统仿真

假设观测器极点$p=[-10,-20]$,权重系数为$q=5$和$R=1$,利用以下代码求解观测器和控制器增益矩阵。

```
vx = 10;m = 1920;Iz = 3217;Cf = 70000;Cr = 110000;lf = 1.55;lr = 1.45;L = lf + lr;Ga = 0.001;
Gd = (Cf * lf * m * vx^2 - Cf * Cr * lr * L - Ga * Cf * Cr * L * vx^2)/(Cr * lr * m * vx^2 + Cf * Cr * lf
    * L);
A = [ - (Cf + Cr)/m/vx, - (Cf * lf - Cr * lr - Ga * Cr * vx^2)/m/vx - vx;
 - (Cf * lf - Cr * lr)/Iz/vx, - (Cf * lf^2 + Cr * lr^2 + Ga * Cr * lr * vx^2)/Iz/vx];
B = [(Cf + Gd * Cr)/m;(Cf * lf - Gd * Cr * lr)/Iz];C = [0,1];
p = [ - 10, - 20];Ke = place(A',C',p)';
Q = [0,0;0,10];R = 1;K = lqr(A,B,Q,R);
```

求解结果如下:

$$Ke = [-2.5820;\ 7.7123],\quad K = [0.0281,1.9669]$$

假设车辆行驶速度在10m/s附近波动,期望的圆周轨迹半径为50m,即期望轨迹的曲率为0.02。设计四轮转向车辆的圆周轨迹跟踪控制器,并完成四轮转向车辆的闭环仿真。对比四轮转向和两轮转向车辆的轨迹跟踪性能,以及PID控制和基于隆伯格观测器的LQR状态反馈控制效果,系统仿真结果如图P3.15~图P3.19所示。

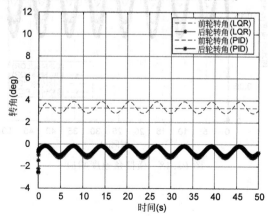

彩图 P3.15

图 P3.15 前、后轮转角输入

彩图 P3.16

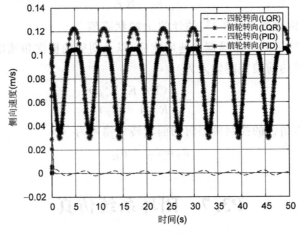

图 P3.16 侧向速度响应

彩图 P3.17

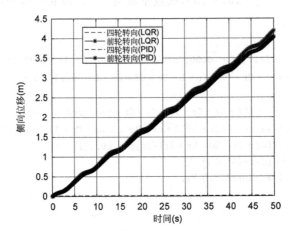

图 P3.17 侧向位移响应

彩图 P3.18

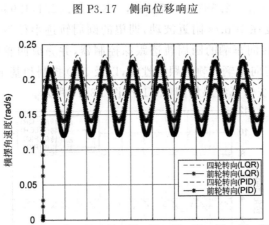

图 P3.18 横摆角速度响应

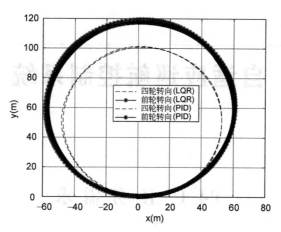

图 P3.19　车辆行驶轨迹

　　由仿真结果可见,四轮转向车辆的轨迹跟踪性能优于前轮转向车辆,由于车速为 10m/s,小于临界车速,因此四轮转向车辆是逆位转向模式,故四轮转向车辆的横摆角速度略高于两轮转向车辆。LQR 的控制效果也优于 PID 的控制效果,在 PID 的仿真结果中出现了大幅度的振荡,由 PID 控制的四轮转向车辆也出现了微小的侧偏,而在 LQR 控制的四轮转向车辆中几乎没有侧偏发生。综上所述,采用前馈与反馈相结合的方式,并利用隆伯格观测器重构系统状态后用于反馈控制,观测器和控制器分别采用极点配置法和 LQR 求解,采用这种控制策略的四轮转向车辆能获得较优的轨迹跟踪性能。

思　考　题

1. 与两轮转向车辆相比,四轮转向车辆的优势体现在哪些方面?
2. 与 PID 控制相比,状态反馈控制的优势是什么?
3. 在状态反馈控制中,为什么要设计状态观测器?

项目 4

自适应巡航控制系统

P4.1 任务需求

自适应巡航控制(adaptive cruise control, ACC)利用车载传感器或通信设备感知车辆前方交通状态与车辆信息,结合驾驶员的操作指令,根据一定的控制算法对车辆的驱动与制动系统进行一定程度的自动控制,进而在纵向方向上控制车辆的运动。当前方没有车辆或前方车辆远在安全车距之外时以预设车速定速巡航,而当前方车辆在监测范围以内且前方车辆车速小于本车巡航车速时,以一定的控制策略自动跟随前车行驶。ACC 在特定工况下实现了汽车的纵向自动驾驶,减轻了驾驶员操作负担,降低交通事故率,改善交通流量,是目前高级驾驶辅助系统(ADAS)的重要组成部分,技术应用较成熟,在众多量产车型上得到了广泛应用。

目前的 ACC 系统发展阶段,主要针对多目标优化,实现稳定跟车性能、经济性和舒适性的多目标协同控制。

自适应巡航控制系统可分为环境感知模块、ACC 功能模块、执行控制模块。自适应巡航系统利用车载传感器感知前方车辆状态与环境信息。ACC 功能模块进行关键主目标筛选,确定主目标与本车之间的相对距离和相对速度,并结合车辆的运行状态与驾驶员的操作指令,计算目标加速度或者减速度,并通过底层的执行控制模块即线控驱动和线控制动系统实现车辆的纵向运动控制,实现定速巡航或车距保持功能;在有碰撞危险时进行主动制动干预,并提醒驾驶员接管车辆控制权。一个典型的 ACC 系统总体结构如图 P4.1 所示。

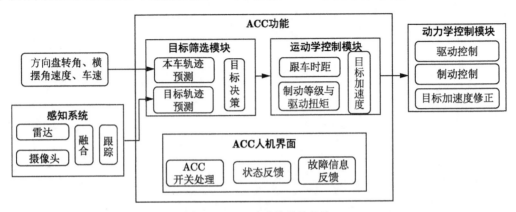

图 P4.1 ACC 系统总体架构

在 ACC 系统下位控制器的设计中,控制器的输入为预期的加速度,而输出为底层执行机构的执行量,下层执行机构主要为车辆的驱动系、制动系与传动系。针对纯电动汽车,其纵向控制的执行机构相对燃油车来说较简单,只需要控制电机的扭矩和制动系统的压力即可。针对燃油车的执行机构则较复杂,考虑到在实际控制过程中,自动换挡多由传动系的自动变速箱根据车速、节气门位置以及发动机转速自动完成,因此执行机构控制策略主要围绕电子节气门与主动制动系统展开。由于发动机的响应特性以及制动系统机械液压复合系统的复杂性,再考虑到底层执行机构的控制频率一般较高,所以一般不采用复杂的控制模型,而采用简单的 PID 控制、模糊控制等反馈控制算法。

根据前方目标车辆对主车行驶是否存在影响而将 ACC 工作模式划分为巡航模式和跟随模式,是多模式 ACC 系统中最典型的方法。基于有限状态机设计的 ACC 系统的状态切换示意图如图 2.24 所示。当主车前方无车辆或前方车辆较远时,主车将处于巡航模式,ACC 系统按照设定的行驶速度对车辆进行速度跟踪控制;当主车前方有目标车辆且目标车辆的行驶速度小于主车的行驶速度时,ACC 系统将控制主车进行减速,确保车间距为预先设定的安全距离;当 ACC 系统将主车的速度减至期望的目标值之后采用跟随控制,与目标车辆保持同速行驶。

通过本项目实训,了解 ACC 系统的工作原理和基本组成部分,能够设计 ACC 跟车动力学模型,设计出多模式 ACC 的控制策略,并能够基于常用的控制器设计方法进行 ACC 的控制器设计,最后,分别在 MATLAB 和 PreScan 两个仿真平台下完成 ACC 系统的闭环仿真。通过仿真分析,进一步加深对自动驾驶场景、车辆动力学、控制器设计的理解,并逐步掌握复杂系统的编程仿真能力。

P4.2 分层控制策略

由于车辆制动系统、驱动系统以及车辆整体的动力学模型的复杂性,ACC 系统为复杂的非线性系统,为了简化设计与提升系统的鲁棒性与可靠性,目前的 ACC 系统主要采用分层系统设计思想。按照系统组成,ACC 系统可分为交通信息辨识、安全跟车模型、自适应巡航控制模型与执行机构控制模型。

P4.2.1 目标筛选

ACC 系统正常运行的一大前提是需要准确的环境感知信息,一般通过车载传感器对车辆行驶环境进行检测。传感器获取的原始数据经过主控系统处理,提取为有效的道路目标动态信息,包括前车相对距离、相对车速等动态信息量。有效的道路动态信息量作为 ACC 系统的参数输入,供主控系统决策判断。主流的 ACC 系统采用车载视觉系统与毫米波雷达系统进行目标感知。相比其他交通信息传感器,车载视觉系统的成本相对较低,且能获得包括道路车辆、行人及交通标线与标志在内的大量交通信息。车载视觉系统主要利用机器学习算法与特征提取来发掘图像中的道路目标信息,并通过立体视觉或对摄像头安装位置的标定来确定所检测到目标的位置信息。毫米波雷达可通过多普勒原理完成对目标相对速度的检测,且相比其他车载测距传感器具有较远的检测距离及较强的环境适应能力。

毫米波雷达在一个检测周期内分别返回 64 个目标与主车的相对车距 ρ_r,相对车速 v_r 与方位角 θ 信息,而 ACC 系统则需要环境车辆的纵向及侧向行驶信息以完成对主车的控制(图 P4.2)。因此,需要将雷达输出的极坐标信息向直角坐标系中转换,转换方法为

$$\begin{cases} d_{xr} = \rho_r \cos\theta \\ d_{yr} = \rho_r \sin\theta \end{cases} \tag{P4-1}$$

其中,d_{xr} 与 d_{yr} 为车与目标车辆的纵向相对车距与侧向相对车距,ρ_r 为相对车距,θ 为目标车辆的方位角。根据多普勒效应,毫米波雷达所检测的目标车辆速度为相对速度。利用目标方位角 θ 和相对速度 v_r,可计算目标车辆与主车的纵向相对速度与侧向相对速度为

$$\begin{cases} v_{xr} = v_r \cos\theta - \rho_r \dot{\theta} \sin\theta \\ v_{yr} = v_r \sin\theta + \rho_r \dot{\theta} \cos\theta \end{cases} \tag{P4-2}$$

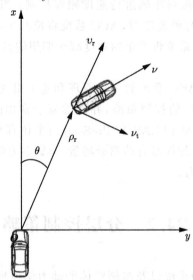

图 P4.2 毫米波雷达目标车辆坐标系与主车坐标系

获得与主车的纵向及侧向相对运动信息后,即可检验环境车辆是否处于 ACC 的有效检测区域内,从而对处于有效检测区域外的目标直接剔除,以加快后续算法的处理速度。在直道中,有效检测区域可以设置为一矩形区域,实际的参数与道路结构和实际运行工况有关。而对于弯道工况,则需要进行弯道区域补偿,以抵消道路曲率的影响,避免误识别。当车速小于 1m/s 时,采用前轮转角和轴距计算曲率,当车速大于 2m/s 时,采用横摆角速度和车速计算曲率。当车速介于 1m/s 和 2m/s 之间时,曲率由二者加权平均得到。由车辆动力学可得曲率计算公式如下所示:

$$\begin{cases} \kappa = \dfrac{\delta}{L}, & \text{低速} \\ \kappa = \dfrac{\dot{\varphi}}{V_{\text{ego}}}, & \text{高速} \end{cases} \tag{P4-3}$$

根据道路曲率以及障碍物的横纵向相对距离,即可筛选出本车道内的主目标。若障碍物的横纵向距离满足下列关系式,则该障碍物是本车道内的主目标(CIPV)。

$$\left| \frac{1}{\kappa} - \text{sgn}\left(\frac{1}{\kappa}\right) \sqrt{d_{xr}^2 + \left(\frac{1}{\kappa} - d_{yr}\right)^2} \right| \leqslant \Delta d_0 \qquad \text{(P4-4)}$$

其中,Δd_0 是车辆判断为 CIPV 的横向距离阈值。

P4.2.2 安全跟车模型

可靠而合适的安全跟车模型的选择和设置对 ACC 系统十分关键。在进行车距控制时,安全跟车模型实时计算主车的运动状态,并根据前车的行驶情况决定是否对主车进行加速或减速操作。安全车距设置偏小会导致主车在前车跟随行驶时经常处于不安全状态,从而引发驾驶员精神紧张。安全车距设置过大则会引起其他车辆的频繁并线,使驾驶员对 ACC 的信任度降低。目前主要选用的是固定车间安全时距模型,即安全车距等于主车车速乘以时间常数,再加停车时的最小安全车距。这种安全车距计算方法基本符合驾驶员在不同车速下对安全车距的期望。除了固定车间安全时距模型,也有研究者提出了定车距模型、固定安全因数模型、固定稳定性模型及固定认可度模型等。

基于车头时距的安全距离模型是应用比较广泛的跟车模型,该模型表示跟随车辆的期望跟车距离与车速具有线性关系,即定车间时距安全跟车模型可以描述如下:

$$d_s = T_h V_{ego} + d_0 \qquad \text{(P4-5)}$$

式中,d_s 为安全车距,T_h 为驾驶员设定的时间常数,d_0 为距离常数。采用这种车距模型的意义在于不同驾驶员的 T_h 有相近但不同的范围,并且利用距离常数对制动安全距离进行弥补。安全车距作为 ACC 系统的跟踪量,也是运动评价参数之一。T_h 和 d_0 是 ACC 跟车时的两个重要参数,主要由驾驶员设定,但是根据实际行驶场景可进行适当的修正,比如在冰雪等低附路面行驶时,系统可将驾驶员设定的跟车参数适当进行增大,以保证跟车行驶的安全性。

ACC 系统的两种控制模式如图 P4.3 所示。当两车距离较远时,车辆可安全行驶,此时是速度控制模式,其控制目标是跟踪驾驶员设定的期望速度;当两车距离较近时,采用距离控制模式,其控制目标是保持安全的跟车距离以及跟踪前车速度。速度控制模式较简单,比如采用经典的 PID 控制实现车辆速度跟踪期望速度,本章不对这部分内容做过多讨论;而巡航时的距离控制模式相对复杂一些,因此,接下来就建立跟车时的车辆动力学模型,并对跟车时的距离控制问题进行讨论。

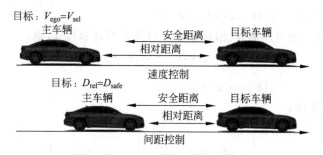

图 P4.3 ACC 系统两种控制模式

P4.2.3　跟车动力学模型

根据道路信息、目标车辆信息及自车行驶状态进行控制策略决策,对下层执行机构发出控制指令,是 ACC 系统的核心部分。若利用速度、安全车距、道路曲率等信息直接计算发动机节气门开度、制动液压以及前轮转向角度,由于车辆的动力学模型较为复杂且具有较多的非线性环节,因此在实际设计中 ACC 系统采用分层设计结构,上级控制系统根据传感器信息及控制策略确定期望加速度或期望速度,下位控制器根据期望加速度与速度计算执行机构的控制量,并对控制机构发出跟踪控制需求,从而控制车辆的实际加速度与速度与期望值匹配。当采用分层的控制结构时,设计 ACC 上位控制器时可把下位控制器看作惯性延时环节。

在上位控制器的设计中,可以采用线性二次型调节器(LQR)、模型预测控制器(MPC)等最优控制理论来对控制器进行优化设计。设两车相对距离为 d,相对速度为 v,本车实际加速度为 a,求解的目标为期望的加速度 u_d。利用车辆的运动学模型,自适应巡航跟踪过程的状态可表示为如下连续状态空间表达式,其中 u_d 为控制输入量,T_s 为下位控制器的惯性延时时长:

$$\begin{bmatrix} \dot{d}(t) \\ \dot{v}(t) \\ \dot{a}(t) \end{bmatrix} = \begin{bmatrix} 0 & 1 & 0 \\ 0 & 0 & -1 \\ 0 & 0 & -\dfrac{1}{T_s} \end{bmatrix} \begin{bmatrix} d(t) \\ v(t) \\ a(t) \end{bmatrix} + \begin{bmatrix} 0 \\ 0 \\ \dfrac{1}{T_s} \end{bmatrix} u_d(t) + \begin{bmatrix} 0 \\ 1 \\ 0 \end{bmatrix} a_1(t) \quad \text{(P4-6)}$$

其中,a_1 是前车的加速度,可视作干扰项。对上式进行离散化表示可转化为

$$\begin{bmatrix} d(k+1) \\ v(k+1) \\ a(k+1) \end{bmatrix} = \begin{bmatrix} 1 & T_c & 0 \\ 0 & 1 & -T_c \\ 0 & 0 & 1-\dfrac{T_c}{T_s} \end{bmatrix} \begin{bmatrix} d(k) \\ v(k) \\ a(k) \end{bmatrix} + \begin{bmatrix} 0 \\ 0 \\ \dfrac{T_c}{T_s} \end{bmatrix} u_d(k) + \begin{bmatrix} 0 \\ T_c \\ 0 \end{bmatrix} a_1(k) \quad \text{(P4-7)}$$

其中,k 为各个控制时刻,T_c 为控制器周期。假设 T_s 与 T_c 的比值为 n,即惯性延时时长为控制周期的 n 倍,则可以在离散的状态空间中构建 n 阶的输入延迟状态,用以求解惯性延迟过程中的最优控制量。令 $u_1 - u_n$ 为输入的中间延时状态,u 为系统的实时控制输入。令系统的状态和输出为

$$\begin{cases} x(k) = [d(k) - d_s(k), v(k), a(k), u_n(k), u_{n-1}(k), \cdots, u_2(k), u_1(k)]^T \\ y(k) = [d(k) - d_s(k), v(k), a(k)]^T \end{cases} \quad \text{(P4-8)}$$

其中输出 y 选取两车相对距离 d、相对速度 v 以及本车加速度 a,则:

$$\begin{cases} x(k+1) = Ax(k) + B_1 u(k) + B_2 a_1(k) \\ y(k) = Cx(k) \end{cases} \quad \text{(P4-9)}$$

其中,a_1 是前车加速度;

$$A = \begin{bmatrix} M & 0_{3\times(n-1)} \\ 0_{(n-1)\times 4} & I_{(n-1)\times(n-1)} \\ 0_{1\times 4} & 0_{1\times(n-1)} \end{bmatrix}, \quad B_1 = \begin{bmatrix} 0_{(n+2)\times 1} \\ 1 \end{bmatrix}, \quad B_2 = \begin{bmatrix} 0 \\ T_c \\ 0_{(n+1)\times 1} \end{bmatrix}, \quad C = [I_{3\times 3}, 0_{3\times n}]$$

(P4-10)

其中,分块矩阵为

$$M = \begin{bmatrix} 1 & T_c & -T_cT_h & 0 \\ 0 & 1 & -T_c & 0 \\ 0 & 0 & 1-\dfrac{T_c}{T_s} & \dfrac{T_c}{T_s} \end{bmatrix} \tag{P4-11}$$

考虑系统的可控性矩阵:

$$Q_c = [B_1, AB_1, A^2B_1, \cdots, A^{n-1}B_1] \tag{P4-12}$$

将 A 和 B_1 代入可得

$$Q_c = \begin{bmatrix} 0_{1\times n} & 0 & -\dfrac{T_c^2 T_h}{T_s} & \dfrac{T_c^2 T_h (T_c - 2T_s)}{T_s^2} - \dfrac{T_c^3}{T_s} \\ 0_{1\times n} & 0 & -\dfrac{T_c^2}{T_s} & \dfrac{T_c^2 (T_c - 2T_s)}{T_s^2} \\ 0_{1\times n} & \dfrac{T_c}{T_s} & -\dfrac{T_c(T_c - T_s)}{T_s^2} & \dfrac{T_c(T_c - T_s)^2}{T_s^3} \\ I_{n\times n} & 0_{n\times 1} & 0_{n\times 1} & 0_{n\times 1} \end{bmatrix}$$

显然,该可控性矩阵 Q_c 满秩,则该 ACC 系统是状态完全可控的,可以设计状态反馈控制器。

考虑 ACC 系统为状态跟踪系统,在实车控制中,总是希望本车的实际运动状态与处于稳态跟车行驶的期望运动状态相等,设 ACC 系统期望的运动状态为 $x_r(k)=0$,则本车实际运动状态与期望运动状态的差值为 $x(k)-x_r(k)=x(k)$,则此时的 ACC 状态跟踪系统也相当于一个状态镇定系统,即要求在一定的控制输入下,使本车运动状态 $x(k)$ 逐渐趋于 0。因此,本车跟随主目标车辆行驶的状态跟踪问题就转化为了一个较容易求解的状态调节器问题,即当系统的状态偏离平衡零点时,希望施加较小的控制量使系统状态回到稳定的平衡零点。

需要注意的是,ACC 系统的下位被控对象是车辆的纵向动力学系统,下位控制对象即线控底盘的输入是 ACC 控制器输出的期望加速度,输出是实际的车辆加速度。在此被控对象系统中,存在许多非线性的环节,例如驱动与传动系统、轮胎等,无法直接获取其精确的传递函数特性。因此,在模型(P4-6)中将车辆的动力学系统简化为一阶惯性环节,其时间常数为 T_s,为了得到该时间常数,可采用系统辨识理论,得到各个工况下线控底盘的输入和输出之间的关系,拟合出近似的数学模型。根据不同车速下的频域响应特性,可将其近似为一阶惯性环节,通过曲线拟合后可得线控底盘的近似数学模型(标称函数)为

$$G(s) = \dfrac{1}{0.11s + 1}$$

因此,时间常数为 T_s 近似为 0.11s。

P4.3 控制器设计

P4.3.1 LQR 设计

线性二次型调节器(LQR)可给出 ACC 状态镇定问题的最优解,同时控制输入为系统

状态的线性反馈。构建状态反馈控制器为
$$u(k) = -Kx(k) \tag{P4-13}$$
其中，K 为状态负反馈增益。假设前车匀速行驶即 $a_1=0$，则闭环系统为
$$\begin{cases} x(k+1) = (A - B_1 K)x(k) \\ y(k) = Cx(k) \end{cases} \tag{P4-14}$$
定义跟随误差模型的离散二次型性能指标为
$$J = \frac{1}{2} \sum_{k=0}^{N} [x^T(k)Qx(k) + u^T(k)Ru(k)] \tag{P4-15}$$
其中，Q 和 R 为半正定的状态和控制消耗权重矩阵，求解最优控制序列 u 使得 J 最小即为 LQR 最优控制问题。

采用极小值原理进行求解，构造哈密顿函数
$$H = \frac{1}{2}x^T(k)Qx(k) + \frac{1}{2}u^T(k)Ru(k) + \lambda^T(k+1)[Ax(k) + B_1 u(k)] \tag{P4-16}$$
其协态方程为
$$\lambda(k) = \frac{\partial H}{\partial x(k)} = Qx(k) + A^T \lambda(k+1) \tag{P4-17}$$
控制方程为
$$\frac{\partial H}{\partial u(k)} = Ru(k) + B_1^T \lambda(k+1) = 0 \tag{P4-18}$$
即
$$u(k) = -R^{-1} B_1^T \lambda(k+1) \tag{P4-19}$$
假设拉格朗日乘子为
$$\lambda(k) = P(k)x(k) \tag{P4-20}$$
将式(P4-20)代入协态方程(P4-17)可得
$$P(k)x(k) = Qx(k) + A^T P(k+1)x(k+1) \tag{P4-21}$$
闭环系统为
$$x(k+1) = [I + B_1 R^{-1} B_1^T P(k+1)]^{-1} Ax(k) \tag{P4-22}$$
将式(P4-22)代入协态方程(P4-21)可得
$$P(k) = Q + A^T P(k+1)[I + B_1 R^{-1} B_1^T P(k+1)]^{-1} A \tag{P4-23}$$
该式即为黎卡提矩阵差分方程。由矩阵求逆定理可得
$$[I + B_1 R^{-1} B_1^T P(k+1)]^{-1} = I - B_1 [R + B_1^T P(k+1) B_1]^{-1} B_1^T P(k+1) \tag{P4-24}$$
则黎卡提方程等价于
$$P(k) = Q + A^T P(k+1) A -$$
$$A^T P(k+1) B_1 [R + B_1^T P(k+1) B_1]^{-1} B_1^T P(k+1) A \tag{P4-25}$$
利用迭代法从 $k=N$ 开始反向递推求解黎卡提方程(P4-25)。

设求解所得的黎卡提方程(P4-25)的解收敛到 P_s，则拉格朗日乘子为
$$\lambda(k) = P_s x(k) \tag{P4-26}$$
控制输入为
$$u(k) = -(R + B_1^T P_s B_1)^{-1} B_1^T P_s A x(k) \tag{P4-27}$$

根据式(P4-13)可得控制器增益矩阵为

$$K = (R + B_1^T P_s B_1)^{-1} B_1^T P_s A \tag{P4-28}$$

接下来探讨 ACC 系统的渐进稳定性。定义 Lyapunov 函数为

$$V(k) = x^T(k) P_s x(k) \tag{P4-29}$$

其差分为

$$\Delta V(k) = V(k+1) - V(k) = x^T(k) \lfloor (A - B_1 K)^T P_s (A - B_1 K) - P_s \rfloor x(k) \tag{P4-30}$$

根据式(P4-28)可得

$$\Delta V(k) = -x^T(k)(K^T R K + Q) x(k) \leqslant 0 \tag{P4-31}$$

则在不考虑前车加速度的干扰时,ACC 闭环系统(P4-14)渐进稳定。

P4.3.2 MPC 设计

模型预测控制系统(MPC)由预测模型、参考轨迹滚动优化和在线校正构成,如图 P4.4 所示。参考轨迹是预期的控制目标,一般是一条平滑的期望曲线。预测模型是基于系统的状态空间模型,依据历史信息和假设未来输入,利用递归法建立的用于预测未来状态的数学模型。滚动优化是以某一性能指标最优作为控制目标确定未来状态,并在滚动形式的有限时域内反复在线优化求解获得最优的控制输入 $u(k)$。在线校正是为了消除因模型失配、系统不确定性或环境干扰等导致的控制偏差,对产生的偏差进行补偿,同时作为反馈,为下一个采样时刻的滚动优化提供数据,进行新的迭代优化。

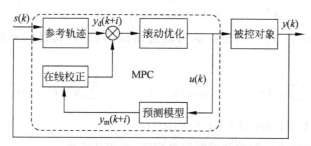

图 P4.4 模型预测控制系统结构框图

考虑离散 ACC 系统模型(P4-9),假设前车匀速行驶即 $a_1 = 0$,则未来 N 个时刻内的系统状态为

$$\begin{cases} x(k+1 \mid k) = A x(k) + B_1 u(k) \\ x(k+2 \mid k) = A^2 x(k) + A B_1 u(k) + B_1 u(k+1) \\ x(k+3 \mid k) = A^3 x(k) + A^2 B_1 u(k) + A B_1 u(k+1) + B_1 u(k+2) \\ \vdots \\ x(k+N \mid k) = A^N x(k) + \sum_{i=0}^{N-1} A^{N-1-i} B_1 u(k+i) \end{cases} \tag{P4-32}$$

则在 k 时刻,未来 N 个时刻内的系统预测输出为

$$\begin{cases} Y(k) = \bar{C}x(k) + \bar{D}U(k) \\ Z(k) = \bar{E}x(k) + \bar{F}U(k) \end{cases} \quad \text{(P4-33)}$$

其中,$y_1(k) = d(k) - d_s(k)$,且

$$Y(k) = \begin{bmatrix} y(k+1|k) \\ y(k+2|k) \\ y(k+3|k) \\ \vdots \\ y(k+N|k) \end{bmatrix}, \quad U(k) = \begin{bmatrix} u(k) \\ u(k+1) \\ u(k+2) \\ \vdots \\ u(k+N-1) \end{bmatrix}, \quad Z(k) = \begin{bmatrix} y_1(k+1|k) \\ y_1(k+2|k) \\ y_1(k+3|k) \\ \vdots \\ y_1(k+N|k) \end{bmatrix}$$

$$\bar{C} = \begin{bmatrix} CA \\ CA^2 \\ CA^3 \\ \vdots \\ CA^N \end{bmatrix}, \quad \bar{D} = \begin{bmatrix} CB_1 & 0 & 0 & 0 & 0 \\ CAB_1 & CB_1 & 0 & 0 & 0 \\ CA^2B_1 & CAB_1 & CB_1 & 0 & 0 \\ \vdots & \vdots & \vdots & & \vdots \\ CA^{N-1}B_1 & CA^{N-2}B_1 & CA^{N-3}B_1 & \cdots & CB_1 \end{bmatrix}, \quad \tilde{C} = [1, 0_{1\times(n+2)}]$$

$$\bar{E} = \begin{bmatrix} \tilde{C}A \\ \tilde{C}A^2 \\ \tilde{C}A^3 \\ \vdots \\ \tilde{C}A^N \end{bmatrix}, \quad \bar{F} = \begin{bmatrix} \tilde{C}B_1 & 0 & 0 & 0 & 0 \\ \tilde{C}AB_1 & \tilde{C}B_1 & 0 & 0 & 0 \\ \tilde{C}A^2B_1 & \tilde{C}AB_1 & \tilde{C}B_1 & 0 & 0 \\ \vdots & \vdots & \vdots & & \vdots \\ \tilde{C}A^{N-1}B_1 & \tilde{C}A^{N-2}B_1 & \tilde{C}A^{N-3}B_1 & \cdots & \tilde{C}B_1 \end{bmatrix}$$

期望的输出轨迹为 $y_d = 0$,根据输出轨迹跟踪的目的,其目标函数定义为如下的二次型:

$$\begin{aligned} J(k) &= \sum_{i=1}^{N} y^T(k+i|k) q_i y(k+i|k) + \sum_{i=0}^{N-1} u^T(k+i) r_i u(k+i) \\ &= Y^T(k) Q Y(k) + U^T(k) R U(k) \end{aligned} \quad \text{(P4-34)}$$

其中,Q 和 R 分别为状态量和控制量的权重矩阵,其表达式为

$$Q = \begin{bmatrix} q_1 & 0 & \cdots & 0 \\ 0 & q_2 & \cdots & 0 \\ \vdots & \vdots & & \vdots \\ 0 & 0 & \cdots & q_N \end{bmatrix}, \quad R = \begin{bmatrix} r_1 & 0 & \cdots & 0 \\ 0 & r_2 & \cdots & 0 \\ \vdots & \vdots & & \vdots \\ 0 & 0 & \cdots & r_N \end{bmatrix} \quad \text{(P4-35)}$$

代入模型预测结果(P4-32)可得

$$\begin{aligned} J(k) &= [\bar{C}x(k) + \bar{D}U(k)]^T Q [\bar{C}x(k) + \bar{D}U(k)] + U^T(k) R U(k) \\ &= U^T(k)(\bar{D}^T Q \bar{D} + R) U(k) + 2 x^T(k) \bar{C}^T Q \bar{D} U(k) + J_0(k) \end{aligned} \quad \text{(P4-36)}$$

其中,

$$J_0(k) = x^T(k) \bar{C}^T Q \bar{C} x(k) \quad \text{(P4-37)}$$

中不包含控制量 U,在控制器求解时可以作为常数项忽略不计。

ACC 需要在保证安全性、舒适性的前提下实现跟车控制,因此,MPC 的约束条件主要

包括：

$$\begin{cases} U_{\min} \leqslant U(k) \leqslant U_{\max}(k) \\ |U(k)-U(k-1)| \leqslant \Delta U_{\max} \\ d(k) \geqslant d_{\min}(k) = T_0 V_{\text{ego}} + d_0 \end{cases} \quad \text{(P4-38)}$$

其中，$U_{\max}(k)$，$\Delta U_{\max}(k)$ 分别为最大的控制输入和输入增量值，$U_{\min}$，$d_{\min}(k)$ 分别为最小的控制输入和最小安全距离，T_0 可取 0.8s。考虑到车辆纵向行驶的舒适性主要由其加速度和冲击度来评定，因此选定

$$U_{\min} = -3, \quad U_{\max}(k) = 2\left(1 - \frac{V_{\text{ego}}}{V_{\text{set}}}\right), \quad \Delta U_{\max} = 0.5 \quad \text{(P4-39)}$$

其中，V_{set} 为驾驶员设定的期望速度。注意到

$$U(k-1) = GU(k) + Hu(k-1) \quad \text{(P4-40)}$$

其中，

$$G = \begin{bmatrix} 0 & 0 & 0 & \cdots & 0 & 0 \\ I & 0 & 0 & \cdots & 0 & 0 \\ 0 & I & 0 & \cdots & 0 & 0 \\ \vdots & \vdots & \vdots & & \vdots & \vdots \\ 0 & 0 & 0 & & I & 0 \\ 0 & 0 & 0 & 0 & I & 0 \end{bmatrix}, \quad H = \begin{bmatrix} I \\ 0 \\ 0 \\ \vdots \\ 0 \end{bmatrix} \quad \text{(P4-41)}$$

则性能约束(P4-38)等价于

$$\overline{A} U(k) \leqslant \overline{B}(k) \quad \text{(P4-42)}$$

其中，

$$\overline{A} = \begin{bmatrix} I \\ -I \\ I-G \\ G-I \\ -\overline{F} \end{bmatrix}, \quad \overline{B}(k) = \begin{bmatrix} U_{\max}(k) \\ -U_{\min} \\ \Delta U_{\max} + Hu(k-1) \\ \Delta U_{\max} - Hu(k-1) \\ \overline{E}x(k) + (T_h - T_0)V_{\text{ego}} \end{bmatrix} \quad \text{(P4-43)}$$

将 MPC 写成二次规划(QP)形式如下：

$$\begin{cases} \min J(k) = U^{\text{T}}(k)(\overline{D}^{\text{T}} Q \overline{D} + R)U(k) + 2x^{\text{T}}(k)\overline{C}^{\text{T}} Q \overline{D} U(k) + J_0(k) \\ \text{s.t.} \overline{A} U(k) \leqslant \overline{B}(k) \end{cases} \quad \text{(P4-44)}$$

至此，模型预测控制的最优化求解问题即转化为一个易于求解的标准二次规划(QP)问题。二次规划问题是一个经典的数学优化问题，有很多成熟的求解方法，MATLAB 提供了标准函数 quadprog 可以非常方便求解该问题。

但是在求解优化问题(P4-44)时可能会出现无解的情况，这往往是由于约束条件太苛刻导致的，因此，需要添加松弛因子，将 QP 模型的硬约束变成软约束，即

$$\min J(k) = U^{\text{T}}(k)(\overline{D}^{\text{T}} Q \overline{D} + R)U(k) + 2x^{\text{T}}(k)\overline{C}^{\text{T}} Q \overline{D} U(k) + \sum_{i=1}^{3} \rho_i \varepsilon_i^2$$

$$\text{s.t.} \begin{cases} \overline{A} U(k) \leqslant \overline{B}(k) + \Delta B \\ \varepsilon_i \geqslant 0 \end{cases} \quad \text{(P4-45)}$$

其中，ρ_i, ε_i 分别为权重系数和松弛因子，约束松弛量为

$$\Delta B = \begin{bmatrix} \varepsilon_1[1]_{2N\times 1} \\ \varepsilon_2[1]_{2N\times 1} \\ \varepsilon_3[1]_{N\times 1} \end{bmatrix} \tag{P4-46}$$

其中，$[1]_{N\times 1}$ 表示全 1 的列向量。为了将优化问题(P4-45)转化为标准 QP 问题，首先定义优化变量为

$$X(k) = \begin{bmatrix} U(k) \\ \varepsilon_1 \\ \varepsilon_2 \\ \varepsilon_3 \end{bmatrix} \tag{P4-47}$$

根据式(P4-45)可得转化后的标准 QP 问题为

$$\begin{cases} \min J(k) = X^{\mathrm{T}}(k)\Omega X(k) + \Psi(k) X(k) \\ \text{s.t.} \widetilde{A} X(k) \leqslant \widetilde{B}(k) \end{cases} \tag{P4-48}$$

其中，

$$\widetilde{A} = \begin{bmatrix} I & -[1]_{N\times 1} & 0 & 0 \\ -I & -[1]_{N\times 1} & 0 & 0 \\ I-G & 0 & -[1]_{N\times 1} & 0 \\ G-I & 0 & -[1]_{N\times 1} & 0 \\ -\overline{F} & 0 & 0 & -[1]_{N\times 1} \\ 0 & -1 & 0 & 0 \\ 0 & 0 & -1 & 0 \\ 0 & 0 & 0 & -1 \end{bmatrix}, \quad \widetilde{B}(k) = \begin{bmatrix} \overline{B}(k) \\ 0 \end{bmatrix}$$

$$\Omega = \begin{bmatrix} \overline{D}^{\mathrm{T}} Q \overline{D} + R & 0 & 0 & 0 \\ 0 & \rho_1 & 0 & 0 \\ 0 & 0 & \rho_2 & 0 \\ 0 & 0 & 0 & \rho_3 \end{bmatrix}, \quad \Psi(k) = \begin{bmatrix} 2x^{\mathrm{T}}(k)\overline{C}^{\mathrm{T}} Q \overline{D} & 0 \end{bmatrix}$$

(P4-49)

通过求解 QP 问题(P4-48)得到 $X(k)$ 后，将其第一个元素 $u(k)$ 作为当前的控制输入，控制线控驱动系统与线控制动系统响应该期望的加速度。

P4.3.3 速度控制

当车辆前方无障碍物时，车辆将进入定速巡航模式；当车辆处于弯道行驶时，车辆将处于弯道自适应动态限速模式。此两种模式都是车辆的速度控制功能，本车以设定的目标车速或者弯道处的极限安全车速匀速行驶。由于车辆速度控制功能较为简单，故选用较为成熟的 PID 控制即可满足要求，其控制律为

$$u(t) = K_{\mathrm{p}} e(t) + K_{\mathrm{i}} \int_0^t e(\tau)\mathrm{d}\tau + K_{\mathrm{d}} \dot{e}(t) \tag{P4-50}$$

其中，K_p、K_i、K_d 分别为误差的比例系数、积分系数、微分系数，车速控制误差为

$$e(t) = V_{ref}(t) - V_{ego}(t) \tag{P4-51}$$

其中，V_{ref} 表示设定的目标车速或弯道处的安全车速。由于在速度控制模式下的路况相对较好，故在加速度控制时还需要考虑车辆的乘坐舒适性，因此，速度控制时的加速度的绝对值不应过大。一般，在定速巡航模式下，期望加速度值在 $-2 \sim 2 \mathrm{m/s^2}$ 之间；在弯道限速模式下，期望加速度值在 $-3 \sim 1 \mathrm{m/s^2}$ 之间。

当汽车在弯道上行驶时，通常，弯道的曲率半径越小则需要越大的方向盘转角以跟踪弯道路径，因此，这会导致车辆侧向加速度的增大。为避免因侧向加速度过大而导致车辆在转向过程中发生侧滑或侧翻现象，要求车辆在小半径转弯行驶时的车速不能过高。

车辆弯道行驶时的侧向加速度满足关系式：

$$a_y = \frac{V_{ego}^2}{R} \leqslant \varepsilon \mu g \tag{P4-52}$$

其中，R 是转弯半径，μ 是横向附着系数，$0 < \varepsilon < 1$ 是校正系数，通常可取 0.8 左右。则车辆防侧滑安全车速为

$$V_l = \sqrt{\varepsilon \mu g R} \tag{P4-53}$$

汽车侧翻可分为两类：一是绊倒侧翻，二是侧向加速度过大引起的侧翻。针对第二种类型的侧翻模型，对在水平弯道路面上行驶的车辆作横向受力分析，对车辆转向时的内侧轮胎受力点取力矩，可得：

$$ma_y h_g + F_z B - \frac{1}{2} mgB = 0 \tag{P4-54}$$

其中，h_g 为汽车质心与地面之间的距离，F_z 为汽车内侧车轮所受地面的法向力，B 为汽车轮距，车辆横向受力分析图如图 P4.5 所示。

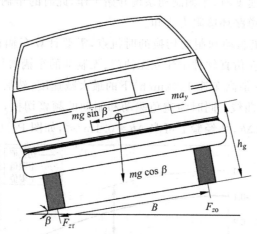

图 P4.5 侧倾平面内刚体汽车受力模型

随着车辆侧向加速度 a_y 逐渐增大，垂向力 F_z 的值将会逐渐减小到零，从而汽车发生侧翻。因此，根据式(P4-52)，同时引入校正系数，可得汽车的侧翻阈值可如下式所示：

$$V_t = \sqrt{\frac{\varepsilon g B}{2h_g} R} \tag{P4-55}$$

则根据式（P4-53）和式（P4-55）可得车辆行驶的期望车速为

$$V_{ref}(t) = \min\{V_{set}, V_1, V_t\} \quad \text{(P4-56)}$$

其中，V_{set} 是驾驶员设定的目标车速。因此，根据 PID 控制可实现弯道场景下的动态自适应限速控制，在巡航控制的同时可以保证车辆弯道行驶安全。

P4.3.4 驱动与制动切换控制

当 ACC 系统工作时，需要根据期望加速度来判断当前状态是需要执行驱动还是执行制动控制。根据车辆行驶的特点，可以总结如下判断依据。

（1）在车辆正常行驶过程中，应该避免加速和制动同时产生的情况，在驱动与制动系统之间需要设置互斥保护策略。

（2）在需要制动的情况下，理应先借助滚动阻力和空气阻力等环境道路阻力制动，当这些环境道路阻力提供的制动力不足时，才应该采用制动系统制动，即除了驱动状态和制动状态之外，需要增加第三个状态——滑行状态，利用车辆的滑行进行减速。

（3）在车辆行驶过程中，为了保证驾乘体验的舒适性和减少相应部件的磨损，应该避免在驱动模式和制动模式之间频繁切换，即在驱动与制动状态切换时需要设置回滞策略。

在车辆匀速行驶的时候，车辆的驱动力和滚动阻力、空气阻力这些环境道路阻力为平衡状态。当车辆需要加速时，增大电动机的输出转矩，使得驱动力大于环境道路阻力，车辆加速行驶。随着车速的增加，车辆的环境道路阻力也随着增加，直到和驱动力相互平衡，车辆又进入匀速行驶状态。当车辆需要减速时，减小电动机输出转矩，驱动力就小于环境道路阻力，车辆减速行驶。随着车速的降低，行驶阻力减小，直至与驱动力平衡，车辆又进入匀速行驶状态。当需要较大减速度时，车辆制动系统开始工作，此时的车辆制动力为制动系统制动力与行驶过程中的各种道路环境阻力之和。

为了确定 ACC 系统驱动和制动切换的时机点，需要计算车辆在不同车速下可以获得的最大环境道路阻力。在仿真软件中建立无油门、无制动的车辆滑行的仿真实验，以获得车辆行驶过程中不同车速（最高车速 120km/h）下的最大减速度，然后通过线性插值绘制出最大减速度随车速变化的曲线；同时为避免驱动和制动的频繁切换，在切换曲线的上下分别设置回滞区间，宽度为 $2\Delta h$，从经验上可取 $\Delta h = 0.1\text{m/s}^2$，如图 P4.6 所示。

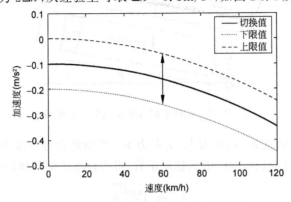

图 P4.6 驱动/制动控制切换逻辑曲线

当期望加速度 $a_{des} > a_{max} + 0.1$ 时,车辆进行驱动控制;当期望加速度 $a_{des} < a_{max} - 0.1$ 时,车辆进行制动控制;中间部分则保持原有控制状态或者是滑行状态。

P4.4 系 统 仿 真

P4.4.1　MATLAB ADT 平台仿真

本示例展示了如何使用传感器融合和基于模型预测控制(MPC)来实现汽车 ACC。利用视觉传感器和雷达的融合和跟踪具有以下优点:它将视觉传感器位置和速度的横向测量与雷达的距离和速度测量结合起来;视觉传感器可以检测车道,提供车道相对于主车的横向位置估计,以及场景中其他车辆相对于主车车道的位置。

1. ACC 系统测试平台模型

可以使用以下命令,打开自适应巡航控制系统测试平台模型。

```
addpath(fullfile(matlabroot,'examples','mpc','main'));
open_system('ACCTestBenchExample')
```

输出结果如图 P4.7 所示。ACC 系统测试平台模型包括 ACC 仿真模型和模型按钮两部分。ACC 仿真模型包含带传感器融合的 ACC 子系统、车辆与环境子系统和 MIO 轨迹(最重要目标对象)轨迹模块共 3 个子系统模型。模型按钮打开后,会显示初始化模型使用的数据脚本,该脚本加载 Simulink 模型所需的某些常量,例如车辆模型参数、跟踪与传感器融合参数、ACC 控制器参数、驾驶员转向控制参数和道路场景等。

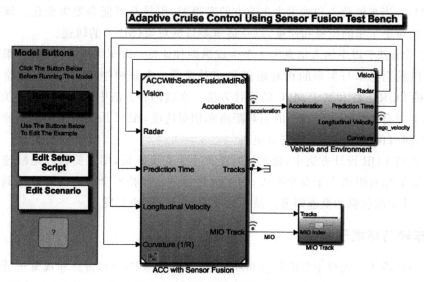

图 P4.7　ACC 系统测试平台模型

2. 带传感器融合的 ACC 子系统

带传感器融合的 ACC 子系统模拟传感器融合并控制车辆的纵向加速度,如图 P4.8 所示。

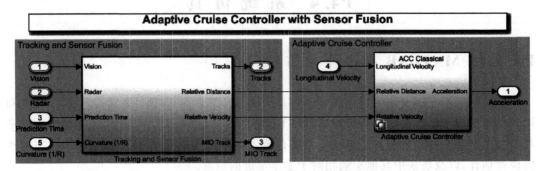

图 P4.8 带传感器融合的 ACC 子系统

带传感器融合的 ACC 子系统仿真模型由跟踪与传感器融合模块和 ACC 控制器模块组成。跟踪与传感器融合模块处理来自车辆与环境子系统的视觉传感器和雷达的检测数据,生成主车周围环境的综合态势图,此外,它还向 ACC 子系统提供主车前方车道中最近车辆的估计状态。

跟踪与传感器融合仿真模型主要由多目标跟踪模块、检测连接模块、检测聚类模块、寻找引导车辆模块组成,其中,多目标跟踪模块的输入是所有传感器检测的组合列表和预测时间,输出是已确认轨迹的列表;检测连接模块将视觉传感器检测和雷达检测连接起来,预测时间由车辆和环境子系统中的时钟驱动;检测聚类模块将多个雷达检测进行聚类,因为跟踪器要求每个传感器对每个目标至多进行一次检测;寻找引导车辆模块使用已确认的轨迹列表和道路曲率来筛选哪辆车最接近主车,并在同一车道上位于主车前面,这辆车被称为引导车(MIO)。当车辆驶入和驶出主车前方的车道时,引导车可能会发生变化。该模块提供了引导车相对于主车的位置和速度,以及最重要目标对象(MIO)的轨迹。

ACC 系统基于以下输入信息为主车生成纵向加速度:汽车纵向速度,来自跟踪与传感器融合系统的引导车与主车的相对距离和相对速度。在该模型中,ACC 控制器有两种方法:默认的 LQR 方法和基于 MPC 的设计方法。在这两种方法中,装备 ACC 系统的车辆均使用传感器融合来估计与引导车的相对距离和相对速度,ACC 系统使主车以驾驶员设定的速度行驶,同时保持与引导车的安全距离。

在经典的 LQR 设计方法中,如果相对距离小于安全距离,则首要目标是减速并保持安全距离;如果相对距离大于安全距离,则主要目标是在保持安全距离的同时达到驾驶员设定的速度,其中的逻辑切换规则通过最小加速度和开关模块实现。

3. 车辆与环境子系统

车辆与环境子系统对主车的运动和环境进行建模(图 P4.9),雷达和视觉传感器的仿真为控制子系统提供环境感知数据。车辆与环境子系统仿真模型由车辆动力学模块、对象和传感器模块和驾驶员转向模块组成,其中,车辆动力学模块利用自动驾驶工具箱中的单轨汽车模型力输入模块对车辆动力学进行建模；对象和传感器模块生成跟踪和传感器融合所需的数据，在运行此示例之前，驱动场景设计器应用程序用于创建一个场景，其中有一条弯曲的道路，多个目标在道路上移动。

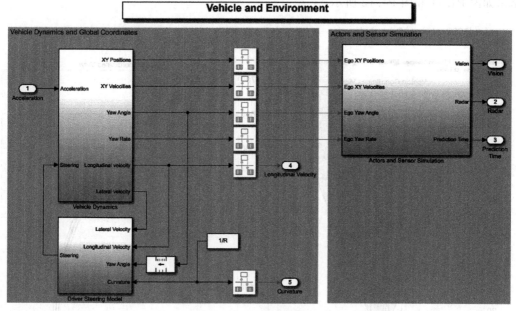

图 P4.9　车辆与环境子系统

4. ACC 系统仿真

本示例驾驶场景是两条具有恒定曲率的平行道路，车道上有 4 辆车：一辆在左边车道上的快车，一辆在右边车道上的慢车，一辆从道路对面驶来的车，以及一辆在右边车道上起步，然后向左边车道行驶的车，以通过慢车。首先，可以通过如下命令绘制 ACC 驾驶场景：

```
plotACCScenario
```

输出结果如图 P4.10 所示。

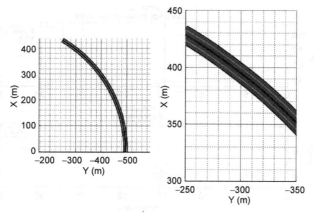

图 P4.10　ACC 驾驶场景

利用如下命令仿真该 ACC 驾驶场景,并通过鸟瞰图观察基于传感器融合的 ACC 系统仿真过程。要绘制合成传感器检测、跟踪对象和地面真实数据,需要使用 Bird's-Eye Scope,在"模拟"选项卡上的"查看结果"下,单击"鸟瞰范围",打开示波器后,单击"查找信号",输出结果如图 P4.11 和图 P4.12 所示。

```
sim('ACCTestBenchExample')
```

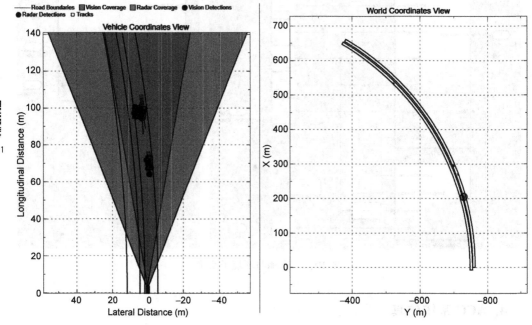

图 P4.11　基于传感器融合的 ACC 系统仿真

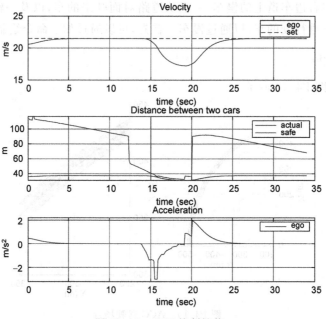

图 P4.12　ACC 控制性能

P4.4.2 PreScan 平台仿真

打开 PreScan GUI 建立仿真场景,打开 File 单击 New Experiment,在创建界面修改实验名称为 test_1,保存在 D:/simulation 文件夹下,单击 OK 完成创建(图 P4.13)。

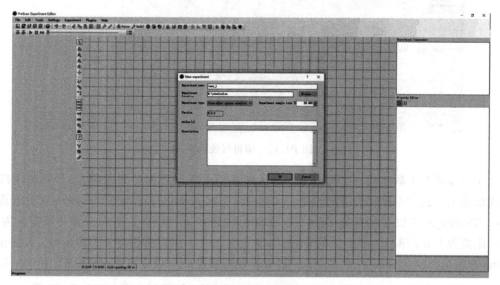

图 P4.13 建立仿真场景

完成创建以后可以在界面左侧看到创建场景需要的各类元素(图 P4.14),左键选中需要创建的道路以后拖动到工作区。单击道路,可以在右侧参数编辑区进行道路参数的修改。

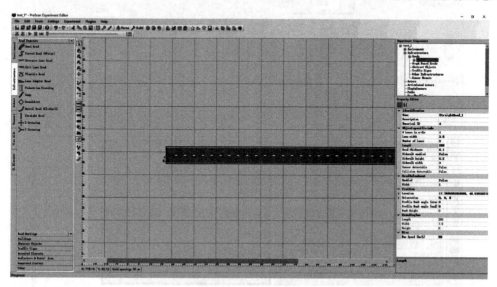

图 P4.14 创建路网

单击左侧 inherited path definition,道路上会出现道路起始点标记。先单击道路起点黄色标记,再单击终点黄色标记,将出现如图 P4.15 所示的道路轨迹。

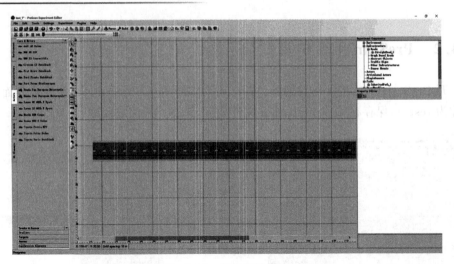

图 P4.15　编辑行驶轨迹

下一步进行车辆建模,在左侧 Actors 区域选中车辆以后拖动到道路上,并将车辆放到预设轨迹上。选中车辆模型并右键选择 Object Configuration,在轨迹 Trajectory_1 下选择 SpeedProfile_3,右键单击选择 Edit 可对车辆行驶速度进行设置。首先设置初始车速为 0,初始距离为 10m;单击 Append slot,这时出现了两个 Slot,可以将道路分为两部分;设置在前 100m 车辆匀加速到 10m/s;然后,在后 90m 车辆匀减速到 0,单击应用完成设置(图 P4.16)。

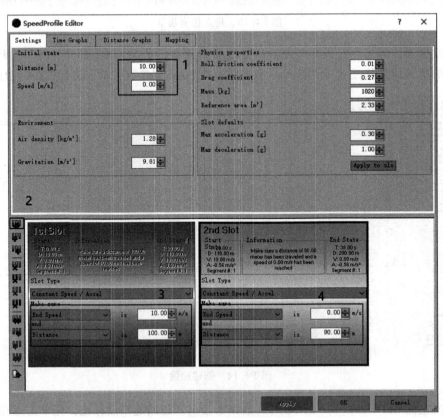

图 P4.16　车辆行驶速度曲线设置

创建主车,并将主车放置在轨迹线上,右键单击选择 Object Configuration,在 Animation 中勾选 Wheel displacement,在车辆行驶过程中车轮会转动,在 Dynamics 选择 2D 模型。同时,为主车添加 AIR 传感器用以检测前车的距离和速度,如图 P4.17 所示。

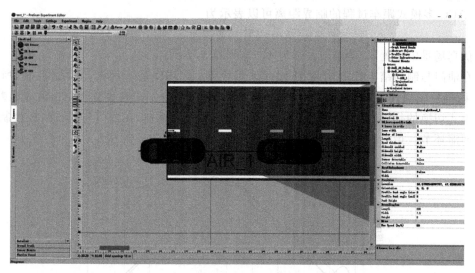

图 P4.17　添加传感器

单击 Build 对场景进行编译以生成 Simulink 仿真模型(图 P4.18),等编译完成后,通过 PreScan GUI 打开 MATLAB 后即可看到已经生成的 *.slx 模型文件。

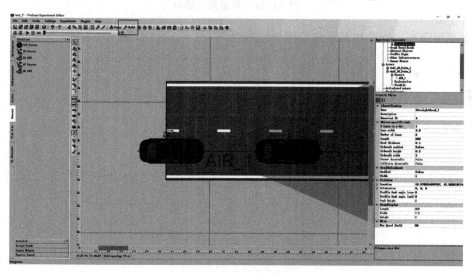

图 P4.18　编译场景模型

打开生成的.xls 文件,可以看到两个车辆模型,主车模型为第二个模型,在主车模型中可以搭建 ACC 算法。从 AIR 传感器可以获得前车与本车的相对距离 d 和前车的速度 V,在该示例中设置一个简单的 ACC 控制算法:

(1) 当主车与前车距离过远时,本车执行速度控制模式,本车的期望车速为前车车速,即

$$V_{ego,des} = V_{lead}, \quad d \geqslant d_1$$

(2) 当主车与前车距离过近时，进行距离控制模式，即

$$d_{des} = T_h V_{ego} + d_0, \quad d < d_1$$

其中，ACC 多模式跟车过程的临界距离可以表示为

$$d_1 = TV_{ego} + d_{offset}$$

在该仿真场景中设置 d_0 为 2，d_{offset} 为 4，T_h 为 0.5，$T=3$。

在油门与制动踏板控制中使用 PID 进行控制，而 PID 是一种误差反馈控制，所以在 ACC 两种控制模式中要分别计算跟踪误差，对应的误差分别是速度误差 e_1、距离误差 e_2，两种模式切换的临界点为距离 d_1。为了防止车辆频繁加减速，在油门与制动踏板控制之间增加回滞环节。最终得到本车与前车速度之间的关系如图 P4.19 所示。

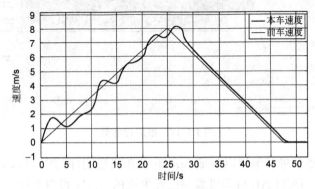

图 P4.19 车速跟踪结果

本车与前车之间的相对距离如图 P4.20 所示。

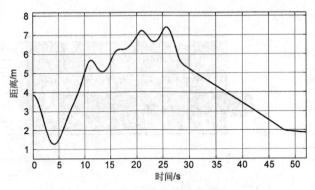

图 P4.20 距离跟踪结果

思 考 题

1. 简述自适应巡航控制系统的主要组成部分。
2. 为什么要在驱动与制动状态之间增加滑行状态？
3. 若想搭建 ACC 系统的硬件在环仿真系统，请简述搭建的流程和关键步骤。

项目 5

自动紧急制动系统

P5.1 任务需求

汽车主动安全方面技术的不断提高和创新,表明了提前防止车辆碰撞才是避免事故发生的关键,作为 ADAS 主动安全系统重要组成部分的自动紧急制动系统(AEB)受到了汽车行业的重点关注。AEB 系统可以在检测到危险时通过系统协助驾驶员进行主动制动,可以有效降低车辆追尾事故。通过本项目实训,了解 AEB 系统的工作原理,能够设计 AEB 分级制动策略,并实现 AEB 系统的闭环仿真与分析。

AEB 能够有效降低由于驾驶员注意力不集中(尤其是疲劳驾驶、酒驾等情况)、能见度差(如逆光驾驶)、前方行车环境难以准确预判、紧急状况下对交通状况的误判等造成的追尾交通事故的发生率。

AEB 系统主要由信息感知系统模块、AEB 功能模块、动力学控制模块和制动执行模块组成。信息感知系统通过毫米波雷达或摄像头等传感器来实时检测前方潜在的碰撞对象,并将周围环境和车辆行驶状态信息实时反馈至后续功能模块,AEB 功能模块一方面针对雷达和摄像头检测出来的目标进行筛选,根据本车预测轨迹和目标预测轨迹,判断两车的运动轨迹是否重合,进而评估潜在的碰撞可能性,以此来筛选危险的目标车辆;另一方面利用运动学控制模块:搭建车辆运动学模型,根据前车的相对距离、相对速度、相对加速度以及本车行驶速度与加速度计算出将要发生碰撞的时间(TTC),并根据车速和碰撞时间计算出制动等级,进而确定 AEB 系统的工作模式,并制定每个制动等级下的目标减速度。当车辆存在碰撞风险时,动力学模块由 AEB 功能模块得到目标减速度,根据车辆的动力学特征,在防抱死控制和防侧滑控制的基础上进一步地修正目标减速度,最终由线控制动系统实现实际的制动减速控制。一个典型的 AEB 系统总体结构如图 P5.1 所示。

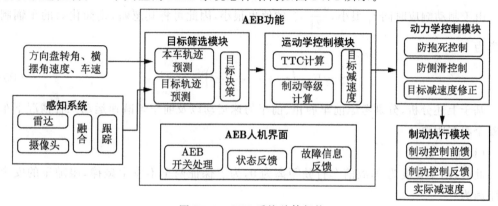

图 P5.1 AEB 系统总体架构

P5.2　行车安全距离模型

要实现 AEB 功能，离不开对车辆行驶安全状态的判断。对于行车安全状态的判断，最关键的一点就是行车安全距离模型的建立，进而建立 AEB 介入的判断指标。本节对车辆制动过程及在行车过程中的安全距离进行讨论，建立适合 AEB 系统的安全距离模型。当驾驶员在车辆存在碰撞危险时未及时操作车辆进行减速，或车辆与目标车辆的距离小于安全距离时，AEB 系统进行预警或介入制动。本节首先介绍通用的安全距离模型，再介绍安全距离模型的几种简化模型，主要包括本田模型、汉阳模型等。

1. 安全距离模型

车辆制动过程一般可以分为三个阶段，第一阶段为系统延迟阶段，此过程车辆匀速运动，假设驾驶员反应时间和消除制动间隙所需时间分别为 t_r 和 t_c，其中，$t_r + t_c$ 一般取 $0.6 \sim 1s$，此时车辆行驶的距离为

$$s_1 = V_{ego}(t_r + t_c) \tag{P5-1}$$

第二阶段为制动响应阶段，制动系统开始工作，制动压力逐渐上升，该过程车辆的制动减速度可假设为随时间线性增大，设制动响应时间为 t_i，系统响应时间 t_i 一般取 $0.1 \sim 0.2s$，则制动响应阶段车辆行驶的距离为

$$s_2 = \int_0^{t_i} \left(V_{ego} - \frac{a_{max}}{2t_i} t^2 \right) dt = V_{ego} t_i - \frac{a_{max}}{6} t_i^2 \tag{P5-2}$$

第三阶段为制动持续阶段，该阶段车辆作匀减速运动，其减速度为 a_{max} 且保持不变，设制动持续时间为 t_p，车辆行驶的距离为

$$s_3 = \frac{V_p^2}{2a_{max}} = \frac{V_{ego}^2}{2a_{max}} - \frac{V_{ego} t_i}{2} + \frac{a_{max} t_i^2}{8} \tag{P5-3}$$

则整个制动过程中车辆行驶距离为

$$S = s_1 + s_2 + s_3 = V_{ego}\left(t_r + t_c + \frac{1}{2} t_i\right) + \frac{V_{ego}^2}{2a_{max}} - \frac{a_{max}}{24} t_i^2 \tag{P5-4}$$

由于制动响应时间 t_i 很小，$\frac{a_{max}}{24} t_i^2$ 的值也很小，因此可将其忽略，则简化后的车辆制动距离为

$$S = V_{ego}\left(t_r + t_c + \frac{1}{2} t_i\right) + \frac{V_{ego}^2}{2a_{max}} \tag{P5-5}$$

基于上述分析，分别考虑前车静止、前车匀速运动以及前车匀减速运动三种情况下车辆的安全跟车距离。

（1）前车静止

此时，前车速度为 0，故前车行驶距离为 0，为了保证两车不发生碰撞，跟随车的安全跟车距离为

$$d_s = V_{\text{ego}}\left(t_r + t_c + \frac{1}{2}t_i\right) + \frac{V_{\text{ego}}^2}{2a_{\max}} + d_0 \quad \text{(P5-6)}$$

其中,d_0 为最小跟车距离。

(2) 前车匀速运动

当本车速度小于前车车速时,此时没有碰撞风险,属于安全跟驰状态,因此跟随车与前车只要保持正常安全裕度的距离,便能确保安全,即安全跟车距离为

$$d_s = d_0 \quad \text{(P5-7)}$$

当本车行驶速度大于前车速度时,只要本车速度降低至与前车等速时,二者将不发生碰撞,即可保证跟车安全。在此过程中,假设前车的运动状态不变,保持匀速行驶,则前车的行驶距离为

$$s_1 = V_1\left(t_r + t_c + \frac{1}{2}t_i + \frac{V_{\text{ego}} - V_1}{a_{\max}}\right) \quad \text{(P5-8)}$$

其中,V_1 为前车行驶速度。为了确保跟车安全,本车采取制动策略,其制动距离为

$$s_f = V_{\text{ego}}\left(t_r + t_c + \frac{1}{2}t_i\right) + \frac{V_{\text{ego}}^2 - V_1^2}{2a_{\max}} \quad \text{(P5-9)}$$

因此,安全跟车距离为

$$d_s = s_f - s_1 + d_0 = (V_{\text{ego}} - V_1)\left(t_r + t_c + \frac{1}{2}t_i\right) + \frac{(V_{\text{ego}} - V_1)^2}{2a_{\max}} + d_0 \quad \text{(P5-10)}$$

(3) 前车匀减速运动

假设本车速度大于前车速度,由于前车已经处于匀减速运动状态,因此没有驾驶员反应时间和消除制动间隙的时间,则制动距离为

$$s_1 = \frac{1}{2}V_1 t_i + \frac{V_1^2}{2a_{\max}} \quad \text{(P5-11)}$$

而本车的制动距离为

$$s_f = V_{\text{ego}}\left(t_r + t_c + \frac{1}{2}t_i\right) + \frac{V_{\text{ego}}^2}{2a_{\max}} \quad \text{(P5-12)}$$

为了保证跟车安全,本车的安全跟车距离为

$$d_s = s_f - s_1 + d_0 = V_{\text{ego}}(t_r + t_c) + \frac{1}{2}(V_{\text{ego}} - V_1)t_i + \frac{V_{\text{ego}}^2 - V_1^2}{2a_{\max}} + d_0 \quad \text{(P5-13)}$$

在实际应用中,为了计算方便,可以采用上式的简化形式

$$d_s = V_{\text{ego}} t_s + \frac{V_{\text{ego}}^2 - V_1^2}{2a_{\max}} + d_0 \quad \text{(P5-14)}$$

其中,参数可取 $a_{\max} = 7.8 \text{m/s}^2$,$t_s = 0.6\text{s}$。

2. 本田模型

本田的安全距离模型包括碰撞预警和碰撞干预两部分,本田模型定义如下:

$$d_w = 2.2 V_{\text{rel}} + 6.2$$

$$d_{br} = \begin{cases} a_1 t_1 t_2 + V_{\text{rel}} t_2 - 0.5 a_1 t_1, & \text{当 } v_2 \geqslant a_2 t_2 \\ V_{\text{ego}} t_2 - 0.5(t_2 - t_1)^2 - \dfrac{v_2^2}{2a_2}, & \text{当 } v_2 < a_2 t_2 \end{cases} \quad \text{(P5-15)}$$

其中，d_w 为碰撞预警部分，而 d_{br} 为制动介入部分。V_{ego} 为本车速度，v_2 是前车速度，V_{rel} 为前车相对本车的速度，即 $V_{rel}=v_2-V_{ego}$，a_1 为本车最大的减速度，a_2 为目标车的最大减速度，一般可假设 $a_1=a_2$。t_1 与 t_2 分别为系统延迟时间与制动时间。在本田模型中，一般可取 $a_1=a_2=7.8\mathrm{m/s^2}$，$t_1=0.5\mathrm{s}$，$t_2=1.5\mathrm{s}$。

3. 丰田模型

丰田的安全距离模型是以驾驶员模型为基础的，计算安全距离时以驾驶员的主观感受作为安全性标准。该模型考虑到在实际车辆行驶过程中，驾驶员要对车辆的行驶情况进行预测，来进行驾驶行为决策，驾驶员预测在 t 时刻后的车间距，将此车间距与驾驶员认为的极限车距 $d_{\lim}$ 进行比较，当预测的车间距小于 $d_{\lim}$ 时则制动系统介入控制。因此，当前时刻的车间距即为预警距离

$$d_w = -V_{rel}t + \frac{1}{2}a_2 t^2 + d_{\lim} \tag{P5-16}$$

其中，d_w 为驾驶员感觉到危险时的预警距离，V_{rel} 为前车相对本车的速度，a_2 为目标车的减速度。

(1) 接近静止障碍物时

$$V_2=0, \quad a_2=0, \quad d_{\lim}=\frac{V_{ego}^2}{2a_1} \tag{P5-17}$$

其中，V_2 为前车速度，a_1 为本车减速度。根据式(P5-15)和式(P5-16)可得

$$d_w = V_{ego}t + \frac{V_{ego}^2}{2a_1} \tag{P5-18}$$

(2) 接近匀速行驶的车辆

假设驾驶员期望的车头时距为 T_{hw}，则

$$d_{\lim} = V_{ego}T_{hw} + d_0 \tag{P5-19}$$

由于前车匀速行驶，则

$$a_2=0, \quad d_w = -V_{rel}t + V_{ego}T_{hw} \tag{P5-20}$$

相类似，将上述制动减速过程等效为车辆以平均减速度 $\bar{a}_1$ 减速到车辆完全停止的过程，其中，$\bar{a}_1$ 为本车在整个制动过程中的平均减速度，则

$$d_w = \frac{V_{ego}^2}{2\bar{a}_1} \tag{P5-21}$$

(3) 接近突然减速的车辆

假设两车间的车头时距为 T_h（一般可取 $1.2\mathrm{s}$），驾驶员反应时间以及消除制动间隙和制动力上升时间总和为 t_d，则

$$d_w = V_{ego}T_h - \frac{1}{2}a_{rel}t_d^2 \tag{P5-22}$$

预警距离(P5-16)等价于

$$d_w = -V_{rel}t + \frac{1}{2}a_{rel}t^2 + d_{\lim} \tag{P5-23}$$

4. 马自达模型

马自达的安全距离模型包括预警和制动两部分，预警和制动的临界距离模型定义如下：

$$d_w = \frac{1}{2}\left[\frac{V_{ego}^2}{a_1} - \frac{(V_{ego}-V_{rel})^2}{a_2}\right] + V_{ego}t_1 + d_0$$

$$d_{br} = \frac{1}{2}\left[\frac{V_{ego}^2}{a_1} - \frac{(V_{ego}-V_{rel})^2}{a_2}\right] + V_{ego}t_1 + V_{rel}t_2 + d_0 \quad \text{(P5-24)}$$

其中，d_w 和 d_{br} 分别为预警距离和制动距离，t_1 为驾驶员反应延迟时间，t_2 为制动器延迟时间，d_0 为最小停车距离。为了使两车不发生碰撞，双方车辆需在全力制动的状态下，保持最小停车距离 d_0。增加延迟时间 t_1 与 t_2，能够使系统更加保守，即增加车辆的安全性。一般情况下可取 $a_1=6\text{m/s}^2, a_2=8\text{m/s}^2, t_1=0.1\text{s}, t_2=0.6\text{s}, d_0=5\text{m}$。

5. 汉阳模型

韩国汉阳大学的研究考虑了轮胎的路面附着系数，可利用道路附着系数对纵向跟车的安全距离进行修正。在该模型中，假定安全距离模型为

$$d_s = g_d d_w f(\mu)$$

$$d_w = \frac{1}{2}\left[\frac{V_{ego}^2}{a_1} - \frac{(V_{ego}-V_{rel})^2}{a_2}\right] + V_{ego}(t_1+t_2) + d_0 \quad \text{(P5-25)}$$

其中，d_w 是临界预警距离，μ 是轮胎的路面附着系数，$a_1=a_2$ 是两车最大的制动减速度。$g_{min} \leq g_d \leq g_{max}$ 是驾驶员特征的标定函数以减少驾驶员不当操作因素的影响，对于自动驾驶车辆来说，当没有驾驶员参与车辆控制时可取 $g_d=1$。$f(\mu)$ 是轮胎附着力的标定函数，定义如下

$$f(\mu) = \begin{cases} f(\mu_{min}), & \text{若 } \mu < \mu_{min} \\ f(\mu_{min}) + \dfrac{1-f(\mu_{min})}{\mu_{norm}-\mu_{min}}(\mu-\mu_{min}), & \text{若 } \mu_{min} \leq \mu \leq \mu_{max} \\ f(\mu_{max}), & \text{若 } \mu > \mu_{max} \end{cases} \quad \text{(P5-26)}$$

其中，μ_{norm} 是正常路面的附着系数，μ_{min} 和 μ_{max} 分别是最小和最大的路面附着系数。由于该模型考虑了不同道路附着系数的影响，在实际 AEB 和 ACC 中具有较大的应用前景。

P5.3 碰撞时间计算

另一种用以判断碰撞预警与碰撞介入的方式是采用 TTC 模型，TTC 模型根据车辆行驶的不同工况设计不同的碰撞时间阈值，当求得的自车与目标车辆的预计碰撞时间小于该阈值时，AEB 系统将介入控制。该阈值可由制动距离与相对速度、相对加速度计算得到。

TTC 是指主车与前方目标车辆的碰撞时间，一般使用与前方目标车辆的相对距离和速度来计算 TTC。设障碍物相对本车的纵向距离为 d，其对应的相对速度、相对加速度分别为 V_{rel} 和 a_{rel}，忽略测量的不确定性且假设本车相对障碍物作匀加速运动，本车与障碍物发

生碰撞时满足运动方程

$$d + V_{rel}t + \frac{1}{2}a_{rel}t^2 = 0 \tag{P5-27}$$

求解运动方程(P5-27)所得的时间 t 即为碰撞时间 TTC。针对该方程进行如下讨论。

(1) 若 $a_{rel}=0$ 则方程(P5-27)变成一阶方程,其解为

$$\text{TTC} = -\frac{d}{V_{rel}} \tag{P5-28}$$

当 TTC≤0 时,碰撞不可能发生,此时令 TTC=20s;当 TTC>20 时,也取 TTC=20s。

(2) 若 $a_{rel} \neq 0$ 且 $V_{rel}^2 - 2da_{rel} < 0$ 时,方程(P5-27)无解即不会发生碰撞,此时令 TTC=20s。

(3) 若 $a_{rel} \neq 0$ 且 $V_{rel}^2 - 2da_{rel} \geq 0$ 时,方程(P5-27)的解为

$$t = \frac{-V_{rel} \pm \sqrt{V_{rel}^2 - 2da_{rel}}}{a_{rel}} \tag{P5-29}$$

需要对方程(P5-29)的取值进行讨论:

① 当 $a_{rel}<0$ 时,TTC 为方程(P5-29)的正根

$$\text{TTC} = \frac{-V_{rel} - \sqrt{V_{rel}^2 - 2da_{rel}}}{a_{rel}} \tag{P5-30}$$

② 当 $a_{rel}>0$ 且 $V_{rel}<0$ 时,TTC 为方程(P5-29)的最小正根

$$\text{TTC} = \frac{-V_{rel} - \sqrt{V_{rel}^2 - 2da_{rel}}}{a_{rel}} \tag{P5-31}$$

③ 当 $a_{rel}>0$ 且 $V_{rel} \geq 0$ 时,方程(P5-33)没有正根,则 TTC=20s。

P5.4 控 制 算 法

  AEB 的控制算法是 AEB 功能得以实现的核心。AEB 系统主要根据毫米波雷达和前置摄像头等传感器得到车辆与前方目标障碍物的相对距离、相对速度、相对方位角等信息,结合车辆自身的运动状态参数,判断 AEB 系统是否需要紧急制动,如果需要紧急制动,则还需要计算系统的制动力大小。如图 P5.2 所示,为 AEB 的控制逻辑基本框架图。其具体过程主要包括以下四个步骤:

(1) 根据雷达信号、前置摄像头信号和自身车辆行驶状态信号,计算报警距离门限值和安全距离门限值;

(2) 当实际相对距离小于报警门限距离时,进行驾驶员预警报警,采用方向盘振动、声音、报警指示灯等多种方式提醒驾驶员进行制动;

(3) 若驾驶员响应预警信号,进行人为制动,但制动强度小于 AEB 期望制动强度,再启动 AEB 系统进行辅助驾驶员制动控制,以达到期望制动强度;

(4) 若驾驶员没有响应预警信号,并相对距离小于安全距离,此时 AEB 进行自动制动控制,根据实际制动距离与不同制动距离的关系选择合适的制动强度进行主动制动控制。

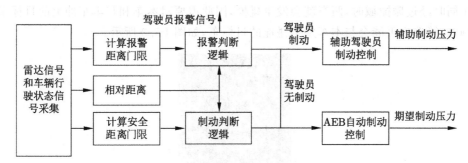

图 P5.2　AEB 控制逻辑框图

P5.4.1　控制系统需求

对于自动紧急制动这种辅助驾驶功能而言,"漏触发"和"误触发"是最为严重的功能缺陷,因此所设计的 AEB 控制策略应能覆盖多类型多场景的交通状况。在复杂的行车环境中,车辆在行驶过程中会有多次制动工况,驾驶员大多还是倾向于自己制动,而 AEB 系统作为一种安全辅助驾驶系统,驾驶员当然也希望乘坐舒适性能够尽量得到保障,因此安全性与行车交通效率、舒适性与制动强度都要考虑在内。

综合以上因素,AEB 系统应该满足以下条件:

(1) 系统应尽量满足多种类型的交通情形,防止在一些极端情况下,识别目标车辆时出现"漏报"和"误报";

(2) 系统在自动制动前一定要有预警,且最好能在声音预警前加入指示灯预警,防止突然出现的预警声音造成驾驶员紧张;

(3) 在驾驶员介入的情况下,AEB 系统只能提供制动辅助,不能忽略驾驶员的操作而占主导地位;

(4) 作为安全辅助系统,在保证行车安全的前提下,要尽量提高驾乘人员的乘坐体验,系统不能过于频繁地发出干扰驾驶员正常行车的预警信号或制动动作。

P5.4.2　最危险目标选取

AEB 系统精确控制的前提就是获取准确的目标车辆运动状态信息、位置信息和本车运动状态信息。其中本车信息可由自车传感器获取或相关系统的控制单元通过 CAN 总线传递。目标车辆信息通常由本车的传感器(主要是毫米波雷达和摄像头传感器)获得,由于汽车在连续行驶过程中的行车环境是复杂多变的,相邻车道车辆变道情况时常发生,因此导致本车同车道内可能存在多辆汽车,若仅以本车正前方车辆作为最危险目标车辆,可能会导致"漏触发"和"误触发",因此 AEB 系统控制策略的研究首先要解决的问题就是从众多目标车辆信息中实时筛选出最危险目标车辆的运动状态及位置信息。

当本车在交叉路口行驶时,前方目标车辆的情况将变得更加复杂,交叉车道的两条路上的车辆会在交叉点相汇,因此车辆行驶区域之间会出现重叠,车辆在该重叠区域可能会发生碰撞,因此假设该潜在的危险区域为碰撞域。当两车具有碰撞域时,两车就有碰撞的可能,当两车同时经过碰撞域时，两车就会发生碰撞，因此需要对本车和与本车冲突的目标车进行碰撞预测，筛选出可能会与本车发生碰撞的目标车，如图 P5.3 所示。

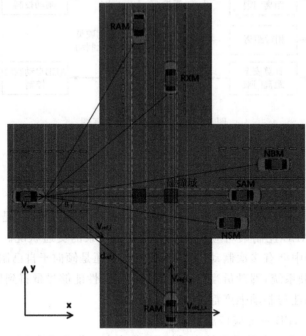

图 P5.3　危险目标车辆选取

以毫米波雷达探测的障碍物为例，在主要考虑目标物为汽车的情况下，按照目标车与本车的相对位置关系可将车辆分为以下三类(表 P5.1、图 P5.4)：

表 P5.1　最危险目标车辆分类

1. 本车道障碍物	2. 相邻车道障碍物	3. 交叉车道障碍物
接近(SAM)： 相对速度≤0m/s， 相对距离≤100m， 相对路径偏移≤1.5m	相邻车道同向行驶(NSM)： 相对距离≤100m， 相对路径偏移≥1.5m， 相对路径偏移≤4.5m， 相对速度≤0m/s	交叉车道接近(RAM)： 纵向相对速度≤0m/s， 横向相对速度≤0m/s， 相对距离≤100m
远离(SXM)： 相对速度≥0m/s， 相对距离≤100m， 相对路径偏移≤1.5m	相邻车道相向行驶(NBM)： 相对距离≤100m， 相对路径偏移≥1.5m， 相对路径偏移≤4.5m， 相对速度+本车速度≤0m/s	交叉车道远离(RXM)： 纵向相对速度≤0m/s， 横向相对速度≥0m/s， 相对距离≤100m

根据目标分类，现设定一系列规则来确定最危险目标筛选范围。如图 P5.4 所示，设车道宽为 W，车宽为 B。雷达探测到的前方第 i 辆目标车与本车的中心线的夹角为 θ_i，与本车的相对距离为 d_{ri}，因此设第 i 辆目标车的坐标为 (d_{ri}, θ_i)。

(1) 当 $d_{ri}\sin\theta_i \leq W/2$ 时，即目标车辆在本车道范围内行驶，此目标为危险目标。

(2) 当目标车辆在邻侧车道中间行驶时，不会对本车造成安全威胁，而当 $W/2 \leq$

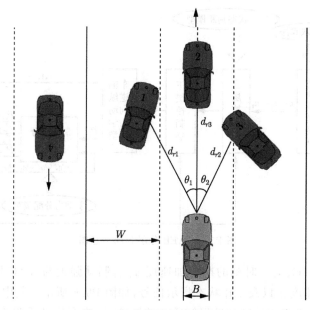

图 P5.4 危险目标选取示意图

$d_{ri}\sin\theta_i \leqslant W - B/2$ 时,该车辆有向本车道变道的趋势,因此,将该目标视为潜在危险目标。

(3) 当 $d_{ri}\sin\theta_i \geqslant W - B/2$ 时,此目标为非危险目标。

(4) 针对如图 P5.3 所示的最复杂的交叉车道场景,对交叉车道靠近本车的目标车(RAM)进行冲突判断,本车和目标车的轨迹相重合的地方就是两车的冲突区域,若发生碰撞将会在图示碰撞域中发生。假设本车车头刚进入该碰撞域的时间为 t_1,本车车尾刚离开该碰撞域的时间为 t_2,目标车车头刚进入该碰撞域的时间为 t_3,目标车车尾刚离开该碰撞域的时间为 t_4,则可得到以下判据:①当 $t_2 \geqslant t_3$ 且 $t_1 \leqslant t_4$ 时,即目标车和本车将在碰撞域相遇,此目标为危险目标;②当 $t_2 < t_3$ 时,即目标车与本车不会在碰撞域相遇,若目标车有加速趋势,则将该目标是为潜在危险目标,若无加速趋势,则此目标为非危险目标;③当 $t_1 > t_4$ 时,即目标车与本车不会在碰撞域相遇,若目标车有减速趋势,则将该目标是为潜在危险目标,若无减速趋势,则此目标为非危险目标。

P5.4.3 制动控制策略

AEB 系统的制动控制是系统设计的核心,高频率、高鲁棒性、高准确性的制动控制器保证了 AEB 系统的有效性与安全性。控制器的输入为自车的运行状态以及经过筛选的目标车辆信息(距离、相对速度)。控制器控制对象为车辆的纵向控制执行机构,主要是制动系统的制动压力控制。由于车辆动力学模型与制动系统的非线性与复杂性,一般采用系统分层的控制器设计。如图 P5.5 所示,上层控制器实现不同 AEB 工况的识别与切换,计算目标制动减速度,而下层控制器负责计算制动力分配模型,以准确跟踪目标减速度。

现有的 AEB 系统大多只考虑行车安全性,对于制动过程的舒适性因素考虑较少。本车采用分级制动策略,以兼顾安全性与舒适性。以基于有限状态机的上层控制器为例,其输入

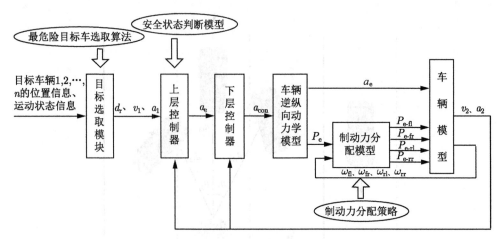

图 P5.5　AEB 分层制动示意图

是预测碰撞时间 TTC、上一时刻的期望加速度 a_{pre},制动强度与 TTC 以及制动安全距离等;输出为期望加速度 a 以及工作状态指示信号,如图 P5.6 所示。其中,在预制动阶段,行车危险性较小,主要考虑的是制动过程舒适性的影响,因为车辆几乎没有碰撞追尾的危险,这个范围内的减速度不会对驾乘人员造成不适的感觉,所以该工况为正常制动工况;在一级制动阶段,此时兼顾安全性和舒适性,因发生碰撞危险的概率增加,需要重点考虑安全性,只能暂时牺牲部分舒适性,采取较大的减速度,使自车尽快脱离危险状态,该范围的减速度已经对驾乘人员造成不适;在二级制动阶段,此时行车危险性极大,需要用最大的制动强度产生最大减速度,使自车尽快减速,脱离危险行车状态,此时必须优先保证行车安全性,该工况也可称为紧急制动模式。

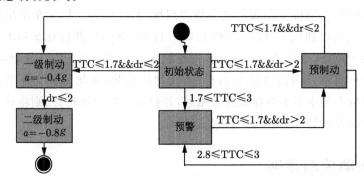

图 P5.6　基于有限状态机的 AEB 控制策略

获取上层控制器的期望减速度后,由制动系统对制动主缸油压进行主动控制,图 P5.7 为基于 ESC 制动系统目标减速度 PID 控制逻辑。实际控制中,可由车辆纵向动力学公式,计算实现目标减速度所需的基准目标压力 P_{base},作为控制过程中的前馈环节:

$$ma = \frac{T_q i_g \eta}{r} + Gf + \frac{C_D A}{21.15} V_{ego}^2 + Gi + \frac{P_{base} k_p}{r} \qquad (\text{P5-32})$$

利用根据目标减速度和实际减速度的偏差,对目标制动压力进行修正,得到修正制动压力 P_{com},作为控制过程中的反馈环节:

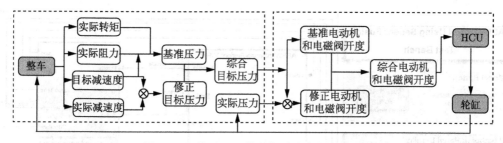

图 P5.7　基于 ESC 的目标减速度控制策略

$$P_{com} = K_p e(t) + K_i \int e(t) \mathrm{d}t + K_d \dot{e}(t) \tag{P5-33}$$

其中，K_p、K_i、K_d 分别是 PID 反馈调节的比例、积分、微分系数，则最终的制动压力为

$$P_{tar} = P_{base} + P_{com} \tag{P5-34}$$

P5.5　系统仿真

P5.5.1　MATLAB ADT 平台仿真

AEB 系统主要使用毫米波雷达和视觉传感器来识别主车前方潜在的碰撞对象。准确、可靠和鲁棒的检测通常需要多个传感器，同时最大限度地减少误报，这是多传感器融合技术在 AEB 系统中发挥重要作用的原因。本示例介绍如何使用 MATLAB 的自动驾驶工具箱，利用传感器融合算法实现自动紧急制动仿真。

1. AEB 测试平台模型

使用以下命令，打开 AEB 系统测试平台模型。

```
addpath(genpath(fullfile(matlabroot,'examples','driving')));
open_system('AEBTestBenchExample')
```

输出结果如图 P5.8 所示。AEB 系统测试平台模型包括 AEB 仿真模型、仪表板显示和模型按钮三部分。AEB 仿真模型包含基于传感器融合的 AEB 模型、车辆和环境子系统和 MIO（most important object，最重要的目标）轨迹模块共三个子系统。当碰撞检测模块检测到主车和前方目标车辆碰撞时停止模拟，MIO 轨迹模块使 MIO 轨迹在鸟瞰图范围内显示。仿真模型左侧的仪表板显示主车的速度、加速度以及自动紧急制动和前向碰撞预警（FCW）控制器的状态。模型按钮打开后，会显示初始化模型使用的数据脚本，该脚本加载 Simulink 模型所需的某些常量，例如模型参数、驾驶场景、主车初始条件、AEB 控制参数、跟踪与传感器融合参数、主车建模参数、速度控制器参数、总线创建等。

要绘制合成传感器检测、跟踪对象和地面真实数据，需要使用 Bird's-Eye Scope，在"模拟"选项卡上的"查看结果"下，单击"鸟瞰范围"。打开示波器后，单击"查找信号"。仪表板

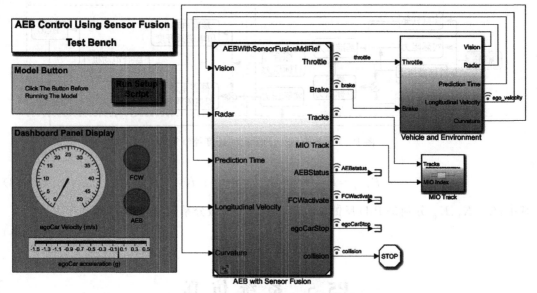

图 P5.8　AEB 系统测试平台模型

显示主车速度、加速度以及 AEB 和 FCW 控制器的状态。

2. 基于传感器融合的 AEB 子系统

如图 P5.9 所示，AEB 子系统包含目标跟踪和传感器融合算法模块以及速度控制器模块、加速度执行模块和 AEB 控制器模块。目标跟踪和传感器融合算法模块处理来自车辆和环境子系统的视觉传感器和雷达检测数据，并生成目标车辆相对于主车的位置和速度。速度控制器模块通过比例积分（PI）控制使主车按照驾驶员设定的速度行驶。当激活 AEB 功能时，加速度执行模块释放车辆加速器，即线控驱动系统的控制功能被强制退出。AEB 控制器模块由 TTC 计算模块、停止时间计算模块和 AEB 逻辑模块组成，其中停止时间计算模块分别计算 FCW、一级和二级部分制动以及完全制动的停止时间；AEB 逻辑模块基于 Stateflow 有限状态机设计了系统功能切换逻辑，将 TTC 与停止时间进行比较，以确定 FCW 和 AEB 的工作状态。

3. 车辆和环境子系统

车辆和环境子系统包括车辆动力学模块、驾驶员转向模型、雷达和视觉检测发生器，以模拟汽车的运动和环境，如图 P5.10 所示。车辆动力学模块用单轨车辆模型来模拟主车动力学；驾驶员转向模型产生驾驶转向角，以保持主车在本车道内沿着已定义曲率的弯道行驶；雷达和视觉检测发生器生成跟踪和传感器融合所需要的传感器数据；在加载 Simulink 模型后，执行回调函数来创建一个道路和多个交通参与者在道路上移动的模拟环境。

4. AEB 系统仿真

自动驾驶工具箱根据 AEB 系统的欧洲新车安全测试协议提供了预先构建的驾驶场景，

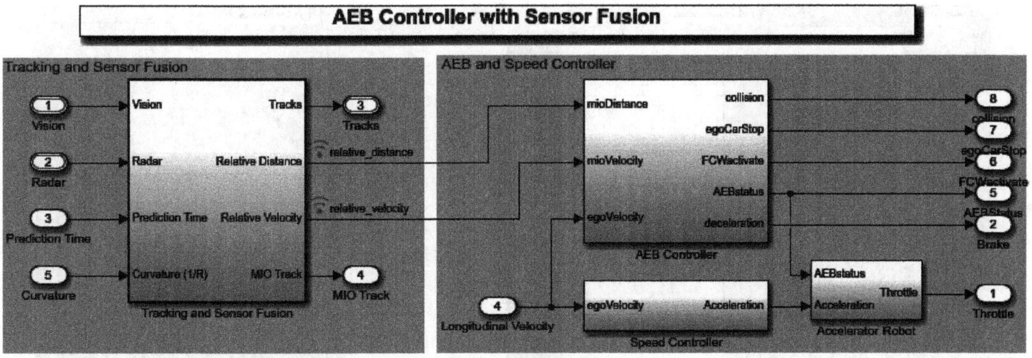

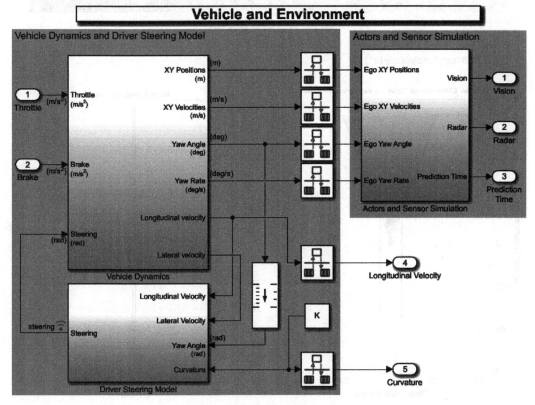

图 P5.9 基于传感器融合的 AEB 子系统

图 P5.10 车辆和环境子系统

可以使用驾驶场景设计器查看预先构建的场景。

```
drivingScenarioDesigner('AEB_PedestrianChild_Nearside_50width_overrun.mat')
```

输出结果如图 P5.11 所示，该 AEB 测试驾驶场景中有三辆车和一个行人。

AEB 的 Simulink 模型读取驾驶场景文件并运行仿真，输出结果如图 P5.12 所示。可以看出，传感器融合和跟踪算法检测到行人是最重要的目标，当车辆有碰撞风险时，AEB 系统应该采取制动以避免碰撞。

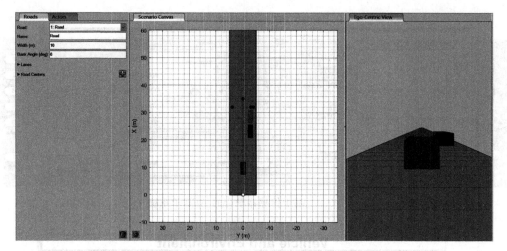

图 P5.11　AEB 测试场景

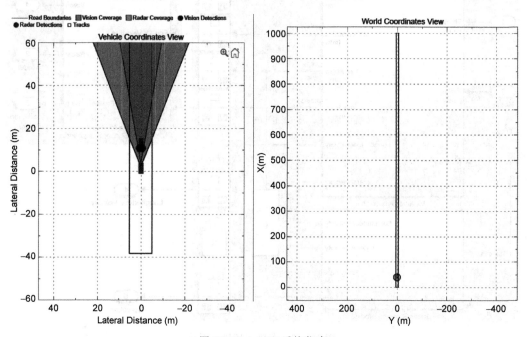

图 P5.12　AEB 系统仿真

仪表板和模拟图显示 AEB 系统应用了多级制动,主车在碰撞前立即停止。仪表板上 AEB 的状态颜色表示 AEB 激活水平,其中灰色表示没有激活 AEB,黄色表示第一阶段部分制动被激活,橙色表示第二阶段部分制动被激活,红色表示全制动被激活。

仿真结果(图 P5.13)显示:在最初的 2s 内,主车加速到设定速度;在 2.3s 时,传感器融合算法开始检测行人;检测后,FCW 立即被激活;在 2.4s 时,应用第一阶段的部分制动,主车开始减速;部分制动的第二阶段在 2.5s 时再次施加;当主车最终停止时,主车和行人之间的间隔约为 2.4m。AEB 系统在这种情况下完全避免了碰撞。

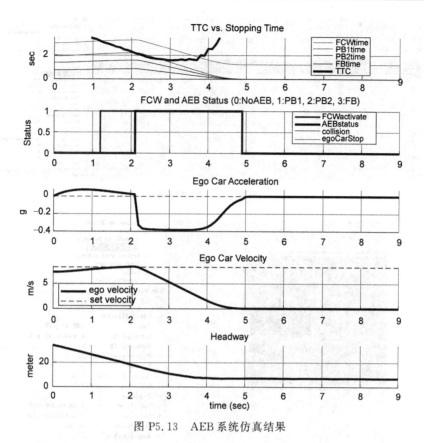

图 P5.13　AEB 系统仿真结果

P5.5.2　PreScan 平台仿真

根据相关标准,AEB 有多种测试场景,如在直道上(或者弯道上),本车道的前方有静止车辆(或者有正在减速的车辆)等。本小节的目的仅是为了给读者展示如何通过 PreScan 与 MATLAB/Simulink 来进行 AEB 的设计及仿真,所以仅以最简单的测试场景作为本次仿真的场景,即:在直道上,本车匀速行驶,在本车道的前方有一静止的前车存在,且相邻车道无干扰车辆。AEB 介入的判断指标采用的是前面提到的安全距离模型,即:当本车与目标车辆的相对距离小于安全距离时,AEB 系统介入制动。

首先,打开 PreScan GUI,在 GUI 中进行仿真场景的搭建。具体操作步骤如下所示。

(1) 路网的搭建。从 Infrastructure 的 Road Segments 中找到 Straight Road 模块,将其新建到 Build Area 中,并对其 Object configuration 进行相应的参数设置,主要的设置内容包括道路的长度及车道数,分别设置为 500m 及 3 车道,如图 P5.14 所示。

(2) 交通参与者的搭建。本次仿真中只涉及两个交通参与者,分别为本车及位于本车所在车道前方的静止车辆,所以需要在 Actors 中的 Cars&Motors 选择两辆模型,将之新建到 Build Area 中。本次仿真所选的车型分别为 Audi A8 Sedan(本车)及 BMW X5 SUV(本车道前方静止车辆),具体如图 P5.15 所示。

(3) 路径、速度及相关动力学模型设置。在完成上述操作后,即可为本车创建一条路径

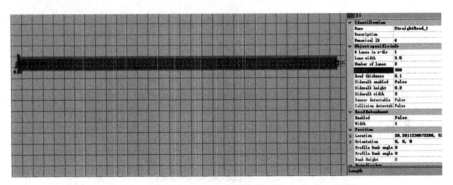

图 P5.14　创建路网

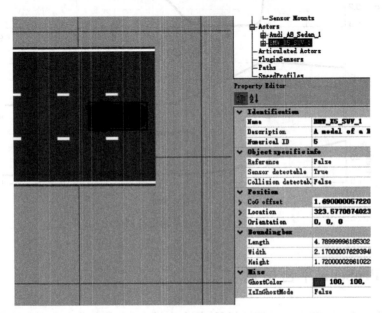

图 P5.15　添加交通参与者

并且添加动力学模型及设定期望的行驶速度。所创建的路径为沿着中间车道的直线,本车的动力学模型选用 2D Simple(三自由度)模型,同时为其添加 Path Follow 的 Driver Model,期望速度设置为 15m/s(匀速行驶)(图 P5.16),前方静止车辆(BMW X5 SUV)则不用进行任何设置。

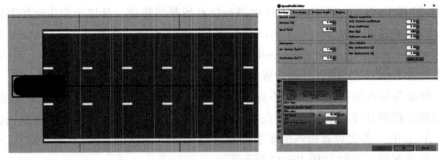

图 P5.16　车辆轨迹设置

(4) 为本车添加传感器。本次仿真中,AEB 介入的判断指标采用的是前面提到的安全距离模型,即:当车辆与目标车辆的距离小于安全距离时,AEB 系统介入制动。上述策略需要得到本车与前方静止车辆的相对距离,因此本次仿真选用 Sensor 中 Idealized 列表下的 AIR Sensor,将其安装在本车的车头位置,在相应的传感器参数中,将 Range 设定为 200m (图 P5.17)。

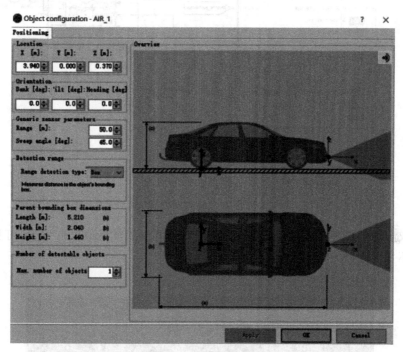

图 P5.17 添加传感器

(5) 编译并启动 Simulink。在完成上述操作后,对场景模型进行编译,并通过 GUI 启动 MATLAB/Simulink,在 Simulink 模型中编写相应的障碍物检测处理和 AEB 控制算法。在本节开始已经介绍了本次仿真将采用安全距离模型作为 AEB 介入制动的指标,下述程序将按照前面相关内容来进行搭建,见式(P5-1)~式(P5-4)。

AEB 系统的控制逻辑(图 P5.18):当前方不存在障碍物时,本车按照设定车速巡航;当传感器检测到障碍物时,通过比较当前的安全距离及本车与前方障碍物的相对距离来进行相应动作,即:若两车的相对距离大于安全距离,则本车继续保持匀速行驶;若两车的相对距离小于安全距离时,则本车进行相应的制动操作。

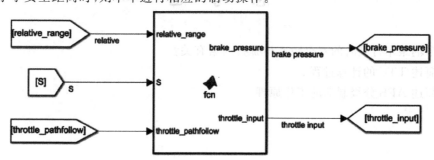

图 P5.18 AEB 系统逻辑

如图 P5.19 所示,在相应模块中进行了相应的改动,如断开 PathFollower 输出给 Dynamics_Simple 的油门(throttle)和制动(brake pressure)信号等。

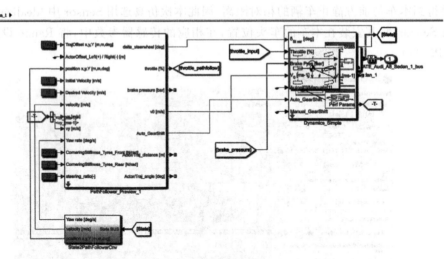

图 P5.19　仿真模型修改

在完成上述程序搭建后,即可开始仿真,最终仿真结果如图 P5.20 所示,可见车辆能成功刹停且不发生碰撞。

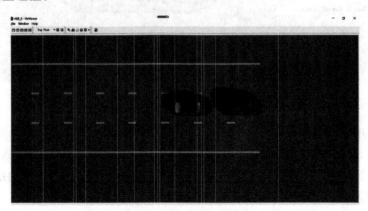

图 P5.20　AEB 仿真结果

思 考 题

1. 车辆跟车行驶时的安全距离与哪些因素有关?
2. 简述 TTC 的计算过程。
3. 简述 AEB 分级制动的工作原理。

项目 6

车道保持辅助系统

P6.1 任务需求

车道保持辅助(lane keeping assistance,LKA)系统指的是通过摄像头检测本车相对期望的行车轨迹(如车道中心线)的横向运动状态,基于车辆横向动力学设计横向控制器,实时计算方向盘的期望转角大小和方向,实现 LKA 系统的闭环控制,使车辆保持在车道内行驶。LKA 在一定程度上缓解了驾驶强度,辅助驾驶员实现车道的跟踪,并适时提供车道偏离预警,保证车辆能够在当前车道内稳定行驶,从而提升驾乘的安全性和舒适性。

LKA 是自动驾驶车辆运动控制的一个必不可少的组成部分,其主要目标是保证自动驾驶车辆在道路上行驶时不发生过大的横向位置误差与横摆角误差,将车辆实际行驶轨迹与道路轨迹进行对比分析,计算出车辆行驶过程中的横向位置误差与横摆角误差,通过 LKA 控制算法,计算出最理想的前轮转角,并通过线控转向系统控制车辆不断地调整车辆的转向角达到期望值,以减小车辆在行驶过程中产生的横向位置误差与横摆角误差,在道路曲率发生变化时,保障自动驾驶车辆的方向与位置始终跟随道路曲率变化处于理想状态。

因此,采用如图 P6.1 所示的控制框图,可将 LKA 系统分为感知层、决策控制层与执行

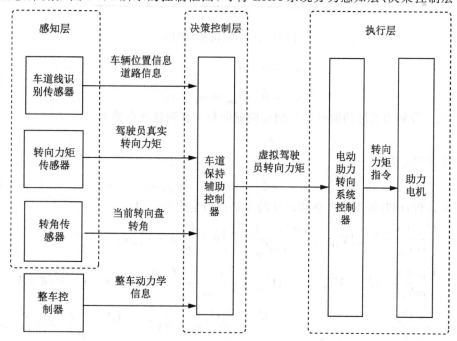

图 P6.1 LKA 系统框图

层。感知层采集车道线信息、转向系统状态和车辆运动状态;决策控制层对采集的信息进行处理,计算所需的辅助转向力矩或转向角;执行层控制线控转向系统实现车辆转向控制,使车辆稳定地行驶在正常轨道内。

通过本项目实训,了解LKA系统的工作原理,能够建立车辆的二自由度模型和预瞄驾驶员模型,并利用预瞄的曲率、横向偏差和车道中心线与车辆之间的相对偏航角,设计前馈与反馈相结合的控制策略,最终实现LKA系统的闭环仿真。

P6.2　二自由度动力学模型

车道保持是一种路径跟踪任务,可以使用车辆横向动力学控制来完成。因此在搭建车辆动力学模型时,可以以相对于道路的方向和距离误差为状态变量建立动力学模型。假设横向控制误差即车辆距车道中心线的横向距离为 e_1,e_2 为航向误差,车道中心线的曲率为 κ,车辆的横向控制误差示意图如图 P6.2 所示,则航向误差为

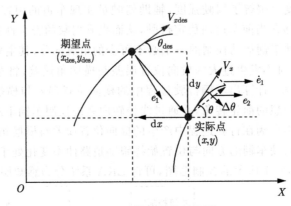

图 P6.2　横向误差示意图

$$\begin{cases} e_2 = \theta - \theta_{\text{des}} \\ \dot{e}_2 = \dot{\theta} - \dot{\theta}_{\text{des}} = \omega_r - \kappa v_x \end{cases} \tag{P6-1}$$

其中,$\theta,\theta_{\text{des}}$ 分别为实际的航向角与期望的航向角。横向速度误差为

$$\dot{e}_1 = v_y + v_x e_2 \tag{P6-2}$$

横向加速度误差为

$$\ddot{e}_1 = a_y - a_{y\text{des}} = \dot{v}_y + v_x \dot{\theta} - v_x \dot{\theta}_{\text{des}} = \dot{v}_y + v_x \dot{e}_2 \tag{P6-3}$$

综合以上分析,同时根据第3章所建立的车辆动力学模型可得

$$\ddot{e}_1 = -\frac{C_{\alpha f} + C_{\alpha r}}{mV_{\text{ego}}}\dot{y} - \left(V_{\text{ego}} + \frac{l_f C_{\alpha f} - l_r C_{\alpha r}}{mV_{\text{ego}}}\right)\dot{\theta} + \frac{C_{\alpha f}}{m}\delta + V_{\text{ego}}\dot{e}_2$$

$$= -\frac{C_{\alpha f} + C_{\alpha r}}{mV_{\text{ego}}}(\dot{e}_1 - V_{\text{ego}} e_2) - \left(V_{\text{ego}} + \frac{l_f C_{\alpha f} - l_r C_{\alpha r}}{mV_{\text{ego}}}\right)(\dot{e}_2 + \dot{\theta}_{\text{des}}) + \frac{C_{\alpha f}}{m}\delta + V_{\text{ego}}\dot{e}_2$$

$$= \frac{C_{\alpha f} + C_{\alpha r}}{m}e_2 - \frac{C_{\alpha f} + C_{\alpha r}}{mV_{\text{ego}}}\dot{e}_1 - \frac{l_f C_{\alpha f} - l_r C_{\alpha r}}{mV_{\text{ego}}}\dot{e}_2 - \left(V_{\text{ego}}^2 + \frac{l_f C_{\alpha f} - l_r C_{\alpha r}}{m}\right)\frac{1}{R} + \frac{C_{\alpha f}}{m}\delta$$

$$\ddot{e}_2 = -\frac{l_f C_{\alpha f} - l_r C_{\alpha r}}{I_z V_{\text{ego}}}\dot{y} - \frac{l_f^2 C_{\alpha f} + l_r^2 C_{\alpha r}}{I_z V_{\text{ego}}}\dot{\theta} + \frac{l_f C_{\alpha f}}{I_z}\delta$$

$$= -\frac{l_f C_{\alpha f} - l_r C_{\alpha r}}{I_z V_{\text{ego}}}(\dot{e}_1 - V_{\text{ego}} e_2) - \frac{l_f^2 C_{\alpha f} + l_r^2 C_{\alpha r}}{I_z V_{\text{ego}}}(\dot{e}_2 + \dot{\theta}_{\text{des}}) + \frac{l_f C_{\alpha f}}{I_z}\delta$$

$$= \frac{l_f C_{\alpha f} - l_r C_{\alpha r}}{I_z}e_2 - \frac{l_f C_{\alpha f} - l_r C_{\alpha r}}{I_z V_{\text{ego}}}\dot{e}_1 - \frac{l_f^2 C_{\alpha f} + l_r^2 C_{\alpha r}}{I_z V_{\text{ego}}}\dot{e}_2 - \frac{l_f^2 C_{\alpha f} + l_r^2 C_{\alpha r}}{I_z}\frac{1}{R} + \frac{l_f C_{\alpha f}}{I_z}\delta$$

(P6-4)

可得车辆横向控制模型为

$$\frac{d}{dt}\begin{bmatrix} e_1 \\ \dot{e}_1 \\ e_2 \\ \dot{e}_2 \end{bmatrix} = \begin{bmatrix} 0 & 1 & 0 & 0 \\ 0 & -\dfrac{C_{\alpha f}+C_{\alpha r}}{mv_x} & \dfrac{C_{\alpha f}+C_{\alpha r}}{m} & -\dfrac{l_f C_{\alpha f}-l_r C_{\alpha r}}{mv_x} \\ 0 & 0 & 0 & 1 \\ 0 & -\dfrac{l_f C_{\alpha f}-l_r C_{\alpha r}}{I_z v_x} & \dfrac{l_f C_{\alpha f}-l_r C_{\alpha r}}{I_z} & -\dfrac{l_f^2 C_{\alpha f}+l_r^2 C_{\alpha r}}{I_z v_x} \end{bmatrix}\begin{bmatrix} e_1 \\ \dot{e}_1 \\ e_2 \\ \dot{e}_2 \end{bmatrix} +$$

$$\begin{bmatrix} 0 \\ \dfrac{C_{\alpha f}}{m} \\ 0 \\ \dfrac{l_f C_{\alpha f}}{I_z} \end{bmatrix}\delta + \begin{bmatrix} 0 \\ -v_x^2 - \dfrac{l_f C_{\alpha f}-l_r C_{\alpha r}}{m} \\ 0 \\ -\dfrac{l_f^2 C_{\alpha f}+l_r^2 C_{\alpha r}}{I_z} \end{bmatrix}\kappa$$

(P6-5)

定义系统状态为 $x=[e_1,\dot{e}_1,e_2,\dot{e}_2]^T$，则车辆横向动力学模型写成状态空间形式为

$$\dot{x} = Ax + B_1\delta + B_2\kappa \tag{P6-6}$$

其中，系统矩阵为

$$A = \begin{bmatrix} 0 & 1 & 0 & 0 \\ 0 & -\dfrac{C_{\alpha f}+C_{\alpha r}}{mv_x} & \dfrac{C_{\alpha f}+C_{\alpha r}}{m} & -\dfrac{l_f C_{\alpha f}-l_r C_{\alpha r}}{mv_x} \\ 0 & 0 & 0 & 1 \\ 0 & -\dfrac{l_f C_{\alpha f}-l_r C_{\alpha r}}{I_z v_x} & \dfrac{l_f C_{\alpha f}-l_r C_{\alpha r}}{I_z} & -\dfrac{l_f^2 C_{\alpha f}+l_r^2 C_{\alpha r}}{I_z v_x} \end{bmatrix}, \quad B_1 = \begin{bmatrix} 0 \\ \dfrac{C_{\alpha f}}{m} \\ 0 \\ \dfrac{l_f C_{\alpha f}}{I_z} \end{bmatrix},$$

$$B_2 = \begin{bmatrix} 0 \\ -v_x^2 - \dfrac{l_f C_{\alpha f}-l_r C_{\alpha r}}{m} \\ 0 \\ -\dfrac{l_f^2 C_{\alpha f}+l_r^2 C_{\alpha r}}{I_z} \end{bmatrix}$$

基于动力学模型(P6-6)即可设计 LKA 状态反馈控制器 $\delta = \delta(x)$。

P6.3 控制器设计

P6.3.1 自适应预瞄

无论是汽车设计初期的操稳性设计,还是以汽车驾驶安全性为目标的控制策略开发,以及当前对汽车自主/辅助驾驶系统的研究,精确描述驾驶员的操纵行为并建立高精度的驾驶员模型,始终是研究的重点。

在控制汽车按照既定路径实际行驶的过程中,驾驶员的作用可以视为路径规划与路径跟踪控制的不断迭代过程。相对于路径跟踪的作用,驾驶员则是根据道路弯曲程度、驾驶经验等信息在道路上选择合适的预瞄点,然后通过控制方向盘使车辆尽可能地行驶到预瞄点上去。最优预瞄跟随理论是通过类比上述人工驾驶车辆跟踪道路的作用。模拟驾驶员的开车过程,通过对道路前方信息的预估,为了使得车辆实际轨迹与期望轨迹的偏差最小从而得到一个最优的方向盘转角输入。这是目前车辆横向动力学控制中应用最多的方法。其中,预瞄距离是一个重要参数,它的取值与实际的路径跟踪精度密切相关。通常,预瞄距离越长,车辆稳定性越好,但预瞄距离过长不能较好地利用道路信息,跟踪精度降低;预瞄距离越短,跟踪精度越高,但预瞄距离过短会导致车辆在期望路径左右两边摇摆前行。

预瞄驾驶员模型是在车辆进行车道保持行驶时,以车道中心线为目标轨迹,根据车辆当前的运动状态和预瞄点的横向误差、曲率参数计算方向盘转角输入值。预瞄距离由车速和道路曲率两个因素确定。当道路曲率小于某个较小的曲率值时(即道路半径很大),可将道路近似视为直线道路处理,预瞄距离由车速确定;当道路曲率大于此临界曲率值时,将道路视为具有一定曲率的弯曲道路,预瞄距离的确定依据道路曲率和车速计算得到。由此,设计了如下预瞄距离计算公式:

$$L = \begin{cases} T_{p1} v_x + c, & |\kappa| < \kappa_{\mathrm{th}} \\ T_{p2} v_x + \dfrac{b}{|\kappa|}, & |\kappa| \geqslant \kappa_{\mathrm{th}} \end{cases} \tag{P6-7}$$

其中,T_{p1} 和 T_{p2} 分别是预瞄时距,κ_{th} 是判断直道和弯道的临界曲率值,b 和 c 是常数。

P6.3.2 前馈控制

假设道路曲率 κ 和系统状态 x 都是可测的,根据动力学模型(P6-6)可见,由于系统矩阵 B_1 和 B_2 的特点以及环境的外界干扰输入,决定了无法通过前馈控制得到恒定的零稳态偏差。假设采用前馈与反馈相结合的方式实现LKA:

$$\delta = \delta_\mathrm{f} + u \tag{P6-8}$$

前馈与反馈相结合的控制方法在道路曲率恒定且车辆动力学精确的情况下可以有较高跟踪精度,但在现实中无法保证高精度的车道保持控制。预瞄控制是提高车辆横向控制鲁棒性和稳定性最好的方法之一,因此,采用预瞄控制思想,即以车辆前方预瞄点处的横向运动状态作为反馈设计LKA控制器,如图P6.3所示,其预瞄时距一般可取0.5~2s,预瞄距离可采用模型(P6-7)。

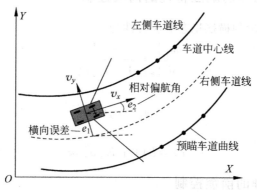

图 P6.3　LKA 中的预瞄控制示意图

1. 自适应前馈控制

根据动力学模型(P6-6)和控制律(P6-8)可得

$$\dot{x} = Ax + B_1 u + B_1 \delta_f + B_2 \kappa \tag{P6-9}$$

其中，

$$B_1 \delta_f + B_2 \kappa = \begin{bmatrix} 0 \\ \dfrac{C_{\alpha f}}{m} \delta_f - v_x^2 \kappa - \dfrac{l_f C_{\alpha f} - l_r C_{\alpha r}}{m} \kappa \\ 0 \\ \dfrac{l_f C_{\alpha f}}{I_z} \delta_f - \dfrac{l_f^2 C_{\alpha f} + l_r^2 C_{\alpha r}}{I_z} \kappa \end{bmatrix}$$

显然，由矩阵 B_1 和 B_2 的特点决定了无法保证 $B_1 \delta_f + B_2 \kappa = 0$，可假设前馈控制器能让 $\dot{e}_1$ 的前馈偏差为 0，可得

$$\dfrac{C_{\alpha f}}{m} \delta_f - v_x^2 \kappa - \dfrac{l_f C_{\alpha f} - l_r C_{\alpha r}}{m} \kappa = 0 \tag{P6-10}$$

即前馈控制器为

$$\delta_f = \dfrac{m v_x^2 + l_f C_{\alpha f} - l_r C_{\alpha r}}{C_{\alpha f}} \kappa \tag{P6-11}$$

此时的反馈控制系统为

$$\dot{x} = Ax + B_1 u + B_3 \kappa \tag{P6-12}$$

其中，

$$B_3 = \begin{bmatrix} 0 & 0 & 0 & \dfrac{m l_f v_x^2 - l_f l_r C_{\alpha r} - l_r^2 C_{\alpha r}}{I_z} \end{bmatrix}^{\mathrm{T}}$$

由此可见，在引入前馈控制(P6-11)后，改变了系统的干扰增益矩阵，因此，针对系统(P6-12)设计反馈控制可有效改善其抗干扰性能，与原始系统(P6-6)相比，在系统(P6-12)的基础上所设计的反馈控制系统性能将更优。

2. 基于车辆横摆稳态响应特性的前馈控制

由式(3-27)可得车辆的横摆稳态响应特性为

$$\left.\frac{\omega_r}{\delta}\right|_s = \frac{v_x/L}{1+K_v v_x^2} \tag{P6-13}$$

以及

$$\omega_r = v_x \kappa \tag{P6-14}$$

可得前馈控制为

$$\delta_f = L(1+K_v v_x^2)\kappa \tag{P6-15}$$

3. 基于终值定理的前馈控制

在上述自适应前馈控制中，先设计前馈控制改变了系统的干扰增益矩阵，然后再设计反馈控制。接下来介绍第三种设计方法，先设计反馈控制再设计前馈控制。假设系统(P6-6)的状态反馈控制为

$$\delta = -Kx \tag{P6-16}$$

其中，K 为控制增益矩阵，其设计过程后面会详细介绍。则在该状态反馈的作用下，系统(P6-6)的状态空间模型可写为

$$\dot{x} = (A-B_1 K)x + B_2 \kappa \tag{P6-17}$$

由于环境干扰项 κ 的存在，当车辆在弯道行驶时，即使系统矩阵 $A-B_1 K$ 是稳定的，系统的跟踪误差也不完全收敛到 0。因此，可在反馈控制的基础上增加前馈补偿环节，以自适应调节道路曲率 κ 干扰的影响，即

$$\delta = -Kx + \delta_f \tag{P6-18}$$

则此时的闭环系统为

$$\dot{x} = (A-B_1 K)x + B_1 \delta_f + B_2 \kappa \tag{P6-19}$$

由于无法保证 $B_1 \delta_f + B_2 \kappa = 0$，假设系统的初始状态为 x_0，则可利用拉氏变换求得系统的响应为

$$X(s) = [sI-(A-B_1 K)]^{-1}[B_1 L(\delta_f) + B_2 L(\kappa) + x_0] \tag{P6-20}$$

如果车辆在定曲率道路上行驶时，其前馈控制是常值，则

$$X(s) = [sI-(A-B_1 K)]^{-1}\left(B_1 \frac{\delta_f}{s} + B_2 \frac{\kappa}{s} + x_0\right) \tag{P6-21}$$

根据终值定理可得系统稳态跟踪误差为

$$x_s = \lim_{t \to \infty} x(t) = \lim_{s \to 0} sX(s) = -(A-B_1 K)^{-1}(B_1 \delta_f + B_2 \kappa) \tag{P6-22}$$

其中，假设反馈控制增益为 $K=[k_1,k_2,k_3,k_4]$，则根据动力学模型(P6-6)可得稳态误差为

$$x_s = -(A-B_1 K)^{-1} \begin{bmatrix} 0 \\ \dfrac{C_{\alpha f}}{m}\delta_f - \left(v_x^2 + \dfrac{l_f C_{\alpha f} - l_r C_{\alpha r}}{m}\right)\kappa \\ 0 \\ \dfrac{l_f C_{\alpha f}}{I_z}\delta_f - \dfrac{l_f^2 C_{\alpha f} + l_r^2 C_{\alpha r}}{I_z}\kappa \end{bmatrix} \tag{P6-23}$$

其中,

$(A-B_1K)^{-1} =$

$$\begin{bmatrix} -\dfrac{k_3+k_2v_x}{k_1v_x} & -\dfrac{m(-l_fC_{\alpha f}+l_rC_{\alpha r}+k_3l_fC_{\alpha f})}{k_1LC_{\alpha f}C_{\alpha r}} & -\dfrac{L-k_3l_r+k_4v_x}{k_1v_x} & -\dfrac{I_z(C_{\alpha f}+C_{\alpha r}-k_3C_{\alpha f})}{k_1LC_{\alpha f}C_{\alpha r}} \\ 1 & 0 & 0 & 0 \\ \dfrac{1}{v_x} & \dfrac{ml_f}{LC_{\alpha r}} & -\dfrac{l_r}{v_x} & -\dfrac{I_z}{LC_{\alpha r}} \\ 0 & 0 & 1 & 0 \end{bmatrix}$$

则稳态误差为

$$x_s = \begin{bmatrix} \dfrac{\delta_f}{k_1} - \dfrac{1}{k_1}\left[L(1+K_vv_x^2) - k_3\left(l_r - \dfrac{k_3l_fm}{C_{\alpha r}L}v_x^2\right)\right]\kappa \\ 0 \\ -\left(l_r - \dfrac{ml_f}{LC_{\alpha r}}v_x^2\right)\kappa \\ 0 \end{bmatrix} \tag{P6-24}$$

其中,不足转向系数为

$$K_v = \dfrac{m}{L^2}\left(\dfrac{l_r}{C_{\alpha f}} - \dfrac{l_f}{C_{\alpha r}}\right)$$

可假设前馈控制器能让 e_1 的前馈稳态偏差为0,可得

$$\delta_f = L(1+K_vv_x^2)\kappa - k_3\left(l_r - \dfrac{l_fm}{C_{\alpha r}L}v_x^2\right)\kappa \tag{P6-25}$$

由式(3-27)可得车辆的稳态侧偏和横摆特性为

$$\left.\dfrac{\omega_r}{\delta}\right|_s = \dfrac{v_x/L}{1+K_vv_x^2}$$

$$\left.\dfrac{v_y}{\omega_r}\right|_s = l_r - \dfrac{ml_f}{C_{\alpha r}L}v_x^2 \tag{P6-26}$$

又根据

$$\omega_r = v_x\kappa, \quad v_y = \beta v_x \tag{P6-27}$$

可得

$$\delta_s = L(1+K_vv_x^2)\kappa$$

$$\beta_s = \left(l_r - \dfrac{ml_f}{C_{\alpha r}L}v_x^2\right)\kappa \tag{P6-28}$$

其中,δ_s,β_s 分别为车辆沿着弯道稳态行驶时的稳态前轮转角和质心侧偏角。则前馈控制(P6-25)可转化为

$$\delta_f = \delta_s - k_3\beta_s \tag{P6-29}$$

根据稳态偏差(P6-24)可得,前馈控制并不会改变系统的稳态偏航误差,即不论前馈控制如何选择,车辆的航向误差总存在不可消除的稳态偏差项,该航向偏差稳态值为 $-\beta_s$,即与车辆的质心侧偏角大小相等方向相反。

4. 基于系统平衡点的前馈控制

针对闭环系统(P6-19)可得其平衡点为
$$x_{s0} = -(A-B_1K)^{-1}B_1\delta_f - (A-B_1K)^{-1}B_2\kappa \tag{P6-30}$$
选取横向距离偏差 e_1 作为输出变量，即
$$y = e_1 = Cx$$
其中，$C = [1,0,0,0]$。则
$$y_{s0} = -C(A-B_1K)^{-1}B_1\delta_f - C(A-B_1K)^{-1}B_2\kappa = e_1 \tag{P6-31}$$
可得前馈控制为
$$\delta_f = -[C(A-B_1K)^{-1}B_1]^{-1}[C(A-B_1K)^{-1}B_2\kappa + e_1] \tag{P6-32}$$
可见，该预瞄控制由道路曲率 κ 以及横向预瞄偏差 e_1 共同确定。

将曲率 κ 当作环境干扰处理，接下来设计 LQR 反馈控制器。一般来说，状态反馈控制的效果比输出反馈控制的效果好并且设计过程也简单，而状态反馈控制的设计方法较多，本节中主要简单介绍三种主流的控制方法：LQR、MPC 和 H_∞ 控制，读者可对比这三种方法的理论基础和优缺点，以加深对车辆动力学控制问题的理解。

P6.3.3 LQR 设计

已知 LKA 系统的二自由度模型的状态方程为
$$\dot{x} = Ax + B_1\delta + B_2\kappa \tag{P6-33}$$
在 LKA 系统中，最优控制的目标是希望系统既能快速达到稳定状态，又希望控制量较小，所以选择如下的二次型代价函数：
$$J = \frac{1}{2}\int_0^\infty [x^{\mathrm{T}}Qx + u^{\mathrm{T}}Ru]\mathrm{d}t \tag{P6-34}$$
为了使性能指标最小化的最优控制器具有线性状态反馈形式，即控制输入为 $u = -Kx$，将其代入代价函数中，得到：
$$J = \frac{1}{2}\int_0^\infty x^{\mathrm{T}}(Q + K^{\mathrm{T}}RK)x\,\mathrm{d}t \tag{P6-35}$$
假设存在一个正定的常量矩阵 P 使得：
$$\frac{\mathrm{d}}{\mathrm{d}t}(x^{\mathrm{T}}Px) = -x^{\mathrm{T}}(Q + K^{\mathrm{T}}RK)x \tag{P6-36}$$
则代价函数为
$$J = -\frac{1}{2}\int_0^\infty x^{\mathrm{T}}Px\,\mathrm{d}t = x^{\mathrm{T}}(0)Px(0) \tag{P6-37}$$
根据式(P6-36)可得微分方程
$$\dot{x}^{\mathrm{T}}Px + x^{\mathrm{T}}P\dot{x} + x^{\mathrm{T}}Qx + x^{\mathrm{T}}K^{\mathrm{T}}RKx = 0 \tag{P6-38}$$
当忽略环境中的曲率干扰项 κ 时，即假设车辆在直道上行驶，此时，根据式(P6-33)可得系统的闭环状态方程为
$$\dot{x} = (A - B_1K)x \tag{P6-39}$$
代入可得

$$x^T(A-B_1K)^TPx + x^TP(A-B_1K)x + x^TQx + x^TK^TRKx = 0 \quad \text{(P6-40)}$$

整理可得

$$x^T[(A-B_1K)^TP + P(A-B_1K) + Q + K^TRK]x = 0 \quad \text{(P6-41)}$$

上式对任意的状态 x 都成立,因此

$$(A-B_1K)^TP + P(A-B_1K) + Q + K^TRK = 0 \quad \text{(P6-42)}$$

令 $K = R^{-1}B_1^TP$,代入并整理可得黎卡提方程

$$A^TP + PA + Q - PB_1R^{-1}B_1^TP = 0 \quad \text{(P6-43)}$$

式中,系统矩阵 A、B_1 和权重矩阵 Q、R 都是已知量,由此便可以计算出正定矩阵 P,进而得到 LQR 控制增益矩阵 $K = R^{-1}B_1^TP$,即得最优控制输入为 $u = -Kx$。

考虑到视觉传感器只可以检测状态 e_1 和 e_2,即测量方程为

$$y = Cx \quad \text{(P6-44)}$$

其中,测量矩阵为

$$C = \begin{bmatrix} 1 & 0 & 0 & 0 \\ 0 & 0 & 1 & 0 \end{bmatrix}$$

因此,LKA 系统存在状态不可测问题,可利用 KF 算法估计曲率以及系统状态,算法的具体实施过程可参考本书相关章节,在此不再赘述。则最终的基于观测器的状态反馈控制器为

$$u = -K\hat{x} \quad \text{(P6-45)}$$

其中,$\hat{x}$ 为系统状态 x 的估计值。

P6.3.4 MPC 设计

MPC 是一种最优化控制方法,在有限的预测时间段内求解最优控制量,有时也叫作滚动时域控制器。该控制器根据控制系统的动力学模型预测未来一段时间内系统的输出行为,同时考虑系统中各执行器的动态特性约束以及状态约束,通过求解带约束的最优控制问题,使得系统在未来一段时间内的跟踪误差最小,从而获得最优的控制量(图 P6.4)。

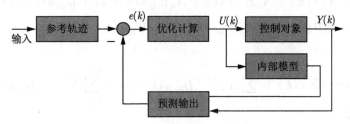

图 P6.4 模型预测控制框图

由于 MPC 方法将系统模型纳入控制算法中,需要对被控对象进行建模,并根据这个模型去预测系统未来的状态。如图 P6.5 所示,MPC 根据滚动优化的思想,将每个周期内求得的最优控制量的第一个变量作为控制输入。

在每个时间点,根据当前车辆状态和控制输入预测未来 n_p 个周期的车辆状态,根据设定好的代价函数求解最优化问题来得到未来的最优控制输入,然后将求解得到的第一个输入作为本周期的控制输入。

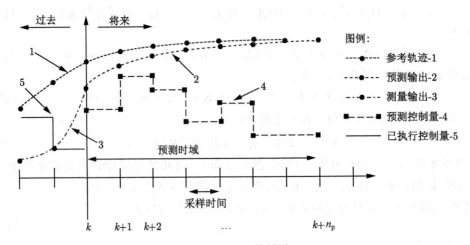

图 P6.5　MPC 控制原理

由于 MPC 是一种离散系统控制方法，但是所得的车辆横向动力学模型的状态方程是一个连续的系统，于是需要对其进行离散化。采用一阶泰勒近似可得离散系统为

$$x(k+1)=A_d x(k)+B_{d1}u(k)+B_{d3}\kappa(k) \tag{P6-46}$$

其中，$A_d = I + TA$，$B_{d1}=TB_1$，$B_{d3}=TB_3$，其中 I 为单位矩阵，T 为采样周期。

为了设计 MPC 控制算法去跟踪期望的运动轨迹，需要预测汽车未来每一步的运动状态。系统未来状态的预测决定了控制输入的大小和这些状态的矩阵的大小。假设未来预测域内的系统状态为

$$x(k+1),\quad x(k+2),\quad \cdots,\quad x(k+n_p) \tag{P6-47}$$

其中，n_p 为预测域长度。

根据系统状态方程迭代可得

$$\begin{cases} x(k+1)=A_d x(k)+B_{d1}u(k)+B_{d3}\kappa(k) \\ x(k+2)=A_d^2 x(k)+A_d B_{d1}u(k)+B_{d1}u(k+1)+A_d B_{d3}\kappa(k)+B_{d3}\kappa(k+1) \\ x(k+3)=A_d^3 x(k)+A_d^2 B_{d1}u(k)+A_d B_{d1}u(k+1)+B_{d1}u(k+2)+ \\ \qquad\qquad A_d^2 B_{d3}\kappa(k)+A_d B_{d3}\kappa(k+1)+B_{d3}\kappa(k+2) \\ \vdots \\ x(k+n_p)=A_d^{n_p} x(k)+\sum_{i=0}^{n_p-1}A_d^{n_p-1-i}B_{d1}u(k+i)+\sum_{i=0}^{n_p-1}A_d^{n_p-1-i}B_{d3}\kappa(k+i) \end{cases} \tag{P6-48}$$

写成矩阵形式为

$$X(k)=\bar{A}x(k)+\bar{B}_1 U(k)+\bar{B}_2 \bar{\kappa}(k) \tag{P6-49}$$

其中，

$$X(k)=\begin{bmatrix} x(k+1) \\ x(k+2) \\ x(k+3) \\ \vdots \\ x(k+n_p) \end{bmatrix},\ \bar{A}=\begin{bmatrix} A_d \\ A_d^2 \\ A_d^3 \\ \vdots \\ A_d^{n_p} \end{bmatrix},\ \bar{B}_1=\begin{bmatrix} B_{d1} & 0 & 0 & \cdots & 0 \\ A_d B_{d1} & B_{d1} & 0 & \cdots & 0 \\ A_d^2 B_{d1} & A_d B_{d1} & B_{d1} & \cdots & 0 \\ \vdots & \vdots & \vdots & \vdots & \vdots \\ A_d^{n_p-1} B_{d1} & A_d^{n_p-2} B_{d1} & A_d^{n_p-3} B_{d1} & \cdots & B_{d1} \end{bmatrix},$$

$$U(k) = \begin{bmatrix} u(k) \\ u(k+1) \\ u(k+2) \\ \vdots \\ u(k+n_p-1) \end{bmatrix}, \quad \overline{B}_2 = \begin{bmatrix} B_{d3} & 0 & 0 & \cdots & 0 \\ A_d B_{d3} & B_{d3} & 0 & \cdots & 0 \\ A_d^2 B_{d3} & A_d B_{d3} & B_{d3} & \cdots & 0 \\ \vdots & \vdots & \vdots & & \vdots \\ A_d^{n_p-1} B_{d3} & A_d^{n_p-2} B_{d3} & A_d^{n_p-3} B_{d3} & \cdots & B_{d3} \end{bmatrix},$$

$$\bar{\kappa}(k) = \begin{bmatrix} \kappa(k) \\ \kappa(k+1) \\ \kappa(k+2) \\ \vdots \\ \kappa(k+n_p-1) \end{bmatrix}$$

根据给定的期望轨迹,可以找到车辆当前位姿相对于给定轨迹的误差并在线根据当前误差进行滚动优化,通过根据某种指标从而达到求出当前控制最优解。因此,滚动优化可能不会得到全局最优解,但是却能对每一时刻的状态进行最及时的响应,达到局部最优。根据路径跟踪的目的,其目标函数为

$$J(k) = [X(k) - X_{\text{ref}}(k)]^T Q [X(k) - X_{\text{ref}}(k)] + U^T(k) R U(k) \tag{P6-50}$$

其中,Q 和 R 分别为状态量和控制量的权重矩阵,X_{ref} 为期望轨迹。代入系统方程可得

$$\begin{aligned} J(k) &= [\overline{A}x(k) + \overline{B}_1 U(k) + \overline{B}_2 \bar{\kappa}(k) - X_{\text{ref}}(k)]^T Q [\overline{A}x(k) + \overline{B}_1 U(k) + \overline{B}_2 \bar{\kappa}(k) - X_{\text{ref}}(k)] + \\ & \quad U^T(k) R U(k) \\ &= J_0(k) + J_1(k) \end{aligned} \tag{P6-51}$$

其中,

$$J_0(k) = [\overline{A}x(k) + \overline{B}_2 \bar{\kappa}(k) - X_{\text{ref}}(k)]^T Q [\overline{A}x(k) + \overline{B}_2 \bar{\kappa}(k) - X_{\text{ref}}(k)]$$

$$J_1(k) = 2[\overline{A}x(k) + \overline{B}_2 \bar{\kappa}(k) - X_{\text{ref}}(k)]^T Q \overline{B}_1 U(k) + U^T(k) \overline{B}_1^T Q \overline{B}_1 U(k) + U^T(k) R U(k) \tag{P6-52}$$

可见,J_0 中不包含控制量 U,在控制器设计时可以忽略不计,故以 J_1 作为 MPC 的优化目标。

MPC 的约束条件主要包括舒适性与安全性约束。其中,舒适性约束为前轮转角即控制输入约束:

$$|U(k)| \leqslant U_{\max}(k)$$
$$|U(k) - U(k-1)| \leqslant \Delta U_{\max}(k) \tag{P6-53}$$

其中,最大前轮转角 $U_{\max}(k)$ 和前轮转角变化 $\Delta U_{\max}(k)$ 与车速、道路曲率和转向系统等有关。考虑车辆的横向加速度满足

$$V_{\text{ego}}^2 \frac{U_{\max}(k)}{L} \leqslant a_{y\max} \tag{P6-54}$$

则最大前轮转角为

$$U_{\max}(k) = \min \left\{ U_{\text{st}}, \frac{L a_{y\max}}{V_{\text{ego}}^2} \right\} \tag{P6-55}$$

其中,U_{st} 为由转向系统机械结构决定的最大转角。根据式(P6-54)可得车辆的横向冲击度

满足

$$V_{\text{ego}}^2 \frac{\Delta U_{\max}(k)}{L} \leqslant j_{y\max} \tag{P6-56}$$

则最大的前轮转角增量为

$$\Delta U_{\max}(k) = \min\left\{\Delta U_{\text{com}}, \frac{L j_{y\max}}{V_{\text{ego}}^2}\right\} \tag{P6-57}$$

其中,ΔU_{com} 为与舒适性相关的最大转角增量。

安全性约束为车辆偏离期望轨迹约束：

$$|X(k) - X_{\text{ref}}(k)| \leqslant \Delta X_{\max} \tag{P6-58}$$

注意到

$$U(k-1) = GU(k) + Hu(k-1) \tag{P6-59}$$

其中,

$$G = \begin{bmatrix} 0 & 0 & 0 & \cdots & 0 & 0 \\ I & 0 & 0 & \cdots & 0 & 0 \\ 0 & I & 0 & \cdots & 0 & 0 \\ \vdots & \vdots & \vdots & & \vdots & \vdots \\ 0 & 0 & 0 & \cdots & I & 0 \\ 0 & 0 & 0 & \cdots & 0 & I \end{bmatrix}, \quad H = \begin{bmatrix} I \\ 0 \\ 0 \\ \vdots \\ 0 \end{bmatrix} \tag{P6-60}$$

则性能约束(P6-53)和约束(P6-58)等价于

$$\widetilde{A}U(k) \leqslant \widetilde{B}(k) \tag{P6-61}$$

其中,

$$\widetilde{A} = \begin{bmatrix} I \\ -I \\ I - G \\ G - I \\ \bar{B}_1 \\ -\bar{B}_1 \end{bmatrix}, \quad \widetilde{B}(k) = \begin{bmatrix} U_{\max}(k) \\ U_{\max}(k) \\ \Delta U_{\max} + Hu(k-1) \\ \Delta U_{\max} - Hu(k-1) \\ \Delta X_{\max} + X_{\text{ref}}(k) - \bar{A}x(k) - \bar{B}_2 \bar{\kappa}(k) \\ \Delta X_{\max} - X_{\text{ref}}(k) + \bar{A}x(k) + \bar{B}_2 \bar{\kappa}(k) \end{bmatrix} \tag{P6-62}$$

则将 MPC 写成二次规划(QP)形式如下：

$$\begin{cases} \min J_1(k) = U^{\text{T}}(k)EU(k) + FU(k) \\ \text{s.t.} \widetilde{A}U(k) \leqslant \widetilde{B}(k) \end{cases} \tag{P6-63}$$

其中,

$$E = \bar{B}_1^{\text{T}} Q \bar{B}_1 + R, \quad F = 2[\bar{A}x(k) + \bar{B}_2 \bar{\kappa}(k) - X_{\text{ref}}(k)]^{\text{T}} Q \bar{B}_1 \tag{P6-64}$$

通过求解 QP 问题(P6-63)得到 $U(k)$,将其第一个元素作为 LKA 系统的控制输入。

P6.3.5 H_∞ 控制器设计

针对横向动力学系统

$$x(k+1) = A_d x(k) + B_{d1} u(k) + B_{d3} \kappa(k) \tag{P6-65}$$

设计状态反馈控制器

$$u(k) = K x(k) \tag{P6-66}$$

则闭环系统为

$$x(k+1) = (A_d + B_{d1} K) x(k) + B_{d3} \kappa(k) \tag{P6-67}$$

定义 Lyapunov 函数为

$$V(k) = x^T(k) P x(k) \tag{P6-68}$$

其差分为

$$\Delta V(k) = V(k+1) - V(k) = x^T(k+1) P x(k+1) - x^T(k) P x(k) \tag{P6-69}$$

代入闭环系统方程可得

$$\begin{aligned}\Delta V(k) &= [(A_d + B_{d1} K) x(k) + B_{d3} \kappa(k)]^T P [(A_d + B_{d1} K) x(k) + B_{d3} \kappa(k)] - x^T(k) P x(k) \\ &= x^T(k)[(A_d + B_{d1} K)^T P (A_d + B_{d1} K) - P] x(k) + x^T(k)(A_d + B_{d1} K)^T P B_{d3} \kappa(k) + \\ &\quad \kappa^T(k) B_{d3}^T P (A_d + B_{d1} K) x(k) + \kappa^T(k) B_{d3}^T P B_{d3} \kappa(k)\end{aligned} \tag{P6-70}$$

为了建立 H_∞ 性能,引入性能指标

$$J = \Delta V(k) + x^T(k) x(k) - \gamma^2 \kappa^T(k) \kappa(k) \tag{P6-71}$$

则

$$\begin{aligned}J &= x^T(k)[(A_d + B_{d1} K)^T P (A_d + B_{d1} K) - P + I] x(k) + x^T(k)(A_d + B_{d1} K)^T P B_{d3} \kappa(k) + \\ &\quad \kappa^T(k) B_{d3}^T P (A_d + B_{d1} K) x(k) + \kappa^T(k)(B_{d3}^T P B_{d3} - \gamma^2 I) \kappa(k) \\ &= \begin{bmatrix} x(k) \\ \kappa(k) \end{bmatrix}^T \Pi \begin{bmatrix} x(k) \\ \kappa(k) \end{bmatrix}\end{aligned} \tag{P6-72}$$

其中,

$$\Pi = \begin{bmatrix} (A_d + B_{d1} K)^T P (A_d + B_{d1} K) - P + I & (A_d + B_{d1} K)^T P B_{d3} \\ B_{d3}^T P (A_d + B_{d1} K) & B_{d3}^T P B_{d3} - \gamma^2 I \end{bmatrix} \tag{P6-73}$$

根据舒尔补定理,由 $\Pi < 0$ 可得

$$\begin{bmatrix} -P + I & 0 & (A_d + B_{d1} K)^T P \\ 0 & -\gamma^2 I & B_{d3}^T P \\ P(A_d + B_{d1} K) & P B_{d3} & -P \end{bmatrix} < 0 \tag{P6-74}$$

对不等式(P6-74)左乘右乘 $\mathrm{diag}\{P^{-1}, I, P^{-1}\}$ 可得

$$\begin{bmatrix} -P^{-1} + P^{-1} P^{-1} & 0 & P^{-1}(A_d + B_{d1} K)^T \\ 0 & -\gamma^2 I & B_{d3}^T \\ (A_d + B_{d1} K) P^{-1} & B_{d3} & -P^{-1} \end{bmatrix} < 0 \tag{P6-75}$$

令 $Q = P^{-1}, Y = KQ$,根据舒尔补定理可得

$$\begin{bmatrix} -Q & 0 & Q A_d^T + Y^T B_{d1}^T & Q \\ 0 & -\gamma^2 I & B_{d3}^T & 0 \\ A_d Q + B_{d1} Y & B_{d3} & -Q & 0 \\ Q & 0 & 0 & -I \end{bmatrix} < 0 \tag{P6-76}$$

根据线性矩阵不等式(LMI)(P6-76)可得 $\Pi<0$，则 $J=\Delta V(k)+x^{\mathrm{T}}(k)x(k)-\gamma^2\kappa^{\mathrm{T}}(k)\kappa(k)<0$，即

$$\sum_{k=0}^{\infty}[\Delta V(k)+x^{\mathrm{T}}(k)x(k)-\gamma^2\kappa^{\mathrm{T}}(k)\kappa(k)]=\sum_{k=0}^{\infty}[\parallel x(k)\parallel^2-\gamma^2\parallel\kappa(k)\parallel^2]-V(0)<0 \tag{P6-77}$$

可得如下 H_∞ 性能

$$\sum_{k=0}^{\infty}\parallel x(k)\parallel^2<\gamma^2\sum_{k=0}^{\infty}\parallel\kappa(k)\parallel^2+V(0) \tag{P6-78}$$

根据 LMI(P6-76)求得正定对称阵 Q 和矩阵 Y 后，即得控制器增益为 $K=YQ^{-1}$。因此，可以建立如下 H_∞ 控制器设计准则。

针对横向动力学系统，对于给定的正数 $\gamma>0$，存在正定对称阵 $Q>0$ 和矩阵 Y 使得如下 LMI 成立

$$\begin{bmatrix} -Q & 0 & QA_{\mathrm{d}}^{\mathrm{T}}+Y^{\mathrm{T}}B_{\mathrm{d1}}^{\mathrm{T}} & Q \\ 0 & -\gamma^2 I & B_{\mathrm{d3}}^{\mathrm{T}} & 0 \\ A_{\mathrm{d}}Q+B_{\mathrm{d1}}Y & B_{\mathrm{d3}} & -Q & 0 \\ Q & 0 & 0 & -I \end{bmatrix}<0 \tag{P6-79}$$

则横向动力学系统具有 H_∞ 性能 γ

$$\sum_{k=0}^{\infty}\parallel x(k)\parallel^2<\gamma^2\sum_{k=0}^{\infty}\parallel\kappa(k)\parallel^2+V(0) \tag{P6-80}$$

其中，控制器增益为 $K=YQ^{-1}$，则可得状态反馈控制器为

$$u=K\hat{x} \tag{P6-81}$$

其中，$\hat{x}$ 为系统状态 x 的估计值。

P6.4 系统仿真

P6.4.1 MATLAB ADT 平台仿真

本示例介绍如何对 LKA 系统进行闭环仿真。

1. LKA 测试平台模型

使用以下命令，打开车道保持辅助系统测试平台模型。

```
addpath(fullfile(matlabroot,'examples','mpc','main'));
open_system('LKATestBenchExample')
```

输出结果如图 P6.6 所示。LKA 系统测试平台模型包括 LKA 仿真模型、用户控制开关和模型按钮三部分。LKA 仿真模型包含 LKA 子系统模型、车辆和环境子系统模型。用户控制包括启用 LKA 开关、横向安全距离设置和系统状态显示。启用 LKA 开关有关闭和

打开模式;安全横向距离可以设置最小值和最大值;系统状态是显示反映输入值的颜色,未定义是红色,当有数值输入时,红色变成灰色。模型按钮打开后,会显示初始化模型使用的数据脚本,该脚本加载 Simulink 模型所需的某些常量,例如车辆模型参数、控制器设计参数、道路场景和驾驶员路径。本示例中所使用的车辆模型参数包括:汽车质量为 1575kg,转动惯量为 2875kg·m², 质心至前轴距离为 1.2m,质心至后轴距离为 1.6m,前轮侧偏刚度为 19000N/m,后轮侧偏刚度为 33000N/m。

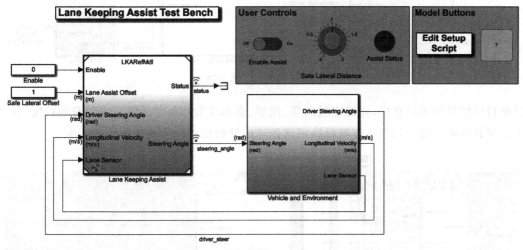

图 P6.6　LKA 系统测试平台模型

2. LKA 子系统

LKA 子系统模型主要控制车辆的前轮转向角度,如图 P6.7 所示。LKA 子系统模型主要由车道偏离检测模块、估计车道中心模块、LKA 控制器模块和应用辅助模块组成。当车辆离车道边界较近时,车道偏离检测模块可以检测出车辆的偏离。估计车道中心模块将来自车道检测传感器的数据输出到 LKA 控制器。LKA 控制器根据传感器检测的道路曲率、横向偏差、相对偏航角和汽车的行驶速度计算汽车的转向角度,进而通过控制前轮转向角使车辆保持在车道内并沿着弯曲的道路行驶。应用辅助模块决定是 LKA 控制器操控汽车还是驾驶员控制汽车,应用辅助模块在驾驶员转向输入和 LKA 控制器的辅助转向之间切换;当检测到车道偏离时,辅助转向开始介入;当驾驶员再次开始在车道内转向操作时,车辆的控制权再次返还给驾驶员。

3. 车辆和环境子系统

车辆和环境子系统模型主要模拟汽车的运动和环境(图 P6.8),以实现 LKA 的闭环仿真。车辆和环境子系统仿真模型由车辆动力学模块、对象和传感器模拟模块以及驾驶员模型模块组成。在该例中,车辆动力学模块使用的是单轨汽车三自由度模型。对象和传感器模拟模块主要包括场景读取器和视觉检测生成器,场景读取器根据车辆相对于场景的位置生成理想的左车道和右车道边界;视觉检测生成器从场景读取器中获取理想的车道边界,

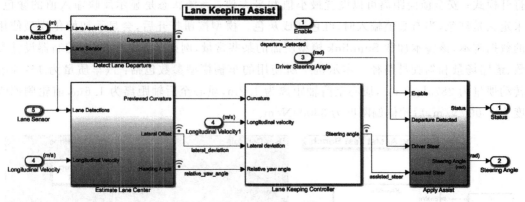

图 P6.7 LKA 子系统模型

对单目摄像机的视场建模,并确定航向角、曲率、曲率导数和每个道路边界的有效长度,并考虑任何其他障碍物。驾驶员模型模块根据创建的驾驶员路径生成驾驶转向角度。

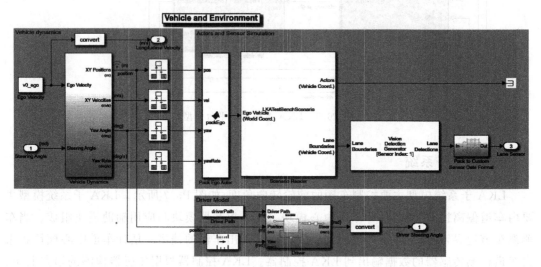

图 P6.8 车辆和环境子系统

4. LKA 系统仿真

使用以下命令,可以绘制 LKA 场景的行驶道路和驾驶员模型中的期望路径。

```
plotLKAInputs(scenario,driverPath)
```

输出结果如图 P6.9 所示。

通过启用车道保持辅助和设置安全横向距离来测试 LKA 算法,参数设置和运行仿真的命令如下所示。在 Simulink 模型的"用户控制"部分,将开关切换到"打开",并将安全横向距离设置为 1m。

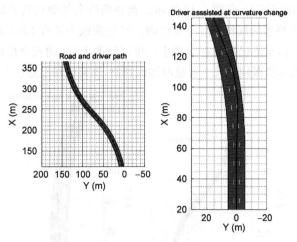

图 P6.9 道路和驾驶路径

```
set_param('LKATestBenchExample/Enable','Value','1')
set_param('LKATestBenchExample/Safe Lateral Offset','Value','1')
sim('LKATestBenchExample')
plotLKAResults(scenario,logsout,driverPath)
plotLKAPerformance(logsout)
```

要绘制仿真结果，需要使用鸟瞰图工具 Bird's-Eye Scope，该工具是一个模型级别的可视化工具，可以从 Simulink 工具栏中打开。在"模拟"选项卡上的"查看结果"下单击"鸟瞰范围"。打开示波器后，单击"查找信号"，单击"Run"，运行模拟后的仿真结果如图 P6.10 所示。图中的阴影区域为合成视觉传感器的覆盖区域；中间两条线为检测到的左右车道边界。

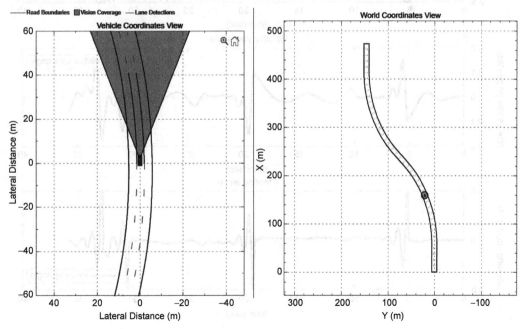

图 P6.10 LKA 仿真场景

仿真输出结果如图 P6.11 和图 6.12 所示。蓝色曲线为驾驶员驾驶路径,当道路曲率发生变化时,驾驶员可能会将车辆驾驶到另一车道内。红色曲线为带有 LKA 功能的车辆行驶路径,当道路曲率发生变化时,车辆仍保持在车道中。可以修改 LKA 的安全横向偏移值,忽略驾驶员输入,将控制器置于纯车道跟随模式。通过增加该阈值,横向偏移总是在 LKA 设置的距离内。

彩图 P6.11

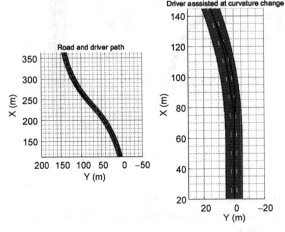

图 P6.11　LKA 系统的作用

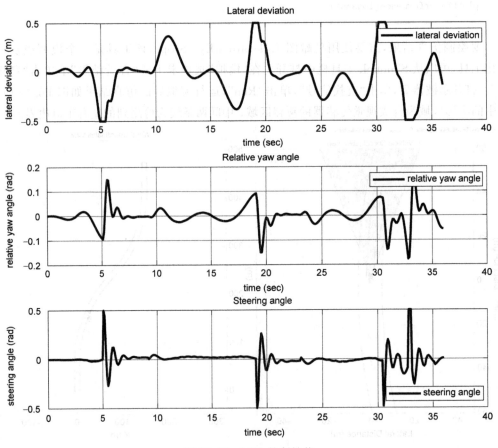

图 P6.12　LKA 控制性能

可以根据实际需要修改仿真模型的参数，如果仿真结果满足要求，还可以自动生成 LKA 控制算法的代码。

P6.4.2　PreScan 平台仿真

PreScan 平台仿真主要步骤包括：创建仿真场景、建立传感器模型、运行仿真、增加控制系统等，下面介绍详细的 PreScan 仿真步骤（Step1～Step12）。

Step1：打开 PreScan 程序，准备在 PreScan 软件中建立测试场景的仿真模型（图 P6.13）。首先双击 PreScan GUI 快捷方式，然后单击已打开的 PreScan 图标，在打开的 GUI 窗口中启动 PreScan 和 MATLAB 程序。

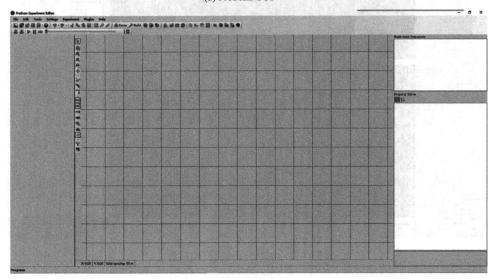

(a) PreScan GUI

(b) PreScan软件

图 P6.13　创建 PreScan 仿真场景

Step2：通过拖拽放置的方式创建路网。为了简化测试场景，使用一条直线道路，对于弯道场地的建模原理也是一样，但需要设置道路曲率。建立行驶道路后，单击道路，在窗口的右侧可以设置道路的参数，包括道路长度、道路宽度、车道数量等（图 P6.14）。

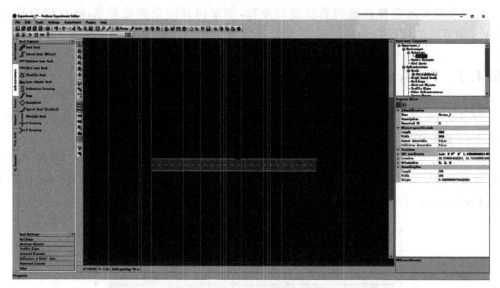

图 P6.14　创建路网

Step3：通过单击多个黄色圆圈来创建连续的汽车行驶轨迹，并通过按"Esc"键完成路径的创建过程（图 P6.15）。

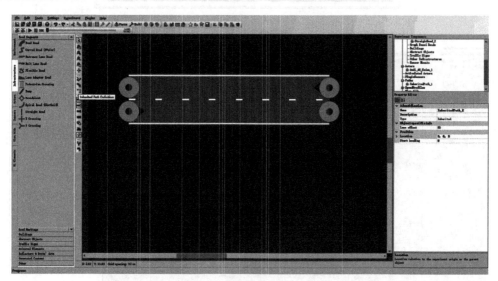

图 P6.15　创建连续的行驶轨迹

Step4：从车辆模型库中选择车辆模型，并放置到所创建的连续轨迹上，实现车辆与轨迹的关联，然后，对车辆模型参数、驾驶员模型参数、期望车速等进行设置（图 P6.16）。

Step5：添加其他车辆和装饰元素完成整个仿真试验，通过控制动画演示进度控制条进行试验动画演示。同时，为了更好地观看车道保持的控制效果，对车辆添加跟踪视角（图 P6.17）。

Step6：添加 ALMS 传感器，并设置传感器参数，以测量车道线信息（图 P6.18）。

Step7：在 PreScan 中执行仿真试验。先单击工具栏"Parse"按钮进行场景解析，通过后

项目 6 车道保持辅助系统

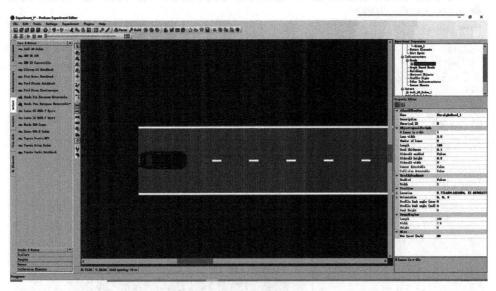

图 P6.16 添加车辆

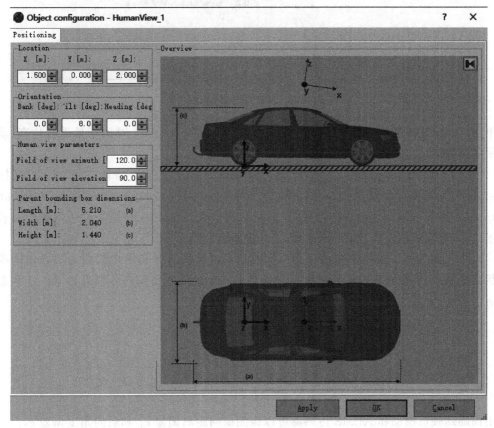

图 P6.17 试验回顾

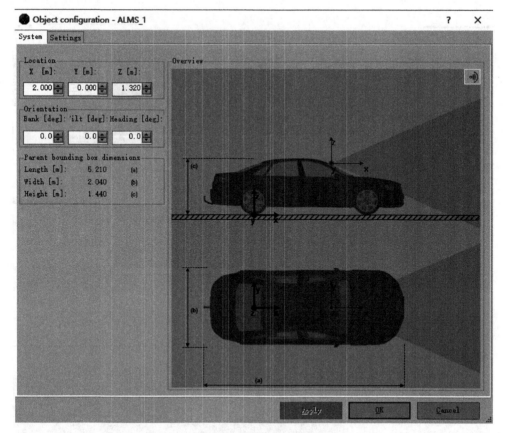

图 P6.18　添加传感器

再单击"Build"按钮创建试验，一旦创建完成，即可通过 Simulink 对该场景进行仿真、动画演示等（图 P6.19）。

Step8：通过 PreScan GUI 打开 MATLAB/Simulink，然后修改工作目录，再打开 Simulink 仿真模型，如果 MATLAB 命令窗口显示"Compilation Sheet Generation Complete"则表示编译表已成功生成，进而可以完成在 Simulink 环境下的仿真试验。若修改场景后，每次都需要通过 Regenerate 工具更新模型。

Step9：确定系统的状态变量。选择车辆相对道路的方向和距离误差为二自由度模型的状态变量，车辆距离车道中心线的横向距离和车辆的航向角偏差分别为 e_1 和 e_2，状态变量可以表示为 $x=[e_1,\dot{e}_1,e_2,\dot{e}_2]^\mathrm{T}$，即

$$\begin{cases} e_1 = y - y_{\mathrm{des}} \\ \dot{e}_1 = v_y + v_x e_2 \\ e_2 = \varphi - \varphi_{\mathrm{des}} \\ \dot{e}_2 = \dot{\varphi} - \dot{\varphi}_{\mathrm{des}} = \omega_r - \kappa v_x \end{cases}$$

利用预瞄驾驶员模型和 ALMS 传感器可以检测横向距离偏差 e_1 和航向角度偏差 e_2。

Step10：在对车道保持进行控制时，为了更好地减小稳态误差，利用了前馈+反馈的控制方法。对于前馈控制可采用前文中已经详细描述的自适应前馈，这里只列出前馈输入的

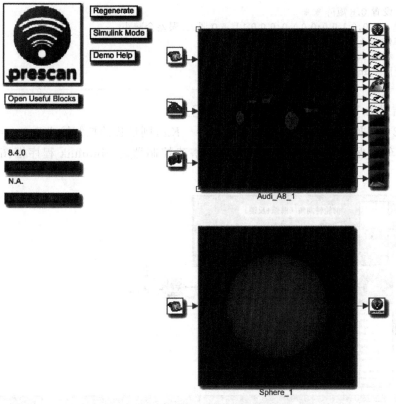

图 P6.19 在 Simulink 中执行仿真试验

表达式：

$$\delta_f = \frac{mv_x^2 + l_f C_{\alpha f} - l_r C_{\alpha r}}{C_{\alpha f}} \kappa$$

Step11：对于反馈控制，利用 LQR 算法进行控制，接下来利用 MATLAB 函数 lqr 进行 LQR 控制器的求解，求解代码如下。

```
%% 车辆参数设置 %%
M = 1820; %%整车质量,kg
a = 1.17; %%质心到前轴的距离,m
b = 1.77; %%质心到后轴的距离,m
Cf = 52151; %%前轮胎侧偏刚度
Cr = 41400; %%后轮胎侧偏刚度
Iz = 3746; %%质心绕z轴的转动惯量
Vx = 5;
%% 二自由度状态空间方程矩阵 %%
a11 = 0;a12 = 1;a13 = 0;a14 = 0;a21 = 0;
a22 = -2*(Cf + Cr)/(M*Vx);a23 = 2*(Cf + Cr)/M;a24 = -2*(a*Cf - b*Cr)/M*Vx;
a31 = 0;a32 = 0;a33 = 0;a34 = 1;a41 = 0;a42 = -2*(a*Cf - b*Cr)/(Vx*Iz);
a43 = 2*(a*Cf - b*Cr)/Iz;a44 = -2*(a*a*Cf + b*b*Cr)/(Vx*Iz);
b1_1 = 0;b1_2 = 2*Cf/M;b1_3 = 0;b1_4 = (a*Cf)/Iz;
A = [a11 a12 a13 a14; a21 a22 a23 a24; a31 a32 a33 a34; a41 a42 a43 a44];
B1 = [b1_1;b1_2;b1_3;b1_4];
```

```
%%% 设置 Q,R 矩阵 %%%
Q = [1 0 0 0;0 1 0 0;0 0 1 0;0 0 0 1];%Q 调大,误差会减小
R = [100];%R 调大,输入会减小
%%% 利用 lqr 函数求解 K 值 %%%
[K,P,r] = lqr(A,B1,Q,R);
```

求得结果为 $K=[1,0.667,2.099,0.404]$。

Step12:根据以上求解的 K 值可得,$\delta_r=-Kx$,则最优的控制输入为 $\delta_{opt}=\delta_f+\delta_r$。因此,简单的车道保持辅助系统已搭建完成,搭建控制器的 Simulink 程序框图如图 P6.20 所示。

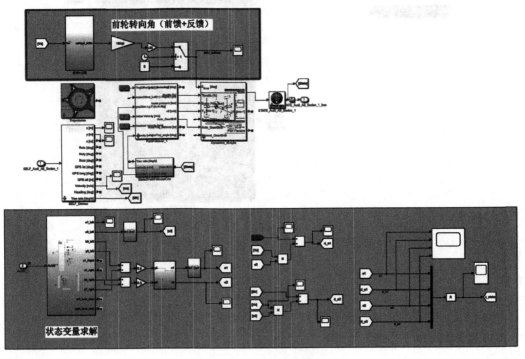

图 P6.20 LKA 控制模型

为体现 LKA 的控制效果,在仿真的初始时刻模拟驾驶员的误操作,给系统添加一个 5°的前轮转角输入让车辆发生偏航,车辆逐渐偏离车道中心线,然后 LKA 系统介入。经过前馈+反馈的控制策略,使汽车保持在道路中心行驶。系统的仿真结果如图 P6.21 和图 6.22 所示。

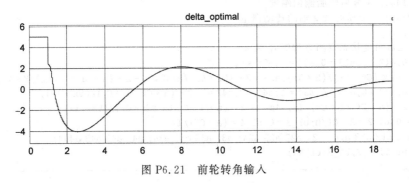

图 P6.21 前轮转角输入

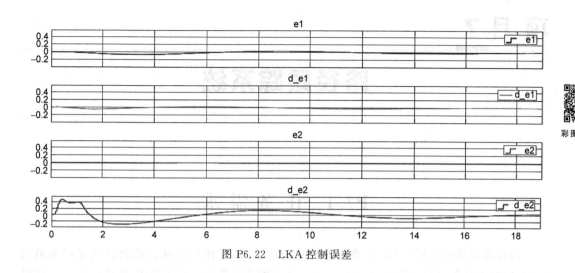

图 P6.22　LKA 控制误差

思　考　题

1. 简述预瞄驾驶员模型的作用。
2. 在 LKA 中前馈和反馈各自的作用是什么？都有哪些方法？各自是如何实现的？
3. LQR 和 MPC 的区别和联系是什么？
4. PID、LQR、MPC、H_∞ 控制这四种控制方法的优缺点分别是什么？

项目 7

路径跟踪系统

P7.1 任务需求

路径跟踪系统是属于 L2 级的先进驾驶辅助系统,它使车辆在高速公路的标记车道内行驶,同时保持驾驶员设定的速度或与前一辆车的安全距离。路径跟踪系统包括主车的纵向和横向组合控制;纵向控制是通过调整主车的加速度,保持车辆以驾驶员设定的速度行驶,并与车道上的前方车辆保持安全距离;横向控制是通过调整主车的转向,使主车沿着其车道中心线行驶。组合式车道跟踪控制系统实现纵向和横向控制的各自控制目标;当多个控制目标不能同时满足时,车道跟踪控制系统可以调整它们的优先级。

目前常用的横向控制技术根据转向控制方式的不同可以分为主动转向控制、差动制动控制和主动转矩分配控制三种。

(1)主动转向控制:通过主动操纵转向系统机构使前轮产生额外的转角,从而达到控制车辆运动轨迹的目的。常用的有电子液压转向系统、电动助力转向系统(EPS)以及线控转向系统等。

(2)差动制动控制:通过车辆制动系统对 4 个车轮分别进行制动力分配实现差动制动,利用产生的附加横摆力矩控制车辆回归正确的行驶路径。

(3)主动转矩分配控制:在分布式全轮驱动的车辆上根据差动力矩分配方法使分配到各个车轮上的驱动力矩不同,通过控制车辆的横摆运动完成对车辆的运动轨迹的控制。

主动转向控制是通过转向轮直接实现汽车航向角的变化,需要计算转向系统产生的辅助转矩或主动转角;差动制动控制和主动转矩分配控制的目标也是实现汽车航向角的变换,需要以此为基础计算不同车轮的制动或驱动力矩。三种转向的控制目标相同,原理类似,但控制对象不同,因此差动制动转向和主动转矩分配转向的控制算法可以在主动转向控制算法的基础上加以修改即可。本节主要介绍采用主动转向控制的车辆横向控制方法。

车辆的纵向控制较简单,本书前面部分章节已经介绍过,本节重点介绍车辆的横向控制问题。通过本项目实训,了解路径跟踪系统的工作原理,加深对车辆横向运动学控制方法和动力学控制方法的理解,能够设计出路径跟踪过程的车辆横纵向动力学控制策略,并实现整个系统的闭环仿真与分析。

P7.2 运动学方法

P7.2.1 PID 控制

首先根据期望值输入和实际值进行偏差计算,根据所得到的跟踪误差的比例环节(P)、积分环节(I)、微分环节(D)的线性组合构成控制输入量,再传递给被控对象,被控对象返回实际测量值,以形成闭环反馈(图 P7.1)。

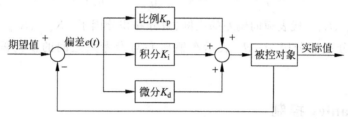

图 P7.1 PID 算法原理

PID 控制算法的控制输入为

$$u(t) = K_p e(t) + K_i \int_0^t e(\tau)\mathrm{d}\tau + K_d \dot{e}(t) \tag{P7-1}$$

其中,K_p、K_i、K_d 分别为误差的比例系数、积分系数、微分系数。输出跟踪误差为

$$e(t) = y_r(t) - y(t) \tag{P7-2}$$

假设车辆预瞄前方道路上一点 A,它在惯性坐标系下的坐标为 (X_A, Y_A),到点 A 参考路径曲线的切线方向与车辆坐标系 x 轴夹角为 δ_A,车辆质心位置为 (X_C, Y_C),车辆坐标系 x 轴线与 X 轴夹角为 φ_C,如图 P7.2 所示。

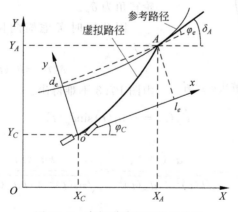

图 P7.2 车辆道路相对位置关系

在车辆坐标系 xoy 下,可得到预瞄点 A 与车辆质心的位置偏差及方向偏差,其相对位置几何关系有:

$$\begin{bmatrix} l_e \\ d_e \\ \varphi_e \end{bmatrix} = \begin{bmatrix} \cos\varphi_C & \sin\varphi_C & 0 \\ -\sin\varphi_C & \cos\varphi_C & 0 \\ 0 & 0 & 1 \end{bmatrix} \begin{bmatrix} X_A - X_C \\ Y_A - Y_C \\ \delta_A - \varphi_C \end{bmatrix} \quad \text{(P7-3)}$$

其中,l_e 为预瞄距离;d_e 为车辆坐标系下 xoy 车辆质心与预瞄点 A 的横向距离偏差;φ_e 为车辆坐标系 xoy 下车辆质心与预瞄点 A 的航向偏差。则智能车辆路径跟踪过程中可通过计算横向偏差与航向偏差从而得到前轮转角:

$$\delta_f(t) = K_{pd_e} d_e(t) + K_{dd_e} \frac{dd_e(t)}{dt} + K_{id_e} \int_0^t d_e(t) dt +$$

$$K_{p\varphi_e} \varphi_e(t) + K_{d\varphi_e} \frac{d\varphi_e(t)}{dt} + K_{i\varphi_e} \int_0^t \varphi_e(t) dt \quad \text{(P7-4)}$$

其中,K_{pd_e}、K_{dd_e}、K_{id_e} 代表横向偏差的比例、微分和积分因子;$K_{p\varphi_e}$、$K_{d\varphi_e}$、$K_{i\varphi_e}$ 代表航向偏差的比例、微分和积分因子;d_e 表示车辆质心与参考点之间的横向偏差;φ_e 为航向偏差。

P7.2.2 Stanley 控制

Stanley 控制算法是一种基于横向偏差的非线性反馈函数,并且能实现横向偏差指数收敛于 0。如图 P7.3 所示,横向偏差 d_e 是车辆前轮到给定最近轨迹点 p 的距离;δ_e 是给定轨迹上切线方向与车身航向之间的夹角;φ_e 是前轮线速度与车身航向之间的夹角。

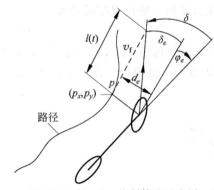

图 P7.3 Stanley 控制算法示意图

在不考虑横向误差的情况之下,需要车辆跟随期望轨迹运动,需要前轮转角时刻保持与期望轨迹上点的切线方向一致,即前轮转角为 φ_e。

在不考虑航向误差的情况之下,需要车辆跟随期望轨迹运动,则前轮转角需要消除横向偏差,即前轮转角为 δ_e。

因此同时考虑横向偏差和航向偏差,前轮转角为

$$\delta(t) = \delta_e(t) + \varphi_e(t) \quad \text{(P7-5)}$$

由图 P7.3 不难得出:

$$\dot{d}_e(t) = -v_f(t) \sin\delta_e(t) \quad \text{(P7-6)}$$

其中,

$$\sin\delta_e = \frac{d_e(t)}{\sqrt{l(t)^2 + d_e(t)^2}} = \frac{kd_e(t)}{\sqrt{v_f(t)^2 + (kd_e(t))^2}} \quad \text{(P7-7)}$$

其中,k 为增益系数,则:

$$\dot{d}_e(t) = -\frac{kd_e(t)}{\sqrt{1+\left(\dfrac{kd_e(t)}{v(t)}\right)^2}} \quad \text{(P7-8)}$$

其中，当横向偏差很小时，$\left(\frac{kd_e(t)}{v(t)}\right)^2$ 趋近于 0。

$$\dot{d}_e(t) \approx -kd_e(t) \tag{P7-9}$$

当上式成立即 $\dot{d}_e(t) \approx -kd_e(t)$ 时，有：

$$\delta_e(t) = \arctan\frac{kd_e(t)}{v_f(t)} \tag{P7-10}$$

结合式(P7-5)和式(P7-10)，则有：

$$\delta(t) = \arctan\frac{kd_e(t)}{v_f(t)} + \varphi_e(t) \tag{P7-11}$$

对式(P7-9)进行积分可得

$$d_e(t) = -d_e(0)\exp^{-kt} \tag{P7-12}$$

由式(P7-12)可见，横向偏差指数收敛于 $d_e(t) = 0$，且收敛速度取决于参数 k 的取值。因此，只要 $k > 0$，则对于任意初始横向偏差，微分方程都单调且收敛于 0。

P7.2.3 纯跟踪控制

单车模型是对阿克曼转向几何的简化，为了建立单车模型，首先做如下假设：
(1) 不考虑车辆 Z 轴方向运动，只考虑 XY 水平面的运动；
(2) 左、右侧车轮转角一致，便于搭建单车模型；
(3) 车辆行驶速度变化缓慢，忽略前、后轴载荷转移；
(4) 车身及悬架系统是刚性的；
(5) 假设车辆只在二维平面内低速行驶，无滑移。
所建立的单车模型如图 P7.4 所示。

前轮方向始终是圆周切线，使用单车模型简化了前轮转角和后轴遵循曲率之间的几何关系，可如下表达：

$$\tan(\delta_f) = \frac{L}{R} \tag{P7-13}$$

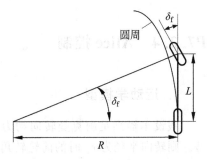

图 P7.4 阿克曼前轮转向模型

其中，δ_f 为前轮转角，L 为轴距，R 为给定转角下后轴遵循的圆周轨迹的半径。该公式可以在低速场景下对车辆运动进行控制。

纯跟踪算法以车辆后轴为切点，车辆纵向车身为切线，通过控制前轮转向角，使得车辆可以沿一条经过一系列目标点的圆弧行驶，如图 P7.5 所示。

需要控制车辆的后轴中心点经过要追踪的点，由正弦定理可得

$$\frac{l_d}{\sin(2\alpha)} = \frac{R}{\sin\left(\frac{\pi}{2} - \alpha\right)} \tag{P7-14}$$

简化可得

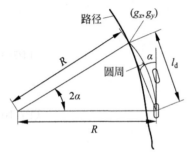

图 P7.5 纯跟踪算法示意图

$$R = \frac{l_d}{2\sin\alpha} \tag{P7-15}$$

曲率半径 k 为

$$k = \frac{2\sin(\alpha)}{l_d} \tag{P7-16}$$

根据上式,车辆前轮转角可改写为

$$\delta_f(t) = \arctan\left(\frac{2L\sin(\alpha(t))}{l_d}\right) \tag{P7-17}$$

其中,l_d 为预瞄距离,L 为车辆轴距,δ_f 为期望的车辆前轮转角。将时间考虑进来,在已知 t 时刻车身和目标路点的夹角 $\alpha(t)$ 和距离目标路点的预瞄距离 l_d 的情况下,由于车辆轴距 L 固定,可以利用上式估计出应该施加的前轮转角 δ。为更好理解式(P7-17),定义一个新变量 e_{l_d},表示车辆车头与目标点的矢量的横向距离,于是就有:

$$\sin(\alpha) = \frac{e_{l_d}}{l_d} \tag{P7-18}$$

则曲率半径为

$$k = \frac{2}{l_d^2} e_{l_d} \tag{P7-19}$$

可见,$2/l_d^2$ 是一个纯比例控制的增益,这个比例控制器受预瞄距离的影响很大,如何调整预瞄距离变成纯追踪算法的关键,通常来说,预瞄距离是车速的函数,在不同的车速下需要选择不同预瞄距离。一种最常用的方法是将预瞄距离 l_d 选取为与车速的线性关系式。则车辆期望的前轮转角为

$$\delta_f = \arctan\left(\frac{2Le_{l_d}}{l_d^2}\right) \tag{P7-20}$$

P7.2.4 Alice 控制

1. 运动学模型

假设车辆满足阿克曼转向动力学,可使用单车模型。则转向半径为 r_c 时的前轮转角为

$$\tan(\delta_f) = \frac{L}{r_c}$$

其中,L 为车辆轴距。

为分析非线性作用域,假设参考轨迹是一个半径为 r_c 的圆,后轴横向距离误差为 e_y,航向误差为 e_φ,前轮转角为 δ_f,如图 P7.6 所示,其中 N 代表北,E 代表东。由于任意可行轨迹均可以用圆弧近似,因此,圆周轨迹的假设是合理的。

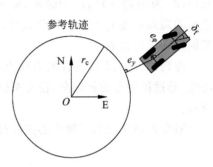

图 P7.6 Alice 运动学示意图

其中 e_y 和 e_φ 满足关系式为

$$\begin{cases} \dfrac{\partial e_y}{\partial d} = \sin e_\varphi \\ \dfrac{\partial e_\varphi}{\partial d} = \dfrac{\cos e_y}{e_y + r_c} + \dfrac{\tan \delta_f}{L} \end{cases} \quad (P7\text{-}21)$$

其中,$\dfrac{\partial e_y}{\partial d}$,$\dfrac{\partial e_\varphi}{\partial d}$ 分别是 e_y 和 e_φ 关于移动距离 d 的导数,而不是对时间。在该过程中假设车速 v 是恒定的。

2. 控制器设计

横向动力学控制策略如图 P7.7 所示。真实车辆可被垂直投影到轨迹上最近的点。其中后轴中心点 O 投影到参考轨迹上为点 R 并产生投影在参考轨迹上的虚拟车辆。对于虚拟车辆进行前轮转弯,使得转弯半径的曲率与参考轨迹点 R 处曲率重合,从而使得虚拟车辆在参考轨迹上。定义真实车辆的前轮转角为 δ_f,如图 P7.7 所示,对于特殊情况 $l_1 = L$,真实车辆的预瞄方向为 S 点。

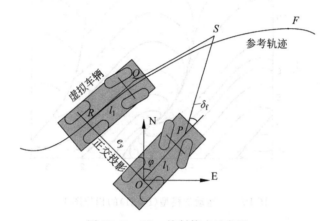

图 P7.7　Alice 控制策略示意图

虚拟车辆的转向角不是根据参考轨迹在 R 处的曲率计算的,而是根据参考轨迹在 F 处的曲率计算的。假设车辆速度为 v,行驶 RF_{traj} 轨迹内的时间为 τ:

$$RF_{\text{traj}} = v(t) \cdot \tau(t) \quad (P7\text{-}22)$$

根据其对称性,控制器很容易修改为反向轨迹跟踪。如图 P7.8 所示,通过镜像车辆通过后桥,将控制策略应用于镜像车辆。

(1) 非线性区域

首先,利用相平面法分析非线性运动学模型(P7-21)的稳定性。

利用运动学模型(P7-21),对其非线性区域进行数值分析,形成如图 P7.9 所示的相位图,其中,$l_1 = 3.55\text{m}$,$l_2 = 4.00\text{m}$ 和 $r_c = 20.00\text{m}$。原点 O 是一个稳定的驻点,在 $e_\varphi \approx \pm\pi$ 处的垂直曲线是驻点的集合,并不稳定。当控制被限制在左、右极限之间时,偏航方向为 $\overrightarrow{OS} = (2n+1)\pi$,如图 P7.9 所示。其中相位图显示,除不稳定平衡曲线外,所有状态均收敛于原点。

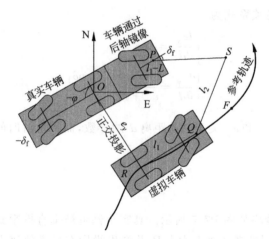

图 P7.8 反向驱动情况示意图

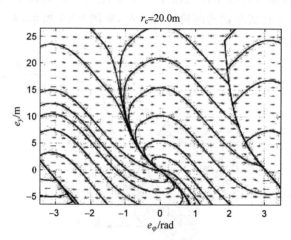

图 P7.9 运动学模型(P7-21)的相位图 1

当 $r_c=4.00\mathrm{m}$,原点不是一个静止点,由于 $r_c<r_{\min}=7.35\mathrm{m}$,出现了极限环(图 P7.10)。

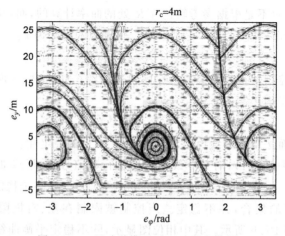

图 P7.10 运动学模型(P7-21)的相位图 2

(2) 线性区域

控制器名义上工作点在 $e_y, e_\varphi = (0,0)$。将非线性系统(P7-21)线性化,可得到:

$$\begin{bmatrix} \dfrac{\mathrm{d}e_y}{\mathrm{d}d} \\ \dfrac{\mathrm{d}e_\varphi}{\mathrm{d}d} \end{bmatrix} = \begin{bmatrix} 0 & 1 \\ 0 & 0 \end{bmatrix} \begin{bmatrix} e_y \\ e_\varphi \end{bmatrix} + \begin{bmatrix} 0 \\ \dfrac{1}{L} \end{bmatrix} \delta_f \quad \text{(P7-23)}$$

以及状态反馈控制策略

$$\delta_f = -\frac{1}{l_2}(e_y + e_\varphi l_1) - e_\varphi \quad \text{(P7-24)}$$

其中,l_1 表示车辆哪一点被控制,一般 $l_1 = L$ 时,不会出现超调现象。较短的 l_1 会出现超调现象;较长的 l_1 会出现过阻尼现象。在 Alice 控制中 $|\dot{\delta}_f|_{\max} = 0.2\,\mathrm{rad/s}, l_2 = k \cdot v$,其中 k 为常数。

(3) 积分环节

对所提出的控制器进行积分扩展:

$$\frac{\mathrm{d}I}{\mathrm{d}t} = \frac{[e_y(t) + l_1 \cdot \sin(e_\varphi(t))]v(t)^\rho}{T_i}$$

$$\delta_f = \delta_{f_{\mathrm{nom}}} + I \quad \text{(P7-25)}$$

其中,e_y 表示横向后轴误差,e_φ 表示航向误差,等价于测量车辆中心线的横向误差,在 O 前面的距离为 l_1,其中 $\rho = 0.5$ 是经验值。

P7.3 动力学方法

P7.3.1 LQR 控制

1. 运动学模型

车辆运动学模型如图 P7.11 所示。在惯性坐标系 XOY 下,(X_r, Y_r) 和 (X_f, Y_f) 分别是车辆前轴和后轴的轴心坐标,φ 为车辆的航向角,δ_f 为前轮转角,v_r 为车辆的后轴中心速度,L 为汽车轴距。

在惯性坐标系 XOY 下,车辆状态可表示为 (X_r, Y_r, φ, v_r),为了表示方便,将其简写为 (x, y, φ, v),则车辆运动学模型为

$$\begin{bmatrix} \dot{x} \\ \dot{y} \\ \dot{\varphi} \end{bmatrix} = \begin{bmatrix} \cos\varphi \\ \sin\varphi \\ \dfrac{\tan\delta_f}{L} \end{bmatrix} v \quad \text{(P7-26)}$$

根据车辆运动学方程,将车辆运动状态系统看作一个

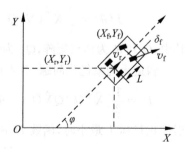

图 P7.11 车辆运动学模型

输入为 $u=[v,\delta_f]^T$ 以及状态参数 $X=[x,y,\varphi]^T$ 的控制系统。可表示为

$$\dot{X}=f(X,u) \tag{P7-27}$$

在智能车辆控制系统中,期望轨迹可表示为

$$\dot{X}_c=f(X_c,u_c) \tag{P7-28}$$

式中,$X_c=[x_c,y_c,\varphi_c]^T$,$u_c=[v_c,\delta_c]^T$,分别为参考轨迹的期望状态和期望输入。

将系统模型(P7-27)在期望点 (X_c,u_c) 处进行泰勒式展开,忽略高阶项,可得

$$\dot{X}=f(X_c,u_c)+\frac{\partial f(X,u)}{\partial X}\bigg|_{\substack{X=X_c\\u=u_c}}(X-X_c)+\frac{\partial f(X,u)}{\partial u}\bigg|_{\substack{X=X_c\\u=u_c}}(u-u_c) \tag{P7-29}$$

记 $\hat{X}=X-X_c$,$\hat{u}=u-u_c$,根据式(P7-28)与(P7-29)得:

$$\dot{\hat{X}}=\begin{bmatrix}\dot{x}-\dot{x}_c\\ \dot{y}-\dot{y}_c\\ \dot{\varphi}-\dot{\varphi}_c\end{bmatrix}=\begin{bmatrix}0 & 0 & -v_c\sin\varphi_c\\ 0 & 0 & v_c\cos\varphi_c\\ 0 & 0 & 0\end{bmatrix}\begin{bmatrix}x-x_c\\ y-y_c\\ \varphi-\varphi_c\end{bmatrix}+\begin{bmatrix}\cos\varphi_c & 0\\ \sin\varphi_c & 0\\ \dfrac{\tan\delta_c}{L} & \dfrac{v_c}{L\cos^2\delta_c}\end{bmatrix}\begin{bmatrix}v-v_c\\ \delta-\delta_c\end{bmatrix} \tag{P7-30}$$

即

$$\dot{\hat{X}}=\begin{bmatrix}\dot{x}-\dot{x}_c\\ \dot{y}-\dot{y}_c\\ \dot{\varphi}-\dot{\varphi}_c\end{bmatrix}=\begin{bmatrix}0 & 0 & -v_c\sin\varphi_c\\ 0 & 0 & v_c\cos\varphi_c\\ 0 & 0 & 0\end{bmatrix}\hat{X}+\begin{bmatrix}\cos\varphi_c & 0\\ \sin\varphi_c & 0\\ \dfrac{\tan\delta_c}{L} & \dfrac{v_c}{L\cos^2\delta_c}\end{bmatrix}\hat{u} \tag{P7-31}$$

则式(P7-31)为线性化之后的路径跟踪误差模型,进一步离散化可得

$$\hat{X}(k+1)=A_e\hat{X}(k)+B_e\hat{u}(k) \tag{P7-32}$$

其中,$T=0.01s$ 为采样时间,系统矩阵为

$$A_e=\begin{bmatrix}1 & 0 & -v_c\sin\varphi_c T\\ 0 & 1 & v_c\cos\varphi_c T\\ 0 & 0 & 1\end{bmatrix},\quad B_e=\begin{bmatrix}\cos\varphi_c T & 0\\ \sin\varphi_c T & 0\\ \dfrac{\tan\delta_c T}{L} & \dfrac{v_c T}{L\cos^2\delta_c}\end{bmatrix}$$

2. 控制器设计

在建立车辆运动学模型(P7-32)之后,定义二次型优化目标如下:

$$J(\hat{u})=\frac{1}{2}\hat{X}^T(N)Q_1\hat{X}(N)+\frac{1}{2}\sum_{k=0}^{N-1}[\hat{X}^T(k)Q\hat{X}(k)+\hat{u}^T(k)R\hat{u}(k)] \tag{P7-33}$$

其中,Q 和 R 为加权矩阵,Q_1 为终点位置处的加权矩阵。

构造无约束优化问题,引入拉格朗日乘子,并构造哈密顿函数为

$$H=\frac{1}{2}[\hat{X}^T(k)Q\hat{X}(k)+\hat{u}^T(k)R\hat{u}(k)]+\lambda^T(k+1)[A_e\hat{X}(k)+B_e\hat{u}(k)] \tag{P7-34}$$

当优化目标 J 最小时,函数 H 满足控制方程

$$\frac{\partial H}{\partial \hat{u}(k)}=R\hat{u}(k)+B_e^T\lambda(k+1)=0 \tag{P7-35}$$

以及协态方程

$$\lambda(k) = \frac{\partial H}{\partial \hat{X}(k)} = Q\hat{X}(k) + A_e^T \lambda(k+1) \quad \text{(P7-36)}$$

边界条件为

$$\lambda(N) = \frac{\partial J}{\partial \hat{X}(N)} = Q_1 \hat{X}(N) \quad \text{(P7-37)}$$

由控制方程、协态方程、边界条件可得

$$\begin{cases} Q\hat{X}(k) + A_e^T \lambda(k+1) = \lambda(k) \\ R\hat{u}(k) + B_e^T \lambda(k+1) = 0 \\ Q_1 \hat{X}(N) = \lambda(N) \end{cases} \quad \text{(P7-38)}$$

根据式(P7-38),假设

$$\lambda(k) = P(k)\hat{X}(k) \quad \text{(P7-39)}$$

则可得递归形式的黎卡提方程及最优控制器:

$$K(k) = [B_e^T P(k+1) B_e + R]^{-1} B_e^T P(k+1) A_e$$
$$P(k) = Q + A_e^T P(k+1) A_e - A_e^T P(k+1) B_e [R + B_e^T P(k+1) B_e]^{-1} B_e^T P(k+1) A_e$$
$$\text{(P7-40)}$$

已知 $P(N) = Q_1$,通过反向迭代处理得最优反馈控制状态量:

$$\hat{u}(k) = -K(k)\hat{X}(k) \quad \text{(P7-41)}$$

则 LQR 控制器最优控制量为

$$u(k) = \hat{u}(k) + u_c(k) \quad \text{(P7-42)}$$

此处有一种非常特殊的情况,当控制时间 $N \to \infty$ 时,黎卡提方程的解随着 $N \to \infty$ 将趋近于一稳态值 P_f,此时,递推黎卡提方程(P7-40)将变成如下形式:

$$K_f = (R + B_e^T P_f B_e)^{-1} B_e^T P_f A_e -$$
$$P_f + Q + A_e^T P_f A_e - A_e^T P_f B_e (R + B_e^T P_f B_e)^{-1} B_e^T P_f A_e = 0 \quad \text{(P7-43)}$$

此时的最优控制为

$$u(k) = -K_f \hat{X}(k) + u_c(k) \quad \text{(P7-44)}$$

P7.3.2 MPC 控制

1. MPC 问题建模

智能驾驶汽车的轨迹跟随问题包括路径和速度跟随,本节将车辆路径和速度跟随问题解耦,针对车辆路径跟踪问题设计一个简单的 MPC 控制器,以阐述 MPC 算法在车辆横向控制中的应用。首先,考虑线性化的车辆运动学模型

$$\begin{cases} \hat{X}(k+1) = A_e \hat{X}(k) + B_e \hat{u}(k) \\ \hat{u}(k) = \hat{u}(k-1) + \Delta \hat{u}(k) \end{cases} \quad \text{(P7-45)}$$

为了使得智能驾驶汽车在轨迹跟随过程中的跟踪误差最小化,可以选取如下目标函数:

$$J[\hat{u}(k)] = \sum_{i=1}^{p} q \| \hat{X}(k+i \mid k) \|^2 + \sum_{i=0}^{c-1} [r \| \Delta\hat{u}(k+i \mid k) \|^2 + s \| \hat{u}(k+i \mid k) \|^2]$$

(P7-46)

其中,在 MPC 设计中,$p \geqslant c$。目标函数中的第一项反映了目标跟踪性能,第二项和第三项分别代表控制输入增量和控制输入的能量,q、r、s 分别代表各部分的权重系数矩阵。MPC 问题即在每个时间步长内求解优化问题(P7-46),同时满足约束条件:

$$\begin{cases} \hat{X}(k+i+1 \mid k) = A_e \hat{X}(k+i \mid k) + B_e \hat{u}(k+i \mid k) \\ \hat{u}(k+i \mid k) = \hat{u}(k+i-1 \mid k) + \Delta\hat{u}(k+i \mid k) \\ \hat{u}_{\min} \leqslant \hat{u}(k+i \mid k) \leqslant \hat{u}_{\max} \\ \Delta\hat{u}_{\min} \leqslant \Delta\hat{u}(k+i \mid k) \leqslant \Delta\hat{u}_{\max} \end{cases}$$

(P7-47)

其中,第一个约束为车辆动力学约束即非完整约束,第二个为控制输入的增量,第三个约束为控制输入的饱和约束,第四个约束为控制输入增量的饱和约束。根据车辆当前状态和上一时刻控制输入即可求解以上优化问题(P7-46)、(P7-47),进而得到最优的控制输入增量,因此,当前最优的控制输入为

$$\hat{u}(k) = \hat{u}(k-1) + \Delta\hat{u}^*(k \mid k)$$

(P7-48)

2. MPC 问题求解

MPC 问题的本质是求解一个带约束的优化问题,由于优化目标(P7-46)是二次函数,约束条件(P7-47)都是线性约束,因此可以将 MPC 问题转化为 QP 问题进行求解。对于标准的 QP 问题,可以非常方便地求解,最常用的方法就是有效集法和内点法。因此,接下来将 MPC 问题转化为标准的 QP 问题。

首先,构造新的状态变量

$$\xi(k) = \begin{bmatrix} \hat{X}(k) \\ \hat{u}(k-1) \end{bmatrix}$$

(P7-49)

则系统模型(P7-45)变为

$$\xi(k+1) = A\xi(k) + B\Delta\hat{u}(k)$$
$$\hat{X}(k) = C\xi(k)$$

(P7-50)

其中,

$$A = \begin{bmatrix} A_e & B_e \\ 0 & I \end{bmatrix}, \quad B = \begin{bmatrix} B_e \\ I \end{bmatrix}, \quad C = \begin{bmatrix} I & 0 \end{bmatrix}$$

(P7-51)

为了设计 MPC 控制算法去跟踪期望轨迹,需要预测系统未来每一步的状态。假设系统在未来预测域内的状态、输出和输入为

$$\bar{\xi}(k) = \begin{bmatrix} \xi(k+1 \mid k) \\ \xi(k+2 \mid k) \\ \xi(k+3 \mid k) \\ \vdots \\ \xi(k+N \mid k) \end{bmatrix}, \quad \bar{X}(k) = \begin{bmatrix} \hat{X}(k+1 \mid k) \\ \hat{X}(k+2 \mid k) \\ \hat{X}(k+3 \mid k) \\ \vdots \\ \hat{X}(k+N \mid k) \end{bmatrix}, \quad U(k) = \begin{bmatrix} \Delta\hat{u}(k) \\ \Delta\hat{u}(k+1) \\ \Delta\hat{u}(k+2) \\ \vdots \\ \Delta\hat{u}(k+N-1) \end{bmatrix},$$

$$\overline{U}(k) = \begin{bmatrix} \hat{u}(k) \\ \hat{u}(k+1) \\ \hat{u}(k+2) \\ \vdots \\ \hat{u}(k+N-1) \end{bmatrix} \tag{P7-52}$$

其中，N 为预测域长度。根据系统的状态方程迭代可得

$$\xi(k+1 \mid k) = A\xi(k) + B\Delta\hat{u}(k)$$
$$\xi(k+2 \mid k) = A^2\xi(k) + AB\Delta\hat{u}(k) + B\Delta\hat{u}(k+1)$$
$$\xi(k+3 \mid k) = A^3\xi(k) + A^2B\Delta\hat{u}(k) + AB\Delta\hat{u}(k+1) + B\Delta\hat{u}(k+2)$$
$$\vdots$$
$$\xi(k+N \mid k) = A^N\xi(k) + \sum_{i=0}^{N-1} A^{N-1-i} B\Delta\hat{u}(k+i) \tag{P7-53}$$

将模型预测结果写成矩阵的形式为

$$\begin{cases} \overline{\xi}(k) = \overline{A}\xi(k) + \overline{B}U(k) \\ \overline{X}(k) = \overline{C}\xi(k) + \overline{D}U(k) \\ \overline{U}(k) = \overline{E}U(k) + \overline{F}\hat{u}(k-1) \end{cases} \tag{P7-54}$$

其中，

$$\overline{A} = \begin{bmatrix} A \\ A^2 \\ A^3 \\ \vdots \\ A^N \end{bmatrix}, \quad \overline{B} = \begin{bmatrix} B & 0 & 0 & 0 & 0 \\ AB & B & 0 & 0 & 0 \\ A^2B & AB & B & 0 & 0 \\ \vdots & \vdots & \vdots & \vdots & \vdots \\ A^{N-1}B & A^{N-2}B & A^{N-3}B & \cdots & B \end{bmatrix}, \quad \overline{C} = \begin{bmatrix} CA \\ CA^2 \\ CA^3 \\ \vdots \\ CA^N \end{bmatrix}, \quad \overline{F} = \begin{bmatrix} I \\ I \\ I \\ \vdots \\ I \end{bmatrix}$$

$$\overline{D} = \begin{bmatrix} CB & 0 & 0 & 0 & 0 \\ CAB & CB & 0 & 0 & 0 \\ CA^2B & CAB & CB & 0 & 0 \\ \vdots & \vdots & \vdots & \vdots & \vdots \\ CA^{N-1}B & CA^{N-2}B & CA^{N-3}B & \cdots & CB \end{bmatrix}, \quad \overline{E} = \begin{bmatrix} I & 0 & 0 & \cdots & 0 \\ I & I & 0 & \cdots & 0 \\ I & I & I & \cdots & 0 \\ \vdots & \vdots & \vdots & & \vdots \\ I & I & I & \cdots & I \end{bmatrix}$$

优化目标函数(P7-46)等价于：

$$J(k) = \overline{X}^T(k) Q \overline{X}(k) + U^T(k) R U(k) + \overline{U}^T(k) S \overline{U}(k) \tag{P7-55}$$

根据模型预测结果(P7-54)可得

$$J(k) = U^T(k) G U(k) + 2 H U(k) + J_0 \tag{P7-56}$$

其中，

$$G = R + \overline{D}^T Q \overline{D} + \overline{E}^T S \overline{E}, \quad H = \hat{u}^T(k-1) \overline{F}^T S \overline{E} + \xi^T(k) \overline{C}^T Q \overline{D}$$
$$J_0 = \hat{u}^T(k-1) \overline{F}^T S \overline{F} \hat{u}(k-1) + \xi^T(k) \overline{C}^T Q \overline{C} \xi(k) \tag{P7-57}$$

其中，J_0 中不包含控制量 U，在控制器求解时可以作为常数项忽略不计。

MPC 的约束条件(P7-47)等价于：

$$\begin{cases} \Delta U_{\min} \leqslant U(k) \leqslant \Delta U_{\max} \\ U_{\min} \leqslant \overline{U}(k) \leqslant U_{\max} \end{cases} \tag{P7-58}$$

其中,最大前轮转角和前轮转角增量与车速、道路曲率和转向系统等有关,具体设置可参考车道保持辅助系统设计中的相关内容。根据模型预测(P7-54)可得

$$\hat{A}U(k) \leqslant \hat{B}(k) \tag{P7-59}$$

其中,

$$\hat{A} = \begin{bmatrix} I \\ -I \\ \overline{E} \\ -\overline{E} \end{bmatrix}, \quad \hat{B}(k) = \begin{bmatrix} \Delta U_{\max} \\ -\Delta U_{\min} \\ U_{\max} - \overline{F}\hat{u}(k-1) \\ \overline{F}\hat{u}(k-1) - U_{\min} \end{bmatrix} \tag{P7-60}$$

则可将 MPC 写成标准二次规划(QP)形式如下:

$$\begin{cases} \min J(k) = U^{\mathrm{T}}(k)GU(k) + 2HU(k) + J_0(k) \\ \text{s. t. } \hat{A}U(k) \leqslant \hat{B}(k) \end{cases} \tag{P7-61}$$

至此,模型预测控制的最优化求解问题即转化为一个易于求解的标准二次规划(QP)问题。二次规划问题是一个非常经典的数学优化问题,它的优化目标为二次型凸函数,约束条件一般包括线性等式约束和线性不等式约束,现阶段有很多成熟的方法可以直接求解 QP 问题。因此,通过模型预测、滚动优化、反馈校正这三个步骤,将复杂的 MPC 问题转化为一个简单的 QP 在线实时求解问题(P7-61)。

另外,注意到该实训项目中的 MPC 是增量式 MPC,通过 MPC 求解的控制输入是控制变量 $u(k)$ 的增量,系统模型如式(P7-50)所示,这与前面 ACC 和 LKA 中绝对式 MPC 控制策略有所不同。利用增量式 MPC 可以提高系统稳定性和舒适性,系统的控制输入 $u(k)$ 变化不会过大,可以大幅改善车辆的横向控制性能。

P7.4 系统仿真

P7.4.1 MATLAB ADT 平台仿真

本示例的路径跟踪系统综合视觉传感器和毫米波雷达检测的数据,估计车道中心和前方目标车辆距离,计算主车的纵向加速度和转向角度。

1. 路径跟踪系统测试平台模型

使用以下命令,打开路径跟踪系统测试平台模型。

```
addpath(fullfile(matlabroot,'examples','mpc','main'));
open_system('LaneFollowingTestBenchExample')
```

输出结果如图 P7.12 所示。该模型主要包含车道跟踪控制器模块、车辆与环境模块、

碰撞检测模块和 MIO 轨迹模块。当碰撞检测模块检测到主车和前方目标车辆碰撞时停止模拟,MIO 轨迹模块使 MIO 轨迹在鸟瞰图范围内显示。模型按钮打开后,会显示初始化模型使用的数据脚本,该脚本加载 Simulink 模型所需的某些常量参数,例如车辆模型参数、控制器设计参数、道路场景和周围车辆。

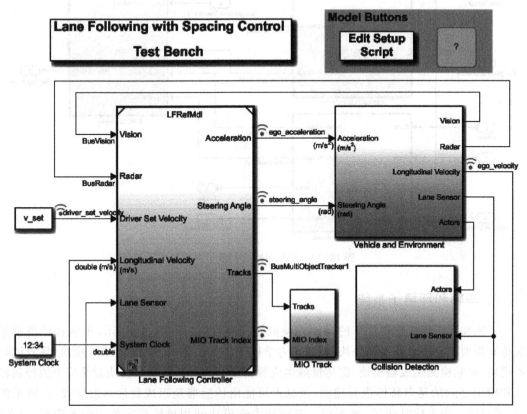

图 P7.12　路径跟踪系统测试平台模型

2. 路径跟踪控制器子系统

路径跟踪控制器模块根据来自估计车道中心模块的道路曲率、横向偏差、相对偏航角,来自跟踪与传感器融合模块的主车与前方车辆的相对距离、相对速度以及驾驶员设定速度、汽车纵向速度,控制主车的纵向加速度和前轮转向角,如图 P7.13 所示。该模型主要由估计车道中心模块、跟踪与传感器融合模块和 MPC 控制器模块组成,估计车道中心模块将车道检测传感器的数据处理后为 MPC 控制器提供主车前方车道曲率的中心线;跟踪与传感器融合模块处理来自视觉传感器和雷达的检测数据,生成主车周围环境的综合态势图,并向 MPC 控制器提供主车前方本车道内最近车辆的状态估计值;MPC 控制器的目标是保持驾驶员设定的车速,并与前方目标车辆保持一定的安全距离,该目标是通过控制纵向加速度来实现的,同时,通过控制转向角来减小横向偏差和相对偏航角将主车保持在车道中间;当道路弯曲时,MPC 控制器能控制车辆减速行驶。

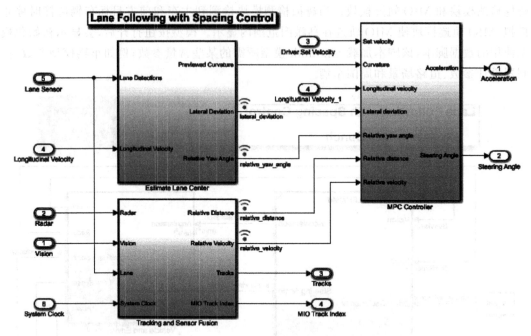

图 P7.13　路径跟踪控制器仿真模型

3. 车辆和环境子系统

车辆和环境模块模拟主车的运动并模拟驾驶环境，如图 P7.14 所示，车辆和环境子系统仿真模型主要由系统延迟模块、车辆动力学模块、SAE J670E 到 ISO 8855 模块、场景读取器模块、视觉检测生成器模块、雷达检测生成器模块组成。系统延迟模块对系统中的控制输入和输出之间的延迟特性进行建模，该延迟可能由传感器延迟或通信延迟导致，在该示例中，延迟由一个采样时间 T_s 来近似。车辆动力学模块使用单轨汽车的力输入模型。SAE J670E 到 ISO 8855 模块将车辆动力学使用的 SAE J670E 坐标系转换为场景读取器使用的 ISO 8855 坐标系。场景读取器模块从场景文件中读取交通参与者的姿态数据，并把交通参与者的姿态从场景的世界坐标系转换为主车的车辆坐标系，该模块还可以生成理想的左、右车道边界。视觉检测生成器模块从场景读取器模块获取理想的车道边界，检测生成器对单目摄像机的视野进行建模，并确定每个道路边界的航向角、曲率、曲率导数和有效长度，同时考虑到任何其他障碍物。雷达检测生成器模块根据场景中定义的雷达横截面和雷达视场中的地面真值数据生成雷达反射点检测。

4. 路径跟踪系统仿真

利用如下命令可以绘制该仿真场景的道路和路径，输出结果如图 P7.15 所示。

```
plot(scenario)
```

利用如下命令对路径跟踪系统进行仿真，输出结果如图 P7.16～图 P7.18 所示。

```
sim('LaneFollowingTestBenchExample')
plotLFResults(logsout,time_gap,default_spacing)
```

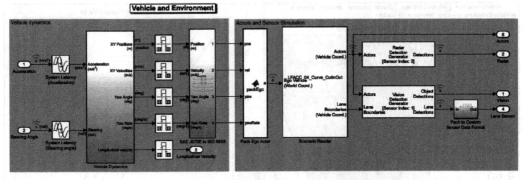

图 P7.14　车辆和环境子系统仿真模型

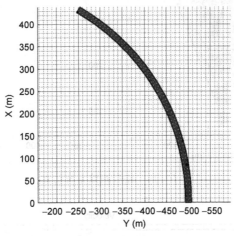

图 P7.15　路径跟踪系统驾驶场景

P7.4.2　PreScan 平台仿真

通过计算本车与参考路径上的预瞄点的横向误差、航向误差,然后利用数据通过 PID 控制器计算出本车当前所需的前轮转角,从而实现轨迹跟踪的功能。

首先在 PreScan 中搭建一个场景。首先添加一条道路,并在道路上设置一条轨迹,如图 P7.19 所示。

在轨迹上添加一个匀速行驶的车辆模型,令车辆沿设置的路径行驶,记录车辆行驶过程中的横纵坐标 x、y 以及航向角,作为路径的数据(图 P7.20)。

将 3 种数据保存在 MATLAB 的工作区内,然后将关于 x、y 的数据拟合成为轨迹函数,出于准确性考虑,将轨迹分为 4 段,并分别拟合成 3 次多项式,程序如下。

```
a1 = polyfit(x1,y1,3);    % 令第一段轨迹系数为 a1。
a2 = polyfit(x2,y2,3);    % 令第二段轨迹系数为 a2。
```

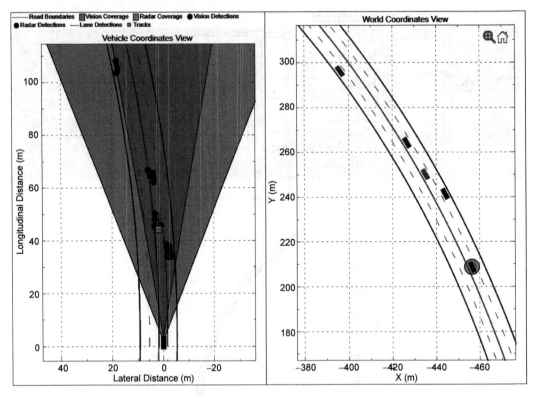

图 P7.16 路径跟踪系统仿真

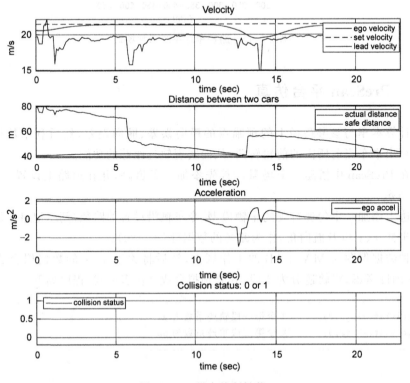

图 P7.17 纵向控制性能

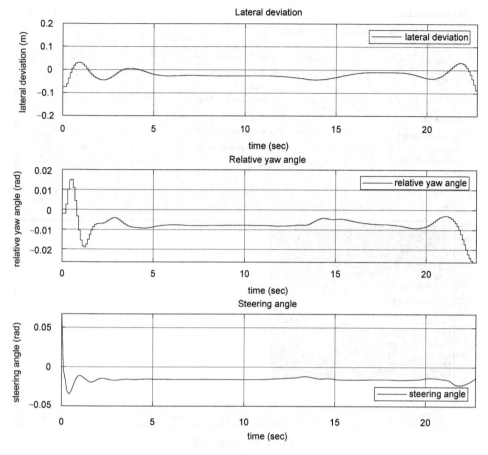

图 P7.18　横向控制性能

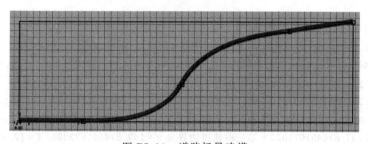

图 P7.19　道路场景建模

```
a3 = polyfit(x3,y3,3);     % 令第三段轨迹系数为 a3.
a4 = polyfit(x4,y4,3);     % 令第四段轨迹系数为 a4.
%% 得到多项式系数:
a1 = [1.19446165051886e - 06,0.000635716539428865,0.108503358917047, - 22.0226951455257];
a2 = [4.91184474366593e - 05,0.0106361653404328,0.909489194401853,3.76010546061069];
a3 = [2.96301875104407e - 05, - 0.0116707777949227,1.78515675862693, - 1.37284626814721];
a4 = [7.88673471062892e - 07, - 0.000557019943558140,0.279447026151127,71.0420730968590];
```

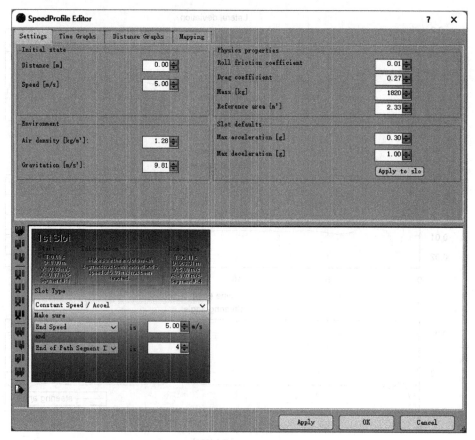

图 P7.20 速度设置

然后根据分段数据的边界值作轨迹函数的边界条件,将系数分别代入,程序如下。

```
function f = fcn(x)
if x<-94.1879475820597 % 第一段轨迹边界是 x=-94.1879475820597.
f=[1.19446165051886e-06,0.000635716539428865,0.108503358917047,-22.0226951455257]
*[x^3;x^2;x;1];
elseif x<24.7967739704230 % 第二段轨迹边界是 x=24.7967739704230. f=[4.91184474366593e
-05,0.0106361653404328,0.909489194401853,3.76010546061069]*[x^3;x^2;x;1];
elseif x<147.874491672020 % 第三段轨迹边界是 x=147.874491672020. f=[2.96301875104407e
-05,-0.0116707777949227,1.78515675862693,-1.37284626814721]*[x^3;x^2;x;1];
else x<292.745367520272 % 第四段轨迹边界是 x=292.745367520272
f=[7.88673471062892e-07,-0.000557019943558140,0.279447026151127,71.0420730968590]
*[x^3;x^2;x;1];
end
```

对车前方两米处进行预瞄,预瞄过程为寻找该点到参考轨迹的最近距离,即过该点对轨迹函数作垂线,垂足即为预瞄点,程序如下。

```
function xd = fcn(x2,f,y2) %(x2,y2)为本车位置前方两米处,f表示纵坐标 y 关于横坐标 x 的路
径函数.
fun = @(x)(x-x2)^2+(f-y2); %目标函数为路径函数到(x2,y2)距离的平方.
[x,fval] = fminbnd(fun,-231.903500000000,292.745367520272); %对目标函数求极值
xd = x; %求得预瞄点横坐标 xd.
```

然后将预瞄点的横坐标 xd 代入轨迹函数,求预瞄点的纵坐标 yd,程序如下。

```
function f = fcn(x,xd) %将所求的预瞄点的坐标代入路径函数求得预瞄点坐标.
if x<-94.1879475820597
f = [1.19446165051886e-06,0.000635716539428865,0.108503358917047,-22.0226951455257]
*[xd^3;xd^2;xd;1];
elseif x<24.7967739704230
f = [4.91184474366593e-05,0.0106361653404328,0.909489194401853,3.76010546061069]*[xd
^3;xd^2;xd;1];
elseif x<147.874491672020
f = [2.96301875104407e-05,-0.0116707777949227,1.78515675862693,-1.37284626814721]*
[xd^3;xd^2;xd;1];
else x<292.745367520272
f = [7.88673471062892e-07,-0.000557019943558140,0.279447026151127,71.0420730968590]
*[xd^3;xd^2;xd;1];
end
```

第二种求预瞄点的方法:取车前方两米处为预瞄位置,期望轨迹上距离预瞄位置最近的点即为预瞄点,求预瞄点坐标的程序如下。

```
function [xd,yd] = fcn(x,y,xd1,yd1) %x,y 表示预瞄位置横纵坐标;xd1,yd1 表示采集的期望
轨迹的横纵坐标数据;xd,yd 为所求预瞄点坐标
d1 = (x-xd1(1))^2+(y-yd1(1))^2;
d = (x-xd1(1))^2+(y-yd1(1))^2;j = 1;
for i = 1:3201 % xd1,yd1 均有 3201 组数据,求期望轨迹上到预瞄位置距离最短的点.
    d0 = (x-xd1(i))^2+(y-yd1(i))^2;
    if d>d0
        d = d0;j = i;
    end
end
    xd = xd1(j);yd = yd1(j);
```

令预瞄点的航向角 $\delta = \dfrac{y_d(k)-y_d(k-1)}{x_d(k)-x_d(k-1)}$。根据预瞄点的坐标 xd、yd、航向角,通过式(P7-3)计算得出横向偏差和航向角偏差,程序如下。

```
function [le,de,ke] = fcn(x,xd,y,yd,o,od) %x,y,o,分别表示本车当前横纵坐标,航向角,xd,
yd,od 表示预瞄点的横纵坐标,以及航向角.
le = cos(od)*(xd-x)+sin(od)*(yd-y);
de = -sin(od)*(xd-x)+cos(od)*(yd-y);
ke = (od-o);
```

最后根据 PID 调节（P7-4）得到本车的前轮转角输入。在式（P7-4）中，取横向距离误差的 PID 控制参数为 Kp＝1.0，Ki＝0.5，航向角误差 PID 参数为 Kp＝10，Ki＝5。

仿真中横摆角速度和横向距离误差如图 P7.21 和图 7.22 所示。由图可见，最大横摆角速度为 2deg/s，最大跟踪误差不超过 0.2m，循迹控制的舒适性和路径跟踪的精度都较好。

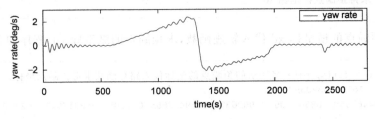

图 P7.21　车辆横摆角速度

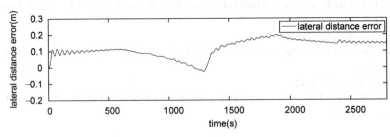

图 P7.22　车辆横向控制误差

思 考 题

1. 智能驾驶车辆路径跟踪中的运动学方法和动力学方法的优缺点分别是什么？
2. 车辆横纵向动力学控制常用的方法有哪些？
3. 将车辆横纵向动力学解耦后单独进行研究的出发点是什么？

项目 8

主动换道避障系统

P8.1 任务需求

车辆主动避撞系统采用信息与传感技术获取外界信息(如车速、行人或其他障碍物距离等)并判断车辆是否存在安全隐患,给驾驶员提供相应的报警与提示信息。在紧急情况下,车辆主动避撞系统将自动接管车辆,使车辆能够自动避开危险,保证车辆安全行驶,从而避免交通事故的发生。现有的车辆主动避撞系统大致分为以下几种类型。

(1) 纵向制动避撞系统。若驾驶员对前方的紧急状况未及时做出相应反应,该系统能够自动使车辆进行制动,避免追尾事故的发生或减轻追尾事故的碰撞程度,如前向碰撞预警系统和自动紧急制动系统等。

(2) 侧向转向避撞系统。该系统能够自动控制车辆转向,绕过前方障碍物,并且当车辆超过障碍物时,避免车辆发生侧面碰撞。

(3) 复合型智能避撞系统。当车辆前方遇到障碍物时,系统自动控制车辆绕过障碍物,并且当车辆不满足实施转向要求时能够自动控制车辆进行制动,避免交通事故的发生或减轻碰撞事故的程度。

当车辆在紧急情况下依靠纵向制动和侧向转向无法避免碰撞事故发生时,就只能依靠换道避障来规避或减轻碰撞的危害。智能汽车主动换道避障的作用主要体现在以下方面。

(1) 安全性:智能驾驶汽车通过环境感知单元实时获取全面、精确的环境信息,加上科学合理的决策分析和稳定可靠的控制算法,使车辆自主换道的安全性比仅依靠自己的感官和驾驶经验、充满不确定因素的驾驶员更具优越性,尤其是在紧急情况下可采取转向和制动协作的方式来避免碰撞事故。

(2) 时效性:驾驶员对换道时机的判断具有很大的不确定性,有可能错过了良好的换道时机,也有可能判断失误。智能驾驶汽车通过实时准确的数据分析换道时机,不仅避免人为因素导致的交通事故,而且减少由于不合理换道造成的交通延滞,提高车辆的通行效率。

(3) 舒适性:智能驾驶汽车的主动换道可将驾驶员从频繁的操作中解放出来,缓解长途驾驶中驾驶员的压力;以合理的行驶速度和行驶轨迹进行换道,换道过程平稳稳定,可提高乘客的舒适程度。

主动换道系统控制逻辑的基本框架如图 P8.1 所示:首先利用传感器检测车辆周围行驶环境,在保证车辆行驶安全的前提下进行换道时机决策和目标车道选择;然后利用摄像头检测车道线,根据车道线选择参考线,根据车辆行驶状态和参考线进行换道路径规划,将规划后的引导线作为主动换道的目标轨迹,车道保持系统跟踪该目标运动轨迹;基于车辆横向动力学实现主动换道系统的闭环控制。图 P8.1 中主动换道系统控制策略的逻辑图，采用分层控制架构，上层控制器根据车道线和本车的运动状态计算车辆所需方向盘转角，底层控制器为线控转向系统来响应上层控制器的方向盘转角控制请求。

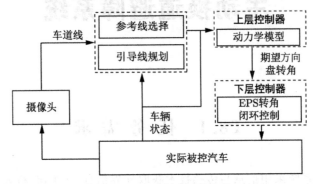

图 P8.1　主动换道系统架构

通过以上分析，可将自动驾驶车辆换道行为划分为 3 个部分，即：自主换道行为的决策、自主换道行为的运动规划、自主换道行为的轨迹跟随控制，其中换道轨迹的跟随控制策略与 LKA 的控制策略相类似，只不过目标轨迹由 LKA 的车道中心线变成主动换道系统规划的期望换道轨迹，车辆的横向动力学控制策略完全一样。分析主动换道系统的特点，可以得出如下结论：

（1）计算复杂：车辆的换道处在一个动态时变的复杂环境当中，车辆的行为决策与轨迹规划非常复杂，需要大量的计算。

（2）环境随机：车辆的换道环境存在很多随机性和不确定因素，其他障碍物的出现也带有随机性。

（3）多重约束：车辆的运动存在几何约束和物理约束，其中，几何约束是指车辆的形状制约，而物理约束是指车辆受其自身加速性能和转向性能的限制。

（4）多目标优化：路径规划的要求存在多种目标，如规划路径最短、完成时间最短、安全性能最好、能源消耗最小等，这些目标往往存在冲突，应该考虑在它们之间寻求某种折中。

多项式采样法是非常重要的一种车辆运动规划方法，在智能驾驶车辆的运动规划中应用较为成熟，该方法可以应用于各类决策与规划问题中。因此，本项目实训将重点从决策和运动规划这两个方面进行详细讲解，了解车辆运动规划和运动控制相关的理论方法，熟悉利用多项式采样法解决各类规划决策问题的流程，最后在 PreScan 与 MATLAB/Simulink 仿真环境下搭建仿真场景，并完成整个系统的闭环仿真。

P8.2　换道避障决策

P8.2.1　换道时机决策

在车辆的实际避障过程中，决策规划是自动驾驶最重要的部分之一。规划决策系统在融合多传感器信息之后,在基于车辆动力学的同时结合驾驶需求进行车辆行为的实时决策规划(图 P8.2),主要分为行为决策和运动规划两部分,行为决策在满足交通规则、行驶安全等约束条件下进行驾驶意图规划;而运动规划主要是根据车辆当前运动状态和已知的环境信息,在考虑多重动态和多个约束条件下,确保车辆的安全性、舒适性和稳定性,实时规划求解车辆的期望运动轨迹。

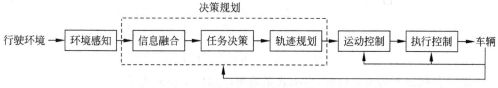

图 P8.2　分层决策规划体系结构图

采用非解耦五次多项式方程来描述具体的换道路径方程:

$$y(x) = l_y^T X_n \tag{P8-1}$$

其中,

$$l_y = \begin{bmatrix} a_0 & a_1 & a_2 & a_3 & a_4 & a_5 \end{bmatrix}^T \tag{P8-2}$$

$$X_n = \begin{bmatrix} 1 & x & x^2 & x^3 & x^4 & x^5 \end{bmatrix}^T \tag{P8-3}$$

即

$$y(x) = a_0 + a_1 x + a_2 x^2 + a_3 x^3 + a_4 x^4 + a_5 x^5 \tag{P8-4}$$

其中,y 代表横向位移,x 代表纵向位移,$a_i(i=0,1,2,\cdots,5)$ 代表多项式拟合系数,假设以开始换道避障时刻建立相对坐标系如图 P8.3 所示。

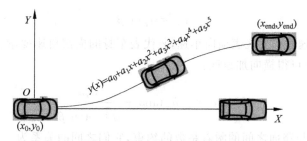

图 P8.3　换道过程示意图

图 P8.3 中 $(x_0,y_0)=(0,0)$ 代表车辆换道的初始位置,x_{end} 和 y_{end} 分别表示换道完成时刻的纵向位移和横向位移,其中在行为决策过程中,假设横纵向位移未知,设计关于行为决策层和运动规划层的换道避障决策系统。

定义边界约束条件为

$$\begin{cases} y(x_0)=0, & \dot{y}(x_0)=0, & K(x_0)=0 \\ y(x_{end})=y_{end}, & \dot{y}(x_0)=0, & K(x_0)=0 \end{cases} \tag{P8-5}$$

式中,$\dot{y}(x)$ 表示航向误差,$K(x)$ 表示曲率,其表达式为

$$K(x) = \frac{\ddot{y}}{[1+\dot{y}^2]^{\frac{3}{2}}} \tag{P8-6}$$

假设车辆在避障过程中,车辆需要满足相应的边界约束,即

$$Q_y l_y = \begin{bmatrix} 0 & y_{end} & 0 & 0 & 0 & 0 \end{bmatrix}^T \tag{P8-7}$$

其中,

$$Q_y = \begin{bmatrix} 1 & 0 & 0 & 0 & 0 & 0 \\ 1 & x_{end} & x_{end}^2 & x_{end}^3 & x_{end}^4 & x_{end}^5 \\ 0 & 1 & 0 & 0 & 0 & 0 \\ 0 & 1 & 2x_{end} & 3x_{end}^2 & 4x_{end}^2 & 5x_{end}^4 \\ 0 & 0 & 2 & 0 & 0 & 0 \\ 0 & 0 & 2 & 6x_{end} & 12x_{end}^2 & 20x_{end}^3 \end{bmatrix} \tag{P8-8}$$

考虑紧急状态下的决策过程,多项式系数可以用以下公式表示

$$l_y = \begin{bmatrix} 0 & 0 & 0 & 10\dfrac{y_{end}}{x_{end}^3} & -15\dfrac{y_{end}}{x_{end}^4} & 6\dfrac{y_{end}}{x_{end}^5} \end{bmatrix}^T \tag{P8-9}$$

结合式(P8-2)~式(P8-6)可得

$$y = 6y_{end}\left(\dfrac{x}{x_{end}}\right)^5 - 15y_{end}\left(\dfrac{x}{x_{end}}\right)^4 + 10y_{end}\left(\dfrac{x}{x_{end}}\right)^3 \tag{P8-10}$$

考虑在车辆避障过程中,轮胎极有可能会出现高饱和并开始侧滑的现象,因此在车辆避障过程中,需要保证车辆的横向运动稳定性。因此,在决策层应充分考虑车辆动力学约束条件,并设计一个动态碰撞风险评估模型,用来持续评估碰撞与横向失稳相关风险。

车辆质心处的横向加速度:

$$a_y = v_x \dot{\gamma} + \dot{v}_y \tag{P8-11}$$

其中,

$$v_y = v_x \tan\beta \tag{P8-12}$$

其中,v_x 代表纵向速度,v_y 代表横向车速,$\dot{\gamma}$ 代表车身的横摆角速度,β 表示质心侧偏角。

通过式(P8-11)可得横向加速度:

$$a_y = v_x \dot{\gamma} + \dot{v}_x \tan\beta + \dfrac{v_x \dot{\beta}}{\sqrt{1+\tan^2\beta}} \tag{P8-13}$$

横向加速度受轮胎与路面之间的附着系数的约束,它们之间的关系为

$$v_x \dot{\gamma} + a_b \leqslant \mu g \tag{P8-14}$$

其中

$$a_b = \dot{v}_x \tan\beta + \dfrac{v_x \dot{\beta}}{\sqrt{1+\tan^2\beta}} \tag{P8-15}$$

其中,μ 是路面与轮胎之间的附着系数,$g = 9.8 \text{m/s}^2$ 是重力加速度。

定义如下关系:

$$a_b = (1-k)\mu g \tag{P8-16}$$

其中,$k(0<k<1)$ 为动态因子。

结合式(P8-14)和式(P8-16),可得如下关系:

$$\dot{\gamma} \leqslant k\dfrac{\mu g}{v_x} \tag{P8-17}$$

根据运动学原理，其中期望横摆角速度为

$$\dot{\gamma}_d = K v_x \tag{P8-18}$$

其中，K 代表曲率。

结合非解耦五次多项式公式(P8-6)和式(P8-10)，式(P8-18)期望横摆角速度为

$$\dot{\gamma}_d = \frac{60 y_{end} \dfrac{x}{x_{end}^3} - 180 y_{end} \dfrac{x^2}{x_{end}^4} + 120 y_{end} \dfrac{x^3}{x_{end}^5}}{\left[1 + \left(30 y_{end} \dfrac{x^2}{x_{end}^3} - 60 y_{end} \dfrac{x^3}{x_{end}^4} + 30 y_{end} \dfrac{x^4}{x_{end}^5}\right)^2\right]^{\frac{3}{2}}} v_x$$

$$= \frac{60 y_{end} U(U-1)(2U-1)}{x_{end}^2 \left[1 + \left(\dfrac{30 y_{end}}{x_{end}}\right)^2 U^4 (U-1)^4\right]^{\frac{3}{2}}} v_x \tag{P8-19}$$

其中

$$U = \frac{x}{x_{end}} \tag{P8-20}$$

显然 $0 \leqslant U \leqslant 1$，车辆横摆角速度 $\dot{\gamma}_d$ 和 U 的取值有关，其中为保证车辆横向稳定性，横摆角速度不能太大，即需要对最大横摆角速度进行约束。现在考虑横摆角速度 $\dot{\gamma}_d = f(U)$ 最大值问题。Karush-Kuhn-Tucker（KKT）条件是非线性规划（nonlinear programming, NLP）求最佳解的必要条件。利用 KKT 条件，$\dot{\gamma}_d$ 的最大值会出现在极值点或边界点。当 $U=0$ 或 $U=1$ 时，车辆横摆角速度 $\dot{\gamma}_d$ 为 0，因此，换道过程中最大的横摆角速度肯定出现在极值点。对横摆角速度 $\dot{\gamma}_d = f(U)$ 求导可得极值点满足方程

$$18\left(\frac{30 y_{end}}{x_{end}}\right)^2 U^5 (U-1)^5 + 5\left(\frac{30 y_{end}}{x_{end}}\right)^2 U^4 (U-1)^4 - 6U(U-1) - 1 = 0 \tag{P8-21}$$

令中间变量

$$a_1 = \left(\frac{30 y_{end}}{x_{end}}\right)^2, \quad z = U(U-1) \tag{P8-22}$$

则 $-\dfrac{1}{4} \leqslant z \leqslant 0$，且极值点方程转化为一元五次方程

$$18 a_1 z^5 + 5 a_1 z^4 - 6z - 1 = 0 \tag{P8-23}$$

可先求解式(P8-23)得到 z 之后再求极值点 U。通过计算分析发现，a_1 不同的取值，方程(P8-23)的解均在 $U=0.2$ 左右，因此，当 $U=0.2$ 时，车辆横摆角速度 $\dot{\gamma}_d$ 最大，最大期望横摆角速度表示为

$$\dot{\gamma}_{des\_max} = \frac{p y_{end}}{x_{end}^2 \left(1 + \dfrac{q y_{end}^2}{x_{end}^2}\right)^{\frac{3}{2}}} v_x \tag{P8-24}$$

其中，$p = 60 U(U-1)(2U-1) = 5.77$，$q = 900^4(U-1)^4 = 0.68$。

因此期望横摆角速度必须满足车辆动力学限制条件，关系式为

$$|\dot{\gamma}_{des\_max}| \leqslant k \frac{\mu g}{v_x} \tag{P8-25}$$

定义风险评估函数为

$$f = \frac{v_x^2}{k\mu g} \frac{p y_{\text{end}}}{x_{\text{end}}^2 \left(1 + \frac{q y_{\text{end}}^2}{x_{\text{end}}^2}\right)^{\frac{3}{2}}} - 1 \qquad \text{(P8-26)}$$

在真实的车辆换道避障过程中,为得到更加有效的评估风险,从而进一步探索安全距离的极限位置所在,本节采用了跟随车辆和前车的实时距离。

定义如下关系式:

$$x_{\text{end}} = N x_{\text{fl}}, \quad y_{\text{end}} = M y_{\text{fl}} \qquad \text{(P8-27)}$$

其中,N、M 为正比例系数。

本节所采用的换道避障方案如图 P8.4 所示,其中 x_{fl} 是车载传感器(雷达或摄像头)距离前车的纵向距离,y_{fl} 是当行驶距离为 x_{fl} 时跟随车的横向位移。

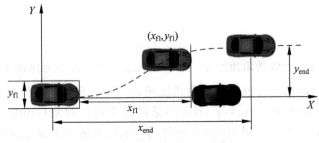

图 P8.4　车辆换道避障动作图

假设 $(x_{\text{fl}}, y_{\text{fl}})$ 是无碰撞轨迹上的一个点,可以得到 N、M 之间的关系式:

$$M = \frac{N^5}{10N^2 - 15N + 6} \qquad \text{(P8-28)}$$

将式(P8-27)和式(P8-28)代入风险评估函数 f 中,改进的风险评估函数 F 为

$$F = \frac{v_x^2}{k\mu g} \frac{p y_{\text{fl}}}{x_{\text{fl}}^2 \left[1 + \frac{q y_{\text{fl}}^2}{x_{\text{fl}}^2} \frac{N^8}{(10N^2 - 15N + 6)^2}\right]^{\frac{3}{2}}} \frac{N^3}{10N^2 - 15N + 6} - 1 \qquad \text{(P8-29)}$$

安全换道过程的风险评估函数需满足 $F \leqslant 0$,其对应极限安全位置恰好为 $F = 0$ 时。其中跟随车与前车之间的纵向距离 x_{fl} 为因变量,正比例因子 N 作为自变量。即 $F = 0$ 相当于隐函数 $F(x_{\text{fl}}, N) = 0$,其中换道极限时刻 x_{fl} 取最小值时,该问题变成求解隐函数的极值点 N 使得纵向距离 x_{fl} 最小。通过隐函数求导可得极值点 $N = 2.2$,为了计算简便可取 $N = 2$,则 $M = 2$。简化的风险评估函数为

$$F = \frac{1}{2} \frac{v_x^2}{k\mu g} \frac{p y_{\text{fl}}}{x_{\text{fl}}^2 \left(1 + \frac{q y_{\text{fl}}^2}{x_{\text{fl}}^2}\right)^{\frac{3}{2}}} - 1 \qquad \text{(P8-30)}$$

其中令 $F = 0$,则动态因子可以表示为

$$k_s = \frac{1}{2} \frac{v_x^2}{\mu g} \frac{p y_{\text{fl}}}{x_{\text{fl}}^2 \left(1 + \frac{q y_{\text{fl}}^2}{x_{\text{fl}}^2}\right)^{\frac{3}{2}}} \qquad \text{(P8-31)}$$

当车辆在换道避障时,假设跟随车辆车宽为 1.7m,以及设计的安全阈值为 0.5m,即 $y_{fl}=2.2$m。根据本车与前车实际的纵向距离 y_{fl} 和纵向行驶车速 v_x 实时计算 k_s,当 $T_{h\min} \leqslant k_s \leqslant T_{h\max}$ 时,则可以进行换道避障,否则车辆存在碰撞或横向失稳风险。行为决策如图 P8.5 所示。

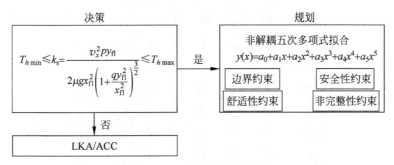

图 P8.5　决策规划动作图

P8.2.2　换道时间决策

完成整个换道过程所需时间或车辆纵向行驶里程,是换道路径规划问题中非常重要的一个参数。换道时间太短,规划路径太急促,车辆换道过程行驶不安全;换道时间太长,换道效率太低,时效性差。因此,在完成换道时机决策的同时还需要规划求解出最优的换道时间或纵向行驶距离。

假设车辆换道过程如图 P8.6 所示,考虑车辆换道时解耦合的横纵向运动轨迹是关于时间 t 的五次多项式,即:

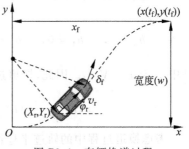

图 P8.6　车辆换道过程

$$\begin{cases} x(t)=a_5 t^5+a_4 t^4+a_3 t^3+a_2 t^2+a_1 t+a_0 \\ y(t)=b_5 t^5+b_4 t^4+b_3 t^3+b_2 t^2+b_1 t+b_0 \end{cases} \quad (P8\text{-}32)$$

其中,a_i 和 b_i 分别是纵横向轨迹拟合系数。车辆的换道轨迹规划实际上是求解上式中的 a_i 和 b_i 的值的过程。

基于多项式采样的换道轨迹规划方法的优势在于只需获取车辆的初始状态及目标状态,即可通过边界条件计算获得换道轨迹。假设车辆换道时考虑如下边界条件:

$$\begin{cases} x(0)=0, & \dot{x}(0)=V_0, & \ddot{x}(0)=0, & x(t_f)=x_f, & \dot{x}(t_f)=V_0, & \ddot{x}(t_f)=0 \\ y(0)=0, & \dot{y}(0)=0, & \ddot{y}(0)=0, & y(t_f)=w, & \dot{y}(t_f)=0, & \ddot{y}(t_f)=0 \end{cases}$$

$$(P8\text{-}33)$$

其中,w 代表车道宽度,t_f 为换道时间,x_f 为整个换道过程中车辆纵向行驶里程,V_0 代表车辆换道时的初速度。进而获得如下的边界条件:

$$\begin{bmatrix} 0 & 0 & 0 & 0 & 0 & 1 \\ 0 & 0 & 0 & 0 & 1 & 0 \\ 0 & 0 & 0 & 2 & 0 & 0 \\ t_f^5 & t_f^4 & t_f^3 & t_f^2 & t_f & 1 \\ 5t_f^4 & 4t_f^3 & 3t_f^2 & 2t_f & 1 & 0 \\ 20t_f^3 & 12t_f^2 & 6t_f & 2 & 0 & 0 \end{bmatrix} \begin{bmatrix} a_5 \\ a_4 \\ a_3 \\ a_2 \\ a_1 \\ a_0 \end{bmatrix} = \begin{bmatrix} 0 \\ V_0 \\ 0 \\ x_f \\ V_0 \\ 0 \end{bmatrix} \quad \text{(P8-34)}$$

以及

$$\begin{bmatrix} 0 & 0 & 0 & 0 & 0 & 1 \\ 0 & 0 & 0 & 0 & 1 & 0 \\ 0 & 0 & 0 & 2 & 0 & 0 \\ t_f^5 & t_f^4 & t_f^3 & t_f^2 & t_f & 1 \\ 5t_f^4 & 4t_f^3 & 3t_f^2 & 2t_f & 1 & 0 \\ 20t_f^3 & 12t_f^2 & 6t_f & 2 & 0 & 0 \end{bmatrix} \begin{bmatrix} b_5 \\ b_4 \\ b_3 \\ b_2 \\ b_1 \\ b_0 \end{bmatrix} = \begin{bmatrix} 0 \\ 0 \\ 0 \\ w \\ 0 \\ 0 \end{bmatrix} \quad \text{(P8-35)}$$

进而可求得五次多项式的系数为

$$\begin{cases} a_0 = 0, \quad a_1 = V_0, \quad a_2 = 0, \quad a_3 = \dfrac{10x_0}{t_f^3}, \quad a_4 = -\dfrac{15x_0}{t_f^4}, \quad a_5 = \dfrac{6x_0}{t_f^5} \\ b_0 = 0, \quad b_1 = 0, \quad b_2 = 0, \quad b_3 = \dfrac{10w}{t_f^3}, \quad b_4 = -\dfrac{15w}{t_f^4}, \quad b_5 = \dfrac{6w}{t_f^5} \end{cases} \quad \text{(P8-36)}$$

其中 $x_0 = x_f - V_0 t_f$。因此，换道过程的横纵向轨迹的五次多项式可描述为

$$x(t) = \frac{x_0}{w} y(t) + V_0 t, \quad y(t) = w\left(\frac{6t^5}{t_f^5} - \frac{15t^4}{t_f^4} + \frac{10t^3}{t_f^3}\right) \quad \text{(P8-37)}$$

考虑换道过程中的轨迹平稳性和换道效率，所以对横纵向加速度以及变道纵向距离进行优化。因此，换道过程的代价函数选择为

$$J = \int_0^{t_f} \left[w_1 \ddot{x}^2(t) + w_2 \ddot{y}^2(t) + w_3 \frac{x_f}{w}\right] dt \quad \text{(P8-38)}$$

其中，这三项优化目标分别是纵向舒适性、横向舒适性与安全性、换道时效性，w_i 为三部分优化目标的权重系数，优化变量是 x_f 和 t_f。

根据换道轨迹(P8-37)可得横纵向加速度为

$$\ddot{x}(t) = \frac{x_0}{w} \ddot{y}(t), \quad \ddot{y}(t) = 60w\left(\frac{2t^3}{t_f^5} - \frac{3t^2}{t_f^4} + \frac{t}{t_f^3}\right) \quad \text{(P8-39)}$$

进而可得舒适性指标为

$$\ddot{x}^2(t) = \frac{x_0^2}{w^2} \ddot{y}^2(t), \quad \ddot{y}^2(t) = 3600w^2\left(\frac{4t^6}{t_f^{10}} - \frac{12t^5}{t_f^9} + \frac{13t^4}{t_f^8} - \frac{6t^3}{t_f^7} + \frac{t^2}{t_f^6}\right) \quad \text{(P8-40)}$$

将其代入优化目标可得

$$J = \int_0^{t_f} \left[\left(\frac{w_1 x_0^2}{w^2} + w_2\right) \ddot{y}^2(t) + w_3 \frac{x_f}{w}\right] dt = \frac{120}{7 t_f^3}(w_1 x_0^2 + w_2 w^2) + \frac{w_3 x_f t_f}{w} \quad \text{(P8-41)}$$

求解最优的换道时间和换道距离，即求解优化问题(P8-41)的最优解，因此，可利用

KKT 原理求解上式的极值点：

$$\begin{cases} \dfrac{\partial J}{\partial x_f} = \dfrac{240w_1}{7t_f^3}(x_f - V_0 t_f) + \dfrac{w_3 t_f}{w} = 0 \\ \dfrac{\partial J}{\partial t_f} = -\dfrac{360}{7t_f^4}(w_1 x_0^2 + w_2 w^2) - \dfrac{240w_1 V_0}{7t_f^3}x_0 + \dfrac{w_3 x_f}{w} = 0 \end{cases} \tag{P8-42}$$

化简后可得最优换道时间和换道距离与车速之间的关系为

$$\begin{cases} x_f = V_0 t_f - \dfrac{7w_3 t_f^4}{240w_1 w} \\ \dfrac{49w_3^2}{96w_1} t_f^8 - 14w_3 w V_0 t_f^5 + 360w_2 w^4 = 0 \end{cases} \tag{P8-43}$$

由于考虑横向加速度的影响更大，因此令 $w_1 = w_3 = 1, w_2 = 2$，车道宽度 $w = 3.5\text{m}$，利用 MATLAB 求解上式，并绘制换道时间 t_f 和换道距离 x_f 与车速 V_0 之间的关系曲线图，优化结果如图 P8.7 和图 P8.8 所示。由图可见，随着车速的增大，换道时间逐渐减小最后趋于稳定，这是为了保证时效性；随着车速的增大，换道距离逐渐增大，这是为了保证车辆换道时的安全性与舒适性；此外，也可以发现换道距离与车速之间的关系近似为线性关系。最优换道时间 t_f 和换道距离 x_f 与车速 V_0 之间的关系可以作为车辆换道路径规划时的先验条件，对不同速度下的换道路径规划具有一定的指导意义。

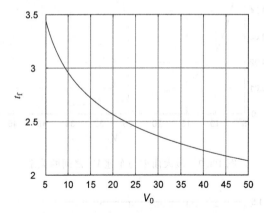

图 P8.7　最优换道时间 t_f 与车速 V_0 之间的关系

则换道轨迹的曲率为

$$c(t) = \dfrac{V_0 \ddot{y}(t)}{\left[\left(1 + \dfrac{x_0^2}{w^2}\right)\dot{y}^2(t) + 2V_0 \dfrac{x_0}{w}\dot{y}(t) + V_0^2\right]^{\frac{3}{2}}} \tag{P8-44}$$

其最大侧向加速度为

$$a_{y\max} = \max_{0 \leqslant t \leqslant t_f} \dfrac{V_0^3 |\ddot{y}(t)|}{\left[\left(1 + \dfrac{x_0^2}{w^2}\right)\dot{y}^2(t) + 2V_0 \dfrac{x_0}{w}\dot{y}(t) + V_0^2\right]^{\frac{3}{2}}} \tag{P8-45}$$

可得不同速度下换道过程中的最大曲率和最大侧向加速度如图 P8.9 和图 P8.10 所示，可

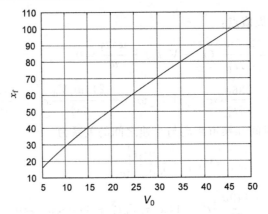

图 P8.8　最优换道距离 x_f 与车速 V_0 之间的关系

见,随着速度的增加,车辆换道时的横向加速度也随之增大,但是依然在可接收的范围内。

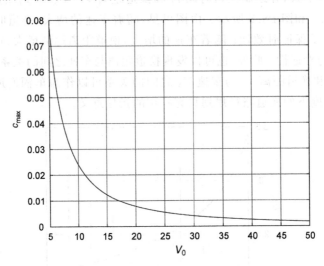

图 P8.9　最大曲率与车速 V_0 之间的关系

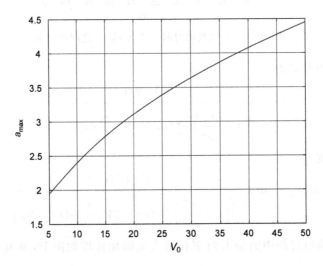

图 P8.10　最大侧向加速度与车速 V_0 之间的关系

P8.3　换道路径规划

路径规划是指在一定的环境模型的基础上,给定汽车起始点和目标点后,按照性能指标规划出一条无碰撞、能安全到达目标点的有效路径。路径规划主要包含两个步骤:建立环境模型,即将现实的环境进行抽象后建立路径规划相关的模型;路径寻优,即寻找符合条件的最优换道路径。

P8.3.1　Frenét 坐标系

在车辆横向控制中,应用最多的坐标系是 Frenét 坐标系。基于 Frenét 坐标系,将车辆运动轨迹分解成两个方向的运动,即沿着车道向前前进方向(纵向)与在车道内左右偏离(横向)的两个运动,可以简化车辆横向运动规划模型,提高计算效率。

忽略车辆行驶区域内坡度与海拔的变化,将车辆行驶区域假想为一个二维平面,建立车辆全局笛卡儿坐标系,将车辆位置映射到该坐标系下,设车辆坐标为 (x,y)。假设车辆沿着车道线行驶,且车辆始终行驶在车道内,则此时的道路参考线可假设为车道中心线,建立如图 P8.11 所示的 Frenét 坐标系,车辆到参考线的投影距离为 d,投影点到起点的行驶里程为 s,则车辆在全局笛卡儿坐标系下的坐标 (x,y) 与 Frenét 坐标系下的坐标 (s,d) 是相对应的。

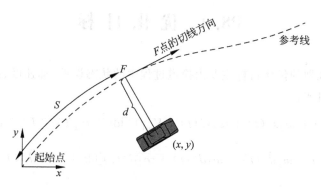

图 P8.11　Frenét 坐标系

P8.3.2　五次多项式路径规划

以目标车道中心线为参考线建立 Frenét 坐标系,以车辆相对规划后的期望运动轨迹的横向运动状态作为反馈,利用 LKA 控制器计算期望方向盘转角,从而实现主动换道系统的闭环控制,其基本原理与 LKA 完全相同。

首先,在 Frenét 坐标系下,基于环境信息和本车运动状态实时规划换道轨迹。图 P8.11 中 d、s 表示车辆在 Frenét 坐标系下的横向与纵向运动。采用五次多项式规划换道轨迹,其横纵向方程为

$$\begin{cases} s(t)=a_0+a_1t+\dfrac{1}{2}a_2t^2+\dfrac{1}{6}a_3t^3+\dfrac{1}{24}a_4t^4+\dfrac{1}{120}a_5t^5 \\ d(t)=b_0+b_1t+\dfrac{1}{2}b_2t^2+\dfrac{1}{6}b_3t^3+\dfrac{1}{24}b_4t^4+\dfrac{1}{120}b_5t^5 \end{cases} \quad \text{(P8-46)}$$

其中,a_i,b_i 为待定的多项式系数。不同系数下的横纵向运动轨迹如图 P8.12 所示,需要在满足一定约束条件的基础上寻找一条最优的换道轨迹,接下来对轨迹规划问题详细进行说明。

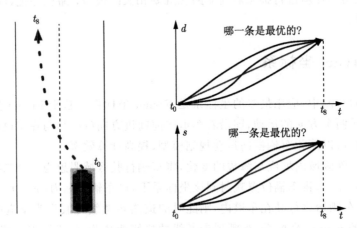

图 P8.12 换道轨迹规划示意图

P8.4 优化目标

横纵向轨迹规划的优化目标主要由换道过程中的状态误差、加速度、冲击度以及换道完成后的状态误差组成:

$$\begin{cases} J_s=\int_0^T[w_1\dddot{s}^2(t)+w_2\ddot{s}^2(t)+w_3(\dot{s}(t)-V_{\text{set}})^2]dt+w_1T\dddot{s}^2(T)+w_4T(s(T)-s_T)^2 \\ J_d=\int_0^T[w_1\dddot{d}^2(t)+w_2\ddot{d}^2(t)+w_3\dot{d}^2(t)+w_4d^2(t)]dt+w_1T\dddot{d}^2(T)+w_2T\ddot{d}^2(T) \end{cases}$$
(P8-47)

其中,w_i 为多目标优化的权重系数,T 为运动规划的时间窗宽度,$s_T=s_0+T_{\text{LC}}V_{\text{set}}$ 为期望的换道距离。则在换道场景下,选取的代价函数为

$$\begin{cases} J_s=w_1\int_0^T\dddot{s}^2(t)dt+w_2\int_0^T\ddot{s}^2(t)dt+w_3\int_0^T\dot{s}^2(t)dt+w_1T\dddot{s}^2(T)+ \\ \qquad w_4Ts^2(T)-(2w_3V_{\text{set}}+2w_4Ts_T)s(T)+w_4Ts_T^2+w_3TV_{\text{set}}^2 \\ J_d=w_1\int_0^T\dddot{d}^2(t)dt+w_2\int_0^T\ddot{d}^2(t)dt+w_3\int_0^T\dot{d}^2(t)dt+w_4\int_0^Td^2(t)dt+ \\ \qquad w_1T\dddot{d}^2(T)+w_2T\ddot{d}^2(T) \end{cases}$$
(P8-48)

定义优化变量为 $x_s=[a_0,a_1,a_2,a_3,a_4]^T$,$x_d=[b_0,b_1,b_2,b_3,b_4]^T$,可得

$$\begin{cases} s(t) = \begin{bmatrix} 1 & t & \dfrac{1}{2}t^2 & \dfrac{1}{6}t^3 & \dfrac{1}{24}t^4 & \dfrac{1}{120}t^5 \end{bmatrix} x_s \\ \dot{s}(t) = \begin{bmatrix} 0 & 1 & t & \dfrac{1}{2}t^2 & \dfrac{1}{6}t^3 & \dfrac{1}{24}t^4 \end{bmatrix} x_s \\ \ddot{s}(t) = \begin{bmatrix} 0 & 0 & 1 & t & \dfrac{1}{2}t^2 & \dfrac{1}{6}t^3 \end{bmatrix} x_s \\ \dddot{s}(t) = \begin{bmatrix} 0 & 0 & 0 & 1 & t & \dfrac{1}{2}t^2 \end{bmatrix} x_s \end{cases} \quad \text{(P8-49)}$$

$$\begin{cases} d(t) = \begin{bmatrix} 1 & t & \dfrac{1}{2}t^2 & \dfrac{1}{6}t^3 & \dfrac{1}{24}t^4 & \dfrac{1}{120}t^5 \end{bmatrix} x_d \\ \dot{d}(t) = \begin{bmatrix} 0 & 1 & t & \dfrac{1}{2}t^2 & \dfrac{1}{6}t^3 & \dfrac{1}{24}t^4 \end{bmatrix} x_d \\ \ddot{d}(t) = \begin{bmatrix} 0 & 0 & 1 & t & \dfrac{1}{2}t^2 & \dfrac{1}{6}t^3 \end{bmatrix} x_d \\ \dddot{d}(t) = \begin{bmatrix} 0 & 0 & 0 & 1 & t & \dfrac{1}{2}t^2 \end{bmatrix} x_d \end{cases} \quad \text{(P8-50)}$$

针对纵向规划,可得

$$s^2(t) = s^{\mathrm{T}}(t)s(t) = x_s^{\mathrm{T}} \begin{bmatrix} 1 & t & \dfrac{1}{2}t^2 & \dfrac{1}{6}t^3 & \dfrac{1}{24}t^4 & \dfrac{1}{120}t^5 \\ t & t^2 & \dfrac{1}{2}t^3 & \dfrac{1}{6}t^4 & \dfrac{1}{24}t^5 & \dfrac{1}{120}t^6 \\ \dfrac{1}{2}t^2 & \dfrac{1}{2}t^3 & \dfrac{1}{4}t^4 & \dfrac{1}{12}t^5 & \dfrac{1}{48}t^6 & \dfrac{1}{240}t^7 \\ \dfrac{1}{6}t^3 & \dfrac{1}{6}t^4 & \dfrac{1}{12}t^5 & \dfrac{1}{36}t^6 & \dfrac{1}{144}t^7 & \dfrac{1}{720}t^8 \\ \dfrac{1}{24}t^4 & \dfrac{1}{24}t^5 & \dfrac{1}{48}t^6 & \dfrac{1}{144}t^7 & \dfrac{1}{576}t^8 & \dfrac{1}{2880}t^9 \\ \dfrac{1}{120}t^5 & \dfrac{1}{120}t^6 & \dfrac{1}{240}t^7 & \dfrac{1}{720}t^8 & \dfrac{1}{2880}t^9 & \dfrac{1}{14400}t^{10} \end{bmatrix} x_s$$

$$\dot{s}^2(t) = \dot{s}^{\mathrm{T}}(t)\dot{s}(t) = x_s^{\mathrm{T}} \begin{bmatrix} 0 & 0 & 0 & 0 & 0 & 0 \\ 0 & 1 & t & \dfrac{1}{2}t^2 & \dfrac{1}{6}t^3 & \dfrac{1}{24}t^4 \\ 0 & t & t^2 & \dfrac{1}{2}t^3 & \dfrac{1}{6}t^4 & \dfrac{1}{24}t^5 \\ 0 & \dfrac{1}{2}t^2 & \dfrac{1}{2}t^3 & \dfrac{1}{4}t^4 & \dfrac{1}{12}t^5 & \dfrac{1}{48}t^6 \\ 0 & \dfrac{1}{6}t^3 & \dfrac{1}{6}t^4 & \dfrac{1}{12}t^5 & \dfrac{1}{36}t^6 & \dfrac{1}{144}t^7 \\ 0 & \dfrac{1}{24}t^4 & \dfrac{1}{24}t^5 & \dfrac{1}{48}t^6 & \dfrac{1}{144}t^7 & \dfrac{1}{576}t^8 \end{bmatrix} x_s$$

$$\dddot{s}^2(t) = \dddot{s}^{\mathrm{T}}(t)\dddot{s}(t) = x_s^{\mathrm{T}} \begin{bmatrix} 0 & 0 & 0 & 0 & 0 & 0 \\ 0 & 0 & 0 & 0 & 0 & 0 \\ 0 & 0 & 1 & t & \frac{1}{2}t^2 & \frac{1}{6}t^3 \\ 0 & 0 & t & t^2 & \frac{1}{2}t^3 & \frac{1}{6}t^4 \\ 0 & 0 & \frac{1}{2}t^2 & \frac{1}{2}t^3 & \frac{1}{4}t^4 & \frac{1}{12}t^5 \\ 0 & 0 & \frac{1}{6}t^3 & \frac{1}{6}t^4 & \frac{1}{12}t^5 & \frac{1}{36}t^6 \end{bmatrix} x_s$$

$$\ddot{s}^2(t) = \ddot{s}^{\mathrm{T}}(t)\ddot{s}(t) = x_s^{\mathrm{T}} \begin{bmatrix} 0 & 0 & 0 & 0 & 0 & 0 \\ 0 & 0 & 0 & 0 & 0 & 0 \\ 0 & 0 & 0 & 0 & 0 & 0 \\ 0 & 0 & 0 & 1 & t & \frac{1}{2}t^2 \\ 0 & 0 & 0 & t & t^2 & \frac{1}{2}t^3 \\ 0 & 0 & 0 & \frac{1}{2}t^2 & \frac{1}{2}t^3 & \frac{1}{4}t^4 \end{bmatrix} x_s$$

则优化目标为

$$\begin{cases} J_{s1} = \int_0^T \dddot{s}^2(t)\mathrm{d}t + T\dddot{s}^2(T) = x_s^{\mathrm{T}} H_{s1} x_s \\ J_{s2} = \int_0^T \ddot{s}^2(t)\mathrm{d}t = x_s^{\mathrm{T}} H_{s2} x_s \\ J_{s3} = \int_0^T \dot{s}^2(t)\mathrm{d}t = x_s^{\mathrm{T}} H_{s3} x_s \\ J_{s4} = T\dot{s}^2(T) = x_s^{\mathrm{T}} H_{s4} x_s \\ J_{s5} = -(2w_3 V_{\mathrm{set}} + 2w_4 T s_T)s(T) = f_s x_s \\ J_s = w_1 J_{s1} + w_2 J_{s2} + w_3 J_{s3} + w_4 J_{s4} + J_{s5} + w_4 T s_T^2 + w_3 T V_{\mathrm{set}}^2 \end{cases} \quad \text{(P8-51)}$$

其中,

$$H_{s1} = \begin{bmatrix} 0 & 0 & 0 & 0 & 0 & 0 \\ 0 & 0 & 0 & 0 & 0 & 0 \\ 0 & 0 & 0 & 0 & 0 & 0 \\ 0 & 0 & 0 & 2T & \frac{3}{2}T^2 & \frac{2}{3}T^3 \\ 0 & 0 & 0 & \frac{3}{2}T^2 & \frac{4}{3}T^3 & \frac{5}{8}T^4 \\ 0 & 0 & 0 & \frac{2}{3}T^3 & \frac{5}{8}T^4 & \frac{3}{10}T^5 \end{bmatrix}, \quad H_{s2} = \begin{bmatrix} 0 & 0 & 0 & 0 & 0 & 0 \\ 0 & 0 & 0 & 0 & 0 & 0 \\ 0 & 0 & T & \frac{1}{2}T^2 & \frac{1}{6}T^3 & \frac{1}{24}T^4 \\ 0 & 0 & \frac{1}{2}T^2 & \frac{1}{3}T^3 & \frac{1}{8}T^4 & \frac{1}{30}T^5 \\ 0 & 0 & \frac{1}{6}T^3 & \frac{1}{8}T^4 & \frac{1}{20}T^5 & \frac{1}{72}T^6 \\ 0 & 0 & \frac{1}{24}T^4 & \frac{1}{30}T^5 & \frac{1}{72}T^6 & \frac{1}{252}T^7 \end{bmatrix}$$

$$H_{s3} = \begin{bmatrix} 0 & 0 & 0 & 0 & 0 & 0 \\ 0 & T & \frac{1}{2}T^2 & \frac{1}{6}T^3 & \frac{1}{24}T^4 & \frac{1}{120}T^5 \\ 0 & \frac{1}{2}T^2 & \frac{1}{3}T^3 & \frac{1}{8}T^4 & \frac{1}{30}T^5 & \frac{1}{144}T^6 \\ 0 & \frac{1}{6}T^3 & \frac{1}{8}T^4 & \frac{1}{20}T^5 & \frac{1}{72}T^6 & \frac{1}{336}T^7 \\ 0 & \frac{1}{24}T^4 & \frac{1}{30}T^5 & \frac{1}{72}T^6 & \frac{1}{252}T^7 & \frac{1}{1152}T^8 \\ 0 & \frac{1}{120}T^5 & \frac{1}{144}T^6 & \frac{1}{336}T^7 & \frac{1}{1152}T^8 & \frac{1}{5184}T^9 \end{bmatrix}$$

$$H_{s4} = \begin{bmatrix} T & T^2 & \frac{1}{2}T^3 & \frac{1}{6}T^4 & \frac{1}{24}T^5 & \frac{1}{120}T^6 \\ T^2 & T^3 & \frac{1}{2}T^4 & \frac{1}{6}T^5 & \frac{1}{24}T^6 & \frac{1}{120}T^7 \\ \frac{1}{2}T^3 & \frac{1}{2}T^4 & \frac{1}{4}T^5 & \frac{1}{12}T^6 & \frac{1}{48}T^7 & \frac{1}{240}T^8 \\ \frac{1}{6}T^4 & \frac{1}{6}T^5 & \frac{1}{12}T^6 & \frac{1}{36}T^7 & \frac{1}{144}T^8 & \frac{1}{720}T^9 \\ \frac{1}{24}T^5 & \frac{1}{24}T^6 & \frac{1}{48}T^7 & \frac{1}{144}T^8 & \frac{1}{576}T^9 & \frac{1}{2880}T^{10} \\ \frac{1}{120}T^6 & \frac{1}{120}T^7 & \frac{1}{240}T^8 & \frac{1}{720}T^9 & \frac{1}{2880}T^{10} & \frac{1}{14400}T^{11} \end{bmatrix}$$

则纵向轨迹规划的优化目标等价于

$$J_s = x_s^T H_s x_s + f_s x_s + J_{s0} \tag{P8-52}$$

其中,

$$H_s = w_1 H_{s1} + w_2 H_{s2} + w_3 H_{s3} + w_4 H_{s4}, \quad J_{s0} = w_4 T s_T^2 + w_3 T V_{\text{set}}^2$$

与纵向的分析过程类似,针对横向,可得

$$\begin{cases} J_{d1} = \int_0^T \dddot{d}^2(t) \mathrm{d}t + T\dddot{d}^2(T) = x_d^T H_{d1} x_d \\ J_{d2} = \int_0^T \ddot{d}^2(t) \mathrm{d}t + T\ddot{d}^2(T) = x_d^T H_{d2} x_d \\ J_{d3} = \int_0^T \dot{d}^2(t) \mathrm{d}t = x_d^T H_{d3} x_d \\ J_{d4} = \int_0^T d^2(t) \mathrm{d}t = x_d^T H_{d4} x_d \\ J_d = w_1 J_{d1} + w_2 J_{d2} + w_3 J_{d3} + w_4 J_{d4} \end{cases} \tag{P8-53}$$

其中,

$$H_{d1} = H_{s1}, \quad H_{d3} = H_{s3}, \quad H_{d2} = \begin{bmatrix} 0 & 0 & 0 & 0 & 0 & 0 \\ 0 & 0 & 0 & 0 & 0 & 0 \\ 0 & 0 & 2T & \frac{3}{2}T^2 & \frac{2}{3}T^3 & \frac{5}{24}T^4 \\ 0 & 0 & \frac{3}{2}T^2 & \frac{4}{3}T^3 & \frac{5}{8}T^4 & \frac{1}{5}T^5 \\ 0 & 0 & \frac{2}{3}T^3 & \frac{5}{8}T^4 & \frac{3}{10}T^5 & \frac{7}{72}T^6 \\ 0 & 0 & \frac{5}{24}T^4 & \frac{1}{5}T^5 & \frac{7}{72}T^6 & \frac{2}{63}T^7 \end{bmatrix}$$

$$H_{d4} = \begin{bmatrix} T & \frac{1}{2}T^2 & \frac{1}{6}T^3 & \frac{1}{24}T^4 & \frac{1}{120}T^5 & \frac{1}{720}T^6 \\ \frac{1}{2}T^2 & \frac{1}{3}T^3 & \frac{1}{8}T^4 & \frac{1}{30}T^5 & \frac{1}{144}T^6 & \frac{1}{840}T^7 \\ \frac{1}{6}T^3 & \frac{1}{8}T^4 & \frac{1}{20}T^5 & \frac{1}{72}T^6 & \frac{1}{336}T^7 & \frac{1}{1920}T^8 \\ \frac{1}{24}T^4 & \frac{1}{30}T^5 & \frac{1}{72}T^6 & \frac{1}{252}T^7 & \frac{1}{1152}T^8 & \frac{1}{6480}T^9 \\ \frac{1}{120}T^5 & \frac{1}{144}T^6 & \frac{1}{336}T^7 & \frac{1}{1152}T^8 & \frac{1}{5184}T^9 & \frac{1}{28800}T^{10} \\ \frac{1}{720}T^6 & \frac{1}{840}T^7 & \frac{1}{1920}T^8 & \frac{1}{6480}T^9 & \frac{1}{28800}T^{10} & \frac{1}{158400}T^{11} \end{bmatrix}$$

则横向轨迹规划的优化目标等价于

$$J_d = x_d^{\mathrm{T}} H_d x_d \tag{P8-54}$$

其中,

$$H_d = w_1 H_{d1} + w_2 H_{d2} + w_3 H_{d3} + w_4 H_{d4}$$

P8.5 约束条件

假设车辆实际轨迹一直沿着规划的路径向前运动,则根据坐标系映射关系可得换道轨迹满足边界约束条件:

$$\begin{aligned} & s(0) = 0, \quad \dot{s}(0) = V_{\mathrm{ego}}, \quad \ddot{s}(0) = a_{\mathrm{ego}}, \quad \dot{s}(T) = V_{\mathrm{set}}, \quad \ddot{s}(T) = 0, \\ & d(0) = y_0, \quad \dot{d}(0) = V_{\mathrm{ego}} k_0, \quad \ddot{d}(0) = a_{\mathrm{ego}} k_0 + V_{\mathrm{ego}}^2 \kappa, \quad d(T) = 0, \quad \dot{d}(T) = 0 \end{aligned} \tag{P8-55}$$

其中,k_0 为本车相对目标车道中心线的航向角的正切值,y_0 为本车相对目标车道中心线的横向距离,κ 为道路曲率。则车辆轨迹规划的等式约束等价于

$$\begin{cases} A_{s,\mathrm{eq}} x_s = b_{s,\mathrm{eq}} \\ A_{d,\mathrm{eq}} x_d = b_{d,\mathrm{eq}} \end{cases} \tag{P8-56}$$

其中,

$$A_{s,\text{eq}} = \begin{bmatrix} 1 & 0 & 0 & 0 & 0 & 0 \\ 0 & 1 & 0 & 0 & 0 & 0 \\ 0 & 1 & T & \frac{1}{2}T^2 & \frac{1}{6}T^3 & \frac{1}{24}T^4 \\ 0 & 0 & 1 & 0 & 0 & 0 \\ 0 & 0 & 1 & T & \frac{1}{2}T^2 & \frac{1}{6}T^3 \end{bmatrix}, \quad b_{s,\text{eq}} = \begin{bmatrix} 0 \\ V_{\text{ego}} \\ V_{\text{set}} \\ a_{\text{ego}} \\ 0 \end{bmatrix}$$

$$A_{d,\text{eq}} = \begin{bmatrix} 1 & 0 & 0 & 0 & 0 & 0 \\ 1 & T & \frac{1}{2}T^2 & \frac{1}{6}T^3 & \frac{1}{24}T^4 & \frac{1}{120}T^5 \\ 0 & 1 & 0 & 0 & 0 & 0 \\ 0 & 1 & T & \frac{1}{2}T^2 & \frac{1}{6}T^3 & \frac{1}{24}T^4 \\ 0 & 0 & 1 & 0 & 0 & 0 \end{bmatrix}, \quad b_{d,\text{eq}} = \begin{bmatrix} y_0 \\ 0 \\ V_{\text{ego}}k_0 \\ 0 \\ a_{\text{ego}}k_0 + V_{\text{ego}}^2\kappa \end{bmatrix}$$

为了保证换道的安全性,横纵向轨迹需满足约束条件:

$$\begin{cases} 0 \leqslant \dot{s}(t) \leqslant V_{\text{lim}} \\ -\delta_d + \frac{1}{2}y_0 - \frac{1}{2}y_0\text{sgn}(y_0) \leqslant d(t) \leqslant \delta_d + \frac{1}{2}y_0 + \frac{1}{2}y_0\text{sgn}(y_0) \end{cases} \quad \text{(P8-57)}$$

其中,V_{lim} 为安全极限车速,车辆偏离车道中心的允许偏差 $\delta_d = 0.15L_\text{w}$,其中 L_w 为车道宽度。

横纵向轨迹需满足舒适性约束条件

$$\begin{cases} |\ddot{s}(t)| \leqslant a_{\max}, & |\dddot{s}(t)| \leqslant j_{\max} \\ |\ddot{d}(t)| \leqslant a_{y\max}, & |\dddot{d}(t)| \leqslant j_{y\max} \end{cases} \quad \text{(P8-58)}$$

其中,$a_{\max}$ 为车辆所能提供的最大加速度,$j_{\max}$ 为最大冲击度。则安全性和舒适性约束条件等价于

$$\begin{cases} \overline{A}_s(t)x_s \leqslant \overline{b}_s, & \forall t \in [0,T] \\ \overline{A}_d(t)x_d \leqslant \overline{b}_d, & \forall t \in [0,T] \end{cases} \quad \text{(P8-59)}$$

其中,

$$\overline{A}_s(t) = \begin{bmatrix} 0 & -1 & -t & -\frac{1}{2}t^2 & -\frac{1}{6}t^3 & -\frac{1}{24}t^4 \\ 0 & 1 & t & \frac{1}{2}t^2 & \frac{1}{6}t^3 & \frac{1}{24}t^4 \\ 0 & 0 & -1 & -t & -\frac{1}{2}t^2 & -\frac{1}{6}t^3 \\ 0 & 0 & 1 & t & \frac{1}{2}t^2 & \frac{1}{6}t^3 \\ 0 & 0 & 0 & -1 & -t & -\frac{1}{2}t^2 \\ 0 & 0 & 0 & 1 & t & \frac{1}{2}t^2 \end{bmatrix}, \quad \overline{b}_s = \begin{bmatrix} 0 \\ V_{\text{lim}} \\ a_{\max} \\ a_{\max} \\ j_{\max} \\ j_{\max} \end{bmatrix}$$

$$\overline{A}_d(t) = \begin{bmatrix} -1 & -t & -\frac{1}{2}t^2 & -\frac{1}{6}t^3 & -\frac{1}{24}t^4 & -\frac{1}{120}t^5 \\ 1 & t & \frac{1}{2}t^2 & \frac{1}{6}t^3 & \frac{1}{24}t^4 & \frac{1}{120}t^5 \\ 0 & 0 & -1 & -t & -\frac{1}{2}t^2 & -\frac{1}{6}t^3 \\ 0 & 0 & 1 & t & \frac{1}{2}t^2 & \frac{1}{6}t^3 \\ 0 & 0 & 0 & -1 & -t & -\frac{1}{2}t^2 \\ 0 & 0 & 0 & 1 & t & \frac{1}{2}t^2 \end{bmatrix},$$

$$\overline{b}_d = \begin{bmatrix} \delta_d - \frac{1}{2}y_0 + \frac{1}{2}y_0 \text{sgn}(y_0) \\ \delta_d + \frac{1}{2}y_0 + \frac{1}{2}y_0 \text{sgn}(y_0) \\ a_{y\max} \\ a_{y\max} \\ j_{y\max} \\ j_{y\max} \end{bmatrix}$$

由于对任意的 $t \in [0, T]$，约束条件(P8-59)都需满足，这给实时求解规划问题带来一定的困难。考虑到优化空间和约束条件的连续性以及多项式采样的特点，因此，采用离散点约束法将其简化，由于该方法能非常方便的处理各类非线性约束条件，且有效保证求解稳定性与收敛性。假设离散采样点为 $t = kT, k = 0, 0.1, 0.2, \cdots, 1$，则简化后的性能约束条件为

$$\begin{cases} A_s x_s \leqslant b_s \\ A_d x_d \leqslant b_d \end{cases} \quad \text{(P8-60)}$$

其中，

$$A_s = \begin{bmatrix} \overline{A}_s(0) \\ \overline{A}_s(0.1T) \\ \overline{A}_s(0.2T) \\ \vdots \\ \overline{A}_s(T) \end{bmatrix}, \quad b_s = \begin{bmatrix} \overline{b}_s \\ \overline{b}_s \\ \overline{b}_s \\ \vdots \\ \overline{b}_s \end{bmatrix}, \quad A_d = \begin{bmatrix} \overline{A}_d(0) \\ \overline{A}_d(0.1T) \\ \overline{A}_d(0.2T) \\ \vdots \\ \overline{A}_d(T) \end{bmatrix}, \quad b_d = \begin{bmatrix} \overline{b}_d \\ \overline{b}_d \\ \overline{b}_d \\ \vdots \\ \overline{b}_d \end{bmatrix}$$

P8.6 二 次 规 划

综上分析，在Frenét坐标系下，将车辆轨迹规划问题转化为如下两个解耦的标准二次规划(QP)问题，求解结果如图8.13所示：

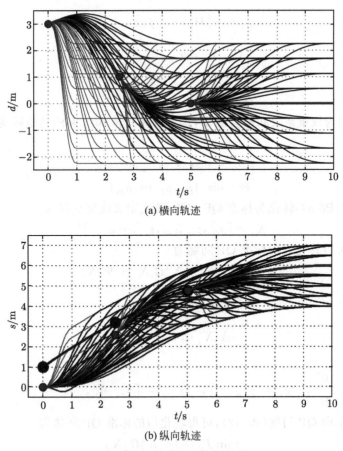

(a) 横向轨迹

(b) 纵向轨迹

图 P8.13 换道轨迹规划结果

(1) 纵向 QP 问题：

$$\min_{x_s} J_s = x_s^T H_s x_s + f_s x_s + J_{s0}$$

$$\text{s.t.} \begin{cases} A_{s,\text{eq}} x_s = b_{s,\text{eq}} \\ A_s x_s \leqslant b_s \end{cases} \quad \text{(P8-61)}$$

(2) 横向 QP 问题：

$$\min_{x_d} J_d = x_d^T H_d x_d$$

$$\text{s.t.} \begin{cases} A_{d,\text{eq}} x_d = b_{d,\text{eq}} \\ A_d x_d \leqslant b_d \end{cases} \quad \text{(P8-62)}$$

由于引导线为一个 5 阶多项式，共含有 6 个求解变量，根据等式约束(P8-55)可得，该优化模型的横纵向 QP 问题中其实各只有一个自由变量，这就降低了优化的难度，从而保证了优化质量和实时性。QP 求解算法属于比较成熟的算法，可参阅本书相关章节，在此就直接采用 KKT 条件方法，KKT 方法的具体过程在此也不再做详细讨论，可参考其他相关文献资料。

在求解横纵向二次规划问题(P8-61)、(P8-62)时可能会出现无解的情况，这往往是由于约束条件太苛刻导致的，因此，需要引入松弛因子，将 QP 模型的硬约束变成软约束。以纵向 QP 问题(P8-61)为例：

$$\min_{x_s} J_s = x_s^{\mathrm{T}} H_s x_s + f_s x_s + \sum_{i=1}^{66} \rho_i \varepsilon_{si}^2$$

$$\text{s. t.} \begin{cases} A_{s,eq} x_s = b_{s,eq} \\ A_s x_s \leqslant b_s + \Delta b_s \\ \varepsilon_i \geqslant 0 \end{cases} \tag{P8-63}$$

其中,ρ_i,ε_{si} 分别为权重系数和松弛因子,构造权重矩阵和约束松弛矩阵为 66×66 的正定对角矩阵：

$$\begin{cases} \Delta b_s = \mathrm{diag}\{\varepsilon_{s1}, \varepsilon_{s2}, \cdots, \varepsilon_{s66}\} \\ \Theta = \mathrm{diag}\{\rho_1, \rho_2, \cdots, \rho_{66}\} \end{cases} \tag{P8-64}$$

为了将优化问题(P8-63)转化为标准 QP 问题,首先定义优化变量为

$$X_s = [x_s^{\mathrm{T}}, \varepsilon_{s1}, \varepsilon_{s2}, \varepsilon_{s3}, \cdots, \varepsilon_{s66}]^{\mathrm{T}} \tag{P8-65}$$

根据式(P8-63)可得转化后的标准 QP 问题为

$$\min_{X_s} J_s(k) = X_s^{\mathrm{T}} \Omega_s X_s + \Psi_s X_s$$

$$\text{s. t.} \begin{cases} \widetilde{A}_{s,eq} X_s = b_{s,eq} \\ \widetilde{A}_s X_s \leqslant b_s \end{cases} \tag{P8-66}$$

其中,

$$\Omega_s = \begin{bmatrix} H_s & 0 \\ 0 & \Theta \end{bmatrix}, \quad \Psi_s = [f_s \quad 0], \quad \widetilde{A}_{s,eq} = [A_s \quad 0], \quad \widetilde{A}_s = [A_s \quad -I_{66}] \tag{P8-67}$$

同理,针对横向 QP 问题(P8-62),可得转化后的标准 QP 问题为

$$\min_{X_d} J_d(k) = X_d^{\mathrm{T}} \Omega_d X_d$$

$$\text{s. t.} \begin{cases} \widetilde{A}_{d,eq} X_d = b_{d,eq} \\ \widetilde{A}_d X_d \leqslant b_d \end{cases} \tag{P8-68}$$

其中,

$$\Omega_d = \begin{bmatrix} H_d & 0 \\ 0 & \Theta \end{bmatrix}, \quad \widetilde{A}_{d,eq} = [A_d \quad 0], \quad \widetilde{A}_d = [A_d \quad -I_{66}] \tag{P8-69}$$

以及优化变量为

$$X_d = [x_d^{\mathrm{T}}, \varepsilon_{d1}, \varepsilon_{d2}, \varepsilon_{d3}, \cdots, \varepsilon_{d66}]^{\mathrm{T}} \tag{P8-70}$$

其中,ε_{di} 为横向轨迹的松弛因子。

通过求解 QP 问题(P8-66)、(P8-68)即可求得 x_s 和 x_d,进而在考虑避障软约束的前提下实现车辆横纵向运动轨迹(P8-46)的规划求解。

P8.7 系统仿真

主动换道系统与 LKA 控制原理相同,其控制器设计方法与 LKA 相同。在 Frenét 坐标系下,以车辆相对规划后的期望换道轨迹的运动状态作为反馈,采用 LKA 控制器跟踪目标

车道的中心线,实现换道控制。而在 LKA 功能中,以车辆相对本车道中心线的运动状态作为反馈,这也是主动换道系统与 LKA 的主要区别。

本节的目的是为了给读者展示如何通过 PreScan 与 MATLAB/Simulink 来进行主动换道避障系统的设计及仿真,所以仅以最简单的测试场景作为本次仿真的场景:在直道上,在本车道的前方有一静止的前车(障碍物)存在,且相邻车道无干扰车辆。车辆若不进行相应的制动或者避障动作,则本车将与前车发生碰撞,本节中采用的是换道避障的策略来避免碰撞的发生。

当本车道前方不存在障碍物时,主动换道避障系统采取与 LKA 相同的控制原理,此时其控制器设计方法与 LKA 相同,在本书的其他章节中已经介绍过 LKA 的设计,故本节不再赘述。

当本车道前方存在障碍物时,主动换道避障系统将通过传感器所感知到的障碍物信息并结合本车的状态进行换道决策,在做出决策后进行相应的避障路径规划;在完成避障路径规划之后,在 Frenét 坐标系下以车辆相对规划后的期望换道轨迹的运动状态作为反馈,采用 LKA 控制器去跟踪规划出来的避障路线,实现换道控制。

首先,打开 PreScan GUI,在 GUI 中进行上述仿真场景的搭建。具体操作步骤如下。

(1) 路网的搭建。从 Infrastructure 的 Road Segments 中找到 Straight Road 模块,将其新建到 Build Area 中,并对其 Object configuration 进行相应的参数设置,主要的设置内容包括道路的长度及车道数,分别设置为 600m 及 2 车道,具体如图 P8.14 所示。

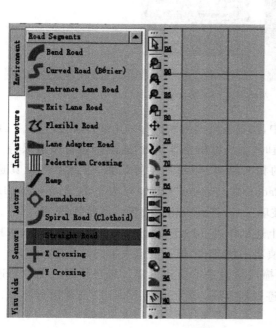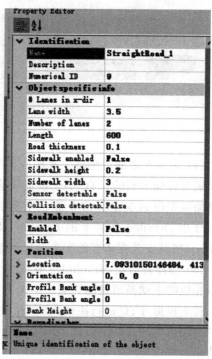

图 P8.14 搭建路网

(2) 交通参与者的搭建。本次仿真中只涉及两个交通参与者,分别为本车及位于本车所在车道前方的静止车辆,所以需要在 Actors 中的 Cars&Motors 中选择两辆模型,将之新建到 Build Area 中。本次仿真所选的车型分别为 Audi A8 Sedan(本车)及 Ford_Focus_Stationwagon(本车道前方静止车辆)(图 P8.15)。

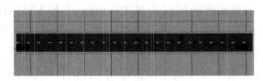

图 P8.15 交通参与者搭建

(3) 路径、速度及相关动力学模型设置。在完成上述操作后,即可为本车创建一条路径并且添加动力学模型及设定期望的行驶速度。所创建的路径为沿着中间车道的直线,本车的动力学模型选用 2D Simple(三自由度)模型,同时为其添加 Path Follow 的 Driver Model,期望速度设置为 15m/s(匀速行驶)(图 P8.16)。前方静止车辆(BMW X5 SUV)则不用进行任何设置。

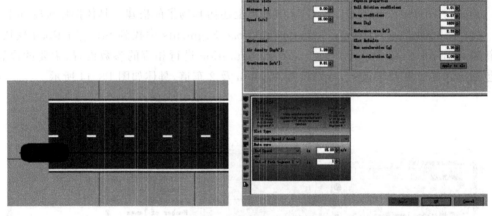

图 P8.16 车辆动力学参数设置

(4) 为本车添加传感器。本次仿真中,换道避障的判断指标采用的是碰撞时间(TTC):当车辆与目标车辆的 TTC 小于设定阈值时,系统做出换道决策,否则仍进行车道保持。上述策略需要得到本车与前方静止车辆的相对距离、相对速度等信息,因此本次仿真选用 Sensor 中 Detailed 列表下的 Camera、Radar 及 Ground Truth 列表下的 Analytical Lane Marker,将其安装在本车的车头及风挡玻璃位置,并设置相应的传感器参数(图 P8.17)。

(5) 编译并启动 Simulink。在完成上述操作后,MATLAB/Simulink 将被启动,在其中编写相应的主动换道避障算法。本次仿真将采用 TTC 作为换道决策的判断指标。

首先根据 TTC 进行决策,当存在碰撞风险时进行换道避障。本次仿真示例中轨迹规划的方法采用的是基于五次多项式的轨迹规划方法。所搭建的 MATLAB 求解程序如二维码所示。

MATLB 求解程序

在完成上述轨迹规划之后,即可在 Frenét 坐标系下,以车辆相对规划后的期望换道轨迹的运动状态作为反馈,采用 LKA 控制器去跟踪规划出来的避障路线,实现换道过程控制。

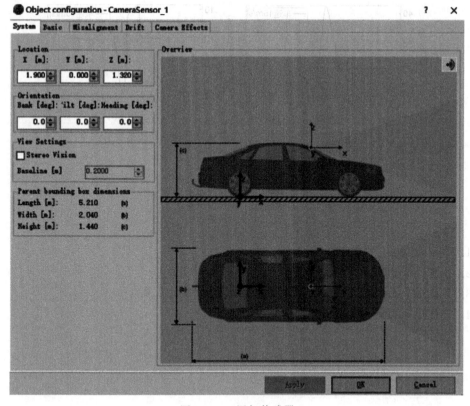

图 P8.17 添加传感器

设置本车初始车速为 15m/s 时,利用 QP 算法求解出换道避障过程中最优横向误差、航向误差以及 LKA 的控制效果如图 P8.18～图 P8.20 所示。

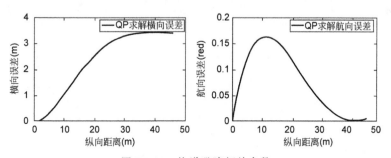

图 P8.18 换道避障相关参数

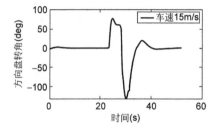

图 P8.19 车辆换道避障的方向盘转角

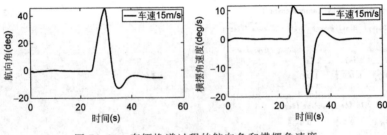

图 P8.20　车辆换道过程的航向角和横摆角速度

思 考 题

1. 举例简述 KKT 思想的用途。
2. 在路径规划时常用的优化目标和约束条件包括哪些？
3. 为什么五次多项式采样法在车辆运动规划中应用最多？
4. 当优化问题无解时，可用哪些解决方法？

参 考 文 献

[1] 李亮.汽车动力学与控制[M].北京:清华大学出版社,2022.
[2] 刘丛志,张亚辉.智能车辆系统动力与控制[M].北京:清华大学出版社,预计2023.
[3] RAJAMANI R. Vehicle dynamics and control[M]. London: Springer Science,2006.
[4] PACEJKA H B. Tire and vehicle dynamics[M]. 3rd ed. London: Butterworth Heinemanm,2012.
[5] MITSCHKE M,WALLENTOWITZ H. Dynamik der kraftfahrzeuge [M]. 5 Auflage. Berlin: Springer,2014.
[6] 安部正人.自動車の運動と制御[M].东京:山海堂,1992.
[7] 余志生.汽车理论[M].5版.北京:机械工业出版社,2009.
[8] 郭孔辉.汽车操纵动力学原理[M].南京:江苏科技出版社,2011.
[9] MILLIKEN W F,MILLIKEN D L. Race car vehicle dynamics[M]. SAE,1995.
[10] 喻凡.车辆动力学及其控制[M].北京:机械工业出版社,2013.
[11] 喻凡,林逸.汽车系统动力学[M].2版.北京:机械工业出版社,2020.
[12] 朱冰.智能汽车技术[M].北京:机械工业出版社,2021.
[13] 潘公宇,陈龙,江浩斌,等.汽车系统动力学基础及其控制技术[M].北京:清华大学出版社,2017.
[14] 梁军,陈龙,蔡英凤,等.基于PreScan的车辆主动安全应用技术[M].北京:人民交通出版社,2018.
[15] 黄妙华,喻厚宇,裴晓飞.智能车辆控制基础[M].北京:机械工业出版社,2020.
[16] 王庞伟,王力,余贵珍.智能网联汽车协同控制技术[M].北京:机械工业出版社,2019.
[17] 田彦涛,廉宇峰,王晓玉.电动汽车主动安全驾驶系统[M].北京:化学工业出版社,2019.
[18] 宋珂,魏斌,朱田.ADAS及自动驾驶虚拟测试仿真技术[M].北京:化学工业出版社,2020.
[19] 崔胜民.汽车性能建模与仿真[M].北京:化学工业出版社,2020.
[20] 崔胜民.智能网联汽车自动驾驶仿真技术[M].北京:化学工业出版社,2020.
[21] 崔胜民,俞天一,王赵辉.智能网联汽车先进驾驶辅助系统关键技术[M].北京:化学工业出版社,2019.
[22] 崔胜民.MATLAB自动驾驶函数及应用[M].北京:化学工业出版社,2020.
[23] 王砚,黎明安.MATLAB/Simulink动力学系统建模与仿真[M].北京:机械工业出版社,2018.